Olivier Messiaen, Vogelstimmenblatt: »Fauvette à tête noire, 8 h 40 matin – 23 juillet 1987« (Gesang der Mönchsgrasmücke). Manuskript in La Bibliothèque Nationale de France, Paris

Barbara von Wulffen

Von Nachtigallen und Grasmücken

Über das irdische Vergnügen an Vogelkunde und Biologie

S. Fischer

Quellennachweise

S. 7 – Andrzej Stasiuk: Die Welt hinter Dukla. Für die deutsche Übersetzung: © Suhrkamp Verlag, Frankfurt am Main 2000
S. 131 – R. S. Thomas: Formula. Aus: Experimenting With An Amen. © Macmillan, London 1986
S. 140 – R. S. Thomas: Formel. Für die bisher unveröffentlichte deutsche Fassung von Kevin Perryman: © Kevin Perryman, 2001
S. 160 – Kevin Perryman: Parabel. Aus: Talisman. © edition soleno, Koblenz 1996
S. 175 – Günter Kunert: Überraschung. Aus: Berlin beizeiten. © Carl Hanser Verlag, München – Wien 1987
S. 263 – Walter Muschg: »Staub ist das Leben …«. Dritte Strophe von Arie (VI). Aus: Das Leben der Vögel. Oratorium. © Huber & Co., Frauenfeld 1934. Mit freundlicher Genehmigung von Brigitte Muschg.
S. 347 – Reiner Kunze: Die silhouette von Lübeck. Aus: auf eigene hoffnung. © S. Fischer Verlag GmbH, Frankfurt am Main 1981

Die Autorin und der S. Fischer Verlag danken allen Rechteinhabern für die Abdruckgenehmigung.

2. Aufl. April 2002

Satz: Pinkuin Satz und Datentechnik, Berlin
Druck und Bindung: Clausen & Bosse, Leck
Printed in Germany
ISBN 3-10-092547-5

Inhalt

Vorspruch

»Nacht
Man sieht weder die Hand vor Augen noch andere Menschen,
man sieht die Dinge nicht, in denen das Sein gewöhnlich Form annimmt,
man sieht nicht einmal, wie die Luft durch die Finger zieht.
Um an das eigene Leben zu glauben, muß man sich selbst anfassen
oder die Erinnerung zu Hilfe rufen.
Ohne Welt, ohne die Vielfalt der Gestalten ringsum
ist der Mensch nur ein Spiegel, der nichts reflektiert.«

Andrzej Stasiuk
»Die Welt hinter Dukla«

1. *Kapitel* ***Anfänge***

Meine Kinderträume vom Fliegen waren so vergeblich wie die anderer Kinder. Auch ich war, obgleich sehr klein und mager, an zu schweren Stoff gekettet. Vergeblich flatterte ich mit den Armen wie die beiden Geschwister in »Peterchens Mondfahrt«. Also flogen statt dessen meine Puppen, und ich krümelte herum mit Steinchen und Blüten, beugte mich über Marienkäfer und grauste mich unsäglich vor Spinnen.

Beim Mittagsläuten sah ich Wachtelhund und Dackel ihre Schnauzen heben und Wonne und Qual, die der Klang unserer Glocken in ihren unerlösten Seelen erzeugte, zur Doppelzwiebel unseres Kirchturms emporheulen. »Huuuh-Ohh« machte der Wachtel, »Hooh-Öhh« stimmte der Dakkel ein. Um unsere über einem romanischen Stumpf schwebende zweifache Turmzwiebel zerschnitten Mauersegler den Himmel. Ihre Stimmen schwollen im Juli zu einem vielstimmigen Chor aus scharfen Schreien und schufen mit Sonne und Gewitter, mit dem Duft gemähten Klees und reifenden Weizens den großen böhmischen Sommer. Niemand wäre damals auf den Gedanken gekommen, eigens auf diese der erhitzten Luft angehörenden schwalbenähnlichen Vögel zu achten oder ihre späte Ankunft und ihren frühen Abflug eigens zu bemerken. Sie verweilten droben, in unermüdlicher Hast. Von ihren Besonderheiten als Sommergäste war noch wenig bekannt. Für mich waren sie Teil unseres Kirchturms und der Kirchenpatrone Peter und Paul auf dem Altarbild.

In ähnlicher Weise erfüllten auch Spatzen meine Kinderwelt. Sie pickten Hafer aus Pferdeäpfeln, hüpften um hochbeladene Weizenfuhren, drangen bis ins Schlaraffenland der Getreideberge im Schüttboden vor und tschilpten fortwährend, als ob sie unser westliches Böhmen pausenlos bestätigen müßten, damit es mit ihm immerdar und nie anders als genau so weitergehe. Diese »Massenprodukte der Natur«, wie Annette Kolb die Haussperlinge liebevoll genannt hat, tschilpen heute von Taschkent bis Windhoek oder Boston. In Amerika, wo gerade die Vogelwelt uns als ganz und gar neue Welt begegnet, »böhmakeln« sie mir beruhigend zu: »No-no-no, fühl dich nur ganz wie dahuam, dann seng ma scho weiter«, wie Lotsen auf diesem immerhin noch atlantisch geprägten Kontinent, den sie wohl in Gesellschaft von Auswanderern auf Segelschiffen erreicht haben.

Nach der gewaltsamen Trennung von meiner dem Untergang preisgegebenen Kinderheimat hüpften und tschilpten Spatzen auf dieselbe Weise auch im Bayrischen, als versicherten sie uns, daß wir trotz allem gut angekommen seien: im Voralpenland, in seinem »Pfaffenwinkel« genannten Herzen.

Hier gab es, aus einer anderen Ferne als der unsrigen soeben angespült, zwei Brüder, der eine neunjährig wie ich und ebenso spillerig, der andere ein »älterer Mann« von 15 oder 16 Jahren. Diese beiden hatten sich zu Rettern der Getreideernte vor den hungrig hüpfenden Spatzen ernannt, eine rundum gebilligte Tätigkeit. Über sehr hoch gelegenen Dachrinnen wiesen unordentlich unter Ziegel gestopfte Strohhalme den Eingang zu kleinen Mansarden. Eine schon recht mürbe Leiter reichte knapp bis dorthin, wenn man sie steil genug aufrichtete. So stachelte Gefahr den Mut an und gab dem Unternehmen die Spannung von Jagd. Nachdem mit einem »Burr« die entsetzte Spätzin ausgeflogen war, nicht ohne todesmutig in einen schmutzigen Bubenfinger gezwickt zu haben, tastete die freie Hand in das Durcheinander von Halmen und Laub, suchte die Weiche und Wärme der mit Wollfäden und Dunen ausgepolsterten Mulde und griff mit den Fingerspitzen nach Eiern oder nackten, an langen Hälsen wackelnden Köpfchen. Zwei Prisen zartesten Lebens waren die Ausbeute, beim riskanten Abstieg noch behutsam in der hohlen Hand geborgen. Drunten wurde gezählt, taxiert und schließlich zwischen Steinen zerquetscht. »Spatzennester ausnehmen« hieß diese angeblich nutzbringende Männerarbeit im Dialekt jener verwehten Kindheit.

Ich schaute zu in einer Mischung aus Entsetzen, Bewunderung und beschämendem Mitleid. Einmal wagte auch ich den schwierigen Aufstieg. Ein überraschend ungutes Gefühl verdarb mir jedoch die ersehnte Anerkennung durch die Bubenwelt, die diesen höchstpersönlichen Sündenfall überhaupt nicht wahrzunehmen schien. Dem einst schier unerschöpflichen Bestand von Passer domesticus hat er nicht geschadet. Was aber bedeutete er für Knabenherzen? Vertiefte er den klaffenden Riß, der Gut und Böse seit Urzeiten trennt? Oder schloß dieser sich durch die eigene schlimme Tat womöglich vorübergehend? Heute gibt es kaum mehr Buben, die Vogelnester ausnehmen, und nur noch wenige Haussperlinge.

Damals tschilpten sie unverzagt im bayrischen Gutshof weiter, vorwurfsvoll, vergeßlich, zuversichtlich. Manchmal, wenn ein Schwarm sich versammelte, kam es zu einem gewaltigen Hollerbuschkonzert aus begeisterten Schnäbeln. Die schwarzen Kehlen bebten vor Lebensfreude. Man konnte diesen bäuerlichen Gesang lieben und das unspektakuläre, aber in Braun, Grau, Weiß und Schwarz doch schön gemusterte Federkleid als Hochzeitsgewand bewundern; es führte jedenfalls zu beträchtlichem Nachwuchs. Ich konnte später Alexander Solschenizyn gut verstehen, der beschrieb, wie er, nach Wochen in der Unterwelt der Moskauer Lubjanka, endlich wieder durch einen Hof zum Verhör geführt, überglücklich einem betörenden Vogelgesang lauschte. Im nachhinein erkannte er darin nur ein Spatzenkonzert. Aber welch ein Trost für den Häftling!

Dick aufgeplustert im Schnee hockend oder im Dampf des frisch aus schweren Schubkarren gekippten Mists hüpfend, schenkten sie uns Zuversicht: Wir würden jeden, auch diesen Winter bestehen, und so schichteten wir in unseren Kachelöfen Torfziegel über ein kostbares, in Zeitungspapier gewickeltes Kohlebrikett, das seine Glut bis zum Morgen bewahrte. Undenkbar, daß unsere Haus- und Hofspatzen je selten werden könnten! Es war die Zeit, als meine Schwester und ich in unsere erste Banane bissen und feststellten, daß der Kern zwar süß, die Schale aber so bitter war, daß es nicht lohnte, diese Frucht zu essen: sie taugte offenbar wirklich nur für Affen.

Zur Zeit der ersten Sperlingsbruten flogen bereits wieder Schwalben ein und aus, nicht nur in Ställen und Scheunen, sondern auch im Haus. Rauchschwalben – sie kamen frisch aus dem Süden, ihre Rücken blitzten sehr blau in der Sonne, Stirn und Kehle waren tiefrot, und die Männchen überboten einander mit der Länge ihrer beiden äußeren Steuerfedern. Selbst wenn der April noch so kalt gegen die Scheiben sprühte, hatte nun das Oberlicht bestimmter Fenster offenzubleiben. Auf der Vorhangstange unserer Küche begann ein Fachwerk aus dem Mörtel von durchspeicheltem Lehm, Halmen und Ästchen sich zu einer Schale zu runden; abends schwätzte das Maurerpärchen noch eine Weile seine Zufriedenheit über das gemeinsam geleistete Tagewerk in das zwischen grauen Wolken hervorstürzende Licht der untergehenden Sonne hinaus, wie Handwerker und werdende Familienmütter und -väter, die ihr Metier beherrschen. Alsbald – »horch, sie sind geschlüpft« – war die Geschicklichkeit zu bewundern, mit der beide Schwalbeneltern ohne abzusitzen, mit dem Schwung des Anfluges durch die schmale Oberlichtöffnung sausen und im Bogen flatternd am Nestrand landen konnten, um Fliegen in einen der auf kläglich wackelnden Hälsen hochgereckten, leise zirpenden Schnäbel zu stopfen. Wie hübsch klang es, wenn das fordernde »ziehzieh« in gierige Schluckgeräusche überging, um in einem letzten, schon schläfrigen Piepsen zu enden. Die Jungen wuchsen unglaublich schnell heran, beförderten säuberliche weiße Bonbons über den Nestrand, und schon bald quollen vier bis fünf weißbäuchige Junge aus der eng werdenden Kinderstube; sie drängelten, begannen auf die Vorhangstange zu trippeln und dort probeweise zu flattern, um bald ebenso meisterhaft den Schwung zu beherrschen, mit dem die Geborgenheit der Menschenküche morgens verlassen und abends wieder aufgesucht werden konnte. Da saßen sie noch eine Weile zu sechst, zwitscherten und ruckten und kleckerten wahllos aufs Fensterbrett, bis eine zweite, in guten Jahren manchmal sogar dritte Brut wieder Ordnung einkehren ließ. Dieses eilige Zwitschern mit dem zarten, jede Passage fragend abschließenden Knarren bildete Morgen- und Abendsignal der langen Sommertage und setzte sich fort auf den Leitungsdrähten, auf die der August benachbarte Schwalbenfamilien und zugereiste zusammenrief, ehe sie gemeinsam aufbrachen. »Ach, die Schwalben sammeln sich schon«, hieß es etwas traurig, obwohl doch eben erst helle Steinpilzköpfe durch Moos oder Fichtenstreu heraufdrängten und nach der Waldhimbeerernte den Jahreskreis einem neuen Höhepunkt entgegenführten. Trotzdem, man wußte, daß jetzt der Tag nicht mehr fern war, an dem man mit Ergebenheit vom Speicher die Winterfenster holen, sie einhängen und den Zwischenraum unten mit dick ausgestopften Leinenwürsten würde abdichten müssen. »An Mariä Geburt fliegen die Schwalben furt« – rezitierten die Erwachsenen den Jahreszeitenvers für das dunkle Halbjahr, das erst mit Mariä Verkündigung, wenn »kommen die Schwalben wiederum«, enden würde. Wie die Haussperlinge sind auch unsere Hausschwalben inzwischen rar geworden.

Mit ihnen, wenn auch langsamer, wuchsen wir heran, ebenso hungrig, aber in den Jahren nach dem Krieg nicht so zuverlässig sattzukriegen wie die Schwalbenjungen mit ihrem nützlichen Appetit auf Fliegen. Schwalben bringen Glück, hieß es. Ohne uns zu gehören, gaben sie uns die Ehre. Hühner hingegen, ihrem Vogelwesen etwas entfremdet, hatten Besitzer. In der alten, weiträumigen, spinnwebverhangenen Scheune gab es eine »Holzschupfen« genannte Abteilung für Brennholz, in die etliche Hühnerställe eingefügt waren. Ein vorderer mit Fenster zum Hof gehörte der Gärtnersfrau, Kathi Stoßberger, ein rückwärtiger mit Aussicht auf den Waldsee gehörte uns, also meiner Schwester und mir. Frau Stoßberger hielt von einer Glucke ausgebrütete »Bunte Italiener«, wir aus einer wuselnden Schar piepsiger gelber Eintagsküken herangezogene »Weiße Leghorn«. Beide Völker wußten genau, wem sie gehörten. Die Italiener gehorchten nur dem bayrischen Abendruf »Lieke-lieke-lieke, ålle Kindi kommt's, wo sans denn meine Schnickse-und-Schnackse, ihr Luder-a-Soda-manka-more.« Was die sofort mit langen hungrigen Schritten herbeieilenden Italiener mit »Sodom und Gomorrha« zu tun haben sollten, blieb das Geheimnis der auch sonst sprachgewaltigen Kathi, einer schmalen kleinen Person auf dünnen Beinen mit einer intelligenten Hakennase unter dem grauen, zu einem winzigen Knödel zusammengedrehten und -gesteckten Haar. Ihren langsamen und dennoch ein wenig unseßhaften Gärtnersgatten, Eigentümer unerschöpflicher, nie preisgegebener Herrenpilz-Plätze und anderer, noch geheimerer Lustorte, empfing sie mit einem zornigen »I schlag da's Herz ums Mai«, wenn er sich zu sehr verspätet und ihr Wohlwollen überbeansprucht hatte. Da sie allerdings eine »ledige« Tochter mit in die kinderlos gebliebene Ehe eingebracht hatte –

auch dem Toni wuchs angeblich irgendwo ein Kind heran, aber damals galten noch geschlechtsspezifische Unterschiede der Schande –, mußte sie wohl oder übel beide Augen zudrücken, was im übrigen auch durchaus ihrem harmoniebedürftigen Wesen entsprach.

Die Weißen Leghorn waren geprägt auf unser anspruchsloses »Tschiep-tschiep-tschiep«, dem sie mindestens ebenso eilfertig folgten wie ihre bräunlichen Kolleginnen der stoßbergerischen Fanfare, um Kartoffelschalen oder seifig gewordenen Topfen, Maikäfer und etwas Getreide in sich hineinzuschlingen. Mit den Maikäfern war Maß zu halten. In einem unvergeßlichen Katastrophenjahr, als Ende Mai alle Alleebäume kahlgefressen waren und beim Drüberradeln das grünliche Innere der Käfer die Schulkinderbeine emporspritzte, bescherte uns allzu reichliches Verfüttern der Plage schon am nächsten Tag Eier von befremdlichem Aroma, scharf und zugleich muffig. Das Gerücht, Maikäfer schmeckten nach Schokolade, bestätigte sich leider nicht. Der Gockel tat immer so, als habe er persönlich die ganze Mahlzeit zubereitet, legte den Hennen mit einladenden Gicks-Lauten einzelne Bissen vor und stillte erst am Schluß und wie nebenbei seinen eigenen Hunger in erstaunlicher Geschwindigkeit.

Was sieht ein Huhn vom Menschen, den es immer nur einäugig von der Seite betrachten kann? Die Hand in der Körnerschüssel, die gleich ausstreuen wird! Das gelbgerandete Einauge starrt – »gah-gah-gah?« – ohne die geringste Regung. Darin immerhin noch ganz Vogel, haben auch Hühner im Gesicht keinerlei Mimik, statt dessen aber im Gefieder zwischen anliegend und aufgeplustert eine Fülle von Ausdrucksmöglichkeiten, die uns als Hühnersprache gut verständlich waren.

Der italienische Gockel schillerte, prunkte und spreizte sich in allen Farben, der Schwanz wölbte sich schwarzgrün, von der rotbraunen Schwanzwurzel hing ihm eine grünschillernde Schleppe seidiger Fransen herab, die auch die Trachtenhüte der Bäuerinnen schmückten. Wir sammelten seine schönsten Federn ein, wenn ihn im August die Mauser überkam und zu einer schwanzlosen, wie aus »Max und Moritz« entlaufenen Karikatur verkommen ließ. Dann drückte er sich in seiner Schmach unterm Hollergebüsch herum, krähte nicht, herrschte nicht, kämpfte nicht und war aller Lebenslust beraubt.

Unser Weißer besaß statt der Farbenpracht gewaltige Formen und konnte seinen glühendroten Kamm schwellen lassen, wenn eine Feindberührung nicht zu umgehen war. Zu Kämpfen ließen die beiden Herrscher es aber möglichst nicht kommen. Denn dann mußten sie die Halsfedern sträuben, den Kopf senken und mit Geflatter im Sprung die Füße so nach vorne reißen, daß der mit den Jahren zu einer gefährlichen Waffe ausgewachsene »Sporn« den Gegner schwer verletzen konnte. Lieber begnügten sie sich damit, ihren Harem um sich zu versammeln, Kratzfüße zu vollführen, imaginäre Brösel vorzuteilen sowie eine der stets willfährigen Hennen zu besteigen und den aggressiv vollbrachten Akt mit Flügelschlagen und raumgreifendem Krähen zu beschließen, während die Henne sich nur schüttelte. Die Territorien der beiden Völker waren mehr von ideeller als von realer Art, aber deshalb nicht weniger stabil abgegrenzt.

Es muß noch einige Nebenvölker gegeben haben, aber sie spielten im geteilten Imperium der Italiener und der Leghorn nur eine untergeordnete Rolle, und die ungarisch, donauschwäbisch oder rumänisch gefärbten Lockrufe sind unerinnert verklungen. Kathi zog in unternehmungslustigen Jahren auch Enten groß, freundlich watschelnde Geschöpfe, deren Klackse – pfrtsch – breiig auseinanderliefen und unangenehm stanken, wenn man beim abendlichen Versteckspiel hineintrat. Wir liefen ja außer an Sonntagen allesamt barfuß. Wo hätte man damals für schnellwachsende Kinderfüße denn Schuhe hernehmen sollen? Es gab keine vor der

»Währungsreform«, dieser großen Zeitwende meiner Generation, und danach hatten wir kein Geld. Die aus der wertlosen zerknitterten »Er-Mark« hervorgegangene spärliche »De-Mark« war hart und unvorstellbar wertvoll.

Da die Lebensmittelkarten keineswegs genügten, unseren Hunger zu stillen, waren Eier und eine stabile Hühnerhofordnung wichtigstes Fundament eines friedlichen Zusammenlebens der vielen, aus aller Herren Ländern hier angespülten Menschen. Böhmen, Schlesien, Ungarn, Banat und Batschka kamen zu Wort, und jeder hielt insgeheim den Dialekt des anderen für unfein, schwer verständlich und sehr entlegen, während die Einheimischen keinem dieser Fremden glauben mochten, daß auch er aus einem blühenden Dorf kam, wo er Haus, Hof, Tiere und Felder, Obstbäume und Kopfweiden sein eigen hatte nennen dürfen. Womöglich auch noch Weinberge? Da hört sich doch alles auf – diese Flüchtlinge!

Eines Tages im Hühnerzeitalter fiel eine erst halb befiederte, noch jämmerlich schwanzlose Drossel aus dem Nest in der alten Esche am Scheuneneck und überlebte Hofhunde und -katzen. Meinem heißen Wunsch nach Adoption wurde nachgegeben. Unsere Mutter plädierte als Anfangsnahrung für Topfen, der in schweren Säckchen aus dem Stoff alter Leintücher am Wasserhahn in der Küche hing, um auszutropfen. Sie gab mir die Pipette aus einem grünen »Endrine«-Fläschchen, dem von uns verabscheuten Nasenöl. Das Gerät wurde mit kochendem Wasser gereinigt und sollte zum Tränken dienen. Mit dieser Anfangsausstattung erfüllte ich begeistert Mutterpflichten an meinem offenbar ausreichend robusten Drosselkind, das sogleich eifrig sperrte und schon bald den ersten Regenwurm verschlang. Es vergaß darüber seine natürliche Familie erst einmal vollständig, folgte mir hüpfend, bis es satt war, und ich horchte auf seine piepsigen Hungerrufe, die allmählich einen melodisch drosselmäßigen Doppelklang annahmen. Da lernte das Kind bereits fliegen und schenkte mir zum ersten Mal die einzigartige Freude, vom freiesten Geschöpf unter dem Himmel angeflogen, von ihm vertrauensvoll – mit einem Auge – angeschaut zu werden und ihm Futter reichen zu dürfen. Es kam nun gar nicht mehr so genau darauf an, ob ich Asseln, Raupen, Motten oder Würmer in den langen gelbgesäumten Schnabel stopfte. Das braune Gefieder zeigte bereits die rahmfarbenen Brustflecken der Art, die Schwingen trugen immer weiter, und als der Schwanz die richtige Länge zum sicheren Steuern erreicht hatte, fiel der jungen Drossel offenbar auf, daß ich groß und bedrohlich wirkte, nicht fliegen konnte und zur weiteren Pflege entbehrlich war. Nach ihrem letzten Besuch mußte ich begreifen, daß ich wieder mit mir alleine, ja wie jede Verlassene einsamer war als zuvor.

Erst nach bitteren Fehlschlägen mit weniger kräftigen Jungvögeln, die schon in den ersten Stunden oder Tagen jämmerlich eingingen, erkannte ich, daß diese langsame Entfremdung ein Leben nicht nur als Vogelmutter krönen muß. Es soll allerdings Krähen oder Dohlen geben, die noch den ersten Winter über eine gewisse Treue halten. Ich weiß von einer irischen Saatkrähe, die ihrem Ernährer so eng verbunden war, daß sie den Umzug des altgewordenen Junggesellen von seiner entlegenen Farm weg an den Rand des nahe gelegenen Tullamore mitmachte und auch dort regelmäßig erschien, als ob sie dem Trauernden über den Verlust seines Hofes hinweghelfen und ihm in dieser Fremde ein Stück Heimat erhalten wollte. Viel Trost schöpfte der Vereinsamte bis zu seinem baldigen Tod aus dieser Krähenfreundschaft.

War ich schon jetzt den Vögeln verfallen? Oder mußte noch der Waldkauz aus der Höhle in einer alten Linde purzeln und sich daunenweiß ins Gras drücken vor Schreck über uns Riesen? Wir nahmen ihn auf und setzten ihn in einen großen, von kreischenden Wellensittichen längst verlassenen

Käfig. Wir wickelten Hackfleisch in Federn aus einem aufgeschnittenen Polster und schoben es in den unermüdlich sperrenden Schnabel. Unsere Mutter kannte diese Eulendiät aus der traurig endenden Zeit mit einer jungen böhmischen Waldohreule, die in unsere Familiensaga als »Bubonina« eingegangen war. Deren Abmagern, Wanken, Umfallen und ihre letzten Atemzüge schmerzten noch nach Jahren in meinem Kindergedächtnis. Eulen wie alle Greife müssen nämlich, um Gewölle ausspeien zu können, genügend Unverdauliches, Mäusezähnchen, Knöchelchen, Krallen, Federn mit aufnehmen. Ich lernte später, diese Gewölle zu unterscheiden, aufzuzupfen und zwischen viel Haaren nach den Gebissen die erbeuteten Mäusearten zu bestimmen.

»Cuculi« gedieh prächtig, würgte ordentliche, trockene Speiballen aus, mauserte seine weißen Dunen gegen das Dessin eines raffiniert gemusterten Gefieders in Braun- und Beigetönen, bekam ein kluges Federgesicht um die tiefschwarzen »Lichter«, die uns zweiäugig anschauen konnten, und er begann, den Kopf in der Waagrechten hin- und herzuschieben, um einen Gegenstand auf Eulenweise zu fixieren. Auch er hatte uns vollständig adoptiert, blieb aber, entsprechend seiner anspruchsvolleren Nahrungssuche, der nächtlichen Jagd, viel länger bei uns als die Drossel. Wir dachten uns raffinierte Fallen zur Beschaffung lebender Mäuse aus. Cuculi flog in der Abenddämmerung gerne auf weichen Schwingen zum Schornstein, zeigte sich dort im Mondlicht in seiner ganzen Pracht und landete bei Zuruf auf der von einem Lederhandschuh geschützten Faust. Er war ein einziges Wunder, schön, fremd und zugleich befreundet und wie alles, was lebt, von überzeugender Gestalt, eine verschlüsselte Botschaft aus unserer scheinbar so vertrauten Welt: Er entzog sich gerade in seiner Anwesenheit, die ja eigentlich gar nichts verbarg. Schon als er uns noch zu gehören schien, war er so, und die Erinnerung vertiefte dieses Erlebnis eines wilden vergänglichen Glücks.

Würde er verwildern können? Nachts flog er noch immer durchs offene Fenster herein, landete auf dem Plumeau, watschelte näher und bettelte kindlich flügelschlagend und heiser rufend um einen der gewohnten Futterhappen. Eines Nachts blieb er aus. Hat ein Waldkauz, dieser gut bewaffnete Ritter der Dämmerung, überhaupt Feinde? Einst in Böhmen durchaus, wo am Sabachovafelsen der Uhu nistete und sich, wenn ihm grad kein Igel über den Weg lief, sogar Habichte vom Nest weg griff und gerne auch Eulen jagte. Hatte vielleicht eine im Zwielicht unvorsichtig herumkramende Maus jählings Cuculis Jagdinstinkt geweckt und uns endlich doch überflüssig werden lassen? Er beobachtete schon seit einer Weile mit fixierenden Kopfbewegungen auch tagsüber den Wald jenseits des Sees. Erst nachträglich fiel uns das auf. Vielleicht jagte er ja auch längst selbständig, während wir schliefen und ihn zwischendurch noch fütterten. Kann in einer Waldkauzseele der Drang, das familiäre Territorium zu verlassen und lautlos ins Unbekannte fortzufliegen, von einer Nacht zur anderen stark genug werden? Wir lauschten abends noch wochenlang wehmütig, wenn vor dem offenen Fenster die Blätter der alten Eschen rauschten und der Mond den Schornstein beschien. Und wieder war ich einsamer als zuvor.

Nicht ganz einem halbwüchsigen Mädchen gemäß in den Jahren, die später Pubertät heißen würden, las ich statt »Heidi« oder »Trudchens Heirat« ausschließlich Tierbücher. Mümmelmann, Kolk der Rabe, Kalb der Junghirsch bewegten auf sehr menschenmäßige Weise in ihren Gefühlen mein ihnen so ähnlich scheinendes Herz. Bis Bengt Berg mit seinem Buch »Mein Freund der Regenpfeifer« voller wunderbarer Schwarzweißphotos die abgrundtiefe Fremdheit zwischen Mensch und Tier anerkannte und gleichzeitig überbrückte. Er beobachtete und photographierte mit größter Geduld, so daß der in der Tundra ohne böse Erfahrung mit Menschen gebliebene Mornellregenpfeifer Vertrauen faßte zu seinem Chronisten. Diese Schwarzweißbilder weckten in mir eine bis heute lebendige Sehnsucht nach Einsamkeit und Abenteuer in nördlichen Weiten, nach der Seligkeit eines vor Urzeiten verlorenen und hier wieder möglichen Naturfriedens.

Doktor Dolittles künstliche Tierwelt oder Paul Eippers menschenverachtende Tierseligkeit lehnte ich hingegen zornig ab. Und ich ärgerte mich über eine Pudelin, die man mir ungefragt unter den Christbaum gesetzt hatte. Als wir ins Weihnachtszimmer traten und »Stille Nacht« sangen, pieselte sie sogleich auf den Teppich und behielt dieses »Angstwasserlassen« zu meiner und ihrer Schande bei, war also viel zu überzüchtet, um Gefährtin zu werden, zu verkorkst und armselig.

Allmählich fiel mir auf, daß schon im Spätwinter die länger werdenden Tage sich mit Gesängen füllten, immer vielstimmiger bei steigender Sonnenbahn, bis der volle Chor keine Unterscheidung mehr erlaubte. Da sangen Lerchen in der Morgendämmerung meines sehr weiten Schulweges. Sie waren leicht zu erkennen, das Wort »tirilieren« lag bereit, und man konnte sie droben in ihren geflogenen Ornamenten zwischen Himmel und Erde sogar singen sehen.

Auf dem Heimweg hörte ich gelegentlich ein kinderweinenähnliches »Kliöh«. Einmal flog mir dabei ein großer, rotbemützter schwarzer Vogel in weiten Girlanden über die Fichtenwipfel davon und ließ sich an einem Stamm nieder. Ich geriet in helle Aufregung. Ein Förster schenkte mir den Namen »Schwarzspecht« und sagte, dieser »Holzgöcker« oder »Gießvogel« sei recht selten, was mich entzückte. Bei jeder Wiederbegegnung kehrte etwas von dieser Anfangsfreude zurück.

Der Gimpel, wegen seiner selbstbewußten Ruhe und seines kardinalroten Kleides auch »Dompfaff« genannt, äußert nur einen Ton wie ein rostiges Gartentor oder vielleicht wie eine novembertraurige Windharfe. Dahinter verbirgt sich aber eine erstaunliche Singgabe. Der Vater erzählte gerne von seinem zahmen Gimpel, der gelernt hatte, »Üb immer Treu und Redlichkeit« zu pfeifen. So vertraut war er geworden, daß er eines Tages versehentlich zertreten wurde; ein zerquetschtes Lied, eingehüllt in rote Federchen, blieb dem Vater aus seiner Kindheit in schmerzlicher Erinnerung, eine kleine, rasch wieder erloschene Morgenröte.

Den Kuckuck – »sag mir doch, wieviel Jahre leb' ich noch« – kannte jeder, die Kohlmeise sagte »zizibeh« oder auch »pin-pink«. Das aber sagte auch der Buchfink, dessen Schlag ebenfalls bekannt war. Daß in strengen Wintern mit den eisigen Ostwinden Bergfinken in riesigen Schwärmen einfielen, bestätigte besonders harte, langanhaltende Fröste. Kamen die Bergfinken ans Futterhäuschen, zeigten sie ein lebhaft aus Grau, Weiß und erstaunlichem Orange komponiertes Gefieder. Aber da sie bald wieder verschwanden, vergaß ich sie und ihre Rufe wieder. Um sie richtig singen zu hören, hätte ich ja auch mindestens bis Norwegen reisen müssen.

Das Lied der Amseln war noch nicht so vertraut wie heute, sie blieben mehr im Wald, der uns und die vier kleinen Seen hügelig umschloß. Auf den Dächern wippte meist eine Bachstelze und sagte »zibuit«. Bussarde kreisten in großer Höhe, und ihr »Miau« gehörte zur Schwalbenzeit wie die Mauersegler zum Frühsommer. Daß Eichelhäher den Bussardruf gerne nachahmen, narrte mich lange.

Aber damit war der Kreis des Bekannten schon durchmessen, und ich fand mich ganz allein auf der Suche nach mehr Wissen. Als einzige Hilfe verfügte ich über ein ausrangiertes Vorkriegsfernglas, an dem man für jedes Auge einzeln die Entfernung so umständlich einstellen mußte, daß die Sänger meist schon über alle Berge waren, ehe man sie hätte »ansprechen« können, wie das alte Jägerwort lautet. Die neuen Geräte von Zeiss oder Leitz waren damals für uns unerschwinglich. Ich stolperte den Vögeln hinterher, wußte meist nicht einmal, welche zu den Zugvögeln gehörten, wann sie eintreffen und wo sie nisten würden. Ich kannte nur wenige Namen, und die einzelnen Gesänge oder Rufe aus dem allgemeinen Konzert auch nur herauszuhören und gar zu erinnern, schien fast unmöglich. War eine unglückliche Liebe in mir erwacht? Nein, dazu waren die Vögel doch viel zu liebenswürdig. Eher lernte ich frühzeitig das heillose Ungenügen in mir selber kennen. Warum wollte ich überhaupt in die Kunst der Vogelschau vordringen? Niemand hatte mich hingewiesen auf die besondere Fülle und Vollkommenheit gerade dieser Provinz des lebendigen Weltreiches, auf dieses Kapitel im Buch der Natur. So unwissend wie wissensdurstig war ich womöglich gerade deshalb, weil keiner sagte: »Siehst du? Hörst du?« Dabei sehnte ich mich gleichzeitig so sehr nach jemandem, der mir hätte sagen können: »Das, was da singt, ist die Singdrossel.« Es hätte mich beseligt, noch ohne jede Ahnung davon, daß erst mit ihrem Namen die Wesen um und für mich ganz dasein würden.

Nicht einmal das Lied der Singdrossel also kannte ich, obwohl ich doch einen kurzen Sommer lang mit einer von ihnen befreundet gewesen war. Dieses Lied lockte und narrte mich einen ganzen Frühling lang. Ich unterschied es als eines der ersten aus dem Chor, weil es von Wipfelspitzen aus vorgetragen wurde und seiner vielen Einzelmotive wegen, die sich jeweils so oft wiederholten, bis ich sie mir gut genug eingeprägt hatte, um Varianten als solche erkennen zu können.

Auf dem dieser Saison folgenden Weihnachtstisch lag ein Büchlein mit dem reizenden Titel »Was fliegt denn da?« Es war ein Volltreffer. Verwöhnt von den neuesten Auflagen des »Peterson«, des »Parey« oder des »Svensson«, mögen heutige »Ornies« sich wundern, daß Dr. Goetz und Alois Kosch mit diesem bescheidenen Ratgeber im Kosmos-Verlag dem werdenden Feldornithologen einst solch ein Glück bedeuten konnten. Aber so bescheiden war dieses Buch gar nicht. Es war vielmehr, in meinem Geburtsjahr herausgekommen und schon in 27. Auflage nachgedruckt, das erste seiner Art und mit dem ganzen Enthusiasmus von Liebhabern, dem Wissen von Forschern, der Genialität von Pionieren in diesem Genre verfaßt. Noch ordnete es die Vögel nach Lebensräumen, nicht nach Familien, eine später aufgegebene, aber für den Anfänger höchst hilfreiche Methode. Außer einem anspruchslosen Drosselportrait in der Abteilung »Park und Wald« gab es in dem winzigen Text-Kästchen statt der sonstigen Aufzeichnungen der Strophen in Silben hier nur die entscheidende Bemerkung: »flötende Motive, jedes 2- bis 4mal wiederholt«. Dies paßte genau auf das mich so intensiv ansprechende »Dadih-dadih-dadih« oder »Drüh-drüh-drüh«; dazu der Hinweis: »Singt ruhig von Baumwipfeln.« In der zweiten Saison meines nun schon ein wenig beflügelten Lebens war ich also nachträglich bei meinem Drosselkind angelangt.

An einem verschilften Karpfenteich horchte ich auf eine vom Wasser her trillernde Stimme. Der Bauer, der dort Streu mähte, sagt »Duckanterl« dazu. Daß es sich um Zwergtaucher handelte und daß die Paare im Duett trillern – immer waren sie gerade weggetaucht, wenn ich das Fernglas endlich eingestellt hatte –, erfuhr ich erst nach Jahren. Um ans offene Wasser zu gelangen, mußte ich mich durch Schilfdikkicht kämpfen, wo Schwalbenwurzenzian blühte und Kreuzspinnen ihre Radnetze ausgespannt hatten. Dann öffnete sich plötzlich eine Art seltsamer Garten bis zum Ufer hin: Von einzelnen Birken gesäumt, wölbten sich hier in allen Schattierungen von Grün, Rotbraun und Gelb hohe Moospolster, übersponnen von feinen Ranken und im Spätsommer bestickt mit roten, bräunlichen und grünen Moosbeeren, die als Kompott jeden Wildbretgeschmack wunderbar steigerten. Birkenpilze schoben braune Hüte aus dem feuchten Torf. Meine Mutter konnte hier als Kind noch

Spielhähne balzen sehen. Es roch feucht und bitter. Das war mein erstes Hochmoor, nicht groß, aber mit einer unendlichen Weite nach innen.

Von hier aus konnte ich mühelos Bläßhühner beobachten mit ihrem samtschwarzen Kopf, der sehr weißen Stirn und dem etwas dümmlich wirkenden Kopfnicken zu jedem Schwimmstoß ihrer mit Hautlappen versehenen Füße; ich beschloß, mich dem gut erkennbaren Nest auf einer unordentlich zusammengehäuften Insel aus Schilfhalmen und Birkenästchen irgendwie zu nähern. Für meine längst undichten Gummistiefel war das Wasser zu tief, für nackte Füße der sumpfige Grund zu stachelig; ich wußte auch von Blutegeln und wollte ihnen keinesfalls meine Waden aussetzen. Also schritt ich zum Floßbau, schusterte mit alten Schnüren einige morsche Bretter über zwei Benzinkanistern aus verrostenden amerikanischen Armeebeständen zusammen. So schob ich mich, mit feuchtem Bauch auf diesem keineswegs seetüchtigen Gefährt mit dem stolzen Namen »Kon-Tiki« liegend, in die Nähe des Nestes vor. Meine »Box«, eine primitive Kamera, hat von diesem Abenteuer in einer zwar begrenzten, nicht besonders abgelegenen, aber doch völlig unberührten Wildnis, beinahe einer Tundra, den Schatten eines abtauchenden Bläßhuhnes festgehalten und die Umrisse eines frisch geschlüpften Jungen zwischen Eiern. Ich war beinahe Bengt Berg. Und schon erträumte ich mir ein von Hand aufgezogenes Bläßküken mit seiner lebhaften Rotgelbzeichnung am Köpfchen. Aber wie sollte ich ihm das Schwimmen beibringen? Ich plante meinen ersten Tümpel, zerrte, da Plastikfolie noch nicht erfunden war, auf einem Leiterwagerl Lehm aus der alten »Laimgruben« herbei; aber schon beim Ausheben einer Mulde im Eck des großen Gemüsegartens versagten meine Kräfte. Das Gelege im Schilf blieb unbehelligt, mein Floß versank im Röhricht.

Auf dem nächsten Weihnachtstisch lag ein Buch mit dem Titel »Er redete mit dem Vieh, den Vögeln und den Fischen«. Bengt Bergs Einfluß wich dem eines gewissen Gänsefreundes namens Konrad Lorenz. Mit dem Zauberwort »Prägung« beschrieb dieser die innige Mutterbindung, die schon vor dem Schlüpfen der Gössel durch Piepsen aus dem Ei und Antwort der brütenden Gans geknüpft wird. In der nächsten Saison also beschloß ich, da es im Pfaffenwinkel keine Bauerngänse gab, eine banale Ente zu adoptieren.

Frau Stoßberger war bereit, mir unter der erregt aufgeplusterten Glucke heraus ein schon seit fast drei Wochen bebrütetes Entenei zu verehren. Ich schichtete über einer ausrangierten elektrischen Kochplatte Stoffreste auf und baute ein warmes, ziemlich feuergefährdetes Nest, da ich wegen meiner Schulpflichten nicht einfach mit meinem Ei im warmen Bett bleiben konnte. »Wiewiewie« machte ich konradlorenzmäßig. Und tatsächlich, bereits am zweiten Tag drang erste Antwort aus der Tiefe. Bald bekam das Ei einen Sprung. Atemlos und alle aufgeklopften Frühstückseier meines Lebens vor Augen, half ich nach, feuchte Flaumfederchen wurden sichtbar, es drückte etwas mit aufgeregtem »Wiewiewie« gegen die Schale. Und da war auch schon mein Kind, feucht, wackelig, erstaunt. Selig hüllte ich es in die hohle Hand, piepste so zärtlich entenmäßig wie alle Entenmütter und knetete den bewährten Geflügelhofbrei aus gehackten Brennesseln, Topfen und hartem Ei.

Die Adoption war geglückt, allerdings zu gründlich, wie sich bald herausstellen sollte. Das Kind watschelte auf Schritt und Tritt hinter mir her: »Wiewiewie – Hier bin ich, wo bist du?« – Selma Lagerlöfs geniale Deutung des Rufes ziehender Graugänse aus dem beinahe schon vergessenen »Nils Holgersson« kehrte in der wissenschaftlichen Deutung durch Konrad Lorenz als »Stimmfühlungslaut« zu mir zurück: Wir gehörten zueinander, so versicherten wir uns pausenlos.

Das Problem der Schulvormittage wurde leidlich gelöst. Die Nachmittage – »wiewiewie« – waren ungemein entenhaft, auf Schritt und Tritt, immer, überall. Bis auf den letzten Schritt der Tritt folgte. Ich stand am Fenster, eine einzige unbedachte Bewegung rückwärts, wie sie sich keine Mutter erlauben darf! Noch heute reißt mich das Gefühl entzwei, zu schwer, zu plump, zu sehr Mensch gerade in diesem einen grauenvollen Augenblick gewesen zu sein: Getreten, zerquetscht!

Ich nahm ein von mir ganz persönlich getötetes, noch warmes, blutiges Klümpchen Kopf, Watschelfüße, Flügelstummel, Dunen in die Hände. An kein Entengrab kann ich mich erinnern, Trost so vieler todtrauriger kindlicher Tiermütter. Nichts linderte diese gräßliche Sekunde, nur Verdrängung war möglich. Weg damit, fort, sonst war es nicht auszuhalten. Nie wieder wollte ich sein wie Gott und sein Prophet, der mit den Vögeln sprach.

Meine Trauer verband sich mit einem seltsamen Erlebnis, das uns der Vater zugemutet hat. Unsere Mutter war nach seiner Rückkehr aus englischer Kriegsgefangenschaft in einen fremdartigen Zustand geraten, der vorzeitig ein schmerzhaftes, gefährliches Ende nahm, ohne Krankenhaus, das sie zur Notzeit nach dem Krieg für einen Schreckensort hielt. Sie begnügte sich mit dem Beistand eines alten Hausarztes. Eines Nachmittags kam der Vater mit einem bunten Schächtelchen aus Weihnachtsbeständen und forderte uns auf, mit ihm ans Moor zu kommen. Dort, vor einem anmutigen sonnigen Waldrand mit Blick auf Birken und Karpfenteich, zog er eine kleine Schaufel hervor und begrub das, was unser jüngerer Bruder hatte werden wollen, nicht ohne zuvor trübsinnig den winzigen Sarg für uns zu öffnen. Mit Entsetzen sah ich einen kleinen Leichnam, mit jämmerlich dünnem Hals und viel zu großem Kopf eher einem ausgenommenen Spatzen gleichend als einem Bübchen, obwohl es als solches durchaus schon zu erkennen war.

2. *Kapitel* ***Lehrjahre***

Den Tod warmen vertrauten Lebens mochte ich nicht so schnell wieder erleben. Also suchte ich nach kühleren, mir weniger nahestehenden Gefährten.

In der Stille von Quelltrögen und Tümpeln oder an den goldbraun dämmernden Rändern der Voralpenseen fand ich eine nahe liegende, beruhigende Unendlichkeit. Stunden verbrachte ich hier auf dem Bauch liegend und betrachtete im Schatten, den mein Kopf aufs spiegelnde Wasser warf, die kreisenden Bahnen kleiner schwarzer Schwimmkäfer, das Schwänzeln von Kaulquappen oder das träge Gleiten von Wasserschnecken, die sich auch haus- und kopfunter an der offenbar zähen Oberfläche bewegen konnten, durch die sie ihren »Fuß« schoben. Darüberhin eilten leichtfüßige Wasserläufer und Spinnen und drückten winzige Gruben in diese wie ein gespanntes Tuch Luft und Wasser trennende Haut. Übers Wasser gehen? Sie konnten das. Ich aber war schwer und ging unter. Wie mühsam war es gewesen, gegen die Angst anstrampelnd schwimmen zu lernen. Was war da eigentlich zu lernen gewesen? Nur die Überwindung des Grauens vor der Tiefe? Zuvor war ich doch wirklich untergegangen, danach blieb ich wirklich oben, ganz von selber!

Wie lebendig war dieses Wasser, in dem wir herumschwammen, auf dem wir ruderten, an dem wir angelten und den scharfen Blutgeruch eines aufgespießten Regenwurms spürten. Blieb ich lange genug geduldig über die in Tuffstein gefaßte alte Quelle des Hirschbründls gebeugt, konnte ich plötzlich einen schwarzen Molch mit Drachenkamm erkennen, der schon die ganze Zeit zwischen Pflanzenstengeln gehangen hatte; bald würde er auftauchen und Luft schlucken. Diesen Augenblick abzupassen war Gesetz, denn ich war »Tümpler« geworden; es war also an der Zeit, mein erstes Aquarium einzurichten, damit ich diese Welt nicht nur von oben, sondern auch von der Seite und von unten anschauen könnte. Unterm nächsten Christbaum stand ein großer Glasbehälter, dessen Scheiben in grünlich marmorierte Eisenränder eingekittet waren, und darin schwebten einige kontemplative Fische. Aber mein Herz verlangte nicht nach goldenen »Guppys« oder rot-türkis leuchtenden »Neonfischen«, sondern nach weniger farbigen, dafür aber wilderen Geschöpfen. Als der letzte dieser »Warmwasserfische« bleich bauchoben schwamm, leerte ich die trübe gewordene Hinterglaswelt aus, warf die kalkverkrusteten Heiz- und Lüftungsgeräte in den Keller und bepflanzte eine neue, von mir selber gestaltete Tümpellandschaft aus Kies und Tuffsteinen mit Tausendblatt, Laichkraut, Wasserpest. Zum ersten Mal erlebte ich mich als Gärtner, es entstand jene Parzelle von Wildnis im Hause, die einen bestimmten Menschentyp lebenslang erfreut. Manfred Kraus aus Böhmen, Jäger, Ornithologe von Rang und einer der späteren Reisegefährten, ist als Biologe vor allem deshalb Zoodirektor in Nürnberg geworden, weil er dort nach Herzenslust und im Großen seiner Leidenschaft für selbstgeschaffene Paradiese frönen konnte.

Ich setzte zu den scheibenputzenden Teichschnecken einen Molch, Kaulquappen, einen jungen Krebs und die empfohlene Portion Flohkrebse, die man mit dem zwischen einer Astgabel ausgespannten oberen Stück eines Seidenstrumpfs, das man unten zuknotete, aus dem See filtern konnte. Zwischen Blättern und Stengeln ruckten nun Wasserflöhe umher und machten mich mit dem Fachwort »Plankton« vertraut: das klare Aquariumwasser lebte und wartete auf Fische.

Im Herbst wurde der Karpfenteich abgelassen. Männer mit großen Keschern holten die dicken, vor dem »Mönch« zusammengedrängten, dreisömmrigen Karpfen heraus und klatschten sie in Transporttanks. Begeistert watete ich durch den Schlamm, wo Stabwanzen, Gelbrandkäfer, einige Schleien und Aale diesen vorübergehenden Weltuntergang in Schlickmulden für eine weitere Saison überstehen und den Teich neu beleben würden. Ich fand einen schlangenförmigen spannenlangen Fisch, der wohl normale Kiemen besaß, sich aber im Trüben lieber auf seine zusätzliche »Darmatmung« verließ, einen Schlammpeizger. Er schoß gelegentlich zur Oberfläche und schluckte Luft, schien also fürs Aquarium gut geeignet, zumal er dort mit Regenwürmern vorliebnahm. Ich erlebte Euphorien als Aquarianer, fing mir junge Weißfische und einen kleinen Barsch; nun konnte ich aus nächster Nähe erleben, wie dieser waghalsige Räuber plötzlich erstarrte, ein Fischchen fixierte, mit einem unwahrscheinlichen Looping seine Beute im Überraschungsangriff überschwamm, genau von vorne packte und verschlang, kopfvoraus wegen der nach hinten gerichteten Schuppen.

Doch von den Vögeln kam ich trotz bitterer Entenerfahrungen nicht los. Sie waren in mir und sie waren draußen, unübersehbar, unüberhörbar, nahe und entrückt zugleich. Warum trugen sie einander, vor allem aber mir diese Lieder vor? Sie haben mich bis heute vieles gelehrt, doch auf diese Frage verweigern sie beharrlich jede Antwort. Vielleicht habe ich Jahre später nur deshalb angefangen zu schreiben, weil ich noch immer nicht wußte, warum Vögel singen. Sie könnten doch, wie ihre Reptilienvorfahren, weiterhin aus primitiven Kehlen knurren, grunzen oder ächzen! Was für ein fröhlicher Lärm kam an Maiabenden vom See herauf: das »Quorx« der Wasserfrösche und das rhythmische »Rakka-racka« der Laubfrösche, das sich zu einem begeisterten Chor zusammenfügte, sobald ein Vorsänger den weißen Kehlsack aufblies und loslegte. Die Vogelmusik barg ein großes Geheimnis.

Doch ohne Anleitung war für mich als Gymnasiastin da kein Weiterkommen. So reifte mit dem Näherrücken des Abiturs mein eher leichtfertiger Entschluß, Biologie zu studieren. Daß in mir keinerlei Forscherdrang steckte, nicht das geringste Verlangen nach Entzauberung, war mir noch nicht klar. Die Sehnsucht nach den Namen der Vögel und der »Bewohner von Tümpel und Teich«, so der Titel eines geliebten Kosmos-Führers, sowie die väterliche Verführung durch Konrad Lorenz' Gabe des freundlichen Erzählens lenkten meinen Entschluß für ein Studium, das ich trotz tiefer Enttäuschungen nie bereut habe. Ich wollte auf biologische Morgenlandfahrt gehen und Worte des Lebens lernen, noch ohne jede Ahnung, wohin mich das führen würde und daß es, je mehr diese Worte zu verwehen drohten in stummer Mechanik, immer dringender nötig sein würde, ihnen beizustehen.

Ich wurde noch Studentin beim alten Karl von Frisch, für den sich jahrelang kein würdiger Nachfolger fand. So erlebte ich in der zerbombten Münchner Luisenstraße im notdürftig wieder eingerichteten Zoologischen Institut als eine der Letzten seine hinreißende zweisemestrige »Vorlesung zur Allgemeinen Zoologie«. Zunächst betrat als Vorhut Herr Rauch, über einem einsamen Vorderzahn feixend, mit Reptilien- und Vogelskeletten, Behältern voll lebender Elritzen oder Schautafeln vom Tanz der Bienen das Podium des großen Hörsaals. »Ich und der Chef«, verkündete er, ein Original aus Zeiten, als es noch Umweltnischen für solche Typen gab.

»Das Goderl geht bei Salamandern und Fröschen so auf und ab«, dozierte Frisch, deutete unters eigene Kinn und schenkte uns mit einfachen Worten und Gesten eines von vielen unvergänglichen Bildern, hier zur Amphibien-Atmung, die noch ohne Rippen für ordentliches Schnaufen aus dem Brustkorb, nur mit dem Pulsieren der Kehle auskommen muß. Anschauen und Erleben prägten Frischs ernste und zugleich heitere Liebe zum Lebendigen, machten ihn zum genialen Semiotiker. Zeichen zu deuten war sein Verlangen. So entdeckte er die auf Geschmacksignale gestimmten Seitenlinien der Elritzen, kleiner, wendiger Fische, die ich selber schon im Aquarium gehalten hatte, ohne auf die den schlanken silbrigen Leib entlanglaufenden Gruben zu achten. In einem entlegenen Institutsraum träumten große Aquarien mit Elritzen in einem dichten Wasserpflanzendschungel vor sich hin, autark geworden in einem stillen, einzig von Sonnenlicht in Gang gehaltenen Zusammenspiel von Wasser, grünen Pflanzen und Tieren: Ideal aller Aquarianer.

Aber vor allem entschlüsselte Frisch in immer genaueren Details die Sprache der Bienen. Wie viele Imker mögen in der Dämmerung des Stockes vor den Waben jenen seltsamen Tanz einzelner, von Zuschauerinnen umdrängter Nektarsammlerinnen gesehen haben? Schwänzelnd und flügelschwirrend hinauf, rechts herum hinunter, schwänzelnd hinauf, links herum hinunter. Doch welche Forscherphantasie war nötig, daß ein junger Wiener Mediziner auf den Gedanken kam, hier eine Mitteilung zu vermuten; den Winkel, den die in Form einer liegenden Acht ausgeführte Tanzfigur zur senkrechten Fläche im Stock bildete, in Beziehung zu setzen zum Winkel des Weges draußen zur Sonne und die Zahl der Schwänzelbewegungen des kleinen Hinterleibs zur Entfernung von der Futterquelle! Wird der Tanz nach unten ausgeführt, liegt die Futterquelle im Norden, wird er nach oben ausgeführt, liegt sie im Süden. Ein rückwärtsgerichteter Luftstrom gibt offenbar in der Dunkelheit die Nachricht weiter, die der Tanz ausdrückt. Wie ist es zu diesem sprachanalogen Zeichensystem gekommen?

Unser »Ritter von Frisch«, noch persönlich geadelt während der letzten Atemzüge Kakaniens, scherte sich wenig um das Klappern des Mühlrads »Mutation und Selektion«. Nur manchmal konnte er sich's nicht verkneifen, listig zu versichern, »a bisserl was« sei ja vielleicht doch dran am »Lamarckismus«, der die Sache mit den durch Äsen in immer höheren Akazienkronen allmählich immer länger werdenden Giraffenhälsen aufgebracht hatte. Übrigens kam auch Darwin nicht ganz ohne diesen Gedanken der Anpassung durch Gewohnheiten aus. Wir nahmen's als Scherz des liebenswerten alten Herrn. Aber vielleicht blickte er weiter? Zwar wußte man in den fünfziger Jahren noch wenig von der Unzuverlässigkeit der Chromosomen, von ihrem Springen und Kreuzen, nicht zu reden vom wüsten Treiben der »Retro-Viren«, diesen unvorstellbar kleinen Störenfrieden an der offenbar durchaus nicht stabilen Erbsubstanz der Körperzellen. Wohl werden die tierischen Keimzellen, Samen und Eier, in einem sehr frühen Embryonalstadium vorsorglich beiseite gelegt und der sogenannten Keimbahn anvertraut und so den Zufällen des unübersichtlichen Schicksals von Individuen entzogen, lernten wir. Doch undenkbar sind Risse in der molekularbiologisch aufgerüsteten Lehre von Zufall und Notwendigkeit inzwischen nicht mehr angesichts dessen, was im Zellkern lauert an mikrobiologischer Aufsässigkeit gegen die von erlaubter Sexualität variabel gehaltene, durch stockblinde Mutationen etwas verwackelte Genstabilität. Warum sollte die Umwelt also nicht doch ein Wörtchen mitzureden haben? Karl von Frisch hatte vermutlich weiter in die Zukunft geblickt, als wir damals ahnten.

Als letzter »Lamarckist« trieb im Rußland der Fünfzigerjahre noch der berüchtigte Trofim Lysenko sein Unwesen. Vertreter einer marxistischen Vererbungslehre, schalt er den

Darwinismus eine fortschrittsfeindliche Ideologie des Westens und glaubte, Erbeigenschaften z. B. von Getreide durch Umwelteinflüsse lenken zu können. Das war natürlich hoch willkommen in einer Gesellschaft, die sich mit grausamer Härte dem machbaren »Neuen Menschen« verschrieben hatte.

Frisch verstand vor allem seine Bienen. Der Nobelpreis lag damals in ferner Zukunft für den bereits Siebzigjährigen. Als der fast taub und blind Gewordene ihn schließlich 1973 zusammen mit Konrad Lorenz doch noch erhielt, konnte er sich nicht mehr freuen. Es war zu spät, und einen richtigen Nobelpreisträger hätte er auch zuvor nicht abgegeben. Vielleicht war es überhaupt der letzte Nobelpreis, den ein Biologe erhielt, der weder Mikro-, noch Neuro-, noch Kernbiologe war und von der Soziobiologie noch kaum ein Vorbeben gespürt haben mochte.

Die Bienenversuche waren keineswegs zu Ende, als ich mich unter die Herrschaft des alten Herrn begab. Ich wurde Hilfskraft bei einem Schüler des begabten Frisch-Assistenten und späteren Autors Martin Lindauer, der seine Bienen auf dem verschlafenen, der Segelfliegerei vorbehaltenen Münchner Oberwiesenfeld stehen hatte. Kleine Schleppfahrzeuge eilten hin und her, die die Flugzeuge bis zur erwünschten Höhe emporzogen. Ausgeklinkt, kam mit leisem Sausen das Zugseil herab. Ein sanfter Betrieb war das, der uns an den Rändern viel Platz ließ, um die Bahnen unserer Hautflügler zu studieren; erst 20 Jahre später sollte sich das Oberwiesenfeld ins Olympiagelände verwandeln.

Ich hatte Schälchen mit Bienen, während diese Zuckerwasser tranken, rasch vom Futterplatz zu einer in bestimmtem Winkelabstand gelegenen Aufflugstelle zu tragen, und der Doktorand maß den Bogen, den die getäuschte Biene nahm, ehe sie die neue Heimflugrichtung richtig einschlug. Da rechnete im verborgenen Insekteninneren ein Etwas den neuen Winkel aus und korrigierte innerhalb von Sekunden die Flugbahn. Man entdeckte gerade die Bedeutung des polarisierten Lichtes für die Orientierung vieler Tiere. Verliert oder gewinnt ein Phänomen an Leuchtkraft mit solchen Erklärungen? Beleben sich die Geschöpfe noch intensiver nach der Entdeckung dessen, was Voraussetzung ist für ihr Lebendigsein? Oder sterben sie in unserer Wahrnehmung ab und verwandeln sich in gut funktionierende Automaten? Öffnet sich die Welt durch Wissenschaft oder wird sie verstellt? Die Entscheidung darüber müßte doch bei uns selber liegen, so hoffe ich bis heute.

Vorerst war es wunderbar genug, die Sprache der Bienen zu erkunden und dabei mit leichter Arbeit auf dem Oberwiesenfeld zwei Mark in der Stunde zu verdienen, während zahllose Lerchen sangen. Zwei harte D-Mark – ich hatte die wertlose R-Mark aus zerknülltem Kriegspapier noch gut im Gedächtnis –, das war ein willkommenes Zubrot im kärglichen Studentenleben. Die Universitäts-Mensa mit ihrer 1.30-Mahlzeit lag zu weit weg, das Essen einer Kantine in der Meiserstraße war mit 2.50 für mich zu teuer. Aber an der Ecke Meiser/Brienner Straße gab es an einem Obststand Täfelchen gepreßter Datteln für 80 Pfennige. Mit dieser exotischen, faserigsüßen Substanz kam ich gut über den langen Labortag und auf dem klapprigen Vorkriegsfahrrad wieder heim zur Schwabinger Ecke Teng-Elisabeth-Straße; ich radelte neben der ebenso klapprigen Trambahn, der berühmten Linie 37, her, dem einstigen »Zwoaring«, jetzt »Ruinenschleifer« genannt, weil sie für 30 Pfennige das zerbombte Schwabing mit dem zerbombten Lehel verband. Wir hausten zusammen mit dem Vater in einer winzigen, ins ausgebrannte Dach eines der wenigen stehengebliebenen Häuser gebauten Mietwohnung; von dort pendelte dieser zwischen München und unserem nahe Weilheim gelegenen Refugium, wo er mit uns die erst Samstagmittag beginnenden Wochenenden verbrachte. Die bimmelnde Tram veranstaltete unter meinem Mansardenfenster einen so gewaltigen Radau, daß ich mich nach den stillen Feriennächten im Pfaffenwinkel stets neu eingewöhnen mußte.

Im großen zoologischen Praktikum des dritten und vierten Semesters machte Karl von Frisch täglich Visite. Wir tränkten Gewebeschnitte aus allerlei Nieren, Lebern oder Darmwänden in rosa Eosin und lila Hämathoxylin und färbten damit auch dauerhaft unsere Finger. Wir betrachteten unterm Mikroskop Präparate von Kernteilungen: Das unordentliche Gewirr des Kerninneren, ein Gestrüpp langer Fäden, schnurrte zusammen zu größeren und kleineren, krummen oder geraden Gebilden namens Chromosomen, die sich, an gespannten Fäden der »Kernspindel« gezogen, der Länge nach spalteten und an zwei Tochterzellen gingen. Das sah hübsch aus, und wir erfuhren, daß damit das Erbmaterial, wie beim Ableben eines reichen Onkels, gerecht verteilt wurde. Allerdings kam bei der Zellteilung niemand zu Tode.

Höchstens ein Wetterleuchten drang damals nach München aus dem fernen Cambridge, wo der junge James Watson mit Francis Crick soeben für diese ellenlangen verwikkelten Fäden ein wunderschön einfaches Modell gefunden hatte, die Doppelhelix: ein »schneckenförmig« gewundenes Gebilde, an dem die sogenannten Nucleotide aufgefädelt sind in zueinander komplementär gebauter Struktur komplizierter Moleküle. Diese Doppelhelix sollte den beiden schon 1962 »the thing« einbringen, den heiß begehrten Nobelpreis. Desoxyribonukleinsäure buchstabierten die biochemisch etwas Versierteren unter uns, oder sie sprachen flott von DNA; A stand für Acid.

An Bildchen gemütlicher Hülsenfrüchte lernten wir die Mendelschen Gesetze. Was für ein Glück hatte Pater Gregor (1822–84) im Klostergärtlein des Augustinerstiftes zu Brünn, daß er ausgerechnet Erbsen gekreuzt hatte, die willens waren, in der Tochter- und Enkelgeneration ihre sauber getrennten Merkmale, z. B. gelbe oder grüne Samen mit glatter oder runzliger Haut, in einfachen Zahlenverhältnissen schön sichtbar aufzuteilen! Er hatte nämlich bei dem, was man später »mendeln« nennen würde, Einzelgene für Einzelmerkmale erwischt, eine eher ungewöhnliche Sache. Das ruhige Beobachten seiner Pflanzen über viele Generationen hinweg ließ im Kopf dieses Priors einen folgenreichen Entschluß reifen: Für immer trennte er die Erscheinung eines Organismus (»Phänotyp«) von seinen Erbanlagen (»Genotyp«) und löste diese, ohne noch von Chromosomen und Genen zu wissen, in kleine Einheiten je Merkmal auf. Er wußte offenbar um die Tragweite seiner Versuche, deren Aufzeichnungen übrigens verloren sind: »Meine Zeit wird erst kommen«, sagte er mit der Gelassenheit des Schullehrers und Mönches. Erst 15 Jahre nach seinem Tode, um 1900, hat man sich seiner erinnert.

Aber erst die belebten Wassertröpfchen unterm Mikroskop entführten mich so richtig in die Unendlichkeit des immer Kleineren und ließen mich das Vergnügen Leeuwenhoeks nacherleben, des Erfinders des Mikroskops 300 Jahre zuvor; ich bewunderte herumsausende Einzeller, die je einen Kern und sonst noch einiges besaßen, und zeichnete begeistert diese »Protozoen«, also »Vortiere« Genannten. Zarte formlose Amöben stülpten »Füßchen« vor, umflossen Nahrungspartikel und wurden nach solchen Ausbrüchen von Strebsamkeit wieder zu runden satten Plasmatröpfchen; auch sie waren schon sichtlich auf etwas aus, also höchst lebendig. Durchsichtige Pantoffeltierchen hatten eine feste, mit Wimpern umkränzte Kontur, im Inneren nützliche Organellen und konnten suchend und zielstrebig dahinschwimmen. Gehäuse von Foraminiferen, die Kalk- oder Siliciumkonstruktionen erfunden hatten, waren von staunenswerter Vielfalt und Pracht. Wir lernten, daß sich mit ihnen als »Leitfossilien« das Alter von Gesteinsschichten bestimmen ließ. Sie alle, aus dem Bildungsstreben nur einer einzigen Zelle ins sichtbare Lebendigseins hinaus gestaltet, einmalig, unverwechselbar, schienen mir seit Jahrmillionen auf die Erfindung des Mikroskops und auf Namen gewartet zu haben.

Dieses Gewusel war damals zuverlässig im ersten der fünf Stämme, dem der »Einzeller« versammelt, wo sich die damals noch »Blaualgen« genannten Cyanobakterien geschwisterlich mit Braunalgen oder Pantoffeltierchen zusammenfanden. Die großen Auflösungen und Umbauten im Stammbaum des Lebens standen erst noch bevor, etwa die Entdeckung urtümlicher Archaebakterien, die weder giftige Salzseen noch heiße Meeresquellen scheuen, wo sie ganz ohne Sonnenlicht auskommen, weil sie ihre Energie z. B. aus der Oxidation heißen Schwefels beziehen: atemlos offenbar und dennoch ungemein lebenstüchtig! Wir studierten damals in einer Spätphase der seit Carl von Linné immer einfacher und übersichtlicher gewordenen, gänzlich morphologisch geprägten Biowissenschaft. Wir hatten es mit Gestalten und Namen zu tun, die wir betrachteten, abzeichneten, verglichen.

Einmal gab es eine solche Rarität unter meinem Mikroskop, daß der gerade visitierende Meister sich zu mir setzte, die dicke Brille hochschob und mit seinen bloßen, sehr blauen, sehr kurzsichtigen Augen den Exoten inspizierte. Ist mir womöglich in jener gar nicht wahrgenommenen Sternstunde die Chance entwischt, einen bislang unbekannten Einzeller benennen zu dürfen? Der gefürchtet unnahbare Alte stand schweigend auf und ging weiter. Von extremer Schüchternheit geprägt, versäumte ich, mich nach dem etwaigen lateinischen Namen meines Fundes zu erkundigen. Ich vergaß sogar, den Sonderling zu portraitieren. Denn die Pracht langhaariger Mikroben aus dem Pansen von Rindern faszinierte mich unter dem Lichtstrahl meines Mikroskops als nächstes. Ernährungskünstler von Rang, bringen sie es fertig, wenn nur ihre weidenden Wirte ihnen das Grünzeug gekaut und wiedergekäut vorteilen, die karge Zellulose der Gräser und Blumen aufzuschließen; so erzeugen sie einen nahrhaften Brei, zu dem sie bedauerlicherweise auch selbst gehören. Was für ein wunderbares System! Am Ende ist der Kräuterknödel nährstoffreicher als am Anfang in einer Art wunderbaren Brotvermehrung! Diese ansprechenden, mit wogenden Frisuren im nahrhaften inneren Ozean dahinschwimmenden Einzeller weckten sogleich meinen Ehrgeiz, sie mit gut gespitztem Stift so zu zeichnen, daß man sie auch auf Papier noch dahinschweben sähe. Sie trugen schöne Namen, Entodinium caudatum oder Entodinium longinucleatum. Aus der stichdunklen Wärme der Wiederkäuermägen hatten wir sie ans Tageslicht geholt und bewundert, um sie anschließend vertrocknen zu lassen.

Als nächstes spannten wir die Häute sorgsam aufpräparierter Regenwürmer mit Stecknadeln auf eine Wachsplatte, um rote Blutgefäße und weißliches Bauchmark zu studieren. Ich konnte aber angesichts des von Regenwürmern so rot vergossenen Blutes, den Geruch des Angelhakens noch in der Nase, meine Beklemmung nie recht überwinden; sie wuchs noch mit der immer höheren Stellung auf der Entwicklungsleiter, die den anatomischen Objekten zukam. Einen Blutegel zu schlitzen mochte ja hingehen. Ein Froschbauch war eine ganz und gar nicht gleichgültige Fläche, und der noch warme Mäuseleib forderte das Gewissen in ziemlich hohem Maße heraus, gemäß einem Ähnlichkeitsempfinden, das nur schwer zu verdrängen war. Einmal teilte Herr Ton, das alte ernste Faktotum des Instituts, für je vier oder fünf Teilnehmer am »Kurs für vergleichende Anatomie der Wirbeltiere« frisch getötete Feuersalamander aus, die damals offenbar noch im Überfluß zu finden waren. Aus einem Weibchen kamen beim Präparieren geburtsreif zappelnde Junge zum Vorschein. Ein schon etwas älterer Student aus Brasilien, Pater Nedel SJ und ich adoptierten sie. Mein altes Aquarium avancierte zum Terrarium mit einem aus Torfziegeln und Wurzelstrünken aufgebauten feuchten Dschungel aus Butterblumen und Sumpfvergißmeinnicht zwischen Moospolstern, dessen Schönheit wiederum höchsten Genuß bot. Bei Zoo-Artmeier in der nahe gelegenen Augustenstraße, mit Fischen, Wasserpflanzen, Schildkröten und bunten Vögeln ein Lustort ohnegleichen, erwarb ich eine Portion weißer Kompostwürmchen, Enchyträen, die mit eingeweichtem Brot in einem Blumentopf voll feuchter Erde gut gediehen, ein »Lebendfutter« für anspruchsvolle Fische. Sie waren als Anfangsnahrung auch für Salamanderbabys geeignet. Ich erlernte die Kunst, in der möglichst ruhigen Hand einen Wurm mit der Pinzette so zu halten, daß er sich appetitanregend vor dem winzigen Jägerauge krümmte, ohne daß das nach endlosem Zögern schließlich zuschnappende weiche Lurchmaul sich verletzte.

Ich besuchte alle vorgeschriebenen Praktika, die uns in die Botanik, die Paläontologie und die verschiedenen Disziplinen der Chemie einüben sollten. Als Initiation ins Reich der exakten Wissenschaften, zu denen die Zoologie sich so richtig noch nicht zählen durfte, galt der Abstieg in die Unterwelt, hier also in ein provisorisch im zerbombten Hofgebäude unseres Instituts untergebrachtes anorganisch-chemisches Kellerlabor. Doch diese dampfende, stinkende Küchengrotte stand uns Nebenfach-Chemikern bloß während der Sommersemesterferien zur Verfügung. Wenig ältere, mit unumschränkter Macht über unsereins ausgestattete Hauptfach-Chemiker mischten als Famuli Substanzen zusammen zu einem sogenannten »Präparat«, das wir wieder in seine Bestandteile zerlegen, also »analysieren« mußten. Wir kochten drauflos und bekamen allerlei zu sehen und zu riechen.

Nach Rezepten aus dem Jander/Wendtschen »Lehrbuch der analytischen und präparativen anorganischen Chemie« war eine Prise der Mischung aufzulösen, über dem Bunsenbrenner zu sieden, es waren Säuren oder Basen einzugießen und anschließend wunderbar bunte Schlieren, phantastische Ausfällungen zu erleben, die im farblosen Nichts plötzlich etwa durch optimistisches Briefkastengelb auf unerwartetes Vorhandensein von Cadmium hindeuteten, das sich als Sulfid in dieser Weise zeigte. Blei hielt in der Verbrennungsform des Bleioxids ein köstliches Mennigrot bereit. Eisen, in rein metallischer, »gediegener« Form eigentlich grauschwarz, barg ein heftiges Orangerot. Es kommt an der Erdoberfläche nur oxidiert als Rost vor und färbt also Wüsten rot. Kupfer mit seiner Potenz zum Grün fand ich auf späteren Reisen in Salomons Kupferminen im südlichen Negev als grünspanfarbenes Mineral im Wüstensand wieder. Der Name »Buntmetalle« für Kupfer, Blei, Zink oder Kobalt leuchtete hier unmittelbar ein.

Um den Schwefel als Helfer bei dieser farbenfrohen Spurensuche zu mobilisieren, mußten wir mit angehaltenem Atem in den miserabel gelüfteten »Schwefelwasserstoffraum« vordringen, die Türe zur Schonung der Kommilitonen so schnell wie möglich schließen und einen der freien Schläuche, aus denen das greuliche Gas brodelte, ins eigene Becherglas gluckern lassen, damit schwefelliebende Substanzen in ihre Sulfide übergingen. Dabei zeigte sich Zinksulfid leuchtend weiß als das »Deckweiß« unserer geliebten Farbkästen. Die Erinnerung an meine Wasserfarbenzeit stieg aus der Kindheit auf, bunte Näpfchen mit Cadmiumgelb, Preußischblau, Ultramarin, Kobaltblau oder lichtem Ocker. So rasch wie möglich stürzte man aus dem Schwefelwasserstoffraum wieder hinaus, die Lungen zum Bersten angefüllt mit dem Gestank »nach faulen Eiern«. Kleider, Haare und sogar die Haut echter Chemiker strömten einen so strengen Geruch aus, daß sie in den Kantinen nur ohne ihre verfleckten weißen Labormäntel zugelassen waren. Gegen aufsteigende Übelkeit brühten wir uns Nescafé auf und hörten die übrigens weitverbreitete Legende vom unerfahrenen Studenten, der ein Becherglas für Kaffee mit Resten von Zyankali benutzt hatte. Exitus, Tod durch inneres Ersticken wegen Zusammenbruch der Zellatmung!

Bei diesem bunten, dampfenden, übelriechenden Treiben kamen die Alchimisten unter uns noch auf ihre Kosten, schnupperten, schauten, horchten – Vorsicht mit reinem Natrium, es knattert explosiv beim Zusammentreffen mit Wasser – und erlebten mit allen Sinnen die Welt der Atome, die zu Molekülen zusammenzutreten eine auf ihre Stellung im »Periodensystem« der Elemente beruhende elementare Wahlverwandtschaft sie nötigte. Daß für die Physiker dieses schöne klare System nur eine Kulisse war, hinter der Partikel und Wellen immer neue Rätsel aufgaben, davon durften wir als Biologen zusammen mit Chemikern noch absehen.

Wie hatten wir uns als Kinder über Katzengold gefreut, das sich nun als Schwefeleisen erwies. Eisen, »Fe« genannt, ist ein phantasievolles Metall mit großer Bedeutung in der Kulturgeschichte! Mit Kohle erhitzt, wobei sich 4% derselben in seiner Schmelze lösen, ergibt es massives, hitzebeständiges, aber nicht schmiedbares Gußeisen, als das es die schnörkelverliebte U-Bahn- und Eisenbahnwelt der Jugendstil-Städtelandschaften schmückt. Verringert man durch Ausglühen den Kohlegehalt, indem man Birkenstämme ins flüssige Eisen hält oder Luft hindurchbläst, gewinnt man schmiedbaren Stahl. Aus der Kindheit klang mir das Hämmern des böhmischen Dorfschmieds noch in den Ohren. Wieland der Schmied war ein solcher Meister der Schmiedekunst, daß sein Zwingherr, König Nidung, ihm die Kniesehnen durchtrennte, um ihn lebenslang als Sklaven für sich allein schuften zu lassen. Besondere Schwerter trugen Namen; eines hieß »Notung«; es zerbrach am Speer Wotans, Sieglinde verwahrte die Stücke, die nicht einmal der keltische Zwergenschmied Mime, sondern erst Siegfried neu zusammenschweißen konnte.

Kombiniert man die Härte des Gußeisens mit der Elastizität von Schmiedeeisen durch Verdrillen von Stäben, gemeinsames Erhitzen, Hämmern und anschließendes Abschrekken, erhält man den schöngemusterten, einst mit Gold aufgewogenen »Damaszenerstahl«. Gute Eisenwaffen waren unbezahlbar, und Schaufel, Pflugschar oder Grabscheit aus Eisen lagen für einen Bauern außer aller Vorstellung. Er nahm mit Holzgeräten vorlieb. In der Prophezeiung des Jesaja, es würden einst »Schwerter zu Pflugscharen« umgeschmiedet, schwingt sehr konkret das Endzeitliche dieses Bildes mit, nicht etwa eine Anweisung für einfach machbaren Frieden.

Aber derlei erwähnte in meiner Studentenzeit natürlich niemand. Nur Theo Rosendorfer, ein aus der Physik in die Chemie emigrierter Bratschist, mit dem ich im Kellerlabor zusammen kochte, dachte gründlicher nach. Als Künstler haben ihn lebenslang Eisen und andere Metalle weit über die chemischen Gesetze hinaus fasziniert, und er spricht noch heute mit jugendlicher Begeisterung über die gediegene, leicht formbare und stets unveränderliche Schönheit des Goldes, dessen rein symbolischer Wert in der modernen Wirtschaft zwangsläufig verfallen mußte. Schönheit? Was sollte die für einen Wert haben? In Theo hat die Alchimistenphantasie ein Arbeitsleben als Industriechemiker überstanden und ihm einen Abglanz aus dem Königreich der fünf Sinne erhalten.

Wir lernten die »Halogene« kennen, die sich in ihrer Reihe im periodischen System aller Elemente höchst unterschiedlich verhielten, je nach Atomgewicht. Am leichtesten, also gasförmig, ist das Fluor; als ätzender Fluorwasserstoffdampf verursachte es im Gesicht eines daran forschenden Doktoranden Geschwüre. Erschüttert sah ich diesen Märtyrer der anorganischen Chemie still und traurig in seinem düsteren Labor verschwinden. Auch gasförmig, obzwar schwerer, ist das giftige, gelbgrüne, unsauberes Wasser desinfizierende Chlor. Boshaft gebärdet sich das rotbraun brodelnde Brom, das sich bei Zimmertemperatur flüssig zeigt, während das wackere, noch schwerere Jod, das als dunkelbraune Essenz unsere Kinderknie heftig brennend desinfizierte und in veilchenfarbenem Metallglanz graphitähnlich grauschwarze Kristalle bildet, dringend von der Schilddrüse gebraucht wird, sollen die von Jodmangel Betroffenen nicht mit einem gewaltigen Kropf am Hals herumlaufen. Ich kannte diese furchterregenden, mit dicken Adern überzogenen Gebilde noch von manchen Alten in unserem böhmischen Dorf, die mit weit offenem Kragen ihre Mißbildung zur Schau tragen mußten. Das die Reihe der Halogene fortsetzende Astatium (von griechisch »unbeständig«) ist radioaktiv und spielte in unserer Chemie-Welt als künstliches Element beim Uranzerfall keine Rolle.

Salzsäure und Natronlauge mit ihren antagonistischen Eigenschaften taugten nebenher auch dazu, vor Einladungen zu Bällen meine vom Färben der Gewebeschnitte im zoologischen Praktikum lila und rosa gefärbten Hände zu reinigen: Die Lauge machte die Haut glitschig, die Säure wusch die oberste Schicht ganz ab und schenkte mir seidige Finger, die tadellos zu meinem einzigen, in einem amerikanischen Care-Paket über den Atlantik geschwommenen rosa Abendkleid paßten, mit dem ich »ausging«, also auf meine ersten Bälle geführt wurde. Doch allzu häufig durfte man sich in dieser Weise die Hände nicht waschen.

Zur chemischen Weihe gehörten auch Praktikumswochen als Hilfskraft bei einem angehenden Forscher. Mich verschlug es zu einem mit Brom arbeitenden Doktoranden. Es mag an einem verkorksten Wunsch nach Annäherung oder einfach an sadistisch gefärbter Freude über seine unverhoffte Macht als Vorgesetzter eines jungen Mädchens gelegen haben – jedenfalls ließ er mich ungewarnt in der Nähe seiner braun dampfenden Versuchsanordnung werkeln. Schon nach wenigen Atemzügen wurde aus meinem Gesicht ein aktiver Vulkan. Halb blind, mit triefender Nase und schmerzenden Lungen kramte ich meinen Fahrradschlüssel hervor und radelte taumelnd, keuchend und niesend durch die nicht enden wollende Tengstraße nach Hause. Ich weiß nicht, ob genau dieses Ereignis meine Nase bis heute nicht hat zur Ruhe kommen lassen. Es hat mich jedenfalls Jahre gekostet, die innere Mördergrube zu überwinden und jene böse Tat zu vergeben.

Ermutigt durch leuchtende Farben, klare Scheidungen und übersichtliche Hierarchien im periodischen System der Elemente mit seinen vornehmen »Edelgasen« und »Edelmetallen«, »Seltenen Erden« und kurzlebigen Schwerstmitgliedern, die Götternamen wie Neptunium oder Plutonium trugen, begab ich mich schon zwei Semester nach diesen Kellerwochen, die organische Chemie leichtfertig links liegen lassend, ins Obergeschoß unseres Instituts zum biochemischen Praktikum unter die Fuchtel von Feodor Lynen. Ich hielt das für eine Rückkehr zur Lebenskunde. Ganz leise, mir selber noch kaum bewußt, regte sich wohl die Sorge, es könnte die kompliziert im Reich des Lebendigen wirkende Chemie eigentlich nur als eine ins grob Stoffliche hinein fortgesetzte, butterweich gewordene Physik angesehen werden, so daß, wer erkennen wollte, was die Welt im Innersten zusammenhält, dies höchstens als Physiker, ja eigentlich überhaupt nur als Mathematiker schaffen würde. Am Ende stünden womöglich bloß Gleichungen, vor denen ich mich noch von der Schulzeit her ziemlich fürchtete. Aber von der Erfahrung meiner selbst als unzweifelhaft lebendig noch naiv geprägt, glaubte ich, diesen riskanten Weg nach innen wagen zu können.

Feodor Lynen, der strenge, seit einem Skiunfall mit beschädigtem Knie stark hinkende spätere Nobelpreisträger, der sich im »Akademischen Skiclub München«, dem »ASEM«, von den Studenten kameradschaftlich mit »du Fitzi« anreden ließ, war von allen Schülern gefürchtet. Schon um acht Uhr früh schnürte der jugendlich liebenswürdig wirkende Herr beutesuchend durch das Labor, wo einige Doktoranden wie Sträflinge an ihren Arbeitstischen in einem Gewirr gläserner Apparate bereits schuften mußten, um nicht als Faulpelze zu gelten; er fahndete mit dem Blick eines Getriebenen nach ersehnten Substanzen. Reine Kristalle wollte er sehen aus der Welt des Citrat- oder Krebszyklus, an dessen weiterer Aufklärung er in einem ehrgeizigen Kopf-an-Kopf-Rennen gegen japanische Forscher arbeitete. Es ging um Zellatmung und damit um einen erhofften Nobelpreis. Er wurde ihm später zusammen mit den Japanern verliehen.

»Reduzieren«, so hatten wir schon in der anorganischen Chemie gelernt, bedeute Rückgängigmachen von Verbrennung, grob gesagt also vor allem das Lösen von Sauerstoffbindungen. In Wirklichkeit aber die Übertragung eines Elektrons von einem Reduktionsmittel auf die jeweilige Substanz.

»Alles was atmet, lobet den Herrn«, hatte König David zur Harfe gesungen. Dieses »Atmen« war von nun an nur die sichtbare Voraussetzung dafür, daß von grünen Pflanzen großzügig gewährte Geschenke wie Zucker oder Stärke oxidiert werden können. Es geht dabei gewissermaßen um ein in winzigen Zellbewohnern, den geheimnisvollen Mitochondrien, ablaufendes inneres »Brennen«, das uns aber durch eine lange Reaktionskette, den sogenannten Krebszyklus in diesem raffinierten Zellchemiewerk, nicht mehr als zuträglich erhitzt. Dies liefert Lebensenergie für den Aufbau von Strukturen und für vielfältiges Tätigsein.

Deshalb also füllen draußen im hellen Tageslicht, im Grünen und Luftigen Frösche oder Salamander durch Bewegungen ihres »Goderls« die Lungen, pumpen Vögel alle Luftsäcke auf und treiben die Frischluft sogar zweimal durch die Lungen, preßt und dehnt unsereins rhythmisch den Brustkorb, um übrigbleibendes Kohlendioxid durch neuen Sauerstoff zu ersetzen! Gerne wollte ich diese Hintergründe verstehen, um zu erfahren, daß alles in der Natur mit rechten Dingen zugehe. Das Durchschauen der Mechanismen, die Leben bedingen, hatte etwas Befreiendes, war Aufklärung im besten Sinne. Zwar riß ich mich nicht darum mitzuforschen. Aber ich genoß neue Seiten im Buch der Natur und blätterte freudig weiter.

Das stille Kreisen, Spalten und Zusammenfügen sinnreicher Verbindungen wies auf die mit einigem Fleiß zuverlässig erforschbare Seite des Lebendigen hin. Wir betrachteten Modelle von Molekülen, die auf dem Tisch unter der großen schwarzen Tafel des Hörsaals standen. Da waren an dünnen Stäbchen bunte Kugeln angeordnet und suggerierten eine zwar komplizierte, aber sehr feste Zuverlässigkeit im Kleinen, die sich auch im Aufbau der Atome als ein System von noch kleineren, ebenfalls bunten Kugeln vorstellen ließ, ein innerer Himmel aus Trabanten und Sonnen. Allerdings war das alles durch beunruhigende Nachrichten aus der Teilchenphysik schon fragwürdig geworden, Materie und Energie seien nicht mehr sauber zu trennen, Lichtquanten spukten herum, Raum und Zeit krümmten sich und drohten unsere Wirklichkeit zum Splittern zu bringen. Wie Craquelée auf scharf gebranntem Porzellangeschirr liefen Risse durch unser ganzes Weltbild.

Da diese farbenfrohen Molekülskulpturen aber optimistisch zwischen uns und Egon Wiberg, der anorganische, und Rolf Huisgen, der organische Chemie dozierte, stehengeblieben waren, schien eine gewisse Zuverlässigkeit der Materie wenigstens im Bereich mittlerer Größe doch verbürgt als eines Materials, aus dem alles, auch meine geliebten Vögel gebildet waren und an dem jede Änderung sich abspielen konnte. Ich bin die Vorstellung, daß auch Elektronen, Neutronen, Protonen samt all ihren Hintersassen im Grunde bunte Kügelchen seien, bis heute nicht losgeworden und schleppe die Modelle der Materie aus dem großen Hörsaal der Münchner Luisenstraße noch immer mit mir herum, die das Fest- und Anfaßbarsein der Geschöpfe zu sichern schienen.

Wir isolierten im biochemischen Obergeschoß unermeßlich komplizierte Gebilde von ketten-, ring- oder spiralförmigem Bau aus viel Kohlenstoff, Stickstoff, Phosphor und Wasser mit so geringfügigen wie entscheidenden anderen Zugaben, z. B. Eisen im Blutfarbstoff und Magnesium im sonst nahezu identischen, froschgrünen Chlorophyll der Pflanzen. Doch in diese Zusammenhänge wirklich einzudringen war ich offensichtlich nicht in der Lage, da ich mir, der organischen Chemie in keiner Weise mächtig, selbst die einfacheren Strukturen nicht merken konnte. Ich tappte im dunklen und verlor mich in der Wirrsal riesiger Formeln. Beim Schlußkolloquium stieß ich an die blamabel eng gezogenen Grenzen meiner biochemischen Fähigkeiten und mußte mir zum Abschied die ironische Frage Lynens gefallen lassen, ob ich schon mal was von Chemie gehört hätte. Das nahm ich mir zu Herzen und verabschiedete mich von dem Wunsch, das Lebendige bis hinunter zu den chemischen Wurzeln durchschauen zu wollen.

Die nächsten Sommerferien verbrachte ich Erholung suchend als Hilfskraft an der Vogelwarte Radolfzell. Sie hatte ihren Sitz im alten Schloß Möggingen auf dem Bodanrück. Leiter war der legendäre Doktor Kuhk, ein bedächtiger, gütiger Herr, als Junggeselle ganz der Forschung und einer bescheidenen Jagdpassion hingegeben, der er im Bodmannschen Revier nachgehen konnte. Ich bekam die etwas eintönige Aufgabe zugeteilt, Rückmeldungen gefundener Vogelringe noch aus der Rossittener Vorzeit mit Hilfe alter Landkarten nach Längen- und Breitengrad zu bestimmen und auf Karteikärtchen einzutragen. Die Ringe von der Kurischen Nehrung waren meist in den Weiten Ostpreußens, Pommerns oder der Mark wiedergefunden worden, und ich stieß dabei sogar auf einen Ort namens Podewils, mittelalterlicher Stammsitz unserer Familie hinterpommerscher Herkunft.

Kuhk gestattete mir, auch während des Arbeitstags die Bibliothek der Vogelwarte zu benutzen, und ich stieß bald auf eine Zeitschrift aus den Königsberger Kriegsjahren mit Konrad Lorenz' berühmtem Aufsatz »Die angeborenen Formen möglicher Erfahrung«. Ich las mich fest und begegnete nun keineswegs dem väterlichen Freund meiner Schulzeit, sondern einem unerbittlichen Spürhund auf den Fährten von Mechanismen, die das Verhalten der Tiere lenken. Es schien sich eine Schlinge um meinen Hals zu legen und langsam zuzuziehen. Meine große erste Liebe wurde hier erbarmungslos den Prüfungen durch wissenschaftliche Methoden ausgesetzt. Die »Tierpsychologie« war zur »Verhaltensforschung« herangereift und sprach nun von Attrappen, wo Tiere sich zeigten, und von Schlüssel-Schloß-Beziehungen, wo sie als Freund oder Feind miteinander umgingen. Fiel da also »in Wirklichkeit« nur jeder auf jeden herein? Das Stichlingsmännchen sah offenbar bloß den dicken Bauch des paarungsbereiten Weibchens, dieses bloß die rote Unterseite des Männchens in Paarungsstimmung, auf die andere gleichgestimmte Männchen mit Aggression reagieren. All das ließ sich durch primitive Attrappen ersetzen und funktionierte dann genauso. Der Ente etwa ist das Greifvogelschema angeboren, die Silhouette mit langem Stoß und kurzem Hals, auf die sie mit Flucht oder Aufsuchen von Deckung reagiert; langer Hals und kurzer Stoß hingegen erscheinen ihr zu Recht als völlig harmlos. Es genügte also, eine entsprechende Flugattrappe vorwärts oder rückwärts über den Himmel zu ziehen, um einmal Rohrweihenalarm auszulösen, das andere Mal bloß Kranich, Reiher oder Storch zu fingieren. So kommt man als Ente tadellos durchs Leben. Merken Tafel-, Löffel- oder Knäkenten gar nicht, was rundum vorgeht? Leben sie überhaupt? Oder sind sie Automaten?

»Auslösen« hieß das ebenso korrekte wie verfängliche Zauberwort. Vor meinen erschrockenen Augen schien eine allgemeine Entlarvung stattzufinden, als wären überall Trickbetrüger am Werk statt lebendiger Wesen. Das ganze bunte Zusammenspiel der Phänomene – war es nichts als Illusion, erkannten einander nicht einmal die Mimen? Folgte ich womöglich nur Schatten? Ging es in der von mir gewählten und geliebten Biologie nur darum, den vermeintlichen Zauberer des Lebens zu blamieren, die in dessen Ärmel versteckte Spielkarte hervorzuholen, mit der er alle nur hereinlegt: Abrakadabra! Habt ihr etwa geglaubt, im Zylinder sei ein Kaninchen? Hahaha! Weitere Fragen schienen unerwünscht. Ich spürte eine erste Berührung durch den Reduktionismus. Mir schauderte. Ich war verstört.

Natürlich war mein Erschrecken kindisch. Hatte ich bei Tieren etwa Einsicht erwartet, wo Instinkte, also automatenhaftes Verhalten herrschen mußte, das sich mit den unvermeidlich reduktionistischen Methoden der Verhaltensforschung blitzsauber nachweisen ließ? Aber in meinem damaligen Entsetzen rührte sich wohl auch die dunkle Vorahnung, daß der spezielle Reduktionismus, ohne den kein Forschen möglich ist, sich womöglich breitmachen und zum genzentrierten, biologistischen Weltbild aufblähen könnte. Dann würde meine biologische Morgenlandfahrt in einen engen Kreis einmünden, nirgendwohin führen bzw. im Nichts enden. Heute scheint denn auch alles Lebendige nach dem Modell von Robotern zu funktionieren, und man glaubt im Ernst, alles was im Inneren des Lebens zu finden ist, ohne Verlust herunterladen zu können auf eine Festplatte. Höchstens im kleinen Präfix »herunter« schwingt noch eine Ahnung mit, daß eine Reduktion stattfindet und daß dieses Weltbild kein Bild ist. Weil es den Lebewesen ein Innen in Abgrenzung zu ihrem Außen abspricht, muß zwangsläufig deren Gestalt aus einem Blick geraten, der nicht blickt. Unter diesen leeren Augen muß auch der Mensch zu einem Automaten ohne Innerlichkeit werden. Alles andere wäre angeblich Metaphysik.

Abends kam im Schilf der Radolfzeller Bucht als Höhepunkt meiner Bodenseewochen die Mitarbeit am Vogelfang. Feinste »Japannetze« wurden senkrecht aufgespannt. Ließen sich ziehende Schwalben zum Schlafen kopfunter ins Schilf fallen, verfingen sie sich und hingen dann in den zu elastischen Beuteln ausgebuchteten Maschen. Behutsam lösten wir die Krällchen, steckten die stille Handvoll Vogel in eine um den Bauch getragene Tasche, die wir wohlgefüllt an einer Hütte ablieferten. Dort bekam jede Schwalbe ihren Ring ums zarte Bein, wurde gewogen und wieder hinaus in die Abendluft geworfen. Als Beifang hoch willkommen waren Laub- oder Rohrsänger, winzige Sommergoldhähnchen, Steinschmätzer, Drosseln oder gar der den Schwalbenzug als Jäger begleitende Baumfalke. Blies man die Brustfederchen auseinander, war an Farbe und Größe der darunterliegenden gelben Fettschicht zu erkennen, in welcher Verfassung der kleine Wanderer war und ob er noch eine weite Reise vor sich hatte. Hier wurde für mich die Wirklichkeit wieder wirklich. Der Umgang mit den gefangenen Vögeln wirkte heilend.

An freien Abenden folgte ich zwei Gymnasiasten, die sich bereits meisterhaft im schwierigen Reich der Limikolen auskannten. Diese gehören in die Ordnung der Charadriiformes oder Watvögel, wohin auch Möwen, Seeschwalben und Alken gestellt werden. »Kiffkiffkiff« macht der Bruchwasserläufer beim Auffliegen und zeigt einen weißen Bürzel, während der Waldwasserläufer mit seinem noch auffälligeren Weiß und viel dunkleren Schwingen ein jodelndes »tjuit-it-it« verlauten läßt. Die Bekassine fliegt zickzack. Der Flußuferläufer wippt nach der Landung ständig mit dem ganzen Körper, eine Eigenschaft, die ihn und nahe Verwandte in aller Welt erkennbar macht. Ich begegnete Vögeln, die sich in Braun, Beige, Weiß, Grau und ein wenig Schwarz vielfältig präsentieren. Gerade der Mangel an lebhaften Farben machte die an Flügelbinde, Tönung der Beine, Schnabelform oder Kopfzeichnung nur fürs geübte Auge unterscheidbaren Arten dieser Familie zu einem besonderen ästhetischen Geschenk, von einer eigentümlich kargen Schönheit, der sich kein Vogelliebhaber entziehen kann.

Dieselbe Faszination geht von ihren Rufen aus. Im Vergleich zu den Liedern der Singvögel mögen sie bescheiden klingen; in ihnen aber haben Gewässer, Moore und Sümpfe, die menschenleere Weite von Watt und nördlichen Tundren ebenso wie von südlichen Küstenstrichen Stimme gewonnen. Unsere Sehnsucht, dem Ruf der Einsamkeit von Brachvogel, Regenpfeifer oder Rotschenkel zu folgen, wird mit der Zeit unwiderstehlich. Immer scheinen sie anderswo daheim, in einem besseren Land, im Glück einer wilden Ferne, die uns allerdings, wollten wir uns ihr ausliefern, wohl kaum aufnehmen würde. So träumen wir und reisen den Limikolen schließlich in alle vier Winde nach; wir treffen in Irland die von zu Hause vertrauten Brachvögel und Goldregenpfeifer wieder, in Namibia die Knutts und Sanderlinge, auf Cape Cod die Alpenstrandläufer, in Lappland die Kampfläufer und Regenpfeifer, die uns nun an daheim erinnern.

Im 6. Semester hatte ich alle Großpraktika absolviert. Da sich keinerlei Drang zum Lehrberuf in mir regte und es noch keinen biologischen Diplomabschluß gab, mußte ich mich nach dem Thema für eine Dissertation umsehen. Zwar arbeitete vor meiner Nase der Sohn des Chefs, Otto von Frisch, mit Brachvögeln. Zwar hatte Konrad Lorenz soeben ganz in der Nähe mit seinen Gänsen die Zelte aufgeschlagen, und aus seinem Seewiesener »Institut für Verhaltensforschung« drang gerade eine später stabil gewordene bayrische Population von Grau- und Kanadagänsen. Doch kam mir der Gedanke einfach nicht, den Vögeln nun auf wissenschaftliche Weise nachzustellen. Ich fühlte mich hingegen noch immer verpflichtet, eine Antwort auf die Frage »Was ist Leben?« im Inneren der Organismen zu vermuten.

Also begab ich mich zu einer strengen älteren Dame vornehmer baltischer Abkunft, die als Genetikerin arbeitete, und es verschlug mich in die Limnologie, in die Gewässerkunde. Frau Professor Madeleine von Dehn wollte Genaueres über den Wechsel von geschlechtlicher und ungeschlechtlicher Vermehrung beim Süßwasserpolypen wissen. Schon hatte ich die biochemische Blamage wieder vergessen, die Feodor Lynen mir in gerechtfertigter Unbarmherzigkeit bereitet hatte. Ich wollte einfach noch nicht aufgeben.

In einem kleinen Tümpel westlich des Starnberger Sees lebten damals 1 bis 2 cm große Süßwasserpolypen und vermehrten sich mal keusch ungeschlechtlich durch Knospung, mal erlagen sie den Verführungen einer auch mit bloßem Auge an Eiern und Samen erkennbaren Geschlechtlichkeit, für die sie bräunliche Höcker entwickelten. Zum Stamme der Hohltiere gehörend, der von Korallen, Seeanemonen und Edelsteinrosen bis hin zu Nessel-, Rüssel- oder Kompaßquallen reicht, ist meine »Chlorohydra viridissima« ein unauffälliger Kleinvertreter sonst heftig bunter, heftig brennender Geschöpfe, die gestrandet im trockenen Sand nur die Spur eines Häutchens hinterlassen; und doch haben einige von ihnen die Kraft, ganze Unterwassergebirge und Riffe aufzubauen.

Dergleichen hatte mir Chlorohydra, die allergrünste in ihrem oberbayrischen Tümpel nicht zu bieten. Ganz hohltiermäßig aber besteht auch sie aus nur zwei Schichten, der äußeren und der inneren, fachkundig gesprochen aus »Ektoderm« und »Entoderm«. Sie besitzt die üblichen Fangarme, allerdings zu klein, als daß der Kampf eines Herakles sich gelohnt hätte. Aber auch ihre Nesselkapseln gehören, wie die aller Hohltiere, zu den kompliziertesten lebendigen Waffen, wie kein Militärtechniker sie schlagkräftiger konstruieren könnte: In einer – natürlich auch doppelwandigen – Blase ist die innere Schicht zu einem »handschuhfingerförmig« (so der Fachausdruck) eingestülpten Schlauch verlängert, »wie ein Schiffstau« aufgerollt und trägt am Ende mehrere, ebenfalls nach innen gestülpte Stiletts. In einer giftgefüllten Kapsel mit hochempfindlichem Fortsatz stekkend, der bei geringster Berührung »Feuer« befiehlt, schießen diese Projektile sodann innerhalb von Tausendstel Sekunden los, der »Handschuhfinger« stülpt sich also heraus, sticht und reißt mit den Stiletts eine Wunde selbst in harte Insektenpanzer und lähmt mittels Gift das Opfer; die Fangarme können es nun packen und in die mittendrin gelegene Mundöffnung stopfen. Es ist wohl kaum nötig zu erwähnen, daß solche Hochleistung nur möglich wurde, weil ausgerechnet diese Hohltiere als erste im Artenstammbaum die »Erfindung« von Nervenzellen »gemacht«, also die blitzschnelle Übermittlung von Nachrichten entwickelt haben.

Meine Hydra wird allenfalls Wasserflöhen gefährlich, ist aber beinahe autark dank nützlicher Untermieter in Gestalt von »Zoochlorella« genannter Grünalgen, die ihr unter Zufuhr von Lichtquanten (sie besitzen ja Chlorophyll) aus Wasser und Kohlenstoff Zubereitetes von hohem Brennwert zukommen lassen als Gegenleistung für geschütztes Wohnen. Hydra bewegt sich, obzwar meist seßhaft, auch spannerraupenartig fußüberkopf fort. Und aus kleinsten Fitzelchen kann sich ein ganzes Individuum regenerieren, hat man ihm nur etwas vom Inneren, etwas vom Äußeren und einige sogenannte »totipotente« Ersatzzellen belassen. Eine Ahnung dieser Fähigkeit muß der Mythos von Herakles gehabt haben, der die immerfort nachwachsenden Köpfe des Untiers erwähnt.

Wie gesagt, diese lieblichen Geschöpfe, die ich bereit geworden war zu erforschen, vermehrten sich mal vegetativ, mal sexuell. Warum? Es scheint mit Licht und Ernährungslage zusammenzuhängen. Aber wie? Um dies herauszufinden, hatte ich die grünen Hydren zunächst in chemisch exakt bekanntes Wasser umzusetzen, ihnen also genau das zuzumuten, was man seinerzeit im anorganisch-chemischen Praktikum den Stoffen angetan hatte, ohne daß wir's eigens bemerkten: Auch Chlorohydra mußte ein »Präparat« werden, also aus ihrer Umwelt und Jahreszeit, ihrer Herkunft und Zukunft gerissen werden. Sämtliche Hydren weigerten sich aber hartnäckig, die von mir komponierte Wassermischung zu akzeptieren. Diese muß wohl ein stark hypotonisches Milieu gewesen sein, wie das Fachwort lautet. Der offensichtlich zu niedrige osmotische Druck meines Mediums mißfiel ihnen. War meine Methode allzu primitiv, diesen durchsichtig zarten, begrünten Elfen die grobe Nachahmung ihres Mediums durch destilliertes Wasser und Zugabe genau bekannter Salzmengen anzudienen? Hätte ich, um sie zum Weiterleben zu verführen, noch eine Prise Achat- oder Turmalinstaub, etwas Voralpenlicht und -luft zusetzen und einen Merseburger Zauberspruch darüber murmeln müssen? So ganz ohne den Goldton ihres Tümpelwassers mochten sie es nicht leiden und verweigerten sich mir. Oder war ich, wie auch sonst meistens, einem Meßfehler aufgesessen? Sie revoltierten durch simple Selbstauflösung, verließen meine Versuchsanordnung durch Abgang in molekulare Zustände, platzten ganz einfach und hinterließen ein winziges Wölkchen aus Ektoderm, Entoderm und totipotenten Zellen.

Als sich schließlich noch ein großer Behälter mit Wasser aus ihrem nach Leben duftenden Heimattümpel in den grünen Topolino meines späteren Mannes ergoß, brachte dies auch das Faß meiner Inkompetenz zum Überlaufen und meinen ohnedies schwachen Forscherdrang zum Versiegen. Feodor Lynen hatte mich ja gewarnt!

Statt dessen öffneten sich mir die Tore der Literaturwissenschaft, einer damals noch von werkimmanenten Interpretationen geprägten Disziplin, die mir die schmerzhaft empfundene Einseitigkeit meiner Bildung zu ergänzen versprach. Ich wurde Germanistin. Dieser Entschluß schenkte mir auch eine 35jährige freundschaftliche Lehrzeit bei Walter Wüst. Augen und Ohren öffneten sich nun viel weiter für die Vogelschau, als es die Beschäftigung mit der geschlechtlichen und ungeschlechtlichen Vermehrung von Hydra viridissima erlaubt hätte, deren stoffliche Voraussetzungen von einem echten Biochemiker, dessen erste Publikationen ich mit Entsetzen zur Kenntnis genommen hatte, ohnedies schon so eng eingekreist waren, daß ich kaum noch hätte mithalten können.

So habe ich mir auch ein ungetrübtes Bild dieser zarten Wesen bewahrt, die ihre winzigen Präzisionswaffen so grausam einsetzen wie Muräne, Rochen oder andere Seeungeheuer die ihren. Daß Chlorohydra »in Wirklichkeit nichts anders als« ein einfacher doppelwandiger Zellschlauch sei mit eingelagerten Grünalgen, also eine gut ausgestattete Überlebensmaschine, brauchte mich von nun an nicht mehr zu bekümmern. So glaubte ich damals wenigstens.

3. Kapitel Vom Leben mit und ohne Flügel

Als ich Walter Wüst kennenlernte, war er ein Gymnasiallehrer mittleren Alters und in meinen Augen allwissend. Ich hingegen, mit 18 nach damaligen Begriffen fast noch ein Kind und keineswegs mündig, mußte meinen Weg erst suchen. Ich hatte aus dem großen Vogelchor meiner Voralpen-Kindheit höchstens diese und jene Stimme als eine mir unbekannte herauszuhören und nach Tonhöhe, Tonfolge, Stimmung wiederzuerkennen gelernt. Das war alles.

An einem Münchner Maitag meines zweiten Semsters steckte am Schwarzen Brett des Zoologischen Instituts ein Zettel, auf dem in spitzer deutscher Bleistiftschrift stand: »Ornithologische Morgenwanderung mit Walter Wüst. Treffpunkt Gyßlingstraße, drei Uhr.« Ich stellte meinen sehr lauten Wecker auf zwei Uhr, zog mich, als er rasselte, warm an und radelte von Schwabing durch die Nacht in den Englischen Garten. Dort hatte sich bereits ein Grüppchen Studenten um einen kleinen Herrn mit Rucksack versammelt, dem ein blonder Haarschopf in die Luft stand.

Hier begann für mich eine lebenslange ornithologische Lehrzeit. Wir durchstreiften alle fünf Kontinente und zogen über Weltmeere, obwohl der Radius unserer Ausflüge vom

Münchner Mittelpunkt aus niemals über den Rhein, die Donau oder die Alpen reichte. Das war auch gar nicht nötig. Denn uns beflügelte jene liebliche Wissenschaft, die heute zwar ganz am Rande der Zoologie liegt, in der aber viele ihrer Wurzeln gründen, insbesondere die Verhaltenslehre. Bedeutende Biologen wie Konrad Lorenz, Adolf Portmann oder Ernst Mayr waren Ornithologen. Schon die verschiedenen Finken der Galapagosinseln hüpften als kleine geflügelte Musen um die Wiege des Theoriegebäudes, das Charles Darwin einst aufgerichtet hat. Deren Vielfalt auf diesem isolierten pazifischen Archipel vor Ecuador inspirierte 1831 den erst 22jährigen Theologen vom Forschungsschiff »Beagle« zu Gedanken, die unser ganzes Weltbild revolutionieren sollten. Zugleich aber ist die Vogelkunde Gefährtin der Schönen Künste geblieben: Ars amabilis, in der wir Dichtern, Malern und Musikern begegnen und selbst zu Vogelnarren werden können.

Warum freut es uns so, wenn das Sommergoldhähnchen eingetroffen ist und im Garten an den Fichten herumturnt, während es sein Gesänglein vorträgt – eine Reihe eiliger, sehr hoher »sisisi«-Rufe auf gleicher Tonhöhe? Und was hat man davon zu wissen, daß dieses und das sehr ähnliche Wintergoldhähnchen als kleinste Vögel unserer Breiten zu den Laubsängern gehören? Ich kann jedem, der es nicht hören will, versichern: Man hat unermeßlich viel davon. Es macht alljährlich mindestens einen Apriltag zu einem ganz besonderen. Warum? Numismatiker oder Philatelisten, Koleopterologen oder Herpetologen werden mir bedenkenlos zustimmen, weil sie an Münzen oder Briefmarken, an Käfern oder Schlangen die Freude kennengelernt haben, die die Vielfalt dem schenkt, der sich auf kleinste Unterschiede einläßt und erst damit fähig wird, große Begegnungen zu erleben. Unsere Funde sind, obgleich sichtbar, hörbar und sehr gegenwärtig, doch von rein geistiger Art. Was wir da nach Hause tragen, ist unzerstörbar. Wir brauchen weder Schatullen,

Alben, Stecknadeln noch Formalin, müssen weder Diebe noch Feuer, weder Mottenfraß noch Fäulnis fürchten. Höchstens haben wir Sorge, wir könnten das Blaukehlchen nicht wiederfinden, wenn wir es jemandem zeigen möchten, den wir gern haben.

Vogelschauer erkennen einander am umgehängten Feldstecher und einem lauschenden Dastehen. Statt sich vorzustellen, sagen sie etwa »Turdus iliacus«, »Larus leucophthalmus« oder »Falco eleonorae« in einem morgendlichen Moskauer Park bei der Rotdrossel, in Eilat am Roten Meer bei der Weißaugenmöwe oder auf Rhodos in den Trümmern der antiken Burg unter den Eleonorenfalken. Sie haben kaum Sprachprobleme, sind sie doch vom alten Europa geprägt mit seinem Latein und Griechisch.

Auch mein Leben ist inzwischen von Augenblicken und Anblicken erfüllt, die Cape Cod am Nordwest-Atlantik mit Cape Cross am namibischen Südost-Atlantik verbinden, das Saltee-Island vor Irland mit Juist in Ostfriesland, die Rheinmündung am Bodensee mit den Salzmarschen im Golf von Akabar.

Walter Wüst beriet mich vor eigenen Reisen, war Zuhörer meiner anschließenden Berichte und hat meine Essays mit Anregungen und Korrekturen begleitet. Allmählich wurde aus der Lehrer-Schüler-Beziehung eine herzliche Freundschaft mit dem Ehepaar Wüst. Unsere Exkursionen umkreisten München zwischen Pupplinger Au, Garchinger Heide und Schwarzhölzl, sie führten uns an den Bodensee oder auch nur in den Nymphenburger Park, und sie gerieten nebenher durch ausgefeilte Picknicks zu homerischen Gastmählern, bei denen Frau Wüst, während sie mit ihren gut geschulten Augen weiterbeobachtete, erlesene Hefekunstwerke auftischte. Ihr Mann, eigentlich dafür bekannt, daß er außer seinem zuletzt 65jährigen Hut im Rucksack nur sein »Questar«, das kostbare, bis zu 120fach vergrößernde Spiegelteleskop, mitführte und im Gasthaus nach Exkursionen nichts als Kaffee bestellte, beteiligte sich doch gerne an dieser »Ornitho-Völlerei«, ohne deshalb den seltenen Graubruststrandläufer am Echinger Weiher bei Landshut aus dem Auge oder den nordischen Laubsänger an der oberen Isar aus dem Ohr zu verlieren. »Hat er ›ist‹ gesagt oder ›sit‹«, konnte er seine Frau bei solch einem Picknick im Kochelmoos streng fragen, um Baum- und Wiesenpieper auch ohne deren Lieder nur am Ruf unterscheiden zu können, trotz seines nachlassenden Gehörs. »Zitrönle«, also Zitronenzeisig im Rofangebirge, Karmingimpel und Habichtsadler im Murnauer Moos, Blaukehlchen im Viehlaßmoos bei Freising verknüpfen sich in der Erinnerung mit Tee aus der Thermosflasche und Topfenküchlein. Wir sind Wüsts Maxime gerne treu geblieben: »Des meiste derhockt man, des wenigste derrennt man.« In ihren Revieren suchten wir sie auf oder an ihren Rastplätzen auf dem Zug, um dort einfach zu warten, bis ihre Flügel sie zu uns trugen. Nie wurden wir enttäuscht. Unerwartetes ereignete sich gewiß, auch uns wuchsen Flügel.

Niemand hatte Walter Wüst als Kind auf die Vögel hingewiesen. Er war für sie geschaffen und wußte das frühzeitig. Als Achtjähriger wünschte er sich zu Weihnachten 1915 treuherzig ein Buch, in dem »alle Tiere drin sind«. Er konnte noch nicht wissen, daß er sich das »Buch der Natur«, also die ganze Schöpfung wünschte und daß er Forscher und Autor werden, also an diesem Buch mitschreiben würde.

Als zunächst strenger Positivist wurde er Lehrer. Aber bis ins hohe Alter hat er sich die Freude am alljährlichen Neuanfang bewahrt. Wenn im April der Fitislaubsänger kam, jubelte er: »Ach, ist diese Strophe schön in ihrem Moll. Immer freu' ich mich darauf.« Und leise fügte er hinzu: »Wenn sie aber wieder zu hören ist, gewöhne ich mich daran.« Keiner seiner vielen, noch mit Federhalter und Tinte geschriebenen Briefe, die ich sorgsam verwahre, schloß zu Weihnachten ohne einen Satz wie: »Morgen ist also Sonnwend, es geht wieder hinauswärts«; »Meine Schneeglöckchen warten unerfroren auf wärmere Tage«; »Es sind schon nordische Taucher am Starnberger See eingetroffen.« Anfang Juli hingegen, wenn der Spätsommer heranreifte, beklagte er das Verstummen der Drossel, den Abschied von der Amselstrophe. Das Vogeljahr hat eigene Höhepunkte, andere als das Kalenderjahr, das Gartenjahr, das Reisejahr.

Alfred Laubmann, Leiter der ornithologischen Abteilung der Zoologischen Staatssammlung in München, prägender Lehrer und Freund, riet dem Studenten Wüst, Tagebuchseiten zu numerieren und einen farbigen Index der Vogelarten anzulegen, rot z.B. für Brutnachweise. Daß diese damals nur durch einen im Zyankaliglas getöteten Jungvogel zu erbringen waren, mag uns heute empören. Doch die damalige Vogelwelt war noch unerschöpft, das optische Gerät aber mangelhaft und Feldbeobachtung als Nachweis nicht anerkannt. Der alte Pfarrer Jäckel schrieb nur ganz selten und umständlich in seiner 1891 posthum erschienenen ersten bayrischen Avifauna von gelegentlichen Feldbeobachtungen »vermittels der Fernröhre«. Der ehrenwerte Medizinaldirektor Sommerfeld, Sohn des Physikers, schoß, beziehungsweise »wilderte« daher die nötigen Exemplare besonderer Vögel mit einer in einem Skistecken verborgenen Stockflinte.

Als Biologiestudent begleitete Wüst die Vogelfänger, die für den Handel arbeiteten und gleichzeitig bereits beringten. Mit Lerchen, Stieglitzen oder Hänflingen als Lockvögeln fingen sie deren Artgenossen in Netzen oder auf Leimruten, die je nach Wetter mit unterschiedlichen Leimen bestrichen waren. Andere Arten waren schwieriger zu fangen, mußten mit einem in der Hosentasche vorgewärmten Mehlwurm, »der schön spielt«, wie man sagte, verführt werden. »Da stat a Würger, den fang ma, da hau-ma-r-a-Garl nein«, hieß es etwa, und das »Garl« war ein sogenanntes Nachtigallgärnchen, ein Schlagnetz.

Insektenfresser im Käfig brauchten Ameisenpuppen. Die Studenten radelten also noch bei Nacht in den Sauerlacher Wald, um den Profis zuvorzukommen, denn die guten Ameisenhaufen waren allgemein bekannt. Sie breiteten ein Leintuch mit nach oben umgeschlagenen Rändern aus, füllten Reisig und Nadeln in diese Taschen und schaufelten dann den Haufen aufs Tuch. Nun trugen die Ameisen selbst eilig ihre Puppen zum vermeintlichen Versteck in die Ränder, aus denen sie leicht einzusammeln waren. Bis zu zehn Liter kamen an einem Morgen zusammen; allerdings wurde dabei dort auch die Waldameise nahezu ausgerottet.

Mit seiner Doktorarbeit bei Geheimrat Ludwig Döderlein, »Über säkulare Veränderungen in der Avifauna der Münchner Umgebung und die Ursachen dieser Erscheinung«, wurde er im Mai 1929 »summa cum laude« promoviert. Dieses Thema blieb Mittelpunkt seines Lebens. Damals herrschte gerade schieres Entsetzen über die Zerstörungen im Isarmoos durch den Bau des Ismaninger Speichersees, mit Kanal und Klärteichen, eine damals hochmoderne Anlage, die Stromerzeugung und Abwasserreinigung kombinierte. Eine Mondlandschaft breitete sich aus, alles Leben schien erloschen. Doch kaum war dieser Speichersee am 13. Oktober 1929 eingelassen, geschah ein Wunder. Der frischgebackene Dr. phil. Walter Wüst traute seinen Augen kaum. Es erschienen seltene Limikolen, Enten, Gänsesäger in solcher Fülle, daß Laubmann ungläubig spottete: »Und Lämmergeier ham's kein g'sehn?« Die Erstfunde für Süddeutschland fielen buchstäblich vom Himmel. Bald folgte ein Brutnachweis dem anderen.

Aus dieser Erfahrung gewann Wüst sein Vertrauen, daß auch inmitten schlimmster Zerstörungen neues Leben wiedererwachen könne. Der Ismaninger Speichersee ist ein frühes Beispiel moderner Sekundärlandschaften, für deren Anerkennung als Natur er stets leidenschaftlich plädierte. Mit Genugtuung ließ sich der 80jährige die geglückten Wiesen-

und Sumpfbiotope am letzten Abschnitt des Rhein-Main-Donau-Kanals im Ansbachischen zeigen, wo dank der Zusammenarbeit von Biologen, Bauern und einer endlich aufmerksam gewordenen Planungsbürokratie Brachvögel und Beutelmeisen neu auftraten und über die Vernichtung einer schönen, alten, extensiv bewirtschafteten Kulturlandschaft hinwegtrösten konnten. Rasch war anstelle einer Trockenrasenfauna und -flora ein Biotop für Auwald-, Schlick- und Wasservögel entstanden, auch Rastplatz für Zugvögel, das inzwischen ebenfalls Europareservat ist. Stets wehrte Wüst den schwarzen Pessimismus so vieler rechthaberischer Naturschutzfunktionäre ab. Wenn etwa Pirol und Halsbandschnäpper in den Münchner Parks ausblieben oder das einst allgegenwärtige Braunkehlchen immer seltener wurde, war er wohl traurig, aber er tröstete sich selber: »Schaun's, es gibt doch auch wieder Neues«, konnte er jubeln, wenn in den künstlichen Kanalauen am Zusammenfluß von Salzach und Inn der Pirol flog und der seltene Schlagschwirl sein »Zezizezizezi« vortrug.

In jüngeren Jahren kämpfte er gegen manche Umweltzerstörung, zuletzt gegen den Bau des Münchner Großflughafens. Ausgerechnet ins ökologisch so wertvolle und viel zu neblige Erdinger Moos werde er gelegt, unmittelbar neben das »Europareservat Ismaninger Speichersee«, wo die Gefahr des Vogelschlags wegen der Schwärme von Enten und Limikolen besonders groß sei, schimpfte er und war zutiefst erbittert, daß nicht statt dessen der öde Sauerlacher »Stangerlwald« hatte dran glauben müssen.

Nach der Promotion ging Wüst in den Schuldienst, der damals noch viel Spielraum für einen jungen Wissenschaftler bot. Ein Lehrer müsse den »Furor paedagogicus« haben und seiner Freude Ausdruck verleihen können, forderte er und verfaßte ein Lehrbuch für die unteren Gymnasialklassen. Streng kritisierte er die neue Sachkundedidaktik, die immer abstrakter wurde und nicht zu den Lebewesen hin-, sondern von ihnen wegführe. Ein Kind frage zunächst einmal: »Was ist das, was frißt das, wie heißt das?« Darauf müsse man eingehen und nicht alle Fragen gleich mit ökologischen Systemen oder Schreckensnachrichten zuschütten, die die Freude am Beobachten zerstörten. Nahrungsketten, Beutekreisläufe und Ökosysteme sind keine Formen der Weltwahrnehmung, sondern Ableitungen aus dem, was unser aller primäre Welt ausmacht. Kinder haben ein gutes Gedächtnis für Namen und Merkmale. Das uns Menschen Ähnlichste müsse am Anfang stehen, also einheimische Wirbeltiere, nicht exotische Mikroorganismen; Vergleich und Analyse sollten erst später folgen. Und jede Generation habe ein Recht darauf, ihre je eigene, ständigem Wandel unterworfene Umwelt erst einmal kennenzulernen. Ohne von Martin Wagenschein (»Rettet die Phänomene«) zu wissen und die viel zu späte Wiederentdeckung des »imaginativen Lernens« noch zu erleben, wußte er längst, daß das geschmähte anthropomorphe Denken gerade in der Lebensforschung der einzig angemessene Weg einer Annäherung ist. Mich selbst in der Natur erleben und die Mitgeschöpfe in ihrer Beziehung zu mir – als neugieriges Rotkehlchen am frischen Beet, als scheues Reh im Unterholz, als über mir kreisender und lebhaft rufender Bussard – , das erst schenkt die Bilder, von denen der Erwachsene später abstrahieren kann.

Im Krieg kam der junge Lehrer in eine meteorologische Abteilung der Luftwaffe. Mit 25 Mann richtete der Fliegerhorst Fürstenfeldbruck einen Wetterdienst ein, »wo doch ein einziger Laubfrosch im Glas genügt hätte«. Hier lernte er vieles, was ihn für immer prägte. Seither lebte er mit dem Wetter. Schien vor einer geplanten Exkursion der Himmel undeutlich oder drohend, beratschlagten wir telefonisch. Für Wüst genügte ein Blick nach oben und nach Westen, um sagen zu können: »Nein, es wird zu windig morgen für lohnende Beobachtungen«, oder weit häufiger: »Doch, es hebt noch«, es hält, woraufhin er dann am Ammersee-Südufer oder in Fall bei Lenggries zufrieden feststellte: »Wir kriegen heut noch a paar schöne Tag.« Mit Lust triumphierte er über amtliche Wetterprognosen, die regelmäßig versagten, wenn die Berge im Föhn dunkelblau und nahegerückt erschienen.

Gegen Ende des Krieges geriet allerdings auch dieser sanfte, friedfertige Beobachter noch in die Schußlinie. Bei Saarbrücken lag er im Granatfeuer. Eine Mühle brannte, und alle Lerchen waren singend aufgestiegen. Hier mußte dieser Sanfteste der Sanften die bestürzende Erfahrung machen, wie auch er in äußerster Todesangst beim Nahkampf bereit gewesen wäre, aus nächster Nähe auf einen anderen zu schießen. Dieser eine Schuß aber fiel dann doch nicht, Wüst kam ohne schlimme Initiation in Gefangenschaft und landete in einem Lager in Illinois.

Später, als Lehrer am Münchner Wilhelms-Gymnasium, mußte er nach den frühmorgendlichen Exkursionen unmittelbar zum Unterricht und dort bis Mittag durchhalten. Da wurde ihm der Beruf allmählich doch sehr sauer. »Die Arbeit ist kein Frosch«, meinte er manchmal seufzend, »sie hupft uns nicht davon.«

Als ihm wider Erwarten ein Forscherleben durch die erhoffte Leitung der ornithologischen Abteilung der Münchner »Zoologischen Staatssammlung« als Nachfolger Alfred Laubmanns verweigert wurde – eine Zurücksetzung, die er nie ganz verwunden hat –, erhielt er 1955 wenigstens den Lehrauftrag am Zoologischen Institut, dem ich die Begegnung mit ihm verdanke. Dazu kam der Schulbuchauftrag und das damals ungewöhnliche Privileg, mit 62 in Pension gehen zu können. Dieses Schulbuch forderte ihm sieben Jahre harte Arbeit ab und Verzicht auf sämtliche Ferien. Doch es erlebte neun Auflagen, und Wüst konnte dank der Honorare eines der ersten Spiegelteleskope erwerben und den Vögeln nachreisen bis nach Afrika oder Usbekistan.

Eine Reise des Ehepaars Wüst führte nach Neuguinea.

Amerikanische Ornithologen hatten dort im Urwald einen Balzbaum von Paradiesvögeln entdeckt, der daraufhin ins Exkursionsprogramm aufgenommen wurde. Die Gruppe wartete und wartete, der Reiseleiter drängte weiter. Doch der Gast aus München sah eine niemals wiederkehrende Gelegenheit bedroht, und in schwäbischem Eigensinn sagte er: »Hier bleib ich. Hier tragen Sie mich höchstens weg.« Und tatsächlich, am Nachmittag näherten sich doch noch die ersehnten Flötentöne. Sechs Paradiesvogelmännchen schwebten heran. Was sich nun abspielte, versetzte Walter Wüst in Ekstase. »Formen und Farben entfalten sich zur Musik«, umschrieb er später das Erlebnis, oder »Bal paré für nur ein Weibchen«.

Er bezog aus diesem überwältigenden Erlebnis vom Zusammenspiel der Formen, Farben, Gesten, Stimmen ein Argument gegen die Erklärung, all das diene nur der Abgrenzung und Erhaltung der Art, also dem Schutz vor Bastardierung mit anderen Arten. Kommt es doch ausgerechnet bei Paradiesvögeln zu Bastarden. Eine Ausnahme, die halt die Regel bestätigt? Nein, dafür stehe die Regel auf zu schwachen theoretischen Beinen, meinte Wüst und zog es vor zu bewundern.

Zwischen 1979 und 1986 gab er im Auftrag der »Ornithologischen Gesellschaft in Bayern« endlich die neue »Avifauna Bavariae« heraus, zwei dicke Bände über alle in Bayern je vorgekommenen Vögel und deren Verbreitung, sein Lebenswerk. Er schrieb einen großen Teil der Artikel selber – mit Feder und Tinte oder mit zwei Fingern auf einer uralten Schreibmaschine. Seine Volksnamenslisten sind eine sprachliche Fundgrube. Wer weiß schon, daß Mauersegler auch Spyren und bis heute in manchen Gegenden Lumpenvogel, Murspire oder Holzschwalben heißen und Rauchschwalbe um 1600 Hußschwalbe oder im heutigen Nordtirol Muttergottesvogel?

Im achten Lebensjahrzehnt konnte Walter Wüst aufatmen. Er war aller Pflichten, auch seiner Verbandsaufgaben mit vielerlei quälender Intrigen ledig. Es blieben ihm noch gute Jahre zweckfreien Beobachtens. Er zeichnete am Futterhäuschen seiner Terrasse Amsel- oder Meisenschicksale auf, beringte seine Gäste und war Mittelpunkt eines Netzes neuester Vogelnachrichten; er verfolgte sämtliche Publikationen weiter und erlebte den ungetrübten Genuß dessen, was man in Abwandlung von Rösels 1746 erschienener »Insekten-Belustigung« im Sinn der barocken Freude an seltsamen Details »Vogelbelustigung« nennen könnte.

Unsere Exkursionen zusammen mit meiner Freundin Dixi Riederer, einer erfahrenen Gärtnerin und Vogelkennerin, gingen nun erst recht weiter. Der Frühling rief uns in die Pupplinger Au an den Zusammenfluß von Isar und Loisach, um die Misteldrossel flöten zu hören, um zu sehen, ob die Flußseeschwalben eingetroffen waren und sich auf den Kiesbänken zur Brut anschickten und ob an einer unscheinbaren Lehmwand der Eisvogel seine Höhle beziehen würde.

Im Mai, wenn auch die Rohrsänger endlich eintrafen, hatte das Murnauer Moos seine Glanzzeit: Brachvögel trugen klangvolle Triller vor; Bekassinen vollführten Balzflüge mit seltsam meckerndem Flügelgeräusch, das rauhe »Crexcrex« des Wachtelkönigs, einer sehr heimlichen, einst weitverbreiteten Ralle, erklang. Abends balzten die seltenen Tüpfelsumpfhühner mit ihrem wie ein Peitschenhieb klingenden Ruf. Über den bunt blühenden Niedermoorwiesen voller Orchideen, Trollblumen, gelben und blauen Schwertlilien jagten einander Libellen, standen Schwebfliegen, waren Bienen unterwegs. Stundenlang konnten wir über deren Stachel sinnieren, der irgendwann in der Evolution einen völlig neuen, in den tierischen Stoffwechsel, ins Verhalten, ins Sozialleben des ganzen Bienenvolks integrierten Apparat darstellte. Aber erst wenn er funktionierte, wurde er zum Überlebensvorteil, während er zuvor eher eine sinnlose Last, ein störendes Anhängsel war, ein bis heute die neodarwinistische Gemütsruhe empfindlich störendes Phänomen. Wüst gab als Vergleich zu bedenken, was es an Planung bedurft habe, den zerbombten und zunächst nur notdürftig in Gang gehaltenen Münchner Hauptbahnhof wiederherzustellen und zu modernisieren – bei vollem Zugverkehr. Die Evolution hingegen könne weder planen noch einen Organismus vorübergehend aus dem Verkehr ziehen.

Aber vor uns an Schilfhalmen saßen – weit überzeugender als solche Überlegungen – junge Braunkehlchen; der kurze rauhe Gesang des schön gemusterten Männchens, einst überall auf Brachflächen zu hören, schien hier noch selbstverständlich. Einmal sprang Wüst auf, lief ein paar Schritte aus dem Schatten hoher Weiden hinaus und beobachtete stumm einen über uns kreisenden Greifvogel. Als dieser in Richtung Ettaler Mandl verschwunden war, zählte er die Merkmale auf: dunkle Endbinde am Stoß wie beim Mäusebussard, aber längere schmalere Schwingen und helle Unterseite. Dies ließ die sensationelle Begegnung mit einem nachträglich auch von Kollegen bestätigten Habichtsadler vermuten, wohl aus Spanien zugeflogen. Woran bloß erkennt man so rasch das Ungewöhnliche, schon vor aller Merkmalsbetrachtung? »Am Habitus«, lautete wie so oft die etwas verlegene Antwort. Den müsse man dank langer Übung einfach in sich haben. Die einen bringen diese Unterscheidungsgabe schon mit und erleben auf einem bescheidenen Maispaziergang große Abenteuer, andere müssen immer weiter üben, manche lernen's nie. Einen Greifvogel richtig anzusprechen, ohne möglichen Größenvergleich, wenn er einzeln in großer Höhe kreist, Muster und Farbe in der Blendung gegen die Sonne kaum erkennen läßt und höchstens für den Bruchteil einer Sekunde Oberseite und Bürzel zeigt – das erschien mir immer wieder wie eine kaum erlernbare Kunst.

Einmal saßen wir an der Mündung der Ammer in den Ammersee. Wir beobachteten einen jungen Turmfalken, der eine auf einem angeschwemmten Gestrüpp hockende Eisvogelfamilie mit flüggen Jungen anzugreifen versuchte. Diese tropisch bunten Fischfänger sind mit vielen Arten in Afrika, hier aber mit nur einer Art vertreten; sie zeigt alle der Familie offensichtlich innewohnenden farblichen Möglichkeiten in höchster Steigerung, vor allem leuchtendes Türkis und Orange in exquisiter Musterung. Nach einigen Fehlversuchen begriff der Jungfalke, daß Eisvögel keine geeignete Beute für seinesgleichen sind, und er würde nun bald lernen, sich auf Mäuse zu beschränken.

Hier am Ammersee hat Walter Wüst einmal eine unvergeßliche Tragödie erlebt. Einem Schwanenpaar näherten sich zwei fremde männliche Schwäne. Das Männchen nahm sofort die Verteidigung seiner Gefährtin auf. Doch während es den einen Rivalen zu vertreiben suchte, »vergewaltigte« der andere die Schwänin. Kaum stürzte sich der Verteidiger auf diesen und vertrieb ihn, überfiel währenddessen der erste das Weibchen von neuem. Das ging so lange weiter, bis das Opfer ertrunken war. Schwäne leben monogam und erkennen einander an der geringfügig variierenden schwarzen Kopfzeichnung. Der tote Körper seiner Gefährtin, deren Kopf unter Wasser hing, wurde dem Männchen also fremd. Gemeinsam, scheinbar einträchtig mit den beiden »Lustmördern«, schwamm er davon. Stundenlang trieb das tote Schwanenweibchen im Wind dahin und hinterließ im Wasser einen langen Streifen schneeweißer Federn. Walter Wüst war ein nüchterner Mann, er kannte nur allzugut die Grausamkeiten der Natur, die allen Schandtaten der Geschöpfe ungerührt ihren Lauf läßt, aber diese Schwanentragödie hatte etwas beinahe Menschliches, Verstörendes, sie fiel aus jedem Rahmen wie ein wirkliches Verbrechen.

Wie zum Trost begann er daraufhin zu sinnieren, daß der ganze Ammersee, Teil eines nach der Eiszeit von den Alpen, vom Kochelsee und den Flächen des heutigen Murnauer Mooses bis hierher reichenden Schmelzwasserbeckens, in

20 000 Jahren verlandet sein würde. Damit versuchte er, die Erinnerung an jene düstere Szene abzuschütteln. Die Fischener Bucht, noch vor wenigen Jahrzehnten Dampferanlegestelle, sei heute Wiesenland. Umgekehrt zeige die Doggerbank in der Nordsee, heute ein immerhin 80 Meter tiefes Flachmeer, am Grund noch deutlich die alten Spuren der Flußbetten von Rhein und Themse, die damals noch zusammenflossen und viel weiter im Norden als heute ins eiszeitliche Meer mündeten. Seit die Pole abschmelzen, steigt unaufhaltsam der Meeresspiegel. Landunter gehört heute zum Alltag. Jede Landschaft, mit naturgeschichtlich geprägten Augen betrachtet sogar Wüste oder Hochgebirge, ist stetigem Wandel unterworfen, ist ephemer. Tragen nicht die Alpen in großer Höhe die Lebensspuren einstigen Meeresgrunds? War nicht das Mittelmeer in geologisch gar nicht so ferner Zeit auf Grund von tektonischen Plattenverschiebungen ausgetrocknet und wurde von gewaltigen Wasserfällen aus den Mündungen nordafrikanischer und südeuropäischer Flüsse, vor allem aber von Gibraltar her langsam wieder aufgefüllt? Und zeigen nicht versteinerte Rübenkorallen mit ihren noch erkennbaren Tagesringen in der einst unter Wasser stehenden Sahara, daß das Jahr 395 Tage gehabt, die Erde sich vor 200 Millionen Jahren also deutlich schneller gedreht hatte als heute? Eines sehr fernen Tages wird sie ihre Drehung einstellen, deren Ursache bis heute nicht wirklich klar ist. Derlei zu wissen gibt wenigstens für Augenblicke eine gewisse Gelassenheit zurück, die von den beschleunigten Umweltzerstörungen allerdings ständig erschüttert wird. Kein wirklicher Trost, der Resignation näher als der Zuversicht! Das waren die dunklen Tiefenströmungen von Wüsts Lebensfreude.

Doch die Vögel, heißblütiger als wir und jäh vorüberstürzend, dann wieder verweilend oder spielerisch in Bewegung, sind ihm die höchste Ausdrucksform im Tierreich geblieben. Vollkommen sind sie, auch nach unserem eigenen ästhetischen Empfinden, und ephemer wie wir selber, ständigem Wandel, dem ephemeren Wesen alles Lebendigen unterworfen. Sollten wir nunmehr Zeugen seiner vielfältigen Untergänge werden müssen? Sollten wir seine Vielfalt, Signum des Lebens, bloß noch an den Verlusten aufzeichnen können?

Ein letztes Mal, drei Monate vor seinem Tod – er schien sich dank einer strapaziösen Chemotherapie wieder zu erholen – saßen wir zu dritt beisammen, diesmal am abgelassenen Echinger Weiher bei Landshut und verloren uns in den Anblick der einander sehr ähnlichen Alpen- und Sichelstrandläufer, der Bruch- und Waldwasserläufer, für die der freiliegende Schlick ein nahrhaftes Watt war, Rastplatz auf ihrem Zug. Trotz seiner bald neunzig Jahre konnte Wüst sich mit Auge und Ohr noch einmal der geliebten Kunst der Unterscheidung hingeben und diese Vielfalt vor unseren Augen in vollen Zügen genießen. Noch einmal tranken wir Tee auf einem Damm und aßen aus dem Rucksack. Es war unser letztes Oberseminar privatissime.

4. Kapitel ***Anschauung***

Aber ich möchte wieder zurückkehren zu den Anfängen.

Als wir Studenten in den fünfziger Jahren auf Exkursion über den Damm des Ismaninger Speichersees gingen, wurden wir eingeweiht in das Abenteuer der Geduld, in das Wahrnehmen von Gestalten mit ihren Familienähnlichkeiten, in die Freude des Erkennens und Wiedererkennens und in die Verläßlichkeit der Artgrenzen. »So a Zeug«, murrte Wüst angesichts von Entenbastarden, deren Federkleid hinten und vorne nicht stimmte.

Natürlich waren wir Darwinisten. Also wurde gefragt, z. B.: Warum kommt die Evolution das eine Mal nicht vom Fleck, während es ihr das andere Mal nicht schnell genug gehen kann? Die Knorpelfische, zu denen Haie und Rochen gehören, sind seit 300 Millionen Jahren fast unverändert geblieben, während andere Familien bis heute einen stürmischen Wandel durchmachen. Berühmt dafür sind die Galapagosfinken oder die Buntbarsche (Cichliden) des Victoriasees; letztere haben sich seit 14 000 Jahren – damals war der See fast ausgetrocknet – aus einer winzigen Ausgangspopulation in mehr als 200 deutlich unterschiedene Arten aufgespalten.

Als etwas zerknautschte Peripatetiker in abgewetzten Lodenmänteln oder alten Militärjacken berührten wir im Gehen und Schauen allerlei Grenzen wissenschaftlicher Hypothesen, auch die Grenzen zoologischer und botanischer Systematik. Nicht nur mir kamen Zweifel an allzu einfachen Erklärungen, unangenehme Vorbehalte, die ich lieber verdrängt hätte. Schien das System des Artenstammbaums nicht von einer natürlichen, wissenschaftlich gut untermauerten Evidenz? Warum zweifeln wegen einiger Willkürlichkeiten in seiner Struktur? An die haarsträubenden Lücken, die an seinen Wurzeln klafften, dachte man besser gar nicht erst.

Als wir, von Sonne und Wasser geblendet, Enten, Säger, Taucher, Rallen zu unterscheiden lernten, begannen mit unseren Namen für sie auch die Vögel selber vor meinen Augen zu flimmern zwischen dem Meer ständigen Wandels und dem Fels Jahrmillionen währender Beständigkeit. Und ihr Gewordensein – mußte es aus evolutionstheoretischer Sicht nicht sie selbst alle verschlingen? Sie schienen nur flüchtige Bilder zu sein in einem Zeitrafferfilm. Arten, gar Organismen, was waren sie schon groß? Nur Zwischenzustände eines imaginären Prozesses! Also nur Übergänge! Aber von wo nach wo, und Übergänge wovon? Hätte ich damals auch Philosophie studiert, was heute erst recht jedes Biologen Pflicht sein sollte, dann hätte ich immerhin erfahren, daß ich unterwegs am Speichersee auch am Fluß Heraklits entlangging, der immer fließt, der nie derselbe ist. Vielleicht wäre es ein Trost gewesen zu erfahren, daß solche Fragen zweieinhalb Jahrtausende alt waren und schon damals mit der Annahme kleinster, ewiger Atome, einer unveränderlichen Materie, nicht zum Verstummen hatten gebracht werden können.

Fitislaubsänger und Zilpzalp, zarte, unauffällig grünlichgraue Busch- und Baumbewohner, sangen aus vollen Kehlen im Ufergebüsch des Sees. Außerhalb der Saison ruft der

Zilpzalp bloß sein einsilbiges »Hüid« und ruckt anders mit dem Schwanz als der Fitis mit seinem zweisilbigen »Hü-id«. Aber das lerne einer erst einmal unterscheiden! Nur in der Hand seien sie dank der unterschiedlichen Länge der dritten bis fünften Handschwinge sicher zu bestimmen, erläuterte Wüst. Indessen – welch ein Unterschied der Gesänge! Der eine äußert nichts als sein unermüdliches, namengebendes »Zilp-zalp-zilp-zalp«, auf englisch »Chiffchaff«; Geldzähler haben ihn daher die alten Systematiker genannt, Phylloscopus collybita. Der Fitis hingegen trägt mit seinen herabfließenden Mollmotiven eines der schönsten Lieder unserer Breiten vor. Doch in manchen Gegenden Spaniens, wo der Fitis nicht vorkommt, singt der Zilpzalp selber die volle Fitis-Strophe; sie liegt offenbar auch in seinem genetischen Repertoire bereit, kommt aber nur zum Zuge, wenn die Gefahr einer Verwechslung beider Arten wegfällt. Wer also ist nun der Zilpzalp? Ein verkleideter Fitis? Wiederum war zu fragen, was eine Art sei. »Es« entwickle sich, belehrte uns der Darwinismus. Was aber war »Es«? Eine überflüssige oder vielleicht eine unerlaubte Frage? Die Natur natürlich. Und woran entwickelt sie? An den Arten eben. Also muß es sie doch geben, aber nur damit sie vergehen können. Und zugleich darf es sie »in Wirklichkeit« wiederum nicht geben, wenn sie gerade ihre unverwechselbare Identität so oft definitionswidrig verändern, d. h. verlassen müssen. Oder auch nicht, je nachdem. Je nach was? Zufall natürlich! Schon Darwin selbst, so konnten wir erfahren, habe stets betont, daß es keinen ontologischen Unterschied zwischen verschiedenen Arten gebe. Sie fließen eben, tauchen auf, verzweigen oder verändern sich, machen neuen Übergängen Platz. Ein nie abreißender Strom von Provisorien, aus dem sich uns einzelne zeigen, als Fossilien oder vielleicht auch mal als unsere Zeitgenossen. Was ich allerdings wirklich zu sehen, zu hören, zu greifen bekam, war ein sehr bestimmter, eben ein Fitislaubsänger, dieser eine, ganz und gar nicht provisorisch, in dem sich so vollkommen wie irgend möglich die Art zeigte. Da gab es sie, sehr offensichtlich! Und doch sei alles unterwegs. Wohin? In eine Zukunft mit dem sicher bevorstehenden Wärmetod, das schien die einzige Gewißheit, die zu haben war. Mußte man derart pessimistisich sein als seriöser Biologe? Es war doch so schön hier draußen!

Sollte etwa das Gen dieses »Es« sein? Oder noch besser die Materie selbst, an der Änderungen stattfinden? Materie, die aber doch ausdrücklich als gestaltlos zu denken war, also ohne jegliche Art? Die endlose Prozession der Lebewesen zog an uns vorüber, die sogenannten Primitiven, von denen es aber viele bis zum heutigen Tag mengenmäßig und in der Anpassung ziemlich weit gebracht haben; dann die Ausgestorbenen wie die Ammoniten des Jurameers vor 200 Millionen Jahren – bestraft vielleicht dafür, daß sie wie Saurier zu massig geworden waren. Und schließlich die Höher- und Höchstentwickelten. »Hoch« in bezug worauf? Als Gipfel dann – in welcher Höhe? – wir selber. Wirklich ein Gipfel?

Es schienen mir die schönen Kolbenenten des Speichersees mit ihren korallenroten Schnäbeln, die lebhaft bunten und zugleich sehr weiß in der Sonne aufleuchtenden Brandenten, die beschopften schwarzweißen Reiherenten alle grau in grau ineinander zu verschwimmen, bedeutungslose Schatten. Ich ließ das Fernglas aus den ermüdeten Armen sinken, rieb mir die brennenden Augen und dachte an Wilhelm Buschs Herrn Pief mit dem Fernrohr aus »Plisch und Plum«: »Schön ist es auch anderswo, und hier bin ich sowieso.« Durfte man nie bleiben, wo man gerade war?

Der horror vacui drohte hereinzubrechen, das Nichts über uns zusammenzuschlagen. Ein Sog schien uns ins Nirgendwohin zu ziehen, durch die im Glück ihrer Gestalt als Reiher, Rohrdommel, Ralle zuverlässig und evident Ruhenden hindurch, den Artenstammbaum hinuntersausend im reißenden Strom der Tiefenzeit bis zu den Protozoen hinab, ins Geplätscher der Ursuppe zu ein bißchen lebendigen Molekülen, zu toten Atomen. Wo schließlich nichts mehr zu sehen, zu erfahren war, warteten Gleichungen, vielleicht eine Weltformel zum Trost. Zwar stand ich mit Zahlen meist auf Kriegsfuß, hatte mich aber als Gymnasiastin in den Algebrajahren ganz gut durchgeschlagen. Da gab es jenen köstlichen Augenblick, wenn das X einer Gleichung sich als einfache Zahl entpuppte. Dank der Schönheit solch einer Zahl durfte ich nach langer Plagerei darunterschreiben: X = 5, oder 7, oder 12 – quod erat demonstrandum, was zu beweisen war. Ich fühlte mich als Königin. Hier aber machte uns dieser fürchterliche Regreß zu Bettlern. Es schien keine noch so ferne Erinnerung übrigzubleiben an wunderbare Gestalten; sie hatten sich bei diesem Rückwärtsgang aufgelöst, als hätte es sie nie gegeben, wie einst meine Süßwasserpolypen! Der Abstieg aus dem großen Hörsaal der Zoologie in den Keller der anorganischen Chemie, der folgende Aufstieg ins Obergeschoß zur Biochemie und von da wieder hinab und hinaus zur Hydra viridissima, die in meiner Obhut platzte, dieser verworrene Weg drohte, eine verstörende Symbolkraft zu gewinnen.

Vergeblich blinzelnd suchte mein inneres Auge nach Halt an den ins Flimmern geratenen Arten oder wenigstens am Begriff der Entwicklung oder am Laub des Artenstammbaums selber. War dieser von oben nach unten zu betrachten, wie es am Anfang unserer Wissenschaft der lange vergessene Begriff der Deszendenz, also der Abstammung forderte, oder war er von den Wurzeln nach oben abzulesen, wie der auf Fortschritt zielende Begriff der Evolution forderte? Oder gab es weder oben noch unten? Wäre alles beliebig, alles zufällig und wir selber aus biologischer Sicht bloß jene unglückselige, verderbenbringende Erscheinung am Rande?

Über dem Wasser des Speichersees waberte heiße feuchte Luft; auch die Silhouetten der Kormorane und Reiher an der künstlichen Halbinsel begannen zu schweben und zu oszillieren. Wir spuckten Kirschkerne aus, die zu Bäumen heranwachsen würden; nur in heftigen Kämpfen gegen Landschaftsschützer, die sich stets auf einen bestimmten, ihnen selbst als erhaltenswert scheinenden Zustand festlegen wollen, konnten sie um des freien Ausblicks willen später wieder etwas gelichtet werden.

Schon draußen am Parkplatz, wo wir unsere klapprigen Fahrräder abstellten, hat uns eine fremde Strophe empfangen, die den Anfänger im Musikstudium der Vogelstimmen sogleich in völlige Verwirrung stürzte. Sollte der Kandidat der Feldornithologie mühsam genug gerade das »Wiehern« der Blaumeise, den Starenpfiff und das Stieglitzplappern gelernt haben, so mußte er nun erfahren, daß all das auch vom Sumpfrohrsänger gesungen wird, der sich hier hören ließ. »Er spottet«, hieß es, »der Stieglitz liegt ihm besonders, und da, jetzt ist es etwas von der Nachtigall. Wo er die nur her hat?« In einer fremdartigen Passage des Liedes erkannte Walter Wüst mit untrüglichem Merkmalsgedächtnis einen Afrikaner. Woran man den Sumpfrohrsänger überhaupt erkennen könne? »Am Rhythmus, und schaun's, da sitzt er ja mit aufgeplusterter Kehle, ungestreifter Brust und gelbem Schnabelrand, dort in dem kleinen Weidenbusch, links von der Pappel, über der mittleren dicken Astgabel rechts.« Wüst hatte die Kunst zur Meisterschaft entwickelt, im dichtesten Gewirr einer mächtigen Baumkrone einen winzigen Laubsänger zu orten oder auf der weiten Wasserfläche unter hundert Schwimmvögeln einen kleinen vereinzelten Rothalstaucher auffindbar zu machen.

Wie viele Male öffnete er uns mit dem kleinen Schlüssel, der ihm als Vorsitzendem der Ornithologischen Gesellschaft zustand, die Pforte zu unserem »künstlichen Paradies«! Unter Wasser- und Abwasserrohren und über Eisentreppchen gelangten wir zu einem versteckten Kasten mit der Chronik des Reservats. Eines Morgens hatte jemand Sturmmöwen eingetragen, Trauerseeschwalben und verspätete Kampfläufer. Also würden wir womöglich deren Balz zu sehen bekommen.

Der faulige Hauch von den Klärteichen mischte sich mit dem schweren Duft der Traubenkirschen, ein Pirol flötete. Im Gehen, Stehen und Rasten erlebten wir ein Seminar, das uns lebenslang prägen und zu Seminaristen einer sehr fröhlichen Wissenschaft machen würde. Wir lernten unterscheiden und benennen, übten genaues Hinschauen, durften staunen und sahen im kleinsten Detail mitunter ein vermutbares Ganzes aufblitzen.

Farben sehen und Farben haben gehöre zusammen, erfuhren wir; betrübt dachte ich an die Tiefsee mit ihren abstrusen Lebensgemeinschaften in ewiger Nacht; aber Augen und zu Mustern angeordnete Leuchtorgane schienen einander immerhin auch dort zu entsprechen, während ihre Träger als ungestalte, seltsam verzweigte, nicht fürs Anschauen gebildete Geschöpfe durch ewige Finsternis schwebten. Wir bewunderten damals Hans Hass, den Pionier des Unterwasserfilms.

Und immer wieder ging es um Vogellieder. Mit alten Merkversen half Wüst uns weiter. Es sang »Schmid, Schmid, Schmid, Töchter sieben, Töchter sieben …« – Rhythmus und Tempo eines lebhaften Spätfrühlingsliedes, verborgen aus dem Laub der Büsche von Gärten und Parks vorgetragen. Bekommt man seine goldgelbe Unterseite und die aufrechte Haltung kurz zu sehen, sei klar der Gelbspötter zu identifizieren. Oder ein Buchfink, »ich, ich, ich geh' auf die Regierung« – Auftakt, Schlag und Schlußfigur in hohen Bäumen schon ab Ende Februar. Eine Goldammer, auch Bauernkanari genannt, sang »ich, ich, wie hab' ich dich lieb« – Synkope sommerlicher Lichtungen und Heideflächen. Die Wasserralle klang wie Magenknurren und Schweinequieken, und als wir es hörten, waren wir ebenso entzückt wie Frau Ralle im Schilf. Und wieder zurück im Hausgarten, die Kohlmeise: »Da sitzi, da sitzi.«

Eine Habichtfeder wurde gefunden: »Zwei Hände und zehn Finger reichen nicht aus, um den Bau des Flügels, der Feder, ihrer Äste, Haken und Bogenstrahlen zu demonstrieren!« Wir sollten die Mechanik des Fluges begreifen und nun noch einmal und erst recht staunen. Die Schönheit des Gefieders – gewiß zeige sie auch Gesundheit an, genetische Tüchtigkeit, also Vorteile, die jedes Vogelweibchen bei der Partnerwahl richtig einzuschätzen weiß. Warum aber gefällt sie auch uns? Ebenso der Gesang – auch für uns ist er so schön. Und in seinem übergroßen Reichtum ganz und gar »überflüssig«. Unerklärlicher Luxus scheint er dem, der entschlossen ist, sich mit der bestimmt nicht falschen, allerdings unzureichenden Kosten-Nutzen-Rechnung, dem Gesetz der Ökonomie zufriedenzugeben und vom Gesang als Ausdruck der Artgestalt, des Sich-Zeigens abzusehen. Der Gesang des Fitis? Der Amsel? Gar der Nachtigall? Bedeutet er in Wirklichkeit einfach nur ein für Rivalen bestimmtes »Hau ab«? Oder ein an die Partnerin gerichtetes »Komm her – bleib da«? Wozu in aller Welt dieser Aufwand für so eine simple Nachricht? Aber wer nicht hören will, mit dem lasse sich über Gesang nicht reden. Vögel singen, um Lebensfreude auszudrücken. Daher verstummen sie auch während der Mauser, sitzen dann »grantig und still in Pantoffeln herum«.

Wir beobachteten bald ruhende, bald sich tummelnde oder einander jagende Stockenten; von den beiden Gefiederpartituren des Erpels, Pracht- und Schlichtkleid, ist die männlich bunte die gewöhnliche, während die weiblich tarnfarbene hormongesteuert ist. Kastrierte Weibchen entwickeln also die hochzeitliche Variante des Erpelkleides, grünschillernd mit weißer Krawatte und den lustig gekrümmten schwarzen »Hakeln« am Bürzel, die sich die Jäger, in eine silberne Brosche gefaßt, als Trophäe an den Hut stecken. Anders der Buchfink: Kastrierten Männchen wächst die weibliche Partitur. Noch einmal anders der Mornellregenpfeifer: Hier tragen Weibchen das Prachtkleid, haben mehrere Gelege gleichzeitig und lassen die im unauffälligen Schlichtkleid besser geschützten Männchen brüten. Ebenso Odinshühnchen. Offenbar neigen Limikolen zu diesem Rollentausch. Warum? »Weil's auch so geht.«

Einmal gingen wir frühmorgens über den Damm, um einige Studenten beim Beringen zu treffen. Wüst nahm eine kleine graue Meise mit schwarzem Köpfchen in die Hand und demonstrierte an ihr die Merkmale der in diesem Biotop häufigen Weidenmeise im Unterschied zur sehr ähnlichen, hier aber kaum vorkommenden Sumpfmeise. Als er sie in die Luft warf, flatterte sie mit dem unverkennbaren »fzíadada« der Sumpfmeise davon. Er hatte es nicht nötig, diesen Lapsus zu vertuschen, sondern eröffnete lachend ein langes Gespräch zum Problem von Rasse und Art. Diese Zwillingsarten unter den Graumeisen sind sich so ähnlich, daß ihre Unterscheidung große Übung erfordert: Die Sumpfmeise habe einen etwas kleineren schwarzen Kinnfleck und kein helles Feld in den graueren Armschwingen wie die Weidenmeise. Kapiert? Ich gebe zu, daß ich alljährlich im Bestimmungsbuch neu nachschlagen muß. Beides sind aber, vor allem nach der Stimme, deutlich getrennte, niemals bastardierende Arten, die zirkumpolar vorkommen und je nach Breitengrad parallele Abänderungen von Größe, Tönung, Flügel- und Schwanzlänge aufweisen. Bei Herings- und Silbermöwe kommt es hingegen in ihrem ostwestlichen Vorkommen zur allmählichen Trennung zweier Arten. In manchen Gegenden des Übergangs erbrüten sie Bastarde, an den geographischen Endpunkten der Entwicklung hingegen bastardieren sie nicht, haben also »Artstatus«.

Die Einladung, mir das Welttheater der Natur erst einmal und vor allem unmittelbar anzuschauen, statt es mir schon vorweg ausreden zu lassen, fand ich als Anfängerin zur Zeit unserer ersten Speichersee-Exkursionen auch in dem Buch eines gewissen Adolf Portmann bestätigt, das mir wieder einmal die Eltern geschenkt hatten. Portmann hatte ein schönes Bild gefunden: Wie im Theater das Interesse für die Mechanik von Beleuchtung und Drehbühne, die Arbeit von Kulissenschiebern, Licht- und Tontechnikern nicht an die Stelle der Hamlet-Aufführung treten dürfe, um derentwillen die Veranstaltung stattfindet, so auch in der Biologie nicht die Entzifferung von Physiologie, Molekularbiologie oder Genetik an die Stelle der lebendigen Tiere und Pflanzen.

Dieses rettende Buch hatte den lapidaren Titel »Die Tiergestalt«. Es trug auf den Flügeln der Anschauung über die drohenden Reduktionen unserer Wahrnehmung bis zum Auslöschen aller zunächst unterscheidbar gewesenen Phänomene hinweg und ließ mich das wiederfinden, was ich als Kind so gut gekannt und als Biologiestudentin geglaubt hatte, verlorengeben zu müssen: die Lebewesen selbst, als Einzelindividuen. Portmann plädierte in vielen seiner Schriften für die »primäre Welt« der keineswegs naiven Anschauung und des Erlebens, ohne die die »sekundäre Welt«, die wissenschaftliche Abstraktion nicht bestehen könne. Seine Forschungen und Gedanken über die Gestalt trug er in ebenso schöner wie streng wissenschaftlicher Form vor. Er verteidigte aber, ohne an der Evolutionstheorie als der Lehre von der vermutlichen Entstehungsweise der Phänomene Zweifel zu äußern, den Blick auf die Phänomene selber, besaß also das, was Ernst Jünger den stereoskopischen Blick genannt hat: die Fähigkeit, eine Sache von zwei Seiten zu sehen, so plastisch und kompakt, wie Dinge eben sind. Dieser Blick macht sensibel gegen reduktionistische Erklärungen und erkennt ihre Gefahren. Es gab also auch eine alternative Biologie, die allerdings eher von Künstlern und kritischen Naturphilosophen anerkannt wurde als von Biologen. Werner Heisenberg erzählte mir in seinen späten Jahren von einem Gespräch mit Konrad Lorenz; dabei sei diesem ärgerlich herausgerutscht: »Das ist ja die Gemeinheit, daß der Portmann wissenschaftlich nie Fehler macht.«

Jahre verstrichen. Viele der damaligen Studenten gingen an Schulen, Vogelwarten, Umweltämter oder Museen, andere bestiegen hohe Lehrstühle, Präsidentensessel und wurden prominent wie Hubert Markl, der Forscher und Wissenschaftstheoretiker, oder wie Einhard Bezzel, der kompetente Beobachter avifaunistischer Veränderungen über lange Zeiträume hinweg, ohne die keine Umweltpolitik sinnvoll wäre.

Eine ganze Kinder- und Enkelgeneration ist durch Walter Wüsts peripatetische Schule gegangen, hat am Ismaninger Speichersee Holzäpfel und Vogelkirschen gekaut und ist fast verschmachtet in der Sonne, ohne es zu bereuen. In dieser »Heckenschule« brachen die Grundfragen einer kritischen Naturphilosophie im Vorbeigehen auf, die Phänomene forderten sie heraus. Gleichzeitig begleitete uns insgeheim die aristotelische Forderung »Rettet die Phänomene«; sie huschte neben uns her zwischen den Weiden, Pappeln, Ligusterbüschen und wilden Prunusbäumchen, hüpfte von den gelben Blüten des Odermennig zu den lilablauen Blüten des Natternkopfs und sonnte sich mit blutroten Heidelibellen auf den vielerlei gelben Kleeblüten, auf Wundklee, Hopfenklee, Feldklee, Goldklee, Hornklee. »Rettet die Phänomene« hatte auch Martin Wagenschein, Aristoteles zitierend, damals als Physiklehrer und luzider Essayist gemahnt. Bei jedem Schritt unserer Wanderungen hätten wir die alte Forderung mithören können. Aber viele von uns haben dieses Hintergrundrauschen bei der Entschlüsselung der Vogelsprache wohl gar nicht wahrnehmen wollen und geglaubt, sich den unverstellten Blick aufs Leben versagen zu müssen, um des streng wissenschaftlichen, also abstrakten Denkens willen. Der Reduktionismus in der Lebenskunde ist seitdem immer mächtiger geworden und prägt heute unser aller Wahrnehmung, ja große Teile unserer Welt als Weltanschauung. Man sollte allerdings eher von Weltwegschauung sprechen. Die wenigsten haben die Kraft gefunden, eine Unabhängigkeit des Denkens, eine zweite Naivität zu finden, um sich dem Reduktionismus zu entziehen und der unverkürzten Wirklichkeit gegen ihre Einschränkung beizustehen.

Die Vögel haben ihren Zauber aber für die meisten von uns nie verloren. Ein im Frühling durchziehender Wiedehopf, der am Stamm des alten Apfelbaums seine Holle aufrichtet und für ein paar Tage »hud-hud-hud« ruft, die endlich wieder trommelnden Spechte, der jagende Sperber, Schrecken sämtlicher Singvögel – sie sind wieder da, sind noch da. Sie schenken jedem Ornithologen dieses unenträtselbare Erschauern bei der Berührung mit dem Mysterium der Dinge, wie Henry Bergson es genannt hat: »Le frémissement que l'être sent en contact avec le mystère des choses.«

Im Ganzen scheinen Vögel
die ästhetischsten aller Tiere zu sein,
mit Ausnahme natürlich des Menschen,
und sie haben fast denselben Geschmack
für das Schöne wie wir.

Charles Darwin

5. Kapitel ***Angeschaut werden***

Ich bin eine begeisterte Tierparkbesucherin. Vor allem mit Kindern. Zwar gerate ich vor Affen leicht aus der Fassung. Denn meist schaue nicht ich sie an, sondern sie unverblümt mich, und ein einziger Orang-Blick macht mich mitschuldig an den Gitterstäben – ich schäme mich und denke an Rotpeter, den dressierten Affen aus Kafkas kurzem grausigen Text »Ein Bericht für eine Akademie«.

Der Schneeleopard schaut niemanden an, und das ist beinahe ärger. Denn sein Gehege, und wäre es noch so geräumig, ist auf jeden Fall zu klein. Also schreitet er beharrlich die Grenzen ab, rechts herum, links herum, immer an den Gittern entlang, ohne einen auch nur flüchtigen Blick auf die Besucher zu werfen, an deren gräßliche Nähe er sich hat gewöhnen müssen. Natürlich ist ein Gehege besser als ein Käfig, schon für seine Beinmuskeln, seine wie Schneeschuhe verbreiterten Tatzen, seinen überlangen Schweif. Aber was heißt schon besser? Nur in der grenzenlosen Weite kirgisischer Bergsteppen würde er zur Ruhe seines Wesens finden, zur Ruhe der kreisenden Geier, und er würde auf letzte dort äsende Saiga-Antilopen blicken. Seine Augen könnten sich in der ihn umgebenden Grenzenlosigkeit auf ferne Ziele richten. Denn der Schneeleopard ist metaphorisch gesprochen »weitsichtig«. Dort im Tienschangebirge braucht er nicht einmal zu wissen, daß ein kirgisischer Förster mit Namen Murad, dem wir zu Pferd mit einer Büchse über der Schulter begegnet sind, ihn und einige seiner letzten Artgenossen vor Wilderern schützt; er wird ja verfolgt, geschossen, zerteilt und zu Pulver zerrieben für chinesische Apotheken, als Aphrodisiakum oder als Medizin gegen fast alle sonstigen Leiden. Es könnte daher sogar wichtig sein, Schneeleoparden in Zoos unruhig sein und sich vielleicht trotzdem vermehren zu lassen, zum späteren Auswildern. Ein kleiner Trost, ein schwacher Trost, den ich versuche, nebenher an meine Enkel weiterzugeben. Sie sollen aber vor allem ihr eigenes Leben zuversichtlich beginnen und ihre in meinen Augen bereits recht dürftig gewordene Umwelt noch einmal sehr neu und sehr schön finden dürfen. Ich habe kein Recht, sie vorzeitig mit meinem Umweltkummer zu bedrücken.

Für gewöhnlich überwiegt jedoch das Vergnügen im Tierpark. An einem verregneten Zootag in Hellabrunn habe ich mit dem damals dreijährigen Enkel Clemens etwas ganz Zauberhaftes erlebt. Wir wollten pünktlich zur Robbenfütterung sein, vermieden also Elefanten, Großkatzen und Affen. Als wir an einem unbenutzten Gehege vorüberkamen, wo ein als Falkner ausgebildeter Tierpfleger gerade einen Steinadler vorführte, da wollten wir unbedingt zuschauen, wie der Adler frei flog, in einer kahlen Baumkrone aufblockte und dort von wilden Krähen angehaßt wurde. Wir verspäteten uns also, und die Kalifornischen Seelöwen waren schon satt, als wir kamen. Doch einer interessierte sich trotzdem für uns, schwamm heran und begann uns vergnügt mit der »hohlen Hand« anzuspritzen. Ich mißverstand die Geste, hangelte einen auf dem Sims des Beckens vergessenen Fisch herauf und warf ihn huldvoll hinunter. Unser Seelöwe nahm ihn zwischen die Lippen, schlenzte ihn – gewissermaßen mit einem »geh-geh« – nachlässig zur Seite und sandte einen weiteren Schwapps Wasser gegen unsere Köpfe. Machte er sich lustig? Wir lachten. Mit welcher Ausdruckskraft wandte er sich uns zu, trotz seiner unbewegten Augen, seiner starren Tasthaare um die heiter wirkende Hundeschnauze, seiner winzigen, zu keinerlei Mimik fähigen Öhrchen! Aufrichten, schwapps, abtauchen, Wende, Galoppschwung, aufrichten, schwapps. Wir wischten uns die tropfnassen Gesichter und gingen erst weiter, als das Tier sein eigenes Spiel vom Wasser aus für beendet erklärte. Wir waren entlassen.

Als wir an jenem nassen Zootag unsere Runde fast beendet hatten, blieb Clemens wie angewurzelt vor einem unspektakulären Gehege mit einer kleinen Herde Wildpferde, den noch nicht völlig ausgestorbenen Prschewalskij-Pferden stehen. Eines der Tiere mit dem schönen, glatten, rötlichen Fell, dem schwarzen »Aalstrich« auf dem Rücken und der starren Mähne dieser mongolischen Pferdeart stand in königlicher Ruhe, einen dunklen Hinterlauf angehoben und bot sich völlig gelassen von der Seite den staunenden Augen des Kindes dar. Gerade noch rechtzeitig brachte ich meine brabbelnde Großmamastimme zum Schweigen und schaute verwundert auf das Schauen des Kindes, auf eine Gegenwärtigkeit, die zwischen dem unwissenden Körperglück des ruhenden Pferdes und der vielleicht in diesem Moment schon alles wissenden gespannten Aufmerksamkeit des jungen Menschleins ausgebreitet lag, dem alle Reflexion noch bevorstand, das aber, so hoffte ich, dank der Erinnerung an diese Augenblikke die Leibhaftigkeit der Lebewesen nie aus dem Auge verlieren würde. Ich kann nicht sagen, wie lange wir so dastanden, bis die bedeutsame kleine Ewigkeit beendet war, in hunderterlei Kinderworten zerstob und das Bübchen bald zufrieden schwatzend auf den bronzenen Steinbock am Zooeingang geklettert war und sich an den blankgewetzten, golden schimmernden Hörnern festklammerte.

Warum erzähle ich das? Bestimmt nicht aus großmütterlicher Sentimentalität. Ich habe zu viele Kinder und Enkel, um sentimental zu sein. Nein, ich muß davon sprechen, weil ich auf meiner eigenen biologischen Morgenlandfahrt in die Biowissenschaften, denen ich mich einst zu- und von denen ich mich in der Folge nie mehr ganz abgewandt habe, auch dem Horror vacui unaufhörlich begegnet bin, dem Entsetzen vor dem absoluten Nichts. Und sicher bereitet es auf dieser inneren Reise nicht nur mir Schwierigkeiten, auf dem laufenden zu bleiben; ich versuche, außer der mich einst feindselig abweisenden Biochemie auch die Mikrobiologie im Auge zu behalten, dazu das osmotische Hin und Her des zellulären Stoffwechselgeschehens, die Neurophysiologie und die Hirnforschung, die den Phänomenen der Innerlichkeit, also Gefühlen und Erfahrungen, nachspürt und ihnen immer näher auf den Leib rückt, so nahe, bis sie verschwunden bzw. auf physikalische und chemische Vorbedingungen reduziert zu sein scheinen und plötzlich da im Inneren sich nichts mehr zu erkennen gibt.

Nicht weniger schwierig ist das immer komplizierter werdende Geschehen in der Doppelhelix, wo die Allmacht, aber auch die Begrenztheit der Gene am Werk ist. Zwischen der nun stolz behaupteten Lesbarkeit des Genoms und unsereinem liegt ja nicht nur das Universum der berühmten vier Buchstaben A(denin), T(hymin), C(ytosin) und G(uanin), ein Code, der, obzwar angeblich jetzt geknackt, für den Laien vorerst weiterhin ein Buch mit sieben Siegeln bleibt; da liegen auch die etwa 20 in der Folge daraus synthetisierten Aminosäuren, zuständig für fast alles, was in den Zellen vorgeht, sowie zahllose weitere, ebenfalls mit lateinischen Buchstaben geschriebene, doch trotzdem schwer entzifferbare Welten von Substanzen. Und das ist nur die feinstoffliche Seite des Lebens. Noch ärger geht es einem mit der großen, unsere gesamte Weltwahrnehmung bestimmenden Theorie. Allein die Regeln der Spieltheorie, nach denen sich Evolution ereignen soll, sind eine Herausforderung für den

Alltagsverstand. Ebenso die sexuelle, die Verwandten- und sonstige Selektion, die Drift, Verzweigung oder Gabelung der Arten, die Kladistik.

Wie einfach war es dagegen noch bei Darwin gewesen! Der Zufall der Varietäten in einer Gruppe artgleicher Lebewesen, aus denen Konkurrenz oder Umwelt die besser Gerüsteten herausfischt – das konnte doch jedes Kind verstehen!

Ernst Haeckel in Jena erklärte daher schon Ende des 19. Jahrhunderts Darwins Lehre zur einzig gültigen Weltanschauung und bekräftigte ihren Machtanspruch. Der 1895 gestorbene Thomas Henry Huxley, als »Darwins Bulldogge« ganz und gar erfüllt davon, sagte im Alter: »Wenn ich noch 30 Jahre leben möchte, dann deshalb, damit ich den Fuß der Wissenschaft auf dem Nacken der Feinde sehe.« Er nahm wenigstens kein Blatt vor den Mund: kein Geistlicher dürfe Naturwissenschaftler sein, also unter einer doppelten Loyalität stehen wie ein Esel zwischen zwei Heuhaufen. Haeckel, dieser angesehene Jenenser Biologe, Maler und Erbauer seiner durchstilisierten Villa Medusa – ein eigenartiges, mit Nachbildungen von Blumentieren und Radiolarien durchgestaltetes Forschergehäuse, von dem starke Impulse auf den Jugendstil ausgingen –, dieser wortgewaltige Polemiker ließ sich sogar zu einem herrischen, seltsam symbolischen Akt hinreißen: 1904 erlaubte oder veranlaßte er, daß man ihn im römischen Pantheon zum Papst des wissenschaftlichen Monismus ausrief, der für ihn alleinseligmachenden Lehre. Großen Anfeindungen war er als bekennender Darwinist ausgesetzt zur Zeit des Kirchenkampfs in Preußen und einer aggressiv wissenschaftsfeindlichen Haltung Roms! Er stand im Kreuzfeuer und litt schwer darunter. Aber päpstlicher als der verachtete Papst wollte er doch allemal sein – mit umgekehrten Vorzeichen.

Als bald darauf die Mendelschen Gesetze in den Darwinismus einmündeten, als die Mutationen mit Hilfe der Taufliege Drosophila, Massenbewohnerin zu selten geleerter

Mülleimer und hochgeschätztes Haustier aller Genetiker, entdeckt wurden, als die Chromosomen, die Gene, gar die DNA in der Doppelhelix erkannt und sichtbar gemacht waren, da hätte die Sache eigentlich immer einfacher werden sollen. Ernst Mayr, schwäbischer Ornithologe in Berlin und später in Harvard, verschmolz zusammen mit anderen Biologen das alles zur »synthetischen Theorie«, einer Art Weltformel nicht nur der Biologie, sondern unserer ganzen Wirklichkeit. Gibt es da überhaupt noch Probleme?

Offenbar durchaus, ja sogar viele. Zum Beispiel noch immer das Problem von der Henne und dem Ei. Der erfreulich behutsame englische Mikrobiologe, Erforscher der Intelligenz von Hühnchen, Stephen Rose, hat das alte Bild auf die heutigen allzu genzentrierten Autoren wie O. E. Wilson mit seinem Buch »Soziobiologie« (1975) oder Richard Dawkins (»Das egoistische Gen«, 1976) angewandt. Ihnen und vielen anderen geht es heute einzig noch um Gene, diese winzigen Egoisten im Innersten allen Lebens, die angeblich nur ihre eigene Vermehrung im Sinn haben. Ich konnte bis heute nicht einsehen, wie Gene etwas wollen sollen, und sei es nur schlichte Vermehrung oder wenigstens Erhaltung: Auch das wäre doch noch eine Prise von der verbotenen, gefährlichen Droge Teleologie. Aber was verstehen wir Laien denn schon! Jedenfalls ist das, so Rose, diejenige Sicht der Sache, die darauf besteht, Eier wollten Eier hervorbringen und sie bedienten sich dabei der blöden Hennen. Er selber aber steht auf seiten der Hühner. Dies und die heitere Klarheit seines Buches »Darwins gefährliche Erben« gefällt mir. Rose zeigt vor allem auch, daß Gene allein zu gar nichts imstande sind, sondern es nur im lebendigen Zellverband überhaupt zu was bringen. Damit wäre der geknackte Code des Genoms, bei aller Schöpfermacht, oder präziser: bei aller Veränderungsmacht, die er uns zweifellos erschließt, durchaus noch nicht der Weisheit letzter Schluß.

Die amerikanische Wissenschaftshistorikerin Evelyn Fox

Keller schlägt sogar vor, den gar nicht genau definierten Begriff »Gen« erst mal ganz aus dem Verkehr zu ziehen und endlich mehr auf das »zelluläre Netzwerk« zu achten, in dem keineswegs einfach ein Programm abgelesen und umgesetzt wird, wie es dem Laien in den letzten Jahrzehnten eingehämmert wurde (»Das Jahrhundert des Gens«).

Haben wir noch weitere Probleme mit dem Darwinismus? O ja, und was für welche! Von New York aus schickt der Paläontologe und Evolutionstheoretiker Stephen Jay Gould seine Bücher in die Welt. Sie sind reinstes Lesevergnügen so lange, wie er das für Europäer kaum durchschaubare und nicht besonders faszinierende Baseballspiel zur Erläuterung seiner Theorie draußen läßt.

Gould, ein begeisterter Statistiker, verleiht dem Zufall erst so richtig seine Allmacht. Alles, was wir sind und wahrnehmen, sei Überbleibsel im großen blinden Spiel der Jahrmillionen. Stammbäume seien ein anthropomorpher Schmarren, da sei doch eigentlich nur Gebüsch zu erkennen, ein x-beliebiger Wirrwarr, echtes Tohuwabohu. Komplexität sei in der Evolution gar nicht viel wert und Fortschritt keiner zu erkennen. Höhere Komplexität verringere übrigens nur die Chance, sich an zufällige, unerwartete Umweltveränderungen anzupassen, die durch Klimawandel, Vulkanausbrüche, Meteoriteneinschläge und anderes mehr ausgelöst werden. Besser, »man« bleibe Bakterium. Bakterien schaffen's immer, bis heute, während es die massigen Trilobiten, die großen Schalentintenfische (Ammoniten), die wuchtigen Saurier, später auch die meisten Elefanten, Pferde oder Großfaultiere wegen Störanfälligkeit und zu gering gewordener Anpassungsfähigkeit irgendwann »vom Stangerl gehauen« habe, und zwar gerade wegen ihrer angeblich fortschrittlichen Komplexität. Kein Wunder, daß der größte Teil der Biomasse bis heute aus Winzlingen besteht, den unzählbaren Springschwänzen im Humus, den Einzellern zu Wasser und zu Lande, den allüberall anzutreffenden Bakterien und anderen Prokarioten (Einzeller noch ohne Kernhülle), die selbst an heißen Tiefseequellen und noch 3000 m tief im Gestein bequem leben, wo sie in minimaler Feuchtigkeit einen Film bilden, der seine Energie aus der Erdwärme bezieht und SLiME genannt wird (für »subsurface lithoautotrophic microbial ecosystem«). Auch heute sind diese Kleinsten die Voraussetzung für alles »höhere« Leben, denken wir nur an unsere eigene, so störanfällige Darmflora oder gar an den Labmagen der Wiederkäuer. Gewimmel in allen Ritzen!

Gould hat eine innige Neigung gefaßt zum sogenannten Burgess Shale in Kanada, wo die »Kambrische Explosion« mit ihrer Fülle neuer Arten in Versteinerungen zu besichtigen ist. Vor 530 Millionen Jahren entstand da offenbar plötzlich – was man halt in der Erdgeschichte »plötzlich« nennt, also innerhalb von fünf Millionen Jahren – eine abstruse Fauna: gepanzerte Riesenwürmer, rotierende Quallen, mächtige Gliedertiere mit Saugrüssel oder malmenden Mäulern – die artischockenförmige kriechende »Wiwaxia«, die garnelenartige »Opabinia« sowie »Hallucigenia« und »Anomalocaris« – ebenso rasch aufgetreten wie erloschen, ohne Spuren in späteren Entwicklungslinien zu hinterlassen! Warum? Haben sie einander womöglich aufgefressen? Nach potentiell anderen Katastrophen durch Vulkane oder Meteoriten als den zufälligen damaligen oder nach anderen Klimaschwankungen als den »unsrigen« oder dank völliger Ruhe hätte die Sache aber auch völlig anders ablaufen können. Hallucigenia hätte zur gänzlich normalen Vorläuferin von uns unvorstellbar Unähnlichem werden, wir selber aber in alle Ewigkeit ausbleiben können, zusammen mit Elefant, Löwe oder dem geliebten Pferd, dessen Stammbaum vom foxlkleinen Eohippus her wir so gerne rekonstruieren, obwohl Pferde nur dürftige Überbleibsel einer einst reichen Fauna von Einhufern insbesondere auf dem amerikanischen Kontinent sind. Oder es wäre bei den vertrauteren, wenigstens vierbeinigen Wirbeltieren, bei fliegenden, laufenden, schwimmenden Echsen der Kreidezeit vor 100 Millionen Jahren geblieben, mit nur spitzmauskleinen Säugern.

Von Fortschritt in der Naturgeschichte zu sprechen zeuge von ebenso großer anthropomorpher Engstirnigkeit wie überhaupt eine Naturgeschichte anzunehmen. Geschichte? Nein, da sei doch nur ein blödes Ding nach dem anderen und die von uns aufgestellten Verzeichnisse dieser Dinger. Gould geht sogar so weit, den Dingen (Lebewesen) selber in dieser statistischen Sicht ihre Dinghaftigkeit ausdrücklich abzusprechen. Im Gestöber der zahllosen Arten und Individuen seien doch nur Variationsbreiten zu erkennen, Veränderungen von Einzelformen bis hin zur Veränderung ganzer Systeme. Dinge seien ja nur das, was unsere Wahrnehmung als ein Etwas in der Umgebung, im bunten Wirbel, in den Schlieren da draußen ausgrenze.

Erhart Kästner, Kunst- und Kulturhistoriker, Autor schöner, in meiner Generation unvergessener Bücher wie »Das Zeltbuch von Tumilad« oder »Ölberge, Weinberge«, hat 1973, also kurz vor »Soziobiologie« und »Das egoistische Gen«, sein Byzanzbuch »Aufstand der Dinge« betitelt. Darin geht es ihm um die letzte Ausprägung des Imperialismus, um die Kolonisierung der Dinge, also der gesamten Wirklichkeit, wobei er die Lebewesen zärtlich »Vonselberchen« nennt. Die Dinge würden aber wohl eines baldigen Tages in den Aufstand treten gegen ihre Schinder, indem sie sich ihnen entziehen oder gar zurückschlagen, was u. a. an den ökologischen Katastrophen abzulesen sei.

Die Konsequenz, mit der Stephen Jay Gould die angebliche Naturgeschichte, den angeblichen Fortschritt, ja sogar die angeblichen Dinge als Anthropomorphismen entlarvt, ist klärend und ehrlich. Allerdings bläst ihm einiger Wind ins Gesicht. Nicht nur Stephen Rose und andere Mikrobiologen sehen die Allmacht der Gene und des Zufalls erheblichen Einschränkungen unterworfen durch zelluläre Gegebenheiten, die auf Gene zurückwirken; auch physikalisch-chemische Gründe lassen nur ganz bestimmte Evolutionswege zu.

In der »Frankfurter Theorie«, die erstaunlicherweise noch kaum über Frankfurt, über die so liebenswerte »Senckenbergische Naturforschende Gesellschaft« und das berühmte Museum hinausgedrungen ist, wird dieser Gedanke auf makroskopischer Ebene weiterentwickelt.

Diese Frankfurter, etwa W. Gutmann, M. Grasshoff, für die Vogelentwicklung insbesondere D. St. Peter u. a. gehen z. B. von Gesetzen der Hydraulik aus. Im Urmeer ist ja eine erste Abgrenzung lebendiger Einheiten durch Hüllen/Membrane, die einen Stoffaustausch gestatten, nur als Tröpfchen möglich; Vergrößerungen fordern daher Stabilisierungen durch Fasern, später durch Skeletteile; spontane Bewegung erfolgt durch Wimpernhärchen, später mit Muskeln für ein Schlängeln, Gleiten oder schließliches Laufen. Die entstehenden und sich entwickelnden Organismen sind also keineswegs nur ein zunächst von Brownscher Molekularbewegungen herumgestoßenes, später von sonstigen Umweltkräften geschubstes Etwas, sondern Organismen wählen selber aus, was für sie Umwelt ist und was nicht, aber vor allem wirken sie kräftig auf ihre Umwelt ein. Man denke nur an unsere von Bakterien, Algen und Pflanzen gestiftete Sauerstoffatmosphäre. Jede Umwelt ist intensiv von Taten des Lebens geprägt, die Konstrukteure der Evolution liegen also innen, nicht außen. Die Selektion stürzt damit vom hohen Thron, verliert ihr Veränderungsmonopol. Anomalocaris oder Hallucigenia sind ganz selbständig in eine evolutionäre Sackgasse gestakst auf ihren unpraktischen Beinstelzen und waren hoffnungslose Monster, hatten einfach nicht das Zeug dazu, Urahnen zu sein.

Diese Frankfurter »Konstruktionsbiologie aufgrund organismischer intrinsischer Prinzipien« erzwingt Irreversibilität in der Formenentwicklung. Wir sollten daher endlich Schluß machen mit dem »Darwinismus-spezifischen Fortschrittsdenken« der herrschenden Biologie, ihrer »provinziellen Verklinkerung von Organismen mit Umweltbedingungen«, die alles Leben »in ein klebriges Netz von Externbedingungen in sogenannter Umwelt« verfangen sein lassen und Veränderungen in ein »mythisches Wortgetöse von Begriffen wie Emergenz (E. Mayr) oder Fulguration (K. Lorenz) auflösen«. Die Frankfurter Polemik blüht!

Klar, aus dieser Sicht ist Goulds extremes Zufallskonzept nicht haltbar. Es gibt Entwicklungsgesetze, die auch unter anderen Bedingungen zur Geltung gekommen wären, was nichts mit Teleologie zu tun hat. Diese ungemein schlüssige Theorie erzwingt nebenher erhebliche Umbauten des Stammbaums. Schwämme, Hydrozoen wie Chlorohydra viridissima oder Plattwürmer erweisen sich als späte Bildungen, nicht wie bisher angenommen als Grundformen. Es kommt dabei vor allem die überzeugende, auch von Stephen Rose betonte Überlegung zum Tragen, daß nicht isolierte Gene, also Ausschnitte der DNA-Spirale, für sich und so vor sich hin Evolution betreiben können, sondern nur als lebendige Bestandteile der organismischen Konstruktion. Wir sehen, der Ozean der Theorien bestürmt mit starker Brandung das scheinbare Festland der Wirklichkeit, Gischt schäumt, es geht hoch her an allen biologischen Küsten. Und man kann sich nicht raushalten!

Lassen Sie mich lieber von einer Sonderausstellung berichten, für die ich eigens nach Frankfurt ins Senckenbergische Museum gereist bin: »Schmuckfedern – Federschmuck«, mit schönen Exponaten auch aus den Sammlungen des Hauses. Es liefen Filme über den Vogelflug, der Bau der Feder wurde gezeigt, die Embryonalentwicklung ihrer Teile, Farben und Muster sowie ihre vermutbare stammesgeschichtliche Entstehung. Die Funktion der Schmuckfedern wurde dabei einzig bezogen auf Sozialverhalten und Paarung. Die »Handicap-Theorie« von A. H. Zahavi liefert hierzu Überraschendes. Diese Theorie geht so: Träger besonders langer Schwanzspieße, etwa Rauchschwalben oder Hahnenschweifwidas aus der Serengeti, wo das Männchen sich kaum noch in der Luft halten kann und seinen Balzflug mit der extrem verlängerten Schwanzfeder nur mühselig taumelnd zustande bringt, werden ja wirklich, wie man inzwischen weiß, von den Weibchen bevorzugt. Solcher Luxus, oft ein erhebliches Flughandicap, zeige nämlich an, »ich kann mir das leisten, ich bin sehr stark, also auch resistent gegen Parasiten, gebe daher einen erstrebenswerten Papa ab«. Das kluge Weibchen erkennt, daß dieser absurd langschwänzige Herr z. B. nicht zu Durchfall neigt. Die stets drohende Diarrhöe übe demnach starken Selektionsdruck aus. Wenn die mühselige Balztanzerei endlich vorbei ist, beißt sich der Hahnenschweifwida die überflüssig gewordenen Schwanzfedern denn auch schleunigst ab: weg mit dem Plunder, ich habe ja bereits reproduziert! Man könnte beinahe glauben, diese Hahnenschweifwidaweibchen seien bei Darwins Enkeln in die Lehre gegangen. Aber darf man fragen, wie das Gen für den guten Wida-Geschmack, also die Bevorzugung der langen Schwanzfedern, in ihr Genom gelangt ist?

Mit dieser Handicap-Theorie wird nebenher die sogenannte »Schönheit« wegerklärt. Sie wird zu einem Epiphänomen, einem gleichgültigen Nebenprodukt bei der Optimierung der Überlebenschancen von Genen. Schon Darwin selbst hatte sich mit dem Schönen in der Natur herumgeschlagen und als Ausweg die sexuelle Selektion erfunden. Aber zugleich bestand er seltsamerweise darauf, daß Schönheit kein Produkt der Evolution, also auch nicht abhängig von den willkürlichen Vorlieben einer Spezies sei, sondern deren einschränkende Bedingung, wie Vittorio Hösle und Christian Illies in ihrem Buch »Darwin« 1999 herausgestellt haben. Darwin hatte offenbar noch Augen im Kopf. Schönheit besäße auch »da draußen« Geltung, entspräche nicht nur einem subjektiv menschlichen Gefühl. Sie sei vielmehr etwas von sich her Existierendes, das die Evolution ständig weiter entwickele. Er bestand sogar auf einem Fortschritt der Schönheit im Laufe der Evolution und daß sie lange vor dem Auftreten des Menschen eine Rolle gespielt habe.

Darf man aber überhaupt fragen: Wozu ist Schönheit gut? Offenbar zu sonst nichts! Unhintergehbar ist sie wie das Leben selbst und keinem Reduktionismus zugänglich! Diesen Gedanken hat Gerd Haeffner in einem Aufsatz zu Simone Weils Tagebüchern entwickelt.

Im Mittelpunkt jener Ausstellung wurden Schmuckfedern (wieso Schmuck?) und ihre neodarwinistische Deutung in satirischer Absicht mit einem Zitat Adolf Portmanns konfrontiert: »... die unabsehbare Fülle der Strukturen, die alle den Bereich des Lebensnotwendigen überschreiten, können mit keinem Begriff aus dem Gebiet der Zweckmäßigkeit unserem Verständnis nähergebracht werden.«

Da tauchte er plötzlich wieder auf, der 1982 verstorbene Herr aus Basel, Glück und Trost meines unseriösen Biologinnenherzens seit dem Studium. Seine Bücher sind heute antiquarische Raritäten. Nachfolger hat Portmann keine gefunden! Daß man im Burgdorf Verlag, Edition Nereïde, jetzt mit einer Neuauflage der wichtigsten seiner Werke begonnen hat, könnte die immer lebhafter werdenden Debatten innerhalb der theoretischen Biologie um eine wesentliche Facette bereichern.

Denn so wie die Arten und erst recht die Individuen allmählich völlig aus dem Blick geraten sind – ein Artenschwund von vermutlich größerer Tragweite als der, welcher auf Roten Listen verzeichnet ist –, so ist auch die Tiergestalt vollkommen in den Hintergrund getreten. Morphologie oder vergleichende Anatomie wurden als Lehrfächer Auslaufmodelle. Weder Neodarwinismus, Genetik oder Mikrobiologie noch Frankfurter Theorie interessieren sich im geringsten für die Tiergestalt selber, außerhalb ihrer Funktion.

Das lebendige Subjekt, welches sich mit einer zarten

Membran zum Schutz vor der nährenden und zugleich zerstörenden Ursuppe als ein Innen gegen ein Außen abgegrenzt haben dürfte und sich in seiner Gestalt seitdem zu unglaublicher Schönheit oder auch Seltsamkeit, ja Groteske entfaltet hat, bleibt aus der modernen Biologie ausgeblendet. Es wäre also hohe Zeit, an einen Mann zu erinnern, der zwischen 1897 und 1982 gelebt hat, beinahe Maler geworden wäre, dann aber neben ornithologischen und entwicklungsgeschichtlichen Fragen die Tiergestalt zu seinem Lebensthema gemacht hat. Ihren Eigenwert, ihre mit so verschwenderischem Aufwand geleistete Verwirklichung hat er ebenso ernst genommen wie Ernährung, Fortpflanzung, Anpassung. Er blickte ohne Scheuklappen in die Runde und sah sich angeschaut.

Daß die Gestalt auch im Dienst des Lebensvollzugs steht, ist nach Portmann selbstverständlich. Sie umschließt, sie schützt, sie entwickelt die aero- oder hydrodynamisch ideale Form zu Wasser und zu Lande und hat vielerlei Nutzanwendungen. So werden Gestalten oft überraschend aufgezeigt: Präsentiert der Weißwedelhirsch in den Wäldern Connecticuts bei Fluchten seine auffällig weiße Hinterfront durch Schwanzheben, so ist das ein »Follow-me«-Signal, ein »Mir-nach« für das Rudel. Wir bewundern das Flaggezeigen bei Paradiesvögeln, die ihre Farben und Formen in der Balz optimal vorführen durch geradezu absurde Haltungen und Bewegungen, sie drehen sich, spreizen ihr Gefieder, hängen kopfunter vom Ast. Ihr Körper »weiß« genau, was er zu bieten hat. Das Aufzeigen besonderer Körperbildungen kann aber auch abschreckend wirken: »Halt, nicht fressen, ich, Harlekin-Korallennatter, Hornisse, Pfeilfrosch bin giftig.« Die Rotflügelige Schnarrschrecke, eine unauffällige Feldheuschrecke, die aber bei Störungen knarrend auffliegt und dabei rote Unterflügel zeigt, wendet einen Verschwindetrick an: »da bin ich«, und »jetzt bin ich futsch«, braun verschwunden im braunen Gras wie unter einer Tarnkappe, wobei sie bei der Landung auch noch eine seitliche Wendung ausführt und nicht da sitzt, wo man sie hat einfallen sehen. Der hungrige Vogel ist perplex und findet nichts. Aber all dies sind Anwendungen einer bereits vorhandenen Gestalt, die einiges über Abwandlung aussagen, aber wenig über Entstehung.

Von solchen Dingen zu erfahren ist heute einfach. Die Naturfilme im Fernsehen werden immer schöner, je schwieriger es geworden ist, draußen noch Natur zu finden. Ich bin süchtig danach, setze mich auch mit kleinen Kindern, denen das Fernsehen eigentlich gar nicht guttut, immer wieder davor, selbst abends, wenn diese längst ins Bett gehören. Dann bestaunen wir Bilder von Tangwäldern in den Weltmeeren mit Fetzenfischen, elfenhaften Seepferdchen und herrlich bunten Kiemenschnecken, freuen uns an Filmen über Meerestiefen mit versonnenen Quastenflossern, über Kalifornische Seelöwen oder australische Laubenvögel. Sie schenken uns selbstvergessenes Glück. Nur der Ton stört leider oft. Nicht wegen der temperamentvollen Frohbotschaften des alten David Attenborough, ihnen lauschen wir mit Entzükken. Ungern hingegen höre ich die scheinheilig vibrierend von Wundern raunenden Stimmen, die anschließend eilfertig versichern, all dies sei »in Wirklichkeit nichts anderes als« Produkt von Isolation (z. B. auf Neuguinea oder Madagaskar) und alsbaldiger Selektion aus diversen Genpools, »von der Natur geschaffen« für diese oder jene Umweltnische, was ich in meiner anschauenden Hingabe gerade mal aus den Augen verloren hatte. Daß der Mensch, dieser nackte Affe, da keine Ausnahme mache und deshalb nichts Besonderes sei, weil er genetisch zu 98 % mit seinen Schimpansenvettern übereinstimmt, weiß ich wohl und habe wenig dagegen. Trotzdem mag ich's nicht, wenn von schwangeren Pavianmüttern oder von gebärenden und stillenden Makakenfrauen geschwärmt wird, während ich in meiner unausrottbaren Voreingenommenheit, meiner anthropomorphen

Engstirnigkeit, da noch immer zu Ausdrücken wie »trächtig sein«, »werfen« oder »säugen« neige. Schließlich ist das Schimpansenweibchen ja auch nicht »guter Hoffnung« und wird nicht von einem Jungen »entbunden«. Die Seelen der Tiere sind groß und heilig und wunderbar. Und gerade deshalb sind die Seelen der Menschen von ihnen zu unterscheiden. Kein Gegenstand für die vielen »terribles simplificateurs«, die sich in der Regel auch beim Menschen nur auf Drosophila, auf das Darmbakterium Escherichia coli, auf Mäuse und neuerdings auf die Ackerschmalwand beziehen und seine auch biologisch faßbare Andersartigkeit kleinreden. Geburtszustand und Entwicklung des Menschenkinds sind aber, wie Adolf Portmann vor Jahrzehnten herausgestellt hat, so grundstürzend anders, als im Vergleich zu Primaten zu erwarten wäre, daß sich jede Gleichstellung von Primaten und Homo sapiens verbietet.

Besonders häufig laufen im Fernsehen lange Filmserien von Paarungen. Ich weiß, ich weiß, Vermehrung sei das All-und-Eine, worauf es ankommt bei lebendiger Materie, bei uns plumpen Robotern, die wir nach Dawkins nur Reparaturwerkstätten für unsere Gene darstellen. Aber meinen Enkeln möchte ich doch so vieles zeigen, wenn sie neben mir sitzen und begeistert Geparden bei der Jagd, Giraffen beim Blätterschmaus in Akazienkronen und Elefanten beim Duschen im Fluß beobachten. Oder müßte ich ihnen vor allem anderen erklären, was ein Orgasmus bei Löwe, Spitzmaus, Schildkröte oder Teichmolch für ein Ding ist? Besonders gern wird die Paarung des Nashorns gezeigt, bei dem es so schön lange dauert, daß Chinesen, stets an luststeigernden Substanzen interessiert, deren Hörnern aphrodisiakische Wirkung zuschreiben und auch Nashörner, genau wie Schneeleoparden, in solcher Menge schießen, deren Hörner zerteilen, trocknen und für ihre »traditionelle« Medizin pulverisieren lassen, daß kaum noch vereinsamte Spitzmaulnashörner zur Kopulation gelangen. Genieren tun wir uns ja nicht mehr! Dafür hat das Fernsehen gesorgt! Und dennoch, ein altes »Wie-sag-ich's-meinem-Kinde« zigeunert herum, Genpool hin, Überlebensroboter her. Sitzen hier nicht winzige aufmerksame Menschen, die ich über alles liebe? Wir haben sicher das eine oder andere Gen gemeinsam, vielleicht auch das für Naturliebe. Diese Liebe zu entwickeln ist mir wichtig, um ihnen das einzigartige Glück zu schenken, sich und alle Mitgeschöpfe als zweifellos lebendig und gegenwärtig zu erfahren. Sie sollen an den Lebewesen »die majestätische Festigkeit ihrer Gestalt« (Burkhard Müller, »Das Glück der Tiere«) erkennen dürfen.

Also tue ich alles mir Mögliche, damit diese Kinder der Jahrtausendwende nicht glauben, Kühe seien eigentlich lila, damit sie nicht denken, die Milch komme aus der Supermarkttüte, und damit sie nie vergessen, woher die harten Eier stammen, die sie so gerne schälen, mit dem Eierschneider in Scheiben zerlegen und mit Schnittlauch auf Butterbrot essen. »Das Ei ist eine geschissene Gottesgabe« war der Titel eines unvergeßlichen Spielfilms, mit dem Dagmar Knopf, Absolventin der Münchener »Hochschule für Fernsehen und Film« ihr preisgekröntes Debüt gegeben und eine ganze Weile in bayrischen Kinos Erfolg gehabt hat. Die Henne ist es doch, die, falls sie noch frei herumlaufen und beim Drang zum Legen ein Strohnest aufsuchen darf, nach dem Geschäft in begeistertes Gackern ausbricht. Dem Ei ist es egal, was mit ihm geschieht, und ich werde Kindern ganz bestimmt nicht erklären, in diesem Ei lauere ein Etwas darauf, daß ein Überlebensroboter daraus produziert wird zum Legen vieler weiterer Eier, die wiederum lauern, daß ... – »Ein Mops kam in die Küche ...« wäre die dem entsprechende Hymne!

Eier sind mir recht, Legebatterien aber bekümmern mich, und trotz gelegentlicher Zweifel an Praktiken der Biolandwirte kaufe ich lieber Eierschachteln, auf denen »Bodenhaltung« steht, möglichst sogar »Freilandbetrieb«. Ich weiß wohl, wir sind inzwischen zu viele und können nicht mehr allesamt von Biobauern mit glücklichen Hühnern ernährt werden. Trotzdem achte ich darauf, und sei es nur, um mich eine Spur weniger miserabel zu fühlen.

Und noch eines weiß ich genau: Wir haben uns damals im Tierpark an einem Kalifornischen Seelöwen erfreut, nicht an dessen Genen, und der Bub ist vor dem ruhenden Prschewalskij-Pferd, nicht vor dessen Genen in seine vielleicht erste große Kontemplation versunken.

Gott ist auch nichts anderes als ein Künstler.
Er erfand die Giraffe, den Elefanten und die Katze.
Genaugenommen hat er keinen Stil.
Er versucht immer neue Dinge.

Pablo Picasso

6. Kapitel ***Aus der Geschichte von Mensch und Vogel***

Der Titel eines vor 300 Jahren zunächst anonym erschienenen Vogelbuches lautet: »Unterricht, was mit dem lieblichen Geschöpff denen Vögeln, auch ausser dem Fang, nur durch die Ergründung Deren Eigenschafften und Zahmmachung oder anderer Abrichtung man sich vor Lust und Zeit-Vertreib machen könne«. Da ist vom Unterschied im Fressen und Brüten oder vom Gesang die Rede, um dann »von einem jeden Vogel insonderheit zu berichten«, etwa von Böhmlein (Seidenschwanz), Dornreicher (Dorngrasmücke), Göckler (Bergfink) oder Natterwindel (Wendehals) sowie von einigen Fangmethoden.

Jener Barockornithologe, Johann Ferdinand Adam von Pernau aus Coburg, offensichtlich mehr der Freude als dem Nutzen hingegeben, stand bereits in einer langen wechselhaften Tradition, als er 1702 sein liebenswertes Büchlein drucken ließ, das übrigens beim »Natur-Museum Coburg« als Faksimile für ein paar Mark zu beziehen ist.

»Schon die alten Griechen ...« müßten wir eine Geschichte der Vogelkunde zweifelsohne beginnen lassen, um von daher ältere Wurzeln aus Vogelorakel, Falknerei und bäuerlichem Alltag freizulegen. Bereits Aristophanes ließ um

500 v. Chr. in seiner Satire »Die Vögel« 80 verschiedene Arten ihr Wesen treiben. Auch die Vasenmalerei bezeugt erstaunlich genaue Kenntnisse etwa des Wendehalses – er hieß Iynx troquilla –, der als Liebessymbol in unterschiedlichen Haltungen dargestellt wurde, zusammen mit Aphrodite oder Eros.

Einen für uns Ornithologen recht seltsamen Blick richtet Platon auf die Vögel in einem Nachtrag zum »Timaios«, wo er eine Schöpfungslehre vorlegt, die einen scherzhaften Unterton nicht ganz verleugnet. Habe der ursprüngliche, als Mann geschaffene Mensch nicht ein von Vernunft und Einübung ins Göttliche bestimmtes Leben geführt, sondern als Feigling gelebt und Unrecht verübt, werde er, statt Glückseligkeit zu finden, als Weib wiedergeboren. Männer von zwar harmlosem, aber leichtem Sinn würden hingegen – zweifelsohne ein besseres Los als das der Frauen – wiedergeboren als Vögel. Weiterhin müßten Männer, die statt nach Weisheit zu streben sich den Trieben überlassen hätten, Vorderglieder und Kopf nach der Erde beugen als Vierfüßler. Unter die minder Verständigen schöben die Götter, o Graus, ein vielfaches Untergestell, wodurch sie als Vielfüßler weiter herabgezogen würden. Noch Schlimmere müßten sich gar fußlos auf der Erde dahinwinden. Die Allerunverständigsten schließlich, nicht einmal mehr eines Atemzugs wert, zögen statt der reinen feinen Luft schlammig schweres Wasser ein – der Schwarm der Fische und Schalentiere. Dies also sei bis heute der wechselseitige Übergang der Tierarten, ein einziges moralisches Strafgericht. Die Vögel immerhin, aufrecht und erhobenen Hauptes wie der Mensch, nehmen die ihm nächste Stelle ein. Nicht daß Platon sich damit als Ornithologe ausgewiesen hätte. Aber er drückt doch in dieser negativen Deutung der übrigen Tierwelt einen gewissen Sinn für die Schönheit und Vollkommenheit der Vögel aus.

Lange zuvor war Wissen aus religiösen und lebenspraktischen Quellen fernen Ursprungs in Athen zusammengeflossen, um für unseren abendländischen Kulturkreis im Denken des Aristoteles vereinigt zu werden. Ihm verdanken wir Europäer den eigens und bewußt auf die Phänomene gerichteten Blick; und so können wir mit Fug und Recht sagen, unsere liebliche Wissenschaft sei das Kind einer Philosophie, die einst ganz selbstverständlich Natur- und Geisteswissenschaft zugleich gewesen ist. Gerade bei Aristoteles ist diese Einheit des Denkens besonders deutlich.

Er wendet Heraklits berühmtes Fragment zur Arbeit am Backofen – »tritt ein, auch hier sind Götter« – ausdrücklich auf seine Naturlehre an, in der er zeigt, wie alles Lebendige zweckmäßig gebildet sei. Denn die Idee wirke als Entelechie in der Materie und gestalte diese. Man möge also an die Untersuchung der lebenden Wesen als Werke der Natur nicht mit grämlichem Gesicht herangehen, sondern um das dahinterstehende Natürliche und Schöne zu erkennen und wie darin die Regel, nicht der blinde Zufall herrsche. Die offensichtliche Stufenleiter der Lebewesen, die im endlosen Kreislauf der Zeugung die Ewigkeit des Göttlichen selbst nachahmen, indem sie auch selber ewig sind, zeige die Struktur der Wirklichkeit. Auf diesem Fundament kann der freie Blick der aristotelischen Philosophie nun die Phänomene erfassen (»Rettet die Phänomene!«) und in einem eigenen Kapitel, der »Geschichte der Tiere«, eben auch die Avifauna.

Vögel? Da sind Hühner, Enten, Spechte, Spatzen, Geier – wer paßt zu wem, was verbindet sie untereinander, warum ist der Zaunkönig klein, der Adler groß? 140 für uns nicht durchweg geklärte Artnamen führt Aristoteles an und teilt ein z. B. in Würmer-, Distel- und Holzkäferfresser oder in Spaltfüßige, Ruderfüßige, Krummklauige. Sowohl Form als auch Lebensweise (Landvögel, Flußvögel, See- und Meeresvögel) ergeben taxonomische Merkmale. Da gerät ihm denn die Lerche als Laufvogel auch mal zwischen die Hühner. Doch wie in aller Welt ordnet man die verworrene Vielfalt mehr als 20 Jahrhunderte vor Linné, Lamarck, Spix oder Darwin?

Aristoteles beschreibt den inneren Bau der Tiere (Magen-Darm-Trakt, Lunge), die Entwicklung des Hühnerembryos im Ei sowie Lebensweise, um daraus Schlüsse zu ziehen. Er wertet das Wissen älterer Autoren wie Aristophanes ebenso aus wie Erfahrungen von Jägern, Fischern, Bauern, beobachtet selber und kommt zu dem erstaunlichen Befund, Vögel seien Verwandte von Reptilien; viel weiß er von Vogelzug, Mauser und Lebensraum dank Krallen-, Fuß- und Beinbildung sowie Schnabelform. Zwischendurch behauptet er auch mal, daß Hausrotschwanz und Gartenrotschwanz jeweils Winter- und Sommerformen desselben Vogels seien. Aber wer kennt diese beiden nahen Verwandten heute überhaupt noch! Das etwas mühselige Herbst- und Winterlied des Hausrotschwanzes, schon in eisiger Morgendämmerung vom Dach heruntergequetscht, fällt ja kaum mehr auf, wenn der Gartenrotschwanz im späten April mit seinem stereotypen Ströphchen ins große Tageskonzert einstimmt, ein unermüdliches »Di-da-da« für Langschläfer!

Das vielzitierte X. Buch aus Plinius' des Älteren »Naturalis historia« ist im Vergleich zu Aristoteles nur eine ermüdende Aufzählung von Details, die uns außer den lateinischen Vogelnamen wenig Lohnendes vermitteln. Daß Steinkäuze 60 Tage Winterschlaf hielten, war gängige Meinung, daß die Schwalben am 22. Februar zurückkommen, konnte in Süditalien jeder selber sehen; daß hingegen Schwangere, die ein Rabenei verzehren, durch den Mund gebären, konnte wahrlich nur ein Mannsbild behaupten, das dies von anderen Mannsbildern abschrieb.

Die sog. »Bestiarien« der Spätantike und des frühen Mittelalters bieten dagegen eine Fülle symbolischer und allegorischer Tierdeutungen (etwa der seine Brust aufreißende Pelikan als Symbol für Christus), sie gehören aber einer anderen Ebene an als der, die wir Vogelkunde nennen.

Wie ein Wetterleuchten bricht der normannisch-staufische Kaiser Friedrich II. (1194–1250) ins christliche Hochmittelalter hinein und zerreißt die allegorischen Schleier, die sich in Jahrhunderten über die Dinge der Umwelt gelegt hatten. So viele Gesichter zeigt dieser Mann, liebenswerte und dämonische, anziehende und abstoßende, daß man nie genau weiß, wen man vor sich hat. »Stupor mundi«, »Staunen der Welt« hat man ihn vor lauter Ratlosigkeit genannt. Er unternahm vielerlei und war überdies als passionierter Falkner schon ein richtiger Ornithologe. Sein Buch »De arte venandi cum avibus« (Von der Kunst mit Vögeln zu jagen), 1248 in die Hände von Plünderern geraten, seit 1265 verschollen und nur als Abschrift erhalten, ist so erstaunlich, daß noch Ende des 18. Jahrhunderts der Naturforscher Blasius Merrem sagte, »schade für die Naturgeschichte, daß er Kaiser war und nicht zu unserer Zeit lebte«.

Die Naturphilosophen von Salerno kannte Friedrich, und er ließ zum eigenen Gebrauch die in der westlichen Welt vergessenen aristotelischen Tierbücher aus dem Arabischen ins Lateinische übertragen, las und verstand sie nicht nur, sondern übte auch herzhafte Kritik, wo er es für angebracht hielt. Denn was soll man z. B. davon halten, daß die skythische Trappe angeblich ihre zwei Eier in Hasen- oder Fuchshaut birgt und sich selbst überläßt? Oder daß der Wiedehopf ein Nest aus Menschenkot baue, wo doch jeder hätte die Bruthöhle inspizieren können? Jawohl, sie stinkt schauerlich, aber völlig anders! Der Kaiser hat selber, entgegen Aristoteles, den Wechsel der Kraniche in der Führungsposition des Flugkeiles beobachtet, hat die Behauptung vom Winterschlaf mancher Vögel widerlegt oder nachgewiesen, daß Vögel eben doch Nieren hätten. »Obgleich uns sehr häufig die überaus schwierige und fast unsagbare Inanspruchnahme durch die Herrscherpflicht gegenüber unserem Königreich und dem Imperium von diesem Vorhaben abhielt«, klagt er im Prolog, »haben wir es dennoch nicht hintangesetzt.« Da man aber Gewißheit nicht durch das Ohr erlange (also durch Wiederholung dessen, was andre gesagt haben), will er »nicht ohne selbst gesehen zu haben, aus unwahren oder ungenügenden Büchern abschreiben, sondern die Dinge so darstellen, wie sie sind« (»manifestare ea quae sunt sicut sunt«). Ein wahrhaft kaiserliches Programm, das Jahrhunderte des Fragens und Forschens vorwegnahm!

Aber wie sind die Dinge? Wissen wir's inzwischen so viel besser als dieser Kaiser des 13. Jahrhunderts? Unsere Wissenschaften haben sie in fortdauerndem Prozeß entzaubert, trivialisiert, passiv gemacht und damit eine solche Macht über sie gewonnen, daß sie sich unter unseren objektivierenden Blicken und manipulierenden Händen in heller Auflösung befinden. Wie auch sollten sie noch in Erscheinung treten können unter den unerbittlichen Gesetzen von Mikrobiologie, Neurophysiologie und Soziobiologie? Was ist ein Schmetterling, ein Fisch, ein Vogel? Unsere Kinder sitzen vor Computern oder halten kleine Kästchen mit Bildschirmen in ihren fahrigen Händen, auf denen zappelige Taschenmonster herumzucken, z. B. »Pokémons«, die entfernt an Raupen, Fische, Vögel, Menschen erinnern, bis an die Zähne bewaffnet sind und sich in nicht endende Kämpfe aller gegen alle stürzen. Survival of the fittest? Leben, um zu überleben? Wir wissen ja noch nicht einmal, was Leben ist! Wenig mehr als Skepsis fällt uns zu dieser Urfrage ein, und wir zweifeln, ob es überhaupt etwas in der Art und Weise von Lebewesen gibt im Gestöber von Zwischenformen und Zuständen, wechselnd je nach Beobachterstandpunkt. Gibt es vielleicht nur Einerlei, trotz aller Vielfalt der Oberfläche? Was also wäre der Dinge Art? Ea quae sunt sicut sunt? Zum Beispiel hier dieses Falken?

Friedrich wollte alles genau wissen. Er legte ein Vivarium an, einen Park bei Foggia mit Wasserleitungssystem, wo er Pelikane, Reiher, Kraniche oder einfach Enten beobachtete, deren »Verleiten«, also Weglocken des Feindes vom Nest durch scheinbar flügellahmes Davonhumpeln er humorvoll schildert. Er experimentierte mit Kuckucks- und Straußeneiern, als noch niemand Experimente ins Auge faßte. Er konnte nachweisen, daß Geier mit dem Auge, nicht mit dem Geruchssinn zum Aas finden oder daß Ringelgänse keineswegs aus Würmern und Muscheln an fauligem Schiffsholz entstehen, sondern ganz normal aus Ringelgänseeiern schlüpfen. Den Vogelgesang deutete er höchst modern als Ausdruck des Verlangens nach Begattung im Sinn einer auf Arterhaltung fürsorglich wirksamen Natur. Sie sorge durch die Freude der Geschöpfe an der Paarung dafür, daß jedes Lebewesen seinesgleichen hervorbringe (»generare sibi similem«) und so die Spezies bewahre. Was er durch eigene Beobachtung über den Vogelflug herausfand – Frequenz der Flügelschläge im Verhältnis zur Größe der Tragflächen, kreisende Flügelbewegung für Vortrieb und Auftrieb sowie Flügelfalten – das ist erst durch Konrad Lorenz bestätigt und genauer beschrieben worden. Harsche Kritik übte der Kaiser an der theologischen Teleologie und scheint bereits auf dem Weg zu einer wissenschaftlichen Moderne, indem er das Verhalten der Lebewesen rein immanent aus ihrer je eigenen Natur erklärte.

Zwar liest sich seine Betrachtung zu Form und Funktion wie ein vorweggenommener Kommentar zum Streit zwischen »Lamarckismus« und »Darwinismus«. »Man darf indessen nicht folgern, daß Körperteile wegen der von ihnen ausgeübten Verrichtungen die dafür entsprechende Form erhalten hätten; denn auf diese Weise würde von etwas Späterem eine Ursache abgeleitet, was vielmehr von etwas Früherem geschehen muß. Die Körperteile sind nämlich, ihrer Natur entsprechend, eher vorhanden, nächstdem die Eigenschaften, die erst nachher durch die Handlungen und ihre Verrichtungen offenbar werden, wie die Handlungen durch ihre Gegenstände.« Doch schwankt er in seinem Buch zwischen verschiedenen, mal deterministischen, mal finalistischen Interpretationen der Form. Er war zu früh dran mit seinen kühnen klaren Gedanken. Und da er, nicht so sehr wegen seiner riskanten Naturphilosophie als wegen mangelnden Eifers zum Kreuzzug, als Ketzer vom Papst gebannt und exkommuniziert war, hörte schon gleich gar keiner auf ihn, weder zu seiner Zeit noch Jahrhunderte später, bis andere ohne ihn weiterdachten. Seine Vogelkunde blieb folgenlos.

Gleichen Alters wie sein kaiserlicher Fachkollege ist der Dominikaner Albertus (1193–1280), genannt Magnus, der Große, eher als Philosoph und als Lehrer des Thomas von Aquin bekannt denn als Vogelkundler. Aber in seinen 26 Tierbüchern »De animalibus libri« zeigt er nicht nur gelehrtes Wissen, sondern eine Beobachtungskunst, wie man sie nur in jungen Jahren erwirbt. Der Bub aus dem Donauries muß seine Heimat mit weit geöffneten Augen und Ohren erlebt haben, neugierig und voller Liebe. Sein 23. Buch ist den Vögeln, 114 alphabetisch geordneten Arten gewidmet, insbesondere aber der Falknerei. Viel zu wenig wissen wir von diesem schwäbischen Adeligen aus der Familie der Grafen von Bollstädt. Ehe er in seinem siebten Jahrzehnt zu Köln seßhaft wurde, ist er als Wanderprediger und Ordensprovinzial weit herumgekommen, vermutlich meist zu Fuß, zwischen Stralsund und Chur, diesseits und jenseits der Alpen. Mehrfach erwähnt er einen als Eremiten hoch in den Bergen zwischen Deutschland und Italien lebenden Falconnier, der auch mit Beizvögeln handelte. Über der Rittenstraße oder in den Dolomiten mögen die beiden so ungleichen Gefährten Wanderfalken ausgehorstet oder eingefangen und den Wildflug dieser Schönsten unter den heimischen Beizvögeln betrachtet haben. Da ist es sicher nicht um die Daseinsweise der Allgemeinbegriffe gegangen, z. B. Gattung, Art oder Unterart, oder darum, wie viele Engel aus scholastischer Sicht auf einer Nadelspitze Platz fänden, sondern um Vogelsilhouetten am Himmel: etwa die schmalen, spitz ausgezogenen Schwingen der großen und kleinen Falken im Gegensatz zu den weniger schmalen von Habicht und Sperber sowie den breiten, an den Enden gefingerten von Adlern, die er alle genau, sichtlich aus eigenem Erleben beschreibt.

O ja, Graf Albert, Bruder in der Welt-Anschauung! Genauso haben auch wir in den Himmel geblickt, als Wiesenweihe, Mäuse- und Wespenbussard in derselben Thermik über dem Donauries ihre Kreise zogen; oder als im nordostanatolischen Kaçkargebirge über einem Grat der Schlangenadler gegen starken Wind stand: dicker Kopf, stark gebogene, regelrecht in den Wind eingehängte Schwingen! Dieser ganz besondere Umriß, der einem erst nach langer Übung aus der Summe der erlernten Details zusammenwächst und dann zum plötzlichen Daheimsein in dieser Landschaft mit diesem Vogel führt, entziffert fürs ganze Leben, ein mit nichts vergleichbares Erleben des Augen-Blicks, den wir heute mit dem Feldstecher ein wenig vergrößern! Das war's doch auch bei Ihnen in Südtirol, nicht wahr? Dort wo die Vajolett-Türme zackig ragen und König Laurin seinen Rosengarten im Abendlicht aufleuchten läßt! Schon in Ihrem Hochmittelalter, das für Sie äußerste Moderne bedeutet hat! Es ging Ihnen wie auch uns heute um Größenunterschiede von Terzel und weiblichem Falken, um Jugend- und Erwachsenenkleid nach zweiter und dritter Mauser. Und Sie haben natürlich bemerkt, daß nicht die variable Färbung, sondern die Gestalt im Flug die Spezies zu erkennen erlaubt. Sie sind allerdings in den Sandalen der armen Leute, nicht in Bergstiefeln, sind ohne Fernglas und Bestimmungsbuch neben dem eremitischen Falconnier unterm Schlern gesessen, vertieft in den Vergleich von Stoßbänderung und -länge, von Flügelhaltung und Kopfform sowie -zeichnung. Sie waren sicherlich selber Beizjäger, sonst hätten Sie den niedrigen wirbelnden Beuteflug des Habichts nicht so dramatisch beschreiben und unterscheiden können vom Ringholen, Anwarten und Herabstoßen des Falken. Das will erlebt sein, das schreibt man nicht ab bei Aristoteles, der den Beutefang des Habichts bei der thrakischen Beizjagd mit dem des Falken vermengt, also bestimmt nie dabei gewesen ist. Dem kaiserlichen Zeitgenossen und Fachkollegen aus Sizilien haben Sie hingegen geglaubt, haben ihn genau gelesen und vielfältig ausgewertet. Dessen Falconnier Gerardius erwähnen Sie mehrfach als Gewährsmann. Haben Sie ihn gekannt, diesen Vertrauten des Kaisers?

Man muß nur wenig Latein verstehen, um aus Alberts Vogelkunde Leben und Erleben herauszuhören: »De Carduele, quae apud nos distelfinch et stygelin ab imitatione vocis vocatus«, (über den Stieglitz, der bei uns Distelfink oder Stieglitz in Nachahmung seiner Stimme genannt wird). »De Otha, clamor ejus est huhu, ac si homo vocet confectus frigore« (über die Eule, deren Ruf huhu klingt, wie ein Mensch ruft, wenn ihm kalt ist). Wie gut Sie, Graf Albert, Ihre Vögel gekannt haben, ihre Schönheit, ihre Gesänge und ihre deutschen Namen aus Ihrem schwäbischen Donauries, und dies nicht nur aus den Büchern des stinklangweiligen Plinius (damals eine so unvermeidliche Lektüre wie heute vielleicht die durchaus nicht langweiligen Bücher von Stephen Jay Gould oder Richard Dawkins). Nein, aus der Anschauung Ihrer Welt schöpften Sie, und mit den Augen eines jagenden Edelmanns sahen Sie die Vögel, nicht nur als gelehrter Dominikanermönch.

Es folgen Jahrhunderte des Beschreibens, Ordnens und der künstlerischen Darstellung. Erst im München des Königs Max I. Josef vollzog sich schließlich in der Akademie der Wissenschaften ein großer Sprung zur modernen Zoologie. In dem der Akademie angeschlossenen Naturalienkabinett hielt ein Kabinettdiener die »Zugänge an zoologischen und zootomischen Objekten und erdgeschichtlichen Attributen« mehr schlecht als recht in Ordnung. Im Jahre 1811 sollte nun ein in dieser verschlampten Sammlung gänzlich unerwünschter »Adjunkt« eingestellt werden. Man hört förmlich den ärgerlichen Kommentar des Josef Petzl, Akademiemitglied und Lehrer am königlichen Lyceum, der die Sammlungen betreute: »Des braucht's net.« Ihm genügte der zugeteilte Kabinettdiener vollauf zur vagen »Versorgung der Objekte und Attribute«, wie er in einem 13seitigen Beschwerdebrief schrieb. Einen regelrechten Zoologen bräuchte es schon gleich gar nicht, und Geld zur Vergrößerung der Sammlung sei sowieso keines vorhanden. Die Akademieleitung war ganz seiner Meinung. Aber der König, im Bestreben, moderne Wissenschaft in seine Hauptstadt zu holen, setzte sich durch, ließ sich von dem vorgeschlagenen Kandidaten ein Arbeitsprogramm vorlegen und beförderte ihn sogleich zum Konservator.

Daß es sich bei dem Neuen um den Bamberger Johann Baptist Spix (1781–1826) handelte, war eine glückliche Fügung für die chaotische Sammlung sowie die aufstrebende bayrische Ornithologie. Zusammen mit Montgelas hatte kein Geringerer als Schelling diesen hochbegabten jungen Mann mit geistigen Wurzeln in der romantischen Naturphilosophie, seinen von wissenschaftlicher Neugier, von Wissen und Eifer vibrierenden einstigen Würzburger Studenten dem König empfohlen. Was für eine Sternstunde der Münchner Naturwissenschaften, als ein König einen Schelling um Rat bat! Mit Spix – von Josef Petzl war nie mehr die Rede – wurde die Zoologie als eigenes Fach begründet.

Den 30jährigen Doktor der Philosophie und Medizin zeigt ein Portrait aus der Bayerischen Akademie der Wissenschaften mit steifem, von einem eng geknoteten Plastron umwickelten Kragen; das lebendige Gesicht – hohe Stirn, gerade Nase, leidenschaftlich voller Mund – richtet einen bestürzend direkten Blick genau auf den Betrachter. Spix hatte zwei Jahre auf Kosten des Königs im Ausland studiert und war von wissenschaftlichen Disputen in Paris geprägt, wo unter harten Kämpfen zwischen Lamarck, Cuvier und Geoffroy Saint-Hilaires sich schon eine evolutionistische Naturbetrachtung herausbildete. So muß Spix, mit allen Wassern modernster Theorien zur Naturgeschichte und Systematik gewaschen, wie ein Hecht im Karpfenteich des Münchner Kabinetts gewirkt haben. Bestimmt blies er allzu energisch den Staub der Jahrhunderte von den »Objekten und Attributen«. Sein späterer Freund, Franz von Paula Schrank, Jesuit, Forscher, Verfasser einer »Fauna boica« (Fauna Baierns 1798) mit einem Anfangsband über 163 Vogelarten, rügte in einem Gutachten, »der Eifer dieses jungen Mannes ist zu groß, er legt sich mehr auf, als ein Mensch mit größten Talenten zu leisten fähig ist, und so empfehle ich, ihn unter der Oberaufsicht eines älteren Akademisten arbeiten zu lassen, der ihm Mäßigung und Richtung geben solle«. Spix führte, abseits aller Akademisten, ein völlig neues, auf vergleichender Anatomie beruhendes System bei der Aufstellung der Museumstiere ein. Die bisherige alphabetische Ordnung von Sammlungen wurde hier vielleicht zum ersten Mal in die Ordnung einer naturgeschichtlichen Struktur gebracht, die, so Spix, »am vollkommensten den Charakter der Gattungen offenbare«. Er war förmlich besessen von dem Gedanken, das Buch der Natur endlich aufzuschlagen und richtig zu lesen, machte sich gründlich unbeliebt – wie sollte es anders sein? – und schuftete über die Grenzen seiner Kräfte hinaus, um schon nach einem Jahr ein 700-Seiten-Werk über »Geschichte und Beurteilung aller Systeme in der Zoologie nach ihrer Entwicklungsfolge von Aristoteles bis auf die gegenwärtige Zeit« vorzulegen. Von einer Brasilienexpedition kam er 1820 krank zurück, wertete mit letzter Kraft seine brasilianischen Funde aus, beschrieb 289 Vogelarten und starb fünf Jahre später mit erst 45 Jahren.

Währenddessen malten und schrieben im fernen Anhaltinischen die Naumanns, Vater Johannes Andreas (1744 bis

1826) und Sohn Johann Friedrich (1780–1857). »Meine Frau besorgte indes die Wirtschaft«, heißt es in schöner Ehrlichkeit in der 1781 erschienenen Autobiographie des Vaters, »Der philosophische Bauer«. Sie lebten im Dörfchen Ziebigk bei Köthen, kamen vom Vogelherd zu Kunst, und ihnen konnte, was einem Kaiser Heinrich dem Vogler im 10. Jahrhundert recht war, wie manchem einfachen Landmann nur billig sein. Die Jagd auf Kleinvögel war jedermann erlaubt und ein bedeutender Erwerbszweig. Vögel zu fangen und aufzuessen widersprach keineswegs der Liebe zu ihnen, und niemandem wäre zur Zeit der Naumanns der Gedanke gekommen, daß die Natur etwas anderes als Fülle, ja Überfülle bot. Man verspeiste arglos nicht nur Wildenten, Bekassinen, Wacholderdrosseln, sondern millionenfach auch Finken, Ammern und Lerchen.

Den Naumanns dienten Leimruten und Schlagfallen auch zum Fangen von Käfigvögeln, Zeisigen, Stieglitzen, Nachtigallen für ihre Beobachtungen und vor allem für ihre Malerei. Im »Philosophischen Bauern« heißt es: »Die Liebe zu den schönen Luftbewohnern schien bei mir so stark eingewurzelt zu sein, daß es mir unmöglich war, die Vögel mit gleichgültigen Augen anzusehen, und in meinen Jünglingsjahren wurde dieselbe zur Leidenschaft.« Sohn Naumann stellte fest, daß die Ornithologie zu seiner Zeit fast nur von ungebildeten Jägern und Bauern betrieben werde. Seine fünf Bildbände »Naturgeschichte der Vögel Deutschlands« sind heute ein Rarissimum für Liebhaber. Als Walter Wüst an ihren Erwerb dachte, mußte er diesen verwegenen Wunsch mit den Belangen der Familie abstimmen, durch seine Sondereinnahmen als Schulbuchautor rechtfertigen, schließlich sich den zu erwartenden Wertzuwachs vor Augen stellen.

Schon ein halbes Jahrhundert nach Erscheinen des Naumannschen Werkes hatte die Vogelkunde weit über Jäger und Bauern hinaus Wurzeln geschlagen. In München, einem Zentrum von Vogelforschung und Liebhaberei, bildete sich

1889 in der Wohnung des »Kandidaten der Medizin«, Carl Parrot, ein »Ornithologischer Lesezirkel«, wo gegen den damals stattlichen Jahresbeitrag von 15 Mark 40 Zeitschriften eingesehen werden konnten. Jagdpassionierte Grafen und Barone, naturkundige Ärzte, Geistliche und Lehrer trafen sich 14tägig in der Klenzestraße. Ziel war »alles was den Vogel angeht, seine Organisation sowohl wie seine Biologie, sein Geistesleben, auch seine Pathologie in den Bereich unserer Forschung zu ziehen, planmäßige Erforschung der heimischen Avifauna, Hegung und Schutz der Vögel«. Zwar waren Schutzbestimmungen einst nur um der Niederwild- und Beizjagd willen erlassen worden, sie kamen aber allen Vögeln und ihren Biotopen zugute. Schon Kurfürst Maximilian Josef verfügte am 17. Februar 1758 ausführliche Gebote und Verbote gegen Nestausnehmen, Leimrutenfangen, Abklauben von Jungen, Fällen von Nistbäumen, »da es mithin kein Wunder seyn will, daß auf längeres Ausdauern, und nicht erfolgend nachdrucksamster Abstellung solches / Aendten- und Bläßl-Geflügel gänzlich erödiget und ausgerottet werde«. Man erkannte jedoch im Vogelschutz auch schon damals ein Mittel z. B. gegen Kiefernspanner-Kalamitäten. Aus dem Lesezirkel wurde zehn Jahre später die »Ornithologische Gesellschaft in Bayern«, die »OG«. »Kann unsere einheimische Forschung annähernd als abgeschlossen betrachtet werden?« fragte ein Vereinsmitglied damals.

Heute ist in der Ars amabilis das Heer der »Ornies«, »Birder«, »Vogler« zu stattlicher Größe herangewachsen. Schon Johann Andreas Naumann hatte über diese Passion in der Einleitung zu »Der Vogelsteller oder die Kunst allerley Art von Vögeln zu fangen« sinniert: »Die Allwissenheit Gottes wußte es im voraus auf das genaueste, daß die Welt nicht würde bestehen können, wenn alle Menschen einerley Neigung hätten; folglich war es nothwendig, die vernünftigen Geschöpfe mit verschiedenen Gesinnungen zu begaben.«

Aber lassen wir hier beiseite, was immer eine Allwissenheit gewußt haben mag, und schauen uns einige dieser »seltsamen Vögel« an, die aus allen Nischen unserer Umwelt, aus allen Berufen, mit oft seltsamen Spezialbegabungen kommen.

Hans Freiherr Geyr von Schweppenburg hätte ein unauffälliges Adelsleben führen können. 1884 auf einem Schloß geboren, 1963 auf einem anderen Schloß gestorben, schien ihm die unterrheinische Heimat zu gehören und zugleich die ganze Welt offenzustehen. Dem Bub gefiel die Jagd, gefielen die Wälder und die Vögel. Das Übliche bei seinesgleichen, höchstens etwas mehr von allem. Und weil er auch etwas begabter schien als adelsüblich, lag ein Studium nahe, natürlich der Forstwissenschaft. Also Hannoversch Münden. Dort fiel der hochgewachsene elegante Baron durch zoologisches Wissen auf. Alexander König, Gründer des Bonner Naturkundemuseums, bewunderte die »Geyr-Augen« und nahm den jungen Herrn mit auf Forschungsreisen, nach Spitzbergen, zu den Bäreninseln, zum Weißen Nil. 1913 war Geyr der erste Ornithologe, der an einer Expedition in die innere Sahara teilnahm, auf Kamelrücken und zwischen den Tuaregs, als diese noch Wüstensöhne waren, indigoblau verhüllt und in ihrer geheimnisvollen, seit den antiken Garamanten ungebrochenen Kultur geborgen. Abenteuer, Freiheit, Forschung – die Welt öffnete dem nunmehr studierten Freiherrn weit ihre Zaubertüren; diese führten ebenso in die Familienwälder als auch in alle Fernen. Keine Grenzen schien es damals für ihn zu geben.

Doch bereits im Jahr darauf mußte der junge Leutnant in den Krieg ziehen. In der Marne-Schlacht wartete seine Lebenskatastrophe auf ihn. Er verlor beide Beine. Exkursionen zu den Vögeln der Heimat und der nördlichen oder südlichen Ferne – alles schien verloren. Wie sollte einer, der nicht mehr gehen konnte, den Geflügelten folgen? Den schönen Luftbewohnern? Doch tapfer nahm er den scheinbar so eng gewordenen Radius an und maß durch die Konzentration der Kräfte, der Begabungen, der frühen, immerhin schon reichen Exkursionserfahrung eine andere als die zunächst vorgezeichnete Weite aus; nicht mehr die Weite eines reiselustigen Edelmanns, sondern die eines Assistenten am Institut für Forstzoologie wiederum in Hannoversch Münden. Er wurde Doktor, Dozent für Waldbau, Forstschutz und Ornithologie. Hinzu kam eine rege Publikationstätigkeit. Er entdeckte nun für sich, daß Vögel nicht nur fort-, sondern auch herbeifliegen, daß man ihnen also auch im Verweilen begegnen kann.

Vor mir liegt ein abgegriffener Sonderdruck aus dem »Journal für Ornithologie« 1953. Darin faßt Geyr seine den meisten Fachkollegen widersprechende Meinung zum sogenannten »Reihen« der Enten zusammen: In der Brutzeit werden Enten häufig von einem oder mehreren Erpeln aufgescheucht, entziehen sich aber durch immer höheren Flug den Verfolgern. Dank genauer Beobachtungen seiner Stockenten im Graben des Wasserschlosses Eicks und dank kritischer Interpretation der Fachliteratur wußte Geyr: Dieses Reihen ist keine Flugbalz, sondern eine Belästigung der Ente durch fremde Erpel, was ihm Konrad Lorenz bestätigte. Auf jenem vergilbten Heft hat Walter Wüst Dixi Riederer und mir, als wir bei einer Sitzung am Ammersee-Südufer Grünschenkel und Eisvögel beobachteten, die Flughaltung reihender Enten und Erpel mit dem Kugelschreiber hingekritzelt und erklärt, wie die leichtere Ente durch immer langsameres Fliegen den schweren Erpel hinter sich wegplumpsen läßt.

Als alter Herr, dichtes weißes, nach hinten gesträubtes Haar auf dem Zeuskopf, Adlernase und noch immer Geyr-Augen, wußte er einem Kind das Steigen und Kreisen des Bussards so zu erklären, daß sie beide mitflogen in den Aufwinden des Geistes. So wird die »Vogelbelustigung« über die Generationen weitergegeben, von Begabung zu Begabung. Als leidenschaftlicher Gärtner legte Geyr, über zwei Prothesen gebückt, selber mit Hand an. Schwankend bewegte er sich über Stock und Stein durch den Park eines Gutes, auf dem er, der selbst kein Land geerbt hatte, seine späten Jahre verlebte. Als er in der Waldkapelle zwei Einbrecher beim archaischen Raub, dem Ausräumen des Opferstocks überraschte, schwang er in göttergleichem Zorn die Krücken und donnerte fürchterlich: »Werdet ihr wohl unser Muddergöddeschen nicht bestehlen!« Die beiden gaben entsetzt Fersengeld, als wären sie einem Gespenst begegnet. Sonst aber wurde er nie in der Kirche gesichtet. Die westfälische Verwandtschaft rümpfte wohl insgeheim die Nasen, mußte aber dulden, daß er sie bei ihren oft allzu dröge die Pointe verwischenden Erzählungen leicht lispelnd mit dem alten Jägerspruch unterbrach und ermahnte, zur Sache zu kommen: »Auf, sprach der Fuchs zum Hasen, hörst du nicht das Jagdhorn blasen!« Viele Schmerzenstage, im Alter immer mehr, verbrachte er im Sessel. Keinen Rollstuhl duldete er in seiner Nähe! Er wurde fast 80.

Einige Jahrzehnte nach Geyr von Schweppenburg machte Josef Koller seinen Beruf als Briefträger zu einer lebenslangen Morgenexkursion in den Münchner Westen, beobachtete im Nymphenburger Park, im botanischen Garten und dokumentierte den Wandel einiger im nördlichen München vergessener Kiefernbestände und Trockenrasen zwischen flurbereinigten Flächen. Im Eigenverlag gab er Bildbände von höchster Qualität heraus, wurde Umweltpreisträger und Landschaftspfleger im Detail mit einer der Öffentlichkeit geschenkten Wiese voller Sumpfgladiolen: der »Bruno-Schubert-Wiese«. Er trauert Limikolen nach, Uferschwalben im Ampermoos und so mancher botanischen Rarität seiner Umgebung, ein Kummerschicksal, das heute alle Naturfreunde teilen.

Dem Biologielehrer vom Schleißheimer Carl-Orff-Gymnasium, Helmut Meyer, ist ein rares Eiszeitrelikt im Münchner Südosten zum Schicksalsvogel geworden: der Rauhfußkauz, eine kleine Eule mit melodisch gereihtem Spätwinterruf, fast schon einem Gesang. »Man muß sich in die Gefühle eines Rauhfußkauzes hineindenken«, erklärt er seinen Erfolg mit Nistkästen im eigentlich völlig ungeeigneten Feistenhaarer Forst aus öden Fichtenmonokulturen. Aber nein, korrigiert sich dann sogleich der gewissenhafte Biologe, Gefühle habe eine Eule natürlich keine, doch sich in sie hineinzudenken sei eben schon nötig. Das heißt: einen an einer Schneise gelegenen Nistbaum wählen, weil Eulen da gerne entlangfliegen, aber nicht ganz vorne, denn Habichte fliegen da ebenso gerne, und Waldkleineulen fürchten sich vor ihnen sehr. Also in der dritten oder vierten Reihe, und nicht zu weit von einer Freifläche, an der die Mäusejagd sich lohnt. Der schwarze Kreis des Einfluglochs übt, ähnlich wie die eigentlich vorgesehene Schwarzspechthöhle, eine unwiderstehliche Anziehungskraft auf brutwillige Käuzchen aus. Ich durfte Meyer unlängst bei der Inspektion »seines« Reviers begleiten und ein Gelege mit sechs Eiern, sowie zwei Bruten mit je fünf und sechs Jungen bewundern. Die älteren Eulenkinder mit braunem, weißgetupften Federkleid kuschelten sich zwar noch vertrauensvoll in unsere warmen Hände, knappten aber zugleich zornig mit krummen Schnäbeln gegen die Störenfriede und konnten schon beringt werden; die jüngeren, teils noch jämmerlich nackt, sahen aus wie gerupfte Hühnchen. Da nur alle zwei Tage ein Ei gelegt wird, ist nach Eulenzeit der Altersunterschied ziemlich groß, was aber den Kleinsten offenbar nicht schadet. Sie drängten sich während des Beringens am Waldboden frierend unter die älteren Geschwister, bildeten eine sogenannte »Brutpyramide«.

Zum Glück hat die Vogelkunde ähnlich wie die Archäologie ihre eigenartige Zwitterstellung behalten: einerseits eine von Laien wie Fachleuten von Herzen geliebte fröhliche Wissenschaft, ein mit Pernaus Worten gar köstlicher Zeitvertreib von Liebhabern mit ihrer systematischen Unverdrossenheit und faunistischen Betriebsamkeit, dem Beringen und Zählen, dem ökologischen Unken und Mahnen; anderseits eine der Wurzeln der Zoologie. Angesehene Forscher wie Ernst Mayr, Konrad Lorenz oder Adolf Portmann haben sich lebenslang von den Vögeln verführen lassen, sie geliebt und dabei auch in der Ornithologie seriöse exakte Wissenschaft betrieben. Oder sollte Liebe etwas Unseriöses sein?

Ein für die heutige Biologie typischer Zwitter aus Liebe, enthusiastischer Bewunderung und Freude mit strenger soziobiologischer Prägung – denn wer in der Branche heute etwas gelten will, muß die Organismen reduzieren auf die Anpassungsregeln der Verhaltensökologie – ist der deutsch-amerikanische Rabenforscher Bernd Heinrich. Universitätszoologe aus Vermont, Einsiedler im selbstgezimmerten Blockhaus in den Wäldern von Maine, Naturphilosoph auf den Spuren des in den USA offenbar unvermeidlichen Henry David Thoreau, beginnt er jedes Kapitel seines halb poetisch, halb soziobiologisch geprägten Berichts »Die Seele der Raben« mit einem Zitat E. A. Poes. Bernd Heinrich liebt seine Raben innig, träumt nachts von Jack, den er großgezogen und der ihn wie jeder gefiederte Schützling eines traurigen Tages für immer verlassen hat, unterwirft aber das komplizierte Sozialleben dieser klügsten unter den Singvögeln zugleich unerbittlichen evolutionistischen Auswahlkriterien. Was, fragt er sauber soziobiologisch, hat das Rabenindividuum davon, nach der Entdeckung eines erfrorenen Elchs in scheinbar selbstloser Weise weitherum Artgenossen zu rekrutieren, um mit diesen gemeinsam zu schmausen? Heinrich scheut weder Frost noch Hitze, weder Hunger und Durst noch Kriebelmücken, um diese Frage zu klären. Und er hat sie weitgehend geklärt. Soziobiologisch natürlich! Ein kompliziertes Muster von Rangordnung, Revierverhalten, Teilen der Beute sowie gleichzeitigen Freßprivilegien ergibt schließlich ein Mosaik überlebensdienlicher Verhaltensweisen, in denen die egoistischen Gene doch noch zu ihrem Recht auf verbesserte Vermehrungsrate kommen. Denn vor allem anderen scheint der große Betrieb am Futterplatz eine Arena zu sein, ein Ort der Sozialisation, wo Rangordnung und Paarungschancen ausgehandelt werden. Und trotzdem gibt Heirich nicht nur im Titel des Buchs seinen Raben eine Seele. Er kann nicht anders, als Künstler, der z. B. anerkennt, daß Vögel aus schierer Lebensfreude singen, gerade auch Raben mit ihrer reich entwickelten Lautsprache. In anderem Zusammenhang sagt Heinrich im Gegensatz hierzu, die Natur verabscheue das Überflüssige, um aber gleich wieder einzuräumen, sie sei mitunter zu »Extravaganzen genötigt«. Einmal gibt er sich als Bewunderer der unerschöpflichen Geheimnisse seiner Umwelt, das andere Mal als ihr Eroberer. Er gesteht: »Sollte ich herausbekommen, wie die winzigen Satrap-Goldhähnchen es anstellen, den Winter von Maine zu überstehen, indem sie von den Kronen der Zuckerahorne, Kiefern und Rotfichten Insekten und Spinnen absammeln, dann werde ich etwas wissen, was sonst niemand auf der Welt weiß; und diese Aussicht begeistert mich.« So funktioniert Forschung! Heinrich spricht vom Rausch der Antwort, den ihm selbstgestellte Fragen vermitteln; ohne diesen Rausch empfinde er nur Öde und Langeweile. Wissenschaft muß auch eine Droge sein, die über die scheinbare Leere der Welt hinwegtrösten kann. Sind Entdecker, Eroberer und Zerstörer die Gefährten oder die Nachfolger der Kontemplativen, der Liebhaber und Künstler, die nur anschauen wollen, nur sich einfügen und erhalten? Beides vermutlich! Heinrich aber sagt es nicht, dieser enthusiastische Graphiker, Naturpoet und Soziobiologe in einer Person. Lesen Sie seine Bücher, sie werden Ihnen gefallen, gerade wegen der zwei Seelen in der Brust des Autors und seiner unverkürzten Anschauung der Raben.

Exkursionen in Nähe und Ferne haben von Anfang an

zum Programm der »O. G.« gehört. Hier in München waren es Wanderungen im Englischen Garten oder im Nymphenburger Park, aber auch Reisen in die Camargue, nach Zentralasien und Äthiopien. Einst brachte man Eier und Bälge mit nach Hause; dank immer besserer Ferngläser, Kameras, Bestimmungsbücher und feldornithologischer Erfahrung sind es heute Photos und lange Listen der täglichen Anblicke; sie bilden eine wichtige Grundlage für den Artenschutz, der auf Langzeitstudien zur Faunenveränderung beruht und zur Entwicklung der »Artendiversität« (Artenvielfalt), leider oft zum Schlechteren. Die Abendarbeit besteht unterwegs nicht mehr im Versorgen der Funde. Man sitzt vielmehr beisammen und schreibt auch bei völliger Erschöpfung noch Itinerare, Vogellisten, Höhenmessungen und Wetterbeobachtungen nieder. Einfarbschlangenadler an der Brücke über den Awaschfluß? Nein, es war eindeutig der Schwarzbrustschlangenadler. Saß da beim Picknick unter der äthiopischen Platane, wo wir die tote Grüne Mamba gefunden haben, ein Senegal-Liest? Ja, aber der im Busch drüben war ein Streifenliest. Warum? Manfred Siering: »Ja habt's ihr die gestrichelte Brust net g'sehn?« Einen denkwürdigen Anblick durfte ich am Langanosee südlich von Addis Abeba miterleben, wo wir unter schroffen Wänden saßen, um in der Oktoberhitze eine Höhlenweihe beim Raub zu beobachten. Dank sonderbar spezialisierter Beingelenke kann sie tief in die Bruthöhlen von Felsbewohnern greifen und reiche Beute herausholen. Eine noch unbenannte Schwalbe schoß dort um die Klippen und durfte als »Hirundo species« (also noch ohne Namen) beschrieben und in die Liste eingetragen werden.

Naturliebe, Neugier, Abenteuerlust werden wohl immer Lebenselixier der Vogelkunde bleiben. Dem Exotischen mögen wir im Nebelwald des Vulkans Poas von Costa Rica begegnen, wo die winzigen bunten Frösche zwitschern, während glühende Brocken die Flanke des Lavakegels herunterpoltern; dort schreit der Tukan, kreischen Papageien, singt der blaugrüne Goldbrauenorganist (Chlorophonia), allesamt gekleidet in eine bunte Gefiederpracht, wie wir sie in unserer nacheiszeitlichen Heimat nicht kennen. In ganz anderer Weise begegneten wir dem Exotischen auf den eisigen Paßhöhen der Seidenstraße im Tienshan-Gebirge, wo Schneegeier über einer Kamelherde kreisten und Pferdehirten uns in ihre Jurte winkten, damit wir Kumys, die seltsam schmeckende vergorene Stutenmilch kosteten. Aber die Ferne kann auch einfach am Zusammenfluß von Inn und Salzach begegnen, wenn uns der Schlagschwirl mit seinem eintönigen, wie eine kräftige Nähmaschine klingenden »Zitze-zitze-zitze«-Gesang in die pannonische Weite Ungarns versetzt, zu den aussterbenden Löfflern, Sichlern und Großtrappen. Die Vogelphotographen zielen auf ihre Beute mit gewichtigen optischen Waffen, die sie bis über die Baumgrenze zum Mauerläufer des anatolischen Gebirges oder bis zu den Ibisschnäbeln am Oberlauf des kirgisischen Kok-Oirok-Flusses mitgeschleppt haben.

Thomas Grüner, der seinen Lebensunterhalt als Verwaltungsinspektor am Sozialamt verdient, ist ein Künstler der Naturphotographie mit ausgeprägtem Sinn für Atmosphäre; seine Serie über Schwäne des Münchner Nymphenburger Parks im Herbstnebel, im Schnee, im Frühlingsdunst und in sommerlicher Morgendämmerung geben diesen so alltäglich gewordenen Vögeln ihr Geheimnis keltischer Sagen und Grimmscher Märchen zurück, schimmernd in Weiß- und Grautönen. Auf einer Kiesbank des kirgisischen Narynflusses verknipste er einen ganzen Film vor einem europäischen Ziegenmelker, der sich zwischen angeschwemmtem Reisig so eisern auf seine vermeintliche Tarnfärbung verließ, daß er uns bis auf zwei Meter heranließ; dieser so selten zu beobachtende Nachtvogel schien keine Ahnung zu haben, daß sein beigebraunes Federkleid ihn vor den Grautönen von Flußkieseln, Sand und angeschwemmten Holzresten keineswegs unsichtbar machte; aus seinen zweckmäßig geformten Augenschlitzen mit einer winzigen Erweiterung in der Mitte traf uns ein schwarzes Funkeln angespanntester Aufmerksamkeit. Aber er rührte sich nicht von der Stelle.

Günther Ziesler hat die »Dominikanermöwe, rastend auf einem Eisberg« photographiert oder die »Riesenralle vor dem Vulkan Parinacota« und bildete einen Großraum ab, der dank eines winzigen Details, wie es nur ein Künstler wahrnimmt, auch für den unvergeßlich bleibt, der nie in diese Weltgegend gelangen wird. Schon Zieslers Bildtitel sind Abenteuer!

Fernweh treibt uns alle um, einmal nur vor die eigene Haustür, wenn Kraniche nachts laut rufend darüberhin fliegen, das andere Mal über den halben Globus, um vielleicht den Riesenfischuhu östlich des Ussuri in der allerröstlichsten Taiga rufen zu hören. Viele aber treibt auch einfache Sammelwut, z. B. das Vervollständigen von regionalen Arten, von weltweit verbreiteten Familien oder von Endemiten (ausschließlich in nur dieser einen Region vorkommende Arten), von denen es etwa am Horn von Afrika besonders viele gibt. Eigene Endemitenexkursionen führen nach dem Jemen oder nach Äthiopien, wo Isolation durch Wüsten und Meere zahlreiche Sonderentwicklungen begünstigt, ja erzwungen hat. Die Beobachter und Sammler rarer Anblicke vermehren sich heute rasch durch den Ökotourismus und wohl auch in Entsprechung zur Abnahme der weißen Flekken auf den Landkarten. In der persönlichen Avifauna der einzelnen »Birder« ist ja manche Gegend daheim und in der Ferne noch unentdeckt. Der balzende Auerhahn in Kreuth am Tegernsee, der Uhuhorst an der Isar fast noch im Münchner Stadtbereich oder der Mauerläufer im Rofangebirge lassen unsere Herzen ebenso hoch schlagen wie der Quetzal im Nebelwald oder die Pipras im Mangrovewald Costa Ricas.

»Twitcher« heißen im Angelsächsischen jene Eifrigen, die angesaust kommen, kaum daß sie vom Isabellwürger im Voralpenland oder vom Sichelstrandläufer am Bodensee erfahren. Und von wem erfahren sie's? Da gibt es Unvorsichtige, die so genaue Ortsangaben ins Internet setzen, daß dann ein seltener Irrgast, der sich aus Nordkanada oder Ostasien zu uns verflogen hat, nur mehr aus einem Wald von Spektiven heraus zu bewundern ist und durch diese Massen von Liebhabern bald vertrieben sein wird. Es gibt eine eigene Seltenheitskommission, deren höchst undemokratisches Zustandekommen schon bei Walter Wüst heftigen Ärger auslöste. Wer bestimmt denn eigentlich, welcher Meister seines Faches Meister genug ist, um jeden anderen »Vogler« zu kontrollieren, ob der nun wirklich einen Schwarzkopf-Kernknacker als Irrgast aus USA gesichtet oder nur schlecht beobachtet hat? Doch von irgendwem müssen ja Besonderheiten bestätigt werden, zumal sich Schwindler heute angebliche exotische Funde einfach aus Bestimmungsbüchern und nach Tonaufnahmen zusammenschustern können.

Die scheinbare Zunahme der Artenvielfalt in den regionalen Listen beruht leider meistens nicht auf Biotopverbesserung, sondern nur auf der wachsenden Zahl von Beobachtern mit perfekter Ausrüstung.

Für besonders leidenschaftliche »Vogler« werden Wettbewerbe ausgeschrieben, z. B. seit 1993 in Kenia. Allein am dortigen Naivaschasee gibt es 450 Vogelarten, also fast so viele wie in ganz Europa. Da lohnt sich die Pirsch mit Feldstecher, Kamera und Notizbuch unbedingt. In 48 Stunden gab es 797 Arten schon im ersten Wettbewerb. Im Jahre 1999 beteiligten sich 1500 ausländische und 3000 kenianische Birder. Einzeln oder in Gruppen, per Charterflugzeug oder zu Fuß durchstöberten sie Mangrove- und Süßwassersümpfe, Savannen, Galeriewälder und Seenlandschaften, von einem offiziellen Fachmann in ihrer Ehrlichkeit kontrolliert. Denn natürlich kann jeder behaupten, er habe einen Rüpelldroßling gesehen oder gehört, nachdem er sich zuvor kundig gemacht hat. Doch wer aus solcher Angeberei Befriedigung zieht, dem bleibt nur mehr wenig Freude an den Vögeln, und er wird am Ende immer nur sich selber begegnet sein. Die Wiederentdeckung des seltenen Großhornpiepers oder des Rotstirneinödsängers waren in Kenia 1999 denn auch weit wichtiger als persönliche Erfolge. Wenn so viele der 1,5 Millionen weltweit organisierten Vogelliebhaber in einem Land zusammenkommen, dann wird die Aufmerksamkeit für gefährdete Biotope ebenso wachsen wie das Selbst- und Umweltbewußtsein wenigstens eines Teils der Einheimischen; und die Arbeitsplätze für Ranger, Führer, Hotelangestellte mögen vielleicht – ach, hoffentlich – verhindern, daß der Landhunger ärmster, von faktischem Hunger bedrohter Familien nicht noch den letzten Primärwald in Nutzflächen verwandelt. Sanfter Tourismus sollte sich am Ende als die nachhaltigere Wirtschaftsform erweisen. Und »Vogler« sind in der Regel, bei aller notorischen Penetranz, doch eher sanfte Reisende.

Trotz Sammeltriebs, trotz eines auf den Anblick des Allerseltensten gerichteten persönlichen Ehrgeizes, trotz Neid und Intrigen bewahren sich die meisten dieser seltsamen Vögel aus unserer Gattung ja doch Freiherrn von Pernaus Haltung: »Sich mit ... Vögeln zu ergötzen ..., da es sonst nicht anderst kommen kan, als daß, weil man den Gebrauch der Creaturen verwirfft, mit gantzer Macht zu deren Mißbrauch verfällt und sich einbildet, es sey viel rühmlicher sich voll zu sauffen oder sonst ein bestialisch Leben zu führen«. Also habe er sich dieser »von Gott zugelassenen Ergötzlichkeit« zugewandt.

Es muß doch an ihnen selbst, an den Vögeln liegen, daß sie so verschiedene Geister angezogen haben und in der exakten Zoologie eifriger erforscht worden sind als andere Lebewesen, Kolibakterien und Drosophila vielleicht ausgenommen. Sie haben Biologen ebenso inspiriert wie Maler, Dichter und Komponisten. Vögel sind nun einmal besondere Geschöpfe und so voller Zauber: wunderbar vollkommen in Flug und Wanderungen, in Federkleid und Gesang. Irdischer Schönheit anheimgegeben wie kein anderes Geschöpf, können sie uns ohne weiteres dazu bringen, ihnen zu verfallen: So blicken wir durch das Fenster der Vogelkunde auf die Pracht des Universums.

Formula

And for the soul
in its bone tent, refrigerating
under the nuclear winter,
no epitaph prepared

in our benumbed language
other than the equation
hanging half-mast like the after-
birth of thought: E = mc².

R. S. Thomas

7. Kapitel ***Orakelvögel – Vogelorakel***

Beim trübseligen Räumen des elterlichen Hauses mußten wir den schönen Regulator zum Uhrmacher bringen; wir wunderten uns erst jetzt, daß er am Küchenboden gelegen hatte, als meine Schwester und ich nach dem Tod unserer Mutter von der Klinik ins Haus zurückkehrten. Wir hatten monatelang nicht darauf geachtet, aus Kummer, aus Erschöpfung und im Schutz unserer katholischen Prägung. Warum, sagten wir uns, sollte eine schwere Wanduhr denn nicht irgendwann herunterstürzen? Es ist eben passiert. Wir suchten keine Bezüge, sind nicht abergläubisch. Wäre allerdings jemand an jenem schicksalhaften Oktobertag, als sie starb, im Hause gewesen, wäre er von dem gewaltigen Rumser erschreckt worden, und hätte er später mit uns die entsprechende Stunde verglichen, würden wir dann den Uhrenabsturz als Zeichen akzeptiert haben? Ausgesprochen ungern, möchte ich versichern. Denn was sollte eine altmodische Wanduhr mit dem Tod dieses über alles geliebten Menschen zu tun haben?

An Omen zu glauben kostet in der Regel Freiheit, setzt ein Wuchern von Zwängen in Gang und macht die Außenwelt zum gefährlichen Dschungel. Manche Menschen glauben, auf keine Fuge von Trottoirplatten treten zu dürfen; also wird der Gehsteig für sie zum Minenfeld, dessen Explosionen sie durch Rösselsprünge zu vermeiden trachten. Wir kennen des Verbot, beim Händeschütteln über die Kreuzung anderer Hände zu greifen. Viele klopfen an Holz und murmeln »unberufen«, wenn jemand etwas günstig Bevorstehendes »beruft«. Und die sechste Primzahl, die 13, ist als angebliche Unglückszahl so verhaßt, daß Gastgeber noch den ärgsten Langweiler dazuladen, um unbedingt eine Dreizehnerrunde auf 14 zu bringen; oder daß selbst moderne Architekten – sei es aus Überzeugung oder mit Rücksicht auf die Überzeugung von Bewohnern – in Hochhäusern das 13. Stockwerk wegschwindeln, indem sie es bei den Liftknöpfen einfach fortlassen. Ist die uns umgebende, meist durch und durch künstliche Wirklichkeit noch immer durchlässig für Magie? Oder befürchten mehr Leute, als man denkt, sie könnte es sein, nach dem altbayrischen Spruch »Nix G'wiß woaß ma net«? Die nachts über den Weg laufende schwarze Katze hat jedenfalls weiterhin einen miserablen Ruf, das nächtliche »Hu-hu-hu« eines Käuzchen läßt den spät Heimkehrenden erschauern, und wem nicht gleich ein ordentlicher Wunsch eingefallen war, während in der Augustnacht eine leuchtende Sternschnuppe den halben Himmel überquerte, der glaubt, er habe eine Chance verpaßt, der Zukunft eine schöne Seite abzuluchsen.

All dem konnte weder das Computerzeitalter noch die uns zu vermeintlichen Meistern der Schöpfung, zu Herren über Leben und Tod promovierende Biotechnik etwas anhaben. Wir glauben fast alles zu wissen, kommen aber über die uralte Gänsehaut nicht hinaus, welche die umgebende Wirklichkeit uns über die Schultern streift, und wir greifen zum Zauberbann: Unberufen! Das Horoskop, in welchem das geozentrische Weltbild die kopernikanische Wende wohlbehalten überdauert hat, scheint selbst im dritten Millennium nach der Zeitwende nicht ausgedient zu haben.

Eher sieht es so aus, als ob die Virtualisierung, Simulation und Manipulierbarkeit der Welt die Tore zu einer vermuteten Anderswelt besonders weit offen hielte. Harry Potters Zauberschule verzaubert keineswegs nur Kinder.

Daß im Haus nistende Schwalben Glück brächten, glaubten in meiner Kindheit alle. Keiner hätte gewagt, sie etwa aus hygienischen Gründen zu vertreiben. Man ließ Fenster für sie offen, befestigte unter der Stelle, wo sie geruht hatten, ihren Nistnapf aufzumauern, ein Brettchen zum Abfangen der beträchtlichen Kackerei während zweier Bruten mit je fünf Jungen. Schon wenige Tage nach dem Schlüpfen waren diese nämlich stubenrein, das hieß, sie schoben ihre noch nackten, von Federkielen umkränzten Hinterteile geschickt an die Nestkante und schossen die Exkremente über den Rand ihrer Stube in die unsrige. Wir hatten keine Ahnung, daß mit den glückbringenden Schwalben keine bayrische Bauernregel, sondern eine jahrtausendealte Überlieferung bis zu uns reichte.

Schon aus der griechischen Antike (die Göttin Athene als Schwalbe) sind Schwalben als Glücksbringer bezeugt. Ein gewisser Arnold Pischinger, Lehrer am humanistischen Gymnasium zu Eichstätt, hat Anfang des 20. Jahrhunderts alle erreichbaren Quellen zusammengetragen, um das »Naturgefühl in der griechischen Poesie« zu dokumentieren. In seinen verdienstvollen Beiträgen, vom Periodikum seines mittelfränkischen Gymnasiums 1904 publiziert, leistete der wackere Schulmann allerdings sehr viel mehr als nur eine Anerkennung verblichener Gefühle. Er richtete seine Philologenlampe auf höchst lebendige einstige Alltage und fand, daß die Wiederkehr der Schwalben als allgemeines Zeichen für die Beendigung eines unerwünschten Zustands bereits vor 2500 Jahren zur Redensart geronnen war: »Zeus, wird denn nicht endlich einmal eine Schwalbe erscheinen?« schrieb Aristophanes im 5. Jahrhundert v. Chr. in einer Komödie. Chelidonias, der laue Frühjahrswestwind, hieß oft einfach »Schwalbenwind«, eines der vielen »geflügelten Worte«, der »Metaphora« im Griechischen, das den Vögeln so aufgeschlossen war.

Auch an Mittelmeerküsten sind die Winter unfreundlich, vor allem für arme Leute, die sich schlecht vor kaltem Regen und dem Boreas, dem Nordwind, schützen können. Das Motiv in einem Tragödienfragment des Kratinos um 500 v. Chr., wo ein armer Schlucker schon beim Auftauchen der ersten Schwalbe seinen Winterrock verkauft, zeigt das böse Dilemma zwischen Hungern und Frieren. Denn es ist doch anzunehmen, daß der Ärmste sein abgewetztes Mäntelchen nicht aus Jux und Dollerei verscherbelt hat, sondern um seinen Hunger mit ein paar Fladen, Zwiebeln und vielleicht einem Scheibchen Speck zu stillen, in der Hoffnung, es werde schon nicht wieder kälter werden. Er mag die Mahlzeit bitter nötig gehabt haben, aber den Winterrock auch unter den sicher noch bevorstehenden Graupelschauern. Dies soll die erste Erwähnung unseres Sprichworts von der einen Schwalbe sein, die noch keinen Sommer mache.

Die Erfahrung des Vogelzugs ist in der griechischen Literatur allgegenwärtig. Schon die Ilias spricht von Kranichen wie auch Staren und Drosseln als Wintergästen. Hesiod forderte um 700 v. Chr., im Herbst »acht zu haben auf die Zeit, zu der man des Kranichs Stimme hört, der hoch aus der Wolke alljährlich ruft und damit zum Pflügen das Zeichen gibt und die Zeit des regenreichen Winters anzeigt. Er erfüllt aber mit Sorge die Herzen mittelloser Leute.« Der Weih als Ankömmling im Frühjahr solle begrüßt werden »durch Niederwerfen«, ja »durch Wälzen im Staube wie vor dem persischen König«, spottet der Wiedehopf in Aristophanes' »Vögeln«. Ixtinos hieß der Weih – es dürfte der Schwarzmilan gewesen sein, der alljährlich in riesiger Zahl durch den Balkan und Kleinasien zur Jordansenke zieht.

Aber hinter Staren und Drosseln als Ernteschmarotzern in Weinbergen, den Keilen ziehender Gänse und Kraniche oder den in Aufwinden der Gebirge massenhaft kreisenden Milanen tut sich ein ganz anderes Vogeluniversum auf. Schon der alljährliche Frühlings- und Herbstzug deutete auf ein Vorwissen der Vögel von Wetter und Jahreszeiten. Wir selber lassen uns oft täuschen durch Aprilschnee oder durch Altweibersommertage im Oktober. Nicht so die Vögel. Flugkeile am Himmel oder geheimnisvolle Rufe von Rotdrosseln in der Dämmerung sind auch uns natürliche Vorzeichen geblieben für Beginn oder Ende der angenehmeren Jahreshälfte, auch wenn wir Tag und Monat dem numerischen Kalender gemäß immer genau wissen. Erst die erlebte Jahreszeit macht diesen Kalender für uns gültig. So schauen wir alljährlich besorgt ab Mitte August zu den dicht besetzten Telegraphendrähten empor und sagen bedauernd: »Ach, die Schwalben sammeln sich schon.« Sie wußten, was bevorstand, als unsere Spezies gerade mal begann, Ziegen zu zähmen und ein paar Grassamen in die Erde zu legen.

Fast alle Lebewesen haben eigene Sinne und Gefühle für Jahreszeiten. Bei den Vögeln sind diese ihrem Flugleben gemäß besonders auffällig. Unabhängiger als wir Erdenkinder, »bewohnen sie den heiligen Äther, die Straße der Vögel« (Aischylos in »Prometheus«), den Raum über den Lüften, nahe dem Sitz der Götter.

Der Besitz von Flügeln legte in fast allen Kulturen nahe, in Vögeln »Schützlinge der Götter« (Aischylos in »Agamemnon«) zu sehen, Engelwesen, Himmelsboten. Die Genien trugen diese Flügel an den Schultern, der Gott Hermes an den Füßen, Pegasus galoppierte und flog gleichzeitig. Der spirituelle Ernst der monotheistischen Religionen kommt bei seinen Boten meist ohne Flügel aus. In den Büchern der Bibel finden diese sich zwar häufig als Metaphern wie im Psalm: »Unter dem Schatten deiner Flügel frohlocke ich.« Aber nur in der bildenden Kunst erscheinen die Engel real geflügelt, etwa in der Anweisung für Moses bei der Gestaltung der goldenen »Versöhnungsplatte« mit zwei goldenen

Cherubim, deren ausgebreitete Schwingenpaare die Bundeslade überdecken sollen. Ebenso haben in den Bildern vieler Visionen und in den Apokalypsen Daniels oder Johannes' die Engel Flügel, z. B. die beiden Seraphim in der Jahwe-Vision Jesajas mit ihren sechs Flügeln oder in Hesekiels Schau des himmlischen Thronwagens mit den vierflügeligen »lebenden Wesen«. Wie sonst wäre denn auch das Jenseitige dieser Wesen zu erkennen? Jahve selbst aber spricht auf Bergen, im Vorübergehen oder aus dem brennenden Dornbusch. Seine Boten, etwa die drei Männer vor Abrahams Zelt, Raphael als Reisebegleiter des Tobias oder der Verkündigungsengel Gabriel vor Maria, erscheinen in Menschengestalt und müssen die Schwerkraft nicht wie Ikarus mit Vogelschwingen überwinden, weil sie dieser gar nicht unterliegen. Vielmehr ist ihnen der aufrechte Schwebeflug gemäß, ein höchstens spielerisches Abstoßen von der Erde mit den Fußspitzen. Daher schreiten sie heran und verschwinden wieder ohne einen Flügelschlag. Bei der Taufe am Jordan senkte sich zwar der Geist »wie eine Taube« herab, sprach aber aus den Himmeln, die sich auftaten, ja zerrissen für diesen Augenblick einer großen Unmittelbarkeit. Der Engel am leeren Grab ist ein strahlender Jüngling, nur sein Glanz verrät ihn, keine Flügel. Und der Auferstandene selbst war am ersten neutestamentlichen Sonntag plötzlich da, später, bei der sogenannten Himmelfahrt, wurde er den Blicken der Jünger wieder entzogen, und sie glaubten, wie schon auf dem Berg Tabor, eine Wolke zu sehen. Er verschwand für ihre Augen in der Zukunft.

In traditionellen Kulturen und Naturreligionen hingegen ging es mehr vermittelt und zugleich leibhaftiger zu. Der Schamane trug eine Vogelmaske, Stiefel mit Vogelkrallen, Flügel an den Schultern. Bereits in einer Eiszeithöhle ist solch eine Gestalt abgebildet. Es lag schließlich nahe, in manchen besonders hoch fliegenden Greifvögeln Götterboten zu sehen. Der Adler, wie er weit klafternd, in majestätischer Ruhe über den Gipfeln des Olymp oder des delphischen Parnass bis heute seine Kreise zieht, um plötzlich niedrig heranstürmend seine Beute mit furchtbarem Griff zu überwältigen – ist er nicht ein Bild göttlicher Ferne und Übermacht? Also war er Vogel des Zeus, später Symbol der Kaiser in Rom und in Byzanz, ihrer Feldherrn und Legionen. Mit Heinrich IV. wurde er zum kaiserlichen Adler des Heiligen Römischen Reiches Deutscher Nation, im 15. Jahrhundert wuchs ihm ein zweiter Kopf, und er hat überlebt als Bundesadler, an dessen Herkunft wir aber kaum mehr denken. Wer beachtete schon die stumpfen Krallen, die sechs geraden Schwungfedern und den aufgerissenen Schnabel des D-Mark-Adlers? Wir hätten diesen Vogel zum Abschied noch einmal unter die Lupe nehmen sollen.

Doch unser Bundesadler hat im Laufe der Jahre Macht und Herrlichkeit eingebüßt, vor allem wohl schlechter Erfahrungen und Erinnerungen halber mit einem verderbenbringenden tausendjährigen Bronzeadler, der in seinen Fängen das Hakenkreuz trug. Zunächst 1953 für Bonn wieder bescheiden aus Gips und Draht geformt von Ludwig Gries, bekam er 1987 durch Günter Behnisch einen Aluminiumnachfolger, der trotz schimmernder Stilisierung ausgesprochen schlapp und flügellahm wirkte. So hing er im demokratischen Plenarsaal des Bonner herrschaftsfreien Diskurses. Als ob Flugfähigkeit in einer satten Republik entbehrlich geworden wäre wie bei den zerzausten Stummelkormoranen der Galapagosinseln, den rundlich rührenden Kiwis Neuseelands oder den schwanengroßen einstigen Dronten auf Mauritius: In deren Inseldasein fanden sich keine Feinde, die sie aufgescheucht und zum Fliegen genötigt hätten; sie gaben die Fliegerei auf; dann landeten Raubsäuger zusammen mit dem Homo sapiens und machten ihnen den Garaus. Europäische Seefahrer aßen die letzte der taubenartigen Dronten auf.

Das wiedererwachte Berlin hat nun eine neue Version des

alten Adlersymbols vor Glas und Metall. Norman Fosters hellgrauer Vogel mit einem zu Jagd und Verteidigung untauglichen Flamingoschnabel ist klobig und transparent zugleich, mehr fette Henne denn Greif und mit seinen lückenhaften Schwungfedern eher ein Antivogel, dem kein Wind mehr unter die Flügel greifen wird. Vielleicht soll diese Mutante auf weitere Mutationen hinweisen? Denn was mag die Evolution Europas auch dem König der Wappenvögel noch alles für Anpassungen an neue Biotope zumuten?

Es sieht ja so aus, als ob auch wir selber uns mittlerweile in den Stürmen aus Vergangenheit und Zukunft als etwas Ureigenes abhanden kämen. Nur noch wie Provisorien scheinen wir auf dem überfüllten Planeten herumzurennen, als »missing links« in spe, mit denen kommende Geschlechter nicht mehr viel werden anfangen können, falls sie uns in den Ablagerungen von Müllschichten überhaupt als Fossilien wiederfinden sollten. Für Chimären werden uns diese Typen zukünftiger Epochen halten und veraltete Merkmale des Cro-Magnon-Menschen an uns feststellen, neben progressiven Merkmalen ihrer eigenen Zeit, ganz in der Art, wie man's aus unserer Perspektive beim Urvogel zu erkennen glaubt.

Was aber geht das uns selber an, die wir hier und heute leben und recht vergeblich auf Trost aus der Religion der Epoche, dem ultradarwinistischen Evolutionismus hoffen! Dieser verbietet Geistesflüge und Götterboten und spendet als Trostpreis das angeblich ein bißchen überlebenstüchtiger machende »Gott-Mem«, das der allwissende Oxforder Ersatzreligionsstifter Richard Dawkins sich ausgedacht hat: eine kulturelle, dem Gen analoge Informationseinheit zwischen anderen »Mems«, also eine Art immaterielles Gen, das im Laufe unserer Kultur- und Verhaltensevolution durch Selektion irgendwie herausgekommen sei als eine erstaunlich haltbare Illusion. Wer über dieses Gott-Mem verfügt, das man einst naiverweise Glaube genannt habe, der sei etwas weniger egoistisch als andere, einsatzbereiter, tüchtiger, gelassener, er fürchte sich etwas weniger vor dem Tod und – kriege offenbar bereitwillig viele Kinder, was zur Festigung der Lehre von der natürlichen Zuchtwahl auch im geistlichen Bereich unbedingt erforderlich ist. Wer's glaubt, wird zwar nicht selig, ist aber im Besitz des Zeitgeists. Ein schwacher Trost, der nur genau so weit trägt, bis diese schüttere Illusion durchschaut ist! Dawkins steht natürlich aufgeklärt über solchem Kinderglauben, hält ihn aber beim einfachen Volk offenbar weiterhin für nützlich.

Die Alten haben über den Anfang und den Schöpfer nachgedacht und sind an kein Ziel dabei gekommen. Wir denken nach über Taufliege, Ackerschmalwand und Darmbakterien und glauben uns fortwährend am Ziel.

Wie rührend altmodisch hatte die Bemerkung der ersten Astronauten geklungen, Gott habe sich weder im Weltraum noch auf dem Mond gezeigt. Fast als hätten sie die Prämissen und Konsequenzen jener Disziplin noch nicht ganz durchschaut, die sie soeben mit gewaltiger Schubkraft so weit nach oben und hinaus befördert hatte. Sie haben offenbar den alten Äther mit Stratosphäre und leerem Weltraum, Selene/Luna mit unserem erkalteten Trabanten gleichgesetzt und dort noch immer den Sitz der Götter vermutet, so daß sie ihre heimliche Enttäuschung über die dortige Leere in Worte des Triumphs kleiden zu müssen glaubten.

In der Weltraumphysik lauert keine Metaphysik. Das Urwort »Es werde Licht«, so schön es sich pysikalisch zu fügen scheint, ist also durchaus nicht identisch mit dem Urknall. Der Logos, das Wort vom Anfang des Johannes-Evangeliums, hat wenig mit den »Worten«, »Texten« und »Infos« des Erbmaterials, der DNA zu tun, die rein zufällig zu Pantoffeltierchen, Heringen, Salamandern, Eidechsen, Turmfalken, Spitzmäusen und Gorillas geführt haben sollen. Jenes »Gott sprach, und es ward« der Genesis, das »Die Erde bringe hervor« ist eine Rede, die der Physik und der

Biologie zwar keineswegs widerspricht, ihr aber auch nicht gleichgesetzt werden darf. Solche Gleichungen stimmen nicht. Der kürzlich verstorbene, von keltischer Schwermut geprägte walisische Dichter R. S. Thomas stellt in seinem eingangs zitierten Gedicht »Formula« die erfrierende Seele gegen die Einsteinsche Gleichung (Energie = Masse mal Geschwindigkeit im Quadrat).

Formel

Und für die Seele
in ihrem Knochenzelt im Kühlraum
des nuklearen Winters
ist kein Grabspruch vorbereitet

in unserer betäubten Sprache
außer der Gleichung,
die auf halbmast hängt wie die Nach-
geburt des Denkens: $E = mc^2$
(Deutsch von Kevin Perryman)

Wir bekommen aufregende und immer genauere Nachrichten von Urknall, »Roten Riesen«, »Braunen Zwergen«, »Dunkler Materie«, »Schwarzen Löchern« und sollen zugleich verkraften, daß Materie überhaupt nicht materiell sei, sondern in »Schwingungszuständen«, »Schlaufen« und »Feldern« bestünde. Hart setzt das der Vorstellungskraft des Laien zu. Begriffsstutzig, wie er nun einmal ist, wird er dumm genug fragen: Schwingungszustände wovon? Schlaufen woraus? Felder wofür?

Eine Mathematik, die uns da einzig weiterhelfen könnte, bleibt der Schulunterricht den Kindern seit Jahrzehnten schuldig. Sie wäre wohl auch zu schwierig. Aber die gewaltigen Anlagen, die immer kleinere Elementarteilchen immer seltener zu immer flüchtigerer Existenz zwingen – diese »Kathedralen unserer Epoche«, wie Hans Magnus Enzensberger die Teilchenbeschleuniger mit Namen wie Daisy oder Cern genannt hat –, müssen sie mitfinanzieren, während sie nach wie vor im dreidimensionalen Raum zu schuften und als vierte Dimension die Zeit zu erleiden haben.

Doch was heißt leiden? In den Paradigmen von Biowissenschaften und Anthropologie, die erklären sollen, wer wir sind, kommt Leid nur vor als etwas, das abgeschafft gehört, notfalls durch Abschaffung des Leidenden selbst. Gene leiden nicht. Und die ein Schmerzempfinden signalisierenden Nervenzentren im Gehirn sind nicht das, was der Leidende mit voller Wucht erlebt. Allerdings dient die Minderung des Leids als Rechtfertigung, wenn es um den kannibalischen Umgang mit sehr kleinen Kindern für kranke, leidende, sehr alte Erwachsene gehen soll. Das verstehe, wer kann. Den mündigen Kindern des 20. und den ratlosen Eltern des 21. Jahrhunderts fällt es schwer genug.

Aber kehren wir zurück zum alten Adler.

Er war aus der Höhe gekommen, hatte Stürme und Blitze gebracht, Macht und Stolz gezeigt und die Schlange emporgehoben als Zeichen himmlischer Freiheit. Er wurde Götterbote, Schicksalsvogel. Und welche Epoche hätte nicht versucht, das Schicksal zu erforschen, gar zu lenken, um dem blinden Zufall zu entrinnen! Dieser hatte die fröstelnden altspanischen Eiszeitjäger aus der Gegend von Altamira vor 35 000 Jahren bereits ebenso bedroht wie uns Mondfahrer, Pillenesser und Internet-Surfer. Also fingen sie schon damals an zu beobachten, zu vergleichen, Analogien zu suchen, um nicht nur den Lauf der Gestirne, der Jahres- und Tageszeiten zu erforschen (dies vor allem), sondern um sich auch der Gegenwart ein wenig besser zu versichern und die dräuende Zukunft gefügiger zu machen. Wir kennen kein Wort aus ihrer Sprache, und doch sind sie uns nah mit ihren Bildern und gar nicht fern mit ihren vermutlichen Fragen: Wo bleibt das Mammut? Wann kommen endlich die Rentierherden? Hat jemand einen Riesenhirsch, ein Rudel grimmer Schelche (Tarpanpferde) gesichtet? Wird der Jagdgott uns freundlich gesinnt sein? Und vor allem: Wo kommen wir her? Was sollen wir hier? Wohin gehen wir?

Es ist vielfältig bezeugt, daß die Griechen auf Vogelzeichen achteten. Nach Aischylos soll deren Deutung ein Geschenk des Prometheus an die Urmenschen gewesen sein. Cicero erwähnt den Kalchas, Führer der griechischen Flotte nach Troja, der in der Ilias als Augur auftritt. Im Rat von Athen oder Sparta sei immer ein Augur gesessen. Teiresias selbst wird in Aischylos' »Prometheus« als »Nährer von Weissagevögeln« bezeichnet. Der allkündende Zeus schickt bei Homer Adler zum Zeichen seines Wohlwollens oder Mißfallens. Über die Freier der Penelope, die Telemachs Tod planten, »kam zur linken Hand ein Vogel, ein hochfliegender Adler«, um anzusagen, »nicht wird uns dieser Plan nach Wunsch ausgehen, der Mord an Telemach«. An vielen Stellen von Ilias und Odyssee zeigen Adler (die »gültigsten unter den Vögeln«) Zeus' Willen an, werfen den Achäern z. B. ein Hirschkalb auf den Opferaltar oder warnen als Paar, einander die Brust zerkratzend und nach rechts fortfliegend, die Volksversammlung um Telemach.

Brauch und Mißbrauch, Pietas der Alten und freche Mißachtung durch die Jungen folgten einander nicht zeitlich, sondern liefen schon immer nebeneinander her, vermeintlich gute alte und angeblich schlechte neue Zeit waren stets zwei Seiten derselben Medaille. Schon Hektor erhob sich über den Götterspruch, als er entgegen dem Rat des Polydamas den Belagerungsring durchbrechen und zu Fuß gegen die Griechen stürmen wollte. »Es kam ihnen … ein Adler, hochfliegend nach links hin … und trug eine blutrote Schlange in den Fängen.« Diese bäumte sich hoch und biß den Adler, der sie fallen ließ und selbst kreischend hinwegflog »mit dem Wehen des Windes«. Die Trojaner erschauerten über die sich ringelnde Schlange, auch sie »das Zeichen des Zeus«. Doch

Hektor: »Ich achte sie nicht, noch kümmert mich solches, / ob sie rechts hinfliegen zum Tagglanz und zur Sonne, / Oder nach links dorthin, zum nächtlichen Dunkel gewendet.« Genau kannte der die ungünstige Botschaft der Vögel, wie sie der nach Norden zum Sitz des Zeus blickende Seher ausdeutete. Kurz darauf schleift denn auch Achill Hektors Leichnam hinter seinem Wagen um die Stadtmauer.

Schon die Chaldäer, diese Erzastronomen und Kalenderfanatiker, blickten zum Himmel, erkannten Chiffren und machten sich ans Entziffern. Einmal, im Jahre eins unserer Zeitrechnung, als Saturn und Jupiter, die größten Wandelsterne, einander so nahe standen, daß sie wie ein heller Punkt ausschauten, zogen drei von ihnen, Magier oder Weise, durch die arabische Wüste gen Westen. Nimmt man's ganz genau, ereignete sich diese Konstellation im Jahr sieben vor unserer Zeitrechnung.

Seit der Antike wird angenommen, die von den Etruskern überlieferte Kunst der Vogelschau als Sonderform des Augurium, des Orakelwesens, stamme von Indern, Persern oder aus Mesopotamien, jedenfalls aus dem Osten.

Der junge Augsburger Althistoriker Veit Rosenberger hat seinem Buch über das altrömische Prodigienwesen, über die Lehre von den Zeichen, die die Gunst oder Ungunst der Götter ansagen könnten, den klugen Titel gegeben »Gezähmte Götter«. Denn jedes Orakelwesen dient ja der Zähmung des scheinbaren Zufalls, den unzugängliche Mächte verhängen. Natürlich waren es nicht erst die aufgeklärten, in vielem uns so ähnlich scheinenden Römer, die sich mit dieser Kunst befaßt und uns den noch durchaus lebendigen Begriff des »Omen«, des schlechten Vorzeichens hinterlassen haben. Man sah Adler, Geier, Falke, Rabe oder Specht, Uhu, Eule und Ziegenmelker als Orakelvögel an. Weil die Vogelschau, das Auspicium der Römer, jedoch eine Geheimwissenschaft war, ein Arcanum, dringen wir nur mühsam vor zu den Vögeln selber. Die Philologen haben, seit es sie gibt, begeistert die Etymologie der dazugehörenden Wörter erforscht, haben das sogenannte »templum«, den abgegrenzten Raum für den Vogelschau betreibenden »augur maximus« so genau beschrieben wie Gewand und Krummstab (lituus), die man mühelos nachbilden könnte. Sie haben unermüdlich die von Livius höchst lebendig geschilderte »Inauguration« des mythologischen Königs Numa Pompilius zitiert oder die Mißachtung der Warnzeichen durch den einen oder anderen Feldherrn, insbesondere durch den Konsul Publius Claudius Pulcher im 1. Punischen Krieg 249 v. Chr. Dieser berühmte Orakelverächter schlug das schlechte Omen des »tripudium«, des Hühnerorakels, in den Seewind vor der Küste Westsiziliens. Die wie stets mitgeführten Hühner hatten nämlich das Nichtgeneigtsein der Götter für die bevorstehende Seeschlacht angezeigt, indem sie das Futter verweigerten. Publius Claudius jedoch – »blöde Hühner«, mag er gemault haben – warf die Viecher ins Meer: »Sollen sie saufen, wenn sie nicht fressen wollen«, seien seine unehrerbietigen Worte gewesen; er stellte sich den feindlichen karthagischen Schiffen und verlor in der Seeschlacht vor Drepanum seine gesamte Flotte, angeblich genau da, wo das Geflügel ersoffen war. Da er selber überlebte, bekam er einen saftigen Prozeß an den Hals.

Dieses uns ein wenig läppisch scheinende, noch im kaiserlichen Rom unerhört wichtige »tripudium« ist eine Sonderform der Vogelschau; vielleicht eine Entartung? Fraßen die Hennen derart gierig ihre Breiklümpchen, daß sie ihnen aus den Schnäbeln fielen (na ja, man ließ sie halt hungern, konnte aber den Brei auch ein wenig zu locker anrühren, um ein günstiges Ergebnis zu erzielen), dann blickte Jupiter wohlwollend auf das bevorstehende öffentliche Unternehmen. Es waren später bloß noch subalterne Hühnerhofdienstboten für all das zuständig, und der für eigenes Hinlangen zu feine Augur ließ nachfragen.

Nur wenige Details der eigentlichen Vogelschau lassen

sich erschließen, nicht zuletzt aus Ciceros Schrift »De divinatione«. Cicero, dieser aufgeklärte Herr, hatte eine zwiespältige Haltung zum alten Brauch; streng kritisierte er nicht nur den Aberglauben, sondern überhaupt jede Zeichenabhängigkeit. Doch drang er ebenso streng auf die Pietas, den alten Götterglauben. Der römische Augur handelte im Auftrag des Senats, nicht für wundersüchtige Privatleute und hatte keinerlei besondere, mystische Götterverbindung; er war nicht Schamane, sondern Wissender in der Kunst der Entschlüsselung von Zeichen; das sicherte ihm allerdings viel Macht und Einfluß. Wogegen frühe römische Christen sich besonders heftig sträubten, war wohl weniger das staatliche Prodigium, Institution alten Herkommens, als private Zeichendeuterei, die als Blendwerk des Teufels galt.

Der Augur, gehüllt ins weiße Gewand, bezeichnete mit dem Krummstab die Nord-Süd- (cardo) und die Ost-West-Achse (decumanus) des »templum«, des heiligen Bezirks am Boden und im Himmel. Er stellte sich in den Kreuzungspunkt mit Blick nach Süden, und seine linke Seite, der Osten, galt als günstig, im Gegensatz zu Umbrern und Griechen. Windstille sollte herrschen, der Himmel klar sein.

Das Auguraculum in Rom, der uralte Weiheort der Augurn mit Strohdach und Steinsitz, lag auf der Arx, dem Nordhügel des Kapitols neben dem Tempel der Juno Moneta, wo auch der Sitz der Sibylle war, heute Kirchenschiff von Sta. Maria in Aracoeli. Wir gelangen dort hinauf über eine Treppe, so hoch fast wie jene Himmelsleiter, über die Jakob im Traum die Engel auf- und niedersteigen sah. Auf der in der Antike noch unbebauten Arx wuchsen die heiligen Verbenenpflanzen, der Blick reichte weit nach Osten über den Esquilin, nach Südosten über den Caelius und bis zu den Albanerbergen. Nach einer römischen Bauordnung sollte dieser Blick für alle Zeiten offenbleiben: ein Bauverbot um der Vogelschau willen!

Ein schöner Hinweis auf ein Auspicium, bei dem es nicht

bloß auf mehr oder weniger gierige Hühner ankam, findet sich, wie Veit Rosenberger berichtet, in den »Tabulae Iugivinae« aus den 2. Jahrhundert v.Chr.: »Wenn die Boten (die Vögel) gesungen haben, sollst du, vor der Hütte sitzend, es melden dem Flamen.« Dieser bestätigt die Abmachung für das Auspicium. »Ich beobachte den Grünspecht im Westen, die Krähe im Westen. Den (Schwarz-)Specht im Osten, die Elster im Osten; im Osten die Vögel, im Osten Opferboten für mich, für die iugivinische Stadt an diesem Standort.« Hier öffnet sich ausnahmsweise ein Spalt des Vorhangs, der diese Geheimwissenschaft mit ihren unendlich komplizierten, in Auguralbüchern festgehaltenen Auslegungen meist verhüllt.

Auspicien konnten auch unterwegs im Feldlager abgehalten, oder es konnte die Botschaft einzelner Vögel als Zeichen entschlüsselt werden. Wenn der als Unglücksvogel geltende Uhu, der »unheimlich ruft wie ein verzweifelter Mensch«, sich tagsüber in der Stadt sehen ließ, gar sich niederhockte, galt das als schreckliches Zeichen. Livius berichtet vom Vogel »avis sanqualis« (dem altertümlichen Gott Sancus geweiht), der im Jahre 177 v. Chr. einen Stein an heiligem Ort zerhackt habe. Plinius sieht darin »ossifraga«, Knochenbrecher, oder »barbata«, also vermutlich Bartgeier. Denn diese nähren sich von Knochen, die sie aus großer Höhe auf Felsplatten fallenlassen. Ich habe im kirgisischen Gebirge einmal lange einen Bartgeier dabei beobachtet. Ebenso macht dieser es übrigens mit Schildkröten.

Das Entschlüsseln der Zeichen war schwierig. Ein von links/Osten fliegender Specht bedeutete Gunst, ein von rechts/Westen fliegender hingegen Ungunst der Götter. Krähen, Eulen oder Ziegenmelker waren immer Unglücksvögel. Wenn allerdings solch ein »Unglücksrabe« von rechts flog, mochte er sich in einen Glücksbringer verwandeln, denn laut Plautus: »duplex negatio affirmat«, doppelte Verneinung bestätigt.

Man beobachtete den Flug und unterschied schnell Vorübereilende von Verweilenden; Entgegenfliegen deutete auf Unheil, Vorausfliegen auf Heil. Wichtig war der Ort, wo sie sich niederließen, oder die Flugweise und Richtung, etwa zum Licht hin nach Osten oder vom Licht weg nach Westen. Man achtete auch auf Stimmen und deren Herkunft, etwa hoch aus den Lüften. Die zahllosen Gesetze mit x-erlei über- und untergeordneten Regeln bildeten schon bald ein solches Dickicht, daß sich nur zurechtfand, wer die in der »Regia«, dem Königshaus und Amtslokal der Auguren auf dem Forum neben dem Vesta-Tempel aufbewahrten Auguralbücher kreuz und quer studiert hatte. Es war also sicher einfacher, nur das Fressen von Hühnern zu beobachten. So sparte man sich unsägliche Mühe, ohne dem alten Brauch untreu zu werden.

Die Botenrolle der Vögel zeigt sich auf ganz andere Weise in dem weit verbreiteten Sagenmotiv, daß besondere Menschen deren »Sprache« unmittelbar verstanden haben sollen. Die Edda berichtet dies von Sigurd, nachdem er den Drachen Fafnir erschlagen und etwas vom Bratensaft aus dessen Herz gekostet hat; im Gezweig zwitschernde Meisen verraten ihm nun, was er weiter tun soll. Einer völlig anderen, der Legendentradition entstammt ein Bericht aus dem Obergaliläa des 16. Jahrhunderts: In Safed lebte Rabbi Isaak Luria, Kabbalist, Mystiker und Anreger der späteren Chassidim; seine Schüler berichten, Luria habe die Sprache der Vögel verstanden.

Tacitus schreibt, daß auch die Germanen auf Stimme und Flug der Vögel (»voces volatusque avium«) geachtet hätten. Die Raben Hugin (Gedanke) und Munin (Gedächtnis) waren Weisheitsvögel des Odin. Dringend mahnt Papst Gregor III. im Jahre 737, von diesen heidnischen Bräuchen zu lassen, Karl der Große erneuert 789 das Verbot und verhängt im Jahre 805 schwere Strafen bei Übertretung. Aus dem frühen Mittelalter ist dennoch bezeugt, daß »heilande« (Seher) neben »wisagun« die Stimme und den Flug gewisser Vögel beobachtet und deren Deutung als »heilisod« übermittelt hätten. Selbst Michael Scotus, Hofastrologe Friedrichs II., zählt in seiner »Physiognomia« noch Flug und Stimme von Adler, Krähe, Rabe, Nachtrabe, Uhu oder Specht als Zeichen auf, und Martin Luther empfiehlt, »wenn du ein Vöglein siehst, so zeuch deinen Hut und sage glück zu«. Laut Grimmschem Wörterbuch müsse ein Adler, um Glück zu bringen, »taschenhalber«, also links an der Seite der Tasche fliegen. »Unglückshäher« für den nordischen Verwandten unseres Eichelhähers, »Unglücksrabe« oder »dummes Huhn« weisen uns noch in der Sprache selbst auf den Orakelcharakter mancher Vögel hin.

Der Hang zum Aberglauben ist ungemein beständig, und die meisten Menschen verhalten sich wie jene gälischen Fischer an der Küste Irlands: Als der ständig »keltic twilight«, keltisches Zwielicht erkundende Dichter W. B. Yeats diese fragte, ob sie an Meerjungfrauen glaubten, verneinten sie entrüstet, um gleichzeitig einzuräumen, sie sähen diese ungern, weil ihnen stets schlechtes Wetter folge. Da klopft man also sicherheitshalber auf Holz und murmelt »unberufen«, kennt das Sternzeichen, unter dem man geboren wurde, und manch einer benutzt das Pendel, das je nach dem, ob es schwingt oder kreist, Alltags- und sogar Lebensfragen beantworten soll – mit der garantiert 50prozentigen Trefferquote des dualen Systems!

Dem heute zu Aberglauben verkommenen alten, auf Sterndeutung, Vogel- und Eingeweideschau oder anderem beruhenden Orakelwesen lag jedenfalls der Glaube an eine Ordnung zugrunde, die von Menschen aller, auch unserer Epoche als Rückseite einer Welt scheinbar blinder Zufälle vermutet worden ist und bis heute geglaubt wird. Der späte Verfall der noch zur Renaissance blühenden, allgemein anerkannten Astrologie ist denn auch nicht von der Kirche, sondern von den Naturwissenschaften verursacht worden.

Was sollte das vermeintliche Sternbild denn auch sagen können über eine Welt, die nicht mehr vom Mittelpunkt des Alls aus darauf schaute? Der Große Bär oder das Kreuz des Südens ergibt nur von der Erde aus ein Bild.

Der Mystiker und Paläontologe Teilhard de Chardin hat einmal die Frage riskiert, ob nicht der Glaube an den unermeßlichen Zufall und an die unermeßliche Blindheit der Welt weit eher ein Trugbild sein könnte als der Glauben an ihre Ordnung. Die Erklärung der Welt aus der Macht des blinden Zufalls und der ziellosen Entwicklung durch den allmächtigen »Evolutionismus«, der zur Ideologie geronnenen Evolutionstheorie, wirft uns vor, wir seien zu begriffsstutzig, um die Schöpfermacht der leeren Zeit und des blinden Zufalls zu akzeptieren. Diese könnten nämlich sehr wohl aus einem hingeschütteten Haufen von Buchstaben irgendwann eine »Göttliche Komödie« kombinieren; den Beweis dafür wird die Theorie uns allerdings notgedrungen schuldig bleiben, weil sie den Zufall zu ihrer Prämisse gemacht hat. Warum in aller Welt sollte unsere Begriffsstutzigkeit sich aber nur auf diese eine Möglichkeit der Interpretation von Welt, auf diese eine Seite unserer Irrtümer erstrecken? Daß auch die Rede vom blinden Zufall ein Trugbild sein könnte, vermuten kluge Leute seit je. Vielleicht aber ist ja am Ende der Glaube an diesen Zufall die eine, der Glaube an Sinn und Ordnung von Alpha bis Omega die andere Seite derselben Medaille. Also hätten beide Interpretationen unserer rätselhaften Wirklichkeit auf ihre Weise recht, und es wäre nicht nur eine Folge eben unserer Begriffsstutzigkeit, wenn wir unsere angebliche Rolle als »arme Zigeuner am Rande eines gleichgültigen, für uns gänzlich blinden Universums« nicht willenlos als die ganze Wahrheit nehmen, sondern als eine Frage der Perspektive.

»Zufall«, ein weiträumiges Wort, kann die Blindheit der Welt für unsere Belange ebenso ausdrücken wie auch die

Hand eines allumfassenden Spielleiters, der gezielt mir den Ball zuwirft, durch jene geöffnete Tür, die von der vermeintlichen Notwendigkeit verschlossen worden war. Dann wäre nur unsere prinzipielle Unwissenheit schuld, wenn wir die uns widerfahrenden Ereignisse so schwer einordnen können: weil sich bekanntlich die Rückseite des Spiegels nie zugleich mit uns und unserem Bild von der Welt zeigt und die von der Seite betrachtete Medaille immer nur abgemagert zum Strich erscheint. Auch die Kinder des 21. Jahrhunderts werden hinter dem offenen Türspalt die Ahnung eines Ganzen vermuten wollen. Dessen dürfen wir gewiß sein, so viele sich auch abmühen mögen, die Tür ganz fest zu verrammeln.

Wenn an einem Märzabend Drosseln von den Wipfeln hinterm Haus bis in die tiefe Dämmerung hinein ein neues Motiv ans andere reihen und Rotkehlchen die silbrige Quelle ihrer Strophen perlen lassen, dann muß ich keine besonderen Zeichen für mich darin sehen, kein gutes oder schlechtes Omen; es genügt mir zu glauben, daß die Welt sowohl entwickelt wie geschaffen ist, je nach Blickwinkel. Sollte es nicht immer noch möglich sein, im Gestrüpp aller Irrtümer, falschen Schlußfolgerungen und reduktionistischen Ableitungen die ganze Wirklichkeit neu zum Vorschein zu bringen, Grauen und Schönheit, Sterblichkeit und Unvergänglichkeit, Zufall und Fügung? Ich hoffe es inständig. Diese Amsel, die da droben auf dem rußig bröckelnden Kamin hockt und flötet, was ihre Kehle hergibt, hat in ihrem kleinen, dummen, wunderbaren Spatzengehirn keinen Schimmer davon, daß sie eine samtschwarze Komponistin mit goldenem Schnabel ist, die von der Schönheit des Universums singt. Es mag heute abend nicht dieselbe Amsel sein wie im Vorjahr. Die ist vielleicht erfroren aus einem Winterbaum gefallen, oder ein hungriger Habicht hat sie gepackt, als sie etwas steif durch die Dezemberkälte flatterte, und ihre markerschütternde, verzweifelt menschliche Klage hat in nichts mehr an einen Vogel erinnert. Der Habicht hat auch ihr Gehirn aufgefressen und nichts von einem Lied darin geschmeckt. Aber trotzdem – »so sehr hat Gott die Welt geliebt« – daß er Amsellieder erklingen ließ.

8. Kapitel ***Ich zog mir einen Falken***

An einem zur Südostküste des Schwarzen Meeres steil abfallenden Hang, unter der feuchten Schwüle eines Augustnachmittags, wurden wir reisenden Ornithologen von einem einheimischen Beizjäger geführt. Über uns ragten die Dreitausender des Anatolischen Kaçkargebirges, unter uns lagen Küstenstraße und ruhige See, ostwärts im Dunst verschwammen georgische Dörfer und Kirchen.

Wir stiegen zur Beobachtung des beginnenden Herbstzuges von Wespenbussard, Zwergadler, Weihe und Bienenfresser in einem Teegarten bergauf. Zwei neugierige Buben schlossen sich uns an. Sie hatten Maulwurfsgrillen, plumpe Insekten mit Flügelstummeln und Grabschaufeln gefangen. Mit ihnen, so erklärte unser Führer, würden Neuntöter angelockt, diese schönen rotrückigen Räuber unter den Singvögeln. (Daheim im Mai bin ich alljährlich erleichtert, wenn unser Neuntöterpaar seinen Weißdornbusch in der alten Schafweide am Würmufer wieder bezogen hat.) Ist ein von der Weichsel oder aus Karelien am Schwarzen Meer durchziehender Neuntöter in die Schlagfalle geraten, werden ihm Schnüre um die Beine geknotet und an einem langen Stab befestigt und die Augen mit kleinen Wachsklappen überdeckt, so daß er während seiner Gefangenschaft nur nach unten schauen und zwar sein Futter, Grashüpfer oder kleine Fleischbröckchen, nicht aber die Greifvögel über sich sehen kann. Bald nach den Neuntötern treffen die Sperber ein; nun sitzt der Jäger mit dem Lockvogel hinter dem senkrecht aufgespannten Netz, wirft den Neuntöter und läßt ihn flatternd über dem Stab »spielen«, sobald ein Sperber auftaucht. Hungrig vom weiten Zug, stößt dieser sofort herab und verfängt sich im Netz. Der Falkner legt ihm Riemen und Bellen an die Füße, »schüht« ihn auf und wirbt um das Vertrauen des wilden Vogels; er streicht ihm mit einer Feder, später mit dem Finger behutsam über Kopf und Hals, bietet Atzung an, damit der Sperber sich in guten Händen weiß, und richtet ihn auf diese Weise in wenigen Tagen zur Beize ab. Denn schon kommen als nächstes die Wachteln übers Schwarze Meer und fallen erschöpft an der Küste ein. Auf diese Septembertage des Wachtelzuges hat der Falkner das ganze Jahr gewartet: Endlich wirft er seinen Sperber. Ein kurzes Flattern und Steigen, ein blitzschneller Stoß, ein wirbelnder Sturz! Nach guten Tagen kehren die Jäger mit Dutzenden erbeuteter Wachteln heim.

Und wozu der ganze Aufwand? Nichts wäre doch einfacher, als die wohlschmeckenden Wachteln mit modernen Flinten zu schießen! Doch nicht auf die Mahlzeit kommt es an; sie ist bloß Nachspiel großer Tage, wie das Picknick nach dem Aufstieg zum Gipfel. Denn alljährlich bei der Sperberbeize erfahren diese Männer ihre große Verwandlung. Sie werden nicht nur wie in Träumen, sondern mitten im schäbigen Alltag zum Pascha, Kaiser und Großkhan. Haben sie den Sperber, den »Wildfang« zum Gefährten gewonnen, treten sie wieder in die alte Ordnung der Natur ein, erfahren noch einmal die ursprüngliche Beziehung der Geschöpfe, ohne das schöne Gefüge in Verwirrung zu bringen. Der wilde Sperber gehorcht, ohne Schaden zu nehmen, dem Willen des Mannes, stürmt für ihn, stößt für ihn, greift

Wachtel oder Chukarhuhn und läßt sich anschließend vertrauensvoll wieder auf der Faust tragen. Das Töten um zu leben ist zur Kunst geworden. Die Männer erfahren in der Beizjagd etwas wie eine Erlösung, das Einswerden von Herrschaft, Liebe und Begeisterung. Warum sonst würden sie sich diesem komplizierten Jagdritual unterwerfen, statt einfach Beute zu machen?

Vor Teehäusern sahen wir überall Stangen zum Aufblokken von Beizvögeln. Hier können Männer im Kreise ihrer Gefährten in Ruhe die Sekunden eines geglückten Stoßes ausspinnen zu den endlosen Fäden ihrer Jagderzählungen, die der flüchtigen Unsterblichkeit im lähmenden Gang des Alltags Dauer verleihen. »Schwarzauge« wird auf türkisch der südöstliche, nur von Mäusen und Eidechsen lebende Kurzfangsperber, »Gelbauge« der uns vertraute, für die Beizjagd einzig geeignete Sperber genannt. Unser Führer am Kaçkar-Gebirge erkannte die minimalen Unterschiede der beiden Zwillingsarten nach Färbung und Kontur schon von weitem mit bloßem Auge am Flugbild. Wir Ornithologen mußten mühsam durchs Fernglas dunklere Flügelspitzen, hellere Unterseite, den eine Spur schlankeren Umriß bei »Schwarzauge« entziffern.

Diese türkische Beizjagd bedeutet für die bald wieder freigelassenen Sperber-Wildfänge keine Bedrohung des Bestands. Doch schon in der orientalischen Antike, als man mit großen Gerfalken, den weißen Prinzen aus dem Norden, auch auf Adler beizte, hat sich der Wahn eingeschlichen, Beizvögel müßten, um ihre Wildheit zu bewahren, Adlerfleisch kröpfen. Also verderben bis heute auch hier die Jäger ihre alte Kunst und schießen durchziehende sehr seltene Steppenadler vom Himmel als Atzung für ihre Sperber! Selbst diese Erlösung bleibt also fragwürdig, nur in flüchtigen Sternstunden leben Vertrauen, Maß und der Segen wieder auf, mit denen der Hüter des Gartens, wie wir vermuten, einst ausgestattet war.

Dort im Teegarten, am Hang des pontischen Gebirges hatte ich mir vorgenommen, mehr über die Beizjagd zu erfahren, trotz Walter Wüsts Ablehnung dieser Jagdart. Seitdem suchte ich die Verbindung zu bayrischen Falknern und beschaffte mir Bücher. Denn bisher hatte ich mir unter der Beizjagd etwas Vergangenes vorgestellt, und sie war für mich nur ein Motiv in Kunst und Dichtung. Dabei wußte ich, daß es seit Jahrzehnten wieder einen »Deutschen Falknerorden« gibt. Aber erst als mir klar wurde, welch starke Wurzeln meine geliebte Vogelkunde in der Falknerei hat, wollte ich mehr darüber wissen. Ich folgte daher freudig einer Einladung von Manfred Siering, der als Mitglied einer Kommission zur Jägerprüfung, Fach Greifvögel, gute Beziehungen zu Falknern hat.

Am vorgesehenen Samstag vor Weihnachten fuhren wir frühmorgens los, um eine kleine Jagdgesellschaft zwischen zwei Dörfern nördlich von Ingolstadt zu treffen. Schon gleich beim Aussteigen hörte ich zum ersten Mal das leise hohe »Schirken« zweier Steinadler. Sie saßen in Transportkisten, der eine aus der Regensburger Gegend, der andere aus Plauen von ihren Falknern in dieses Revier gebracht, dessen Pächter, selber Falkner, uns zum Ende der Jagdsaison eingeladen hatte.

Es wehte ein schwacher, nicht zu kalter Wind, und zwischen lockeren Wolken schien die fahle Wintersonne auf eine von zwei lärmenden Straßen durchschnittene, völlig leergeräumte Ackerlandschaft: große, fast ebene, nur durch Grasstreifen getrennte Felder, kein Baum, kein Strauch, nur frische grobe Schollen, an deren leicht gefrorenen Schnittflächen sich das schräge Dezemberlicht wie Metallglanz spiegelte. In den tiefen Furchen lag etwas alter Schnee. Vom dunstigen Süden her zeichneten sich die Gebäudesilhouetten der Ölraffinerie und die Ingolstädter Pfarrkirche ab.

Als erstes sollte mit zwei Adlern auf Hasen gebeizt werden. Die Vögel waren noch verkappt, hielten den Stoß gespreizt und die Schwingen halb geöffnet, um das Gleichgewicht auf der Faust der Jäger zu wahren. Die »Bellen« an ihren Füßen klingelten leise. Ab und zu wurde ihnen die lose aufgesetzte Haube abgenommen, damit sie, nun hoch aufgerichtet, sich mit der Umgebung vertraut machen konnten. Es waren gezüchtete Vögel, völlig geprägt auf ihre Falkner, die für sie zu lebenslangen Partnern werden. Nur eine so enge Beziehung zwischen Mensch und Greifvogel erlaubt diese bei uns selten ausgeübte, durchaus gefährliche Adlerbeize; denn hat ein Beizadler erst einmal ein Reh geschlagen, verliert er die natürliche Scheu vor großer Beute. Dann gefährdet er auch Hunde, ja Kinder. Der bekannte Falkenmeister Fritz Loges ist in den dreißiger Jahren von seinem eigenen, aus irgendeinem Grund irritierten Steinadler »Wotan« einmal durch Kopfgriff gebunden und schwer verletzt worden; da er allein war, konnte er sich nur retten, indem er »Wotan« den Hals zudrückte, bis dieser losließ.

Wir stellten uns am Rand eines Ackers auf, die beiden Falkner mit den Adlern außen, dazwischen die anderen Falkner, wir halbes Dutzend Gäste und zwei Pointer, schwarzweiß gefleckte Vorstehhunde; so bildeten wir in loser Reihe gehend eine »Böhmische Streife«, wie ich sie ganz anders aus fernen Kindertagen kenne; berühmte Strecken von bis zu tausend Hasen waren in Böhmen abends verblasen worden. Sollte wirklich in dieser kaum noch als Landschaft erfaßbaren Ödnis eine Beizjagd möglich sein? Daß das scheinbar so kahle Feld doch belebt war, zeigte mir bald ein »Gestüber« von Rebhühnern, eine Ansammlung kleiner Kotballen, die eine Kette dieser selten gewordenen kleinen Hühnervögel im Windschatten einer besonders hoch aufgeworfenen Scholle beim Nächtigen hinterlassen hatte.

Eine sehr rasche Gangart wurde eingeschlagen; die an den Gummistiefeln klumpende nasse Erde machte das Gehen über diesen wahrhaftigen Sturzacker für mich zum mühsamen Stolpern. Ich mußte sehr auf der Hut sein, nicht ständig im Dreck zu landen. Wie schafften das nur die Jäger mit den vier Kilogramm schweren Vögeln auf der Faust, Sinne und Nerven dabei ganz nach vorn gerichtet auf die Hunde, auf den anderen Adler, auf das ganze Feld vor uns, wo jederzeit irgendwo ein Hase hochgehen konnte? Sie mußten dann blitzschnell abschätzen können, ob der Vorsprung des Hasen nicht zu groß oder der andere Vogel näher am Wild wäre für einen erfolgreichen Flug als der eigene.

Schon bald stob der erste Hase dicht vor unseren Schritten auf, und sogleich fand völliger Szenenwechsel statt. Die Bühne drehte sich. Fort waren Verkehrslärm und Kahlheit der Äcker, erfüllt war die Leere von einer uralten Aufregung, die aus der Ferne zentralasiatischer Steppen hier eingefallen war, wie mit Reitern, Hunden, Falconnieren, großen Gerfalken und Adlern. Der linke, noch junge Adler wurde mit dem richtigen Schwung an den flüchtenden Hasen geworfen und strich rasch in flachem Bogen auf diesen zu. Durch seinen seitlichen Anflug ließ er dem Hasen zwar nur eine Richtung zum Manövrieren. Aber dieses gesunde erwachsene Tier war dank seiner angeborenen Fluchtweise gut imstande, hakenschlagend und mit einem gelegentlichen hohen Sprung dem wenig wendigen Adler zu entkommen. Auch mit Angriffen aus der Luft noch unerfahrene Jungtiere beherrschen dieses instinktive Fluchtverhalten.

Der nächste Hase ging weiter rechts hoch. Und gedankenschnell, lautlos, bei aller Vorbereitung doch gänzlich unerwartet geschah schon jetzt, wofür wir hierhergekommen waren. Der Adler drehte diesmal nicht wie beim vergeblichen Anflug zuvor ab, um ruhig im Feld aufzublocken und auf den Handschuh seines herbeieilenden Falkners zurückzukehren, wo er ein angebotenes Küken kröpfen durfte. Er kippte vielmehr mit vorgestreckten Füßen über die linke Schwinge ab: eine abgerissene Klage, dann – tiefe Stille. Als ich heranstolperte, kauerte der Jäger neben seinem Vogelpartner, der mit »mantelnden« Schwingen auf dem bereits

»angeschnittenen« Hasen stand und eilig kröpfte. Behutsam lenkte der Falkner die raschen Schnabelhiebe auf die Unterseite und bot die Innereien dar – ein Bild vollkommener Eintracht. Noch ehe auch der kostbare Rücken angeschnitten, der Vogel »aufgeatzt«, also gesättigt und für diesen Tag nicht mehr »in Kondition« gewesen wäre, wurde er mit frischem Kaninchenfleisch abgelenkt, wieder auf die Faust genommen, verkappt und der Hase in der Rückentasche verstaut. Diese Sekunden des Werfens, des Flugs und Angriffs, in ihrer Gegenwärtigkeit viel zu jäh für ungeübte Sinne, wurden erst im Rückblick des Gedächtnisses für mich ganz wirklich, im Nachbild des Auges. Erlebnis und Erinnerung verschmolzen.

Aus der einstigen »Böhmischen Streife« mit ihren zahllosen, die Herbststille zerfetzenden Schüssen und einem Jagdkönig, der mehrere hundert Hasen erlegt hatte, war hier etwas völlig anderes geworden. Der über seiner Beute mantelnde Adler, ein vom »Schweiß« rotgefärbter Flecken Schnee, der bereits tote Hase, das alles bot ein Bild von Größe, Schönheit, ja unerwarteterweise auch von Frieden – schneeweiß und blutrot auf dunkelbrauner Ackerkrume.

Beim Adler tötet der Klauendruck mit 10 000 Newton – noch höher an den »Nadeln« – im ersten Augenblick, nachdem der Hase am Kopf getroffen und gebunden ist. Keine langgezogene »Klage« war daher jetzt zu hören gewesen, wie das Opfer sie ausstößt, wenn es vom Habicht am Kopf gegriffen, kein »Lachen«, wenn es vom Fuchs an der Brust gefaßt ist, und das »Falknersheil«, der Gruß der Umstehenden, war weit mehr Bestätigung als das »Waidmannsheil« für ein mit sauberem Schuß erlegtes Wild. Ich erkannte im Auge des Adlers die völlige Unschuld eines Tötens um zu leben im Rahmen einer uralten, bis heute gültig gebliebenen Naturordnung. Wir haben sie nur verdrängt, beschönigt, vergessen. Sie ist nüchtern und zugleich von einer für den Verstand nicht auszulotenden Würde, die der Jäger immer wieder erneuert. Daher die Rituale, das Festliche, die Sondersprache!

Der Lyriker Kevin Perryman hat zu diesem Tod in der Natur das Karl Krolow gewidmete Gedicht »Parabel« geschrieben:

»Wie die Blätter, die der Wind jagt,
läßt sich der Vogel treiben, bis sein Blick
Beute am Boden ausmacht. Er steht
in der Luft. Auf der Wiese läuft die Maus
hin und her auf vertrauten Wegen, die sich
immer wieder kreuzen. Des Bussards Auge
ist ein Fixstern und der Anfang des gespannten
Fadens zwischen ihm und ihr, bevor er fällt
und sich kurz vor dem Boden fängt.
In seinem Auge sieht sie sich gespiegelt.
Sie zappelt noch wild in der Luft.
Sie kennen beide keinen Reim auf ›Tod‹.«

Die Menschen, einst angewiesen auf Wildbret, werden vom Jäger bis heute in der Stilisierung seiner Kunst daran erinnert, daß sie immer noch Teil der Natur sind, unaufhebbar eingebunden ins Sterben- wie ins Tötenmüssen. Doch naturferne Städter wollen nicht erinnert werden. Auch nicht an die Zeit eines Lebensernstes, als es noch keine Feuerwaffen gab, um Wildgeflügel und kleineres, schnell flüchtendes Haarwild zu erbeuten. Damals hatte ja die Entdeckung, daß neben Hunden auch Greifvögel Gefährten der Nomaden Zentralasiens sein können, einen bislang unerreichbaren Überfluß jener weiten Ebenen und Bergsteppen erschlossen. Mit dem »Berkut«, dem mächtigeren Steinadler östlicher Rasse, konnte Federwild und Haarwild, konnten Antilopen, sogar Wölfe gebeizt werden. Einige letzte kirgisische und kasachische »Berkutschi« tun dies noch heute wie seit Jahrtausenden zu Pferd und mit dem Tasy, dem kasachischen

Windhund. Diese Wolfsjagd war einst auch wichtig, um Kleinviehherden zu schützen.

Vieles schoß mir in jenen wenigen Minuten durch den Kopf, und ich begann zu ahnen, was Mongolen- und Hunnenreitern, Tatarenkhan, persischem Schah, Stauferkaiser, Burgunderfürsten das Herz geweitet und eine Intensität des Lebens, eine Ekstase geschenkt hat, wie wir sie nur mehr selten erfahren. Mit ihnen verbindet den bayrischen Förster, den sächsischen Angestellten oder den oberpfälzischen Landwirt der hohe Mut und die Sehnsucht, das Feld des Möglichen ganz zu durchmessen, von den Grenzen wissend, diese immer wieder zu berühren und ihre Durchlässigkeit zu erproben, um sich nicht von ihnen einschließen zu lassen. Möchte das insgeheim nicht jeder? Doch die meisten kapseln sich ein in Trägheit, Resignation oder Zerstreuung und Zeitvertreib.

Arabische Scheichs bestellen für ihre Lieblinge geschmückte Hauben bei Giancarlo Pirrotta in Italien, dem wichtigsten Hersteller von Falknereigeräten, und sie brachten noch bis vor kurzem ihre Falken mit, wenn sie sich in deutschen Kliniken behandeln lassen mußten. Heute haben sie am Golf eigene Krankenhäuser für Herren und eigene für Falken mit Brillanten an der Haube. Unsere Beizjäger kommen ohne Brillanten aus, und was sie aufwenden, ist vor allem ihre eigene Lebenszeit.

Am Nachmittag wurde mit zwei Habichten gebeizt. Wir fuhren einige Kilometer nach Osten zu Juraausläufern mit Buckeln, Mulden, Gebüsch und locker stehenden Kiefern, ein gegliedertes, für Habichte gut geeignetes Gelände. Der eine der weiblichen Vögel war vom selben Jahr mit gelb leuchtenden, »Lichter« genannten Augen und noch »getropftem« Jugendkleid, der andere ein ausgefärbter Altvogel mit orangefarbenen Lichtern und gesperberter Brust. Terzel, männliche Habichte, sind zu klein für die Beize auf Haarwild.

Über uns wölbte sich jetzt ein Himmel, in dem Wolken und offene Bläue in düster leuchtendem Kobalt ineinanderflossen. Die unverkappten Vögel waren unruhig auf der Faust, sprangen »baillierend« ins Geschüh, daß die Bellen klingelten, und sehnten sich offenbar nach dem Flug. Doch der unerfahrene Jungvogel war kaum an Hasen interessiert, der Altvogel noch nicht in »Kondition«. Beide drehten immer wieder ab, nachdem sie an aufgestöberte Hasen geworfen waren, blockten lieber in Kiefern auf und sonnten sich. Erst nach geduldiger Arbeit mit dem geschwungenen »Federspiel«, nach Rufen und Locken – »Kooomm, Butzi, kommkooomm« – »ritten sie wieder bei«, wie es in der Falknersprache heißt, und wurden mit etwas Atzung belohnt. Als der eine Jäger seinen Junghabicht nach langer Suche endlich aus einer fernen Ahorngruppe geholt hatte, wo ihn Saatkrähen »hassend« anzeigten, fragte ihn jemand: »Hast du einen Anblick gehabt?« Nein, aber das »Habichtweib« habe einen erdigen Stoß und in den Füßen einige Wollflocken gehabt, es begann also zu lernen. Inzwischen hatte sich der Himmel zugezogen. Wir suchten wegen des unangenehm feuchten Windes für eine Weile Schutz in einem mit lockerem Kiefernbestand ebenfalls geeigneten Wäldchen. Aber trotz Stöberns und Vorstehens der Vogelhunde wurden wir nur vom Klingeln der Bellen und von den kurzen Flügen und Wendungen der Habichte für das mühsame Gehen durch Brombeeren, Holundergebüsch und Farn entschädigt.

Im letzten Abendlicht wurde in einem Niedermoor mit Birken gebeizt. Als der Pointer vor einem Binsenschopf erstarrte und der Habicht niedrig davonstrich, ging alles wieder atemberaubend schnell. Ich hatte noch kaum begriffen, was geschehen war, da kam der Falkner schon seinem Vogel im Schilf an einem Graben bei dem zappelnden Fasan zu Hilfe. »Das sind nur noch Lebensgeister«, glaubte er mich, den Gast aus der Stadt, trösten zu müssen, weil er dachte, ich sei schockiert; er gebrauchte dieselben Worte, mit denen man einst uns Kinder beruhigt hatte, wenn wir im Hof beim Schlachten von Geflügel erschrocken miterlebten, wie ein geköpfter Hahn davontaumelte. »Ichweißichweiß«, wehrte ich ab, während wir gemeinsam etwas ganz anderes miterlebten und uns die archaische Freude des Jagens erfüllte.

Werner Bergengruen läßt in seiner Falkennovelle den Erben eines kostbaren Tieres sagen, daß »im menschlichen Herz etwas beschlossen liegt, welches der Sinnesart des Falken entspricht«. Renz Waller, Maler, Autor und Erneuerer der deutschen Beizjagd, hat seinem Fachbuch den Titel gegeben »Der wilde Falk ist mein Gesell«, nach einem etwas sentimentalen Jägergedicht des Schubertfreundes Franz von Schober. Darin klingt das berühmte mittelalterliche Falkenlied des Ritters Kürenberger an:

»Ich zôch mir einen valken mêre danne ein jâr.
Dô ich in gezamete als ich in wollte hân
und ich im sîn gevidere mit golde wol bewant,
er huop sich ûf vil hôhe und floug in anderiu lant.
Sît sach ich den valken schône fliegen:
er fuorte an sînem fuoze sîdîne riemen,
und was im sîn gevidere alrôt guldîn.«

Dieses Gedicht, obgleich hochkompliziertes Kunstgebilde, ist auch ein unsterbliches Bild zum Trost verlassener Liebe bis heute und endet mit dem Vers:

»got sende si zesamene die gerne geliep wellen sîn!«

Der Beizjäger ist Liebender seines Falken wie auch von dessen Beute, Liebender seiner Hügel, Wälder und Flüsse, seiner Himmel mit den ihn tragenden, von ihm in weiten Kreisen oder engen Bögen durchschnittenen Aufwinden oder Luftströmen, in die er sich »über Wind« werfen oder von denen er sich »unter Wind« mittragen lassen kann. Denn etwas völlig anderes als unsere statische ist die fließende Welt eines solchen Vogels mit sich neigenden, steigenden oder wirbelnden Flächen, mit für uns nicht wahrnehmbaren Wellen und unsichtbar aufschäumender Brandung oder mit sonnendurchfluteter Ruhe der Luft. Uns stockt der Atem, wenn der in einer Thermik segelnde oder flatternd immer höher »ringholende« und droben »anwartende« Wanderfalke plötzlich die Schwingen anlegt und »in Tropfenform« in einen aufsteigenden Schwarm von Kiebitzen stößt, im Looping einen etwas abseits geratenen, weiß aufblitzenden Vogel von unten mit der Fangklaue reißt, in eine Wolke stiebender Federn eintaucht und diesem anschließend noch im Flug oder am Boden mit dem »Falkenzahn« das Genick durchbeißt. Möwen, Tauben, Limikolen versuchen, den Greifvogel zu übersteigen und ihn durch diese Flucht nach oben am Stoßflug zu hindern, ein Kampf zwischen Gleichberechtigten. Das Auge des Falken besitzt ein weit höheres Auflösungsvermögen als das unsrige, hat auf der Netzhaut eine wesentlich höhere Dichte der sogenannten »Zapfen« und es sieht auch im UV-Bereich.

Der englische Postbote J. A. Baker ist zehn Jahre lang nicht als Falkner, sondern als Bewunderer den wildlebenden Wanderfalken an der winterlichen Kanalküste gefolgt und hat seine Erlebnisse in einem bewegenden Buch aufgezeichnet: »Ich folgte dem Falken«. So sehr identifizierte er sich mit der Welt seiner »Peregrines«, daß er fähig wurde, wie aus der Perspektive der Falkenaugen die südostenglische Landschaft zu schildern.

Schon auf einem ostanatolisch-hethitischen Relief aus dem 8. Jahrhundert v. Chr. trägt ein Mann einen Falken auf der Faust; ob als Jagdgefährten oder als Herrschersymbol, ist nicht zu erkennen. Denn Greifvögel wurden im alten Orient als »Genossen der Sonne« verehrt, etwa im altägyptischen Kult des Horusfalken.

In Indien wurden ausgehorstete Greifvögel an zahmem Wild und an gefangenen Hasen und Füchsen eingeübt, denen Fleischstücke auf den Rücken gebunden waren. Auch die persische Antike kannte die Falknerei, wie Ktesias, Leibarzt des Artaxerxes II., um 400 v. Chr. berichtet. Haben Mongolen oder Türken bei ihrem Zug nach Westen die Beizjagd aus den weiten Grassteppen Innerasiens mitgebracht oder Attilas Hunnen? Oder schon die Völkerwanderung? Die ins 5. bis 9. Jahrhundert zurückreichenden germanischen Volksrechte, Lex baiuvariorum oder Lex salica, legen jedenfalls genaue Strafen fest für das Entwenden von Greifvögeln: für einen Chranochari (Kranichadler) seien drei, für einen Gangshapuch (Gänsehabicht) zwei Solidi und für einen Sperber ein Solidus zu zahlen, während im Schwabenspiegel einem »der stielt valken oder ander vederspil ab dem neste ein phunt« auferlegt ist, oder ihm sei die »hant zur buoze zu nemen«.

Als Marco Polo Ende des 13. Jahrhunderts Gast in Kambalo/Peking war beim alten Kublai Khan, dem Herrscher über das riesige mongolische Ostreich, muß er dort Beizjagden selbst miterlebt haben; denn völlig anders als in seinen recht ledern klingenden Aufreihungen exotischer Merkwürdigkeiten, vibrieren in dieser Jagdschilderung Aufregung und Begeisterung. Zwischen März und Oktober habe im ganzen Land Jagdverbot auf Hasen, Rehe, Hirsche und große Vögel geherrscht, die sich unermeßlich vermehrten. Im Vorfrühling brach der Hof auf zu den Flüssen und bis an die Küste, mit zehntausend Falknern, wie Marco Polo mit seiner Freude an Übertreibung behauptet; Adlern, Sperbern und Falken wurde ein silbernes Täfelchen mit dem Namen ihres Eigentümers, Großkhan oder Fürst, am Bein befestigt. Vier Elefanten trugen einen außen mit Tigerfell bedeckten, innen mit golddurchwirktem Tuch ausgeschlagenen Pavillon. Darin lag auf einem Ruhebett der gichtkranke Herrscher mit zwölf seiner Gerfalken, umgeben von zwölf ausgewählten Edelleuten zur Gesellschaft. Begleiter zu Pferd meldeten, wenn Störche, Schwäne, Kraniche oder Reiher aufstiegen. Dann hob der Kaiser den Vorhang, ließ die Falken fliegen, und »der Anblick dieser Beize gewährte ihm wie auch den Herren, die ihm aufwarteten, und den Rittern, die ihn umgaben, die höchste Freude, ein stundenlanges Waidmannsvergnügen«. Anschließend begaben sie sich in eine prächtige Zeltstadt, in der die Söhne des Großkhans, Leibwachen, Soldaten, Standespersonen, Gemahlinnen (offenbar sehr viele), die ebenfalls beizten, Ärzte, Astronomen und Höflinge bewirtet wurden, und es fand Audienz statt. »So vergnügte er sich in einer Weise, die niemand, der es nicht gesehen hat, sich vorstellen kann. Die Herrlichkeit und Größe seiner Jagd läßt sich in Worten nicht darstellen.«

Als wir uns an jenem Dezemberabend im bereiften Gras der Wegränder den Lehm von den Stiefeln streiften, hatten wir ohne Elefanten, ohne Pferde, Fürsten und Höflinge doch ganz dieselbe Aufregung erfahren wie Marco Polo beim Kaiser von China. Und wir hatten dieselbe Schönheit erleben dürfen, deren Kränkung durch den an allen Ecken sichtbaren Verbrauch der Welt für einen kalten, feuchten, in spätes Licht und tiefe Bläue getauchten Wintertag gänzlich aufgehoben war.

Die Kunst des Abtragens von Greifvögeln hat sich durch die Jahrhunderte kaum geändert, nur daß es seit einigen Jahrzehnten nicht mehr darum geht, Nestlinge oder Wildfänge, sondern nachgezüchtete Vögel »locke zu machen«. Unermeßlich wertvoll war einst ein guter Jagdfalke. Als dem französischen König Philipp II. August beim dritten Kreuzzug 1191 vor Akko sein weißer Falke entflog und auf der Stadtmauer niederging, wurde dieser von türkischen Söldnern gefangen und Saladin übergeben. Der erstattete ihn nicht um tausend Dukaten wieder zurück, da mochte König Philipp noch so sehr bitten.

Im Spätmittelalter galt es als großes Privileg, daß die Herren von Chastelas mit ihrem Sperber dem Gottesdienst beiwohnten und manch hoher Geistliche seinen Vogel seitlich des Altars abstellen durfte. Die Rangordnung der Stände drückte sich im Tragen von Beizvögeln aus. So waren dem Kaiser Adler und Milan vorbehalten, dem König Gerfalken, den Fürsten Wanderfalken, bis hin zu den Damen, die den Lerchenfalken (Merlin), und den Dienern, die nur den Turmfalken trugen und mit ein paar Feldmäusen als Beute vorliebzunehmen hatten – eine Standeshierarchie nach Greifvögeln, die viel Anlaß zu Neid und Ärger gegeben haben dürfte.

Beizen sei eine Kunst, betonte im 13. Jahrhundert Kaiser Friedrich II. in seinem Buch »De arte venandi cum avibus«. Sie entspringe unbedingter Hingabe und Liebe, sei eine völlig vergeistigte Technik. »Der Mensch mag sich des Vierfüßlers mit Gewalt bemächtigen. Doch der hoch in der Luft kreisende Vogel kann nur durch die Macht des menschlichen Ingeniums gefangen und abgerichtet werden, einer Macht, die den Falken wie an einer unsichtbaren Langfessel hält.«

Ein Hund muß zu perfektem Gehorsam auch durch Strafen erzogen werden, bis er sogar vom flüchtenden Wild abgerufen werden kann. Ein Beizvogel hingegen hat keinen Herrn über sich. Er gehorcht nur seinem eigenen Sinn und tut, wozu ihm zumute ist. Darauf muß der Falkner sich einlassen und ihm folgen, querfeldein, oft stundenlang über Stock und Stein. »Die Waffen des Falkners sind seine Stimme und sein Verstand«, schrieb Huzan 'd-Dawlah Taymur Mirza im 13. Jahrhundert in seinem persischen Falkenbuch. Es gibt keine Strafe beim »Abtragen«, dem »locke machen« eines jungen Beizvogels, nur Ruhe und Freundlichkeit machen es möglich, daß er den Menschen als Gefährten annimmt; klug gelenkter Hunger, vor allem aber Freundschaft und Spiellust lassen ihn zurückkehren.

Was Kaiser Friedrichs Falkenbuch auf herrlichen Miniaturen zeigt, etwa den Umgang mit der von ihm persönlich aus dem vorderen Orient eingeführten Haube, die das »Aufbräuen« – also das Verschließen der Augen für die ersten Tage mit durchs Unterlid gestochenem und über dem Haupt verknotetem Faden – überflüssig machte, das Anbringen des Geschühs, der Bellen, der Langfessel, das Absetzen auf der hohen, der niederen Reck oder an der Badebrente, das »Beireiten« auf die Faust und schließlich das schwierige Aufsitzen des Reiters mit dem Falken auf der Faust – all dies kann bis heute unverändert als Anleitung für Jungfalkner gelten. Im Umgang mit dem Falken zeigten und entwickelten sich nach Meinung des Kaisers Mut, Ausdauer und Zucht, Besonnenheit, Scharfsinn und Gedächtnis, wie sie ebenso zur Ausübung hoher Staatsämter gebraucht würden. Viele seiner politischen Würdenträger gingen daher erst durch seine Schule der Beizjagd, damit ihr Charakter geformt würde – man stelle sich unsere Politiker dabei vor, Gerhard Schröder mit dem Adler, Joschka Fischer mit dem Turmfalken. Friedrichs päpstliche Feinde hingegen spotteten, daß er den »Titel Majestät in ein Jagdamt verwandelt, daß er, statt mit Waffen und Gesetzen geschmückt, nur von Hunden und Vögeln umgeben ist und – ohne der Rache an seinen Feinden zu gedenken – die Adler des Triumphes auf den Vogelfang losläßt«. Da klingt der wenig naturfreundliche Kirchenvater Augustinus durch, der recht grämlich die Jäger mit Gauklern und Freudenmädchen auf eine Stufe stellt. Gerne ziehen wir heute die kluge heitere Jagdgestalt des großen Staufers, des in Apulien bis heute gegenwärtigen »Sueben«, der grimmigen päpstlichen Vorstellung vom Kaiseramt vor. Seine einzige schwere militärische Niederlage erlitt Friedrich denn auch, als er sich mit seinem Lieblingssohn Manfred und dem ganzen Gefolge hochgemut der Beizjagd hingab und Parma, seinem Feind, Gelegenheit bot, aus der viele Monate währenden Belagerung auszubrechen, ja sogar die prunkvolle kaiserliche Lagerstadt zu plündern. Dort war einfach niemand zu Hause! An diesem rosigen Februarmorgen des Jahres 1248 ging daher, zusammen mit dem Mythos seiner Unbesiegbarkeit, auch die Prachthandschrift seines nach Jahrzehnten der Übung und des Studiums der Natur und der überlegenen arabischen Beizjagd endlich niedergeschriebenen Falkenbuches für immer verloren. Wir kennen nur die schöne Abschrift Manfreds.

Lebensfreude, Kraft, Anmaßung und Herrschertugenden dieses Kaisers, über den bis heute geschrieben und gerätselt wird – »stupor mundi« –, tauchen diese Schicksalsstunden in das Licht eines hochgestimmten Morgens, um bald in finsterem Verhängnis einzumünden: in die Hinrichtung des 16jährigen letzten Staufers, des Friedrichneffen Konradin, 1268 auf dem Marktplatz von Neapel und in lange Jahre, die die Manfredsöhne als geblendete Gefangene im apulischen Castell del Monte verdämmerten.

Wenn Wolfgang Schreyer, der junge Präsident des Bayerischen Falknerordens, nach Hause kommt von seinem Dienst im Münchner Jagdmuseum, dessen etwas abstrus wirkende Trophäensammlung von einem gräflichen Nimrod des 19. Jahrhunderts stammt, dann fällt alle Last seines Arbeitstags von ihm ab. Er holt die am Morgen zum Auftauen bereitgelegte Atzung (Küken, Wachteln, Tauben) und geht im bescheidenen Vorortgarten zu seinen Vögeln. Ein Sakerfalke, »a ganz a liaba Maus«, heißt Sultana. Sie ist ohne Ring oder Markierung im Gelände gefunden worden. Da sich kein Besitzer meldete, behielt Schreyer sie, die in sechs Tagen bereits wieder »locke« war. Ein verletzter junger Bussard, der laut um Futter bettelt, wird ganz unter der Obhut eines Falkners bleiben müssen und nur noch zu Vorführungen verwendbar sein – vielleicht im Tierpark Hellabrunn. Dieses Betteln oder »Lahnen« entsteht leicht durch allzu enge Bindung und Distanzverlust bei der Aufzucht; dem Vogel ist das später nicht mehr abzugewöhnen und macht ihn für die Beizjagd unbrauchbar.

Einen am Flügel verletzten wilden Wanderfalken im braunen Jugendkleid füttert Wolfgang Schreyer mit Wachteln, um durch diese wertvolle Atzung seine Heilung zu beschleunigen. Er wird ihn so bald wie möglich auf selbständiges Beutemachen abrichten und durch unfreundliches Gehabe abschrecken, damit das Vertrauen zum Falkner rechtzeitig fürs Auswildern wieder verschwindet. Solche in Tierkliniken abgelieferte Greifvögel werden gerne erfahrenen Falknern in Pflege gegeben, die sich zuverlässig an die strengen Schutzgesetze halten und alles tun, sie wieder in die freie Wildbahn zu entlassen.

Schreyer demonstriert den Umgang mit der seit Kaiser Friedrich in ihrer Form unveränderten Haube. Sie wird genau zum Gewicht des Falken passend angefertigt und stört ihn bei richtiger Gewöhnung nicht im geringsten. Unter der Haube ist für ihn Nacht, er entspannt sich sofort. Um ihm die Haube mit der freien Hand rasch und zugleich ruhig aufsetzen zu können, muß der Falkner die Lederriemen zwischen die Zähne nehmen. Nur Falken und Adler tragen die Haube, vor allem beim Transport, so daß sie keine Kiste brauchen. Habichte werden nicht verhaubt, damit sie stets das Gelände im Auge behalten und im niederen Flug rasch abstreichen können. Mit Wehmut erinnert Schreyer sich an die seit 1970 verbotene Jagd auf Bekassinen, deren unerschöpflich scheinende Bestände heute durch Biotopverluste auf ein gefährliches Minimum geschrumpft sind. Höchstens Ornithologen kennen noch den uhrwerkartigen Ruf, das »Tücke-tücke-tücke« in Schilfflächen, über denen Bekassinen in der Mittagshitze zuweilen ihren seltsamen Balzflug vorführen, mit einem meckernden Gefiedergeräusch beim Niedergehen.

Auch die Reiherbeize findet trotz viel zu großen Graureiherbestands kaum noch statt, die Reviere sind einfach zu klein geworden. Diese Beize galt einst als besonders schön, da der Reiher, der den Greif zu überfliegen sucht, erst nach langen Flugspielen zu schlagen war. Häufig wurde einem schließlich am Boden, meist unverletzt gebundenen Reiher eine Marke am Bein befestigt, ehe er wieder in die Freiheit zurückkehrte – Anerkennung und Dank für ein Wild, das mit seiner Gewandtheit und Tapferkeit eine hohe Jagdgesellschaft erfreut hatte, die sich gerne mit Anblicken als Beute begnügte. Auch die Milanbeize, heute selbstverständlich verboten, bot einst den Genuß herrlicher Flugspiele, eines Luftkampfs zwischen Gegnern, die einander ebenbürtig waren.

Die schönsten Anblicke schenkt die Falkenbeize. Diese zu erleben wünschte ich mir seit langem. Kürzlich, an einem Oktobersamstag, ergab sich endlich die Gelegenheit in einem »brettl-ebenen« Revier mit Restbeständen von Pappeln und Weidengebüsch an Entwässerungsgräben, eine völlig reizlose Kultursteppe im Weichbild des Münchener Flughafens und der Autobahn nach Deggendorf. Die Flughafen-AG hatte Ausgleichszahlungen für die riesigen Naturzerstörungen beim Bau des Großflughafens leisten müssen. Davon wurde Land für Schutzzonen gekauft, Gräben wurden verbreitert zu Schlickflächen für Bekassinen, an deren Rändern sich Pfeifengras ansiedelte, Gehölze und Wildackerstreifen mit Klee, Malve, Kohlgewächsen für Niederwild wurden gepflanzt. Das wirkt unschön und struppig, bildet aber Trittsteine für vielfältige Tier- und Pflanzengemeinschaften. Jagdpächter und Naturschützer sind da natürliche Partner geworden, haben dieselben Ziele.

Mit Windstille, Kälte und leichtem Nebel herrschte ideales Beizwetter. Die Gäste wurden gebeten, sich als »Treiber« durch mannshohes, für stöbernde Hunde zu dichtes Gestrüpp zu zwängen. Trupps von Feldsperlingen flatterten auf mit wohllautenden Rufen, Starenschwärme schwirrten umher, und als mit leisem Geläute seiner Bellen ein Falke erst niedrig kreiste und dann mit kräftigen Flügelschlägen ringholend aufstieg, blendeten unsere Ohren den ständigen Motorenlärm einfach aus. Wir hörten nur noch dieses zarte und zugleich so aufregende Klingeln. Der Peregrin hatte rasch seine Anwarthöhe von hundert Metern erreicht und begann zu kreisen; wir kämpften uns durch das letzte Stück des Wildackers, wo sich Fasane gerne bis zum Äußersten drükken. Plötzlich ein aufgeregtes »Heij-heij« des Falkners, sein Falke, der gerade etwas abseits stand, reagierte sofort, setzte zum Stoß an, erreichte in seiner Tropfenform die Höchstgeschwindigkeit von über 300 Stundenkilometern. In Sekunden hatte er den groß scheinenden Vorsprung des Fasans eingeholt, stürzte mit diesem zusammen in einer Wolke stiebender Federn zu Boden und begann sofort mit wilden Schnabelhieben zu rupfen; er schleuderte Federn nach allen Seiten, kröpfte Knochen, Hautfetzen, den ganzen Kopf, bis er, mit ein wenig Hühnerfleisch abgelenkt, wieder verkappt und zufrieden auf der Faust stand, um bald noch einmal geflogen zu werden.

Wir haben das Schlagen von fünf Fasanen und nur einen Fehlstoß an diesem Tag miterlebt; wir haben für Stunden Fluglärm und nahen Autoverkehr vergessen; wir waren, sehr fern unserer technischen Welt, wie berauscht ganz anderswo und in einem »dritten Zustand«. Und irgendwann später sind wir, in wunderbarer Erschöpfung wie neugeboren, beim Wirt im Dörfchen Gaden eingekehrt. Die »Strekke« bestand aus einem Fuchs, sechs Hasen, 14 Karnickeln, neun Fasanen, sieben Hähern und einer Elster. Rebhühner fehlten wegen der schweren Überschwemmungen im Frühsommer dieses Jahres, die alle Gelege zerstört haben. Zwei Bläsergruppen verbliesen in der früh eingebrochenen Dunkelheit die Strecke: »Has tot«, »Fuchs tot«, »Hahn tot« – Signale wie Zurufe auch aus dem fernen Böhmen. Der festliche Abschluß gilt der Würde der Beute. Ihr Tod ist in der Ritualisierung dieser allen anderen Jagdformen in meinen Augen überlegenen Beize aufgehoben, ja geheiligt.

Dann fiel der Vorhang vor einem Spiel, das in einer alles verbrauchenden, alles zerstörenden Gegenwart wie ein

Traum erscheinen mag und das sich doch vorerst alljährlich gerade da ereignet, wo man es am wenigsten vermuten würde: mitten im Motorenlärm, ganz nahe der Betonwüste und der künstlichen Helligkeit eines Großflughafens, der zu uns gehört wie der immer schneller rasende Fortschritt unserer Zivilisation. Die »Ars venandi cum avibus« führt zu einer noch ganz anderen Renaturierung als der von der Flughafen-AG notgedrungen finanzierten, die aller epochalen Zerstörung zum Trotz Menschen, Falken, Hunde und Wild wieder vereint. Noch sind Verwandlungen möglich.

Überraschung

In einem Wald bei Hamburg
Ertappte ich
die Ewigkeit in Form
einer eiligen lautlosen
Viertelstunde
Eh ich sie begriff
sprang sie davon
durch das Unterholz. Nun
bin ich aufs neue
ganz sterblich.

Günter Kunert

9. Kapitel **Haben wir den Urvogel gesehen?**

Im Advent 1999 trafen sich in der »Bayerischen Staatssammlung für Paläontologie und Historische Geologie«, in unmittelbarer Nähe von Königsplatz und Lenbachhaus, die unterschiedlichsten Gäste. Sie waren am hellichten Montagvormittag einer Einladung gefolgt und drängten sich nun im Lichthof, auf Treppen und Galerien. Fernsehleute schwenkten monströse Kameras und richteten ohne zu fragen ihre Lampen auf wen sie gerade wollten. Der feine Bankier in Trachtenjacke suchte vergeblich nach einem Sitzplatz, kritzelnde Journalisten, selbstsichere Studenten und weniger selbstsichere ältere Damen umdrängten den schmalen Halbkreis einiger Stuhlreihen, wo Wissenschaftsprominenz, Direktoren und Minister sitzen durften, nachdem der irische Riesenhirsch, der Triceratops-Schädel sowie die Knochengerüste von Säbelzahntiger und Höhlenbär für diese Stunde ausquartiert worden waren. In der Mitte des Lichthofs, unter den mickrigen Schwanzknöchelchen des gewaltigen Skelett-Elefanten namens »Gomphotherium« mit den seltsam nach unten gebogenen Zähnen stand neben Pult und Mikrophon eine mit hellblauem Tuch verhüllte Vitrine, dazu Notenständer, Hackbrett und Spinett. In großer Höhe breitete der Flugdrache »Pteranodon ingens« sieben Meter weit seine spindeldürren, ellenlangen Fingerknochen in den Raum. Aus seinem mächtigen, jetzt leeren Schädel mit bizarrem Knochenkamm mögen vor 80 Millionen Jahren Reptilienblicke auf bayrische Gewässer und Gingko-Araukarien-Mischwälder oder Brachyphyllumdickichte gefallen sein. Damals schwebten solche Flugechsen mit breitem Brustbein und an kräftigen Vordergliedmaßen aufgespannter Haut so gewandt wie heutige Albatrosse als Wellensegler über die Meere.

Nach zart geklopfter und gezupfter musikalischer Eröffnung, dem Gruß des Direktors und der Einführung des Generaldirektors begab sich der Minister für Wissenschaft, Forschung und Kunst ans Mikrophon, um eine so absonderliche wie bedeutungsvolle Feier anzukündigen. Deren elstergroßes Subjekt kannten wir alle längst im Detail, als Abdruck oder als phantasievolle Rekonstruktion: »Archaeopteryx bavarica«, erster Vertreter seiner neuen Art (neben den sechs altbekannten Exemplaren der Art Archaeopteryx lithographica), der nun der Münchner Öffentlichkeit wie der globalen Wissenschaft übergeben werden sollte. Wir hatten erfahren, wie dieser Neue 1992 ans Licht der modernen Welt gekommen war – natürlich wiederum aus den Solnhofener Plattenkalken. Wir hatten um ihn gebangt, für den Amerika oder Japan jeden Preis zahlen würden; wir hatten die Bereitschaft »der Solenhofer Aktien Verein AG« begrüßt, sich mit zwei Millionen Mark zu begnügen und das Urteil des Bundesinnenministeriums anzunehmen, daß dieser Fund als »national wertvolles Kulturgut« in Deutschland bleiben müsse, anstatt wie frühere Urvogel-Exemplare ins holländische Haarlem oder nach London auszuwandern. In Deutschland? O nein, in Bayern, in München müsse er bleiben, nicht daß sich noch einmal Berlin vordränge wie schon 1882, als dank der von Werner von Siemens vorgeschossenen 20 000 Goldmark die besonders schöne, am Blumenberg bei Eichstätt gefundene Platte zum »Berliner Archaeopteryx« geworden war. Als ob im Umkreis von Berlin, wo Sand, nur märkischer Sand rieselt, ein Fossil von irgendwelcher Bedeutung zu finden wäre! Öffentliche Schatullen, Banken, »Münchner Rück« spendeten, sowie ein Kreis privater Freunde, der allein 200 000 Mark aufbrachte.

Sie alle, wir alle blickten mit leuchtenden, ja feuchten Augen zur Vitrine, als ginge es um eine verschleierte Braut, die, in allem durchaus längst wohlerfahren, nun endlich zum Altar schreitet. Der Minister näherte sich, zupfte und zog am Tuch, das sich an einer Ecke verhakelte, und vollzog die Enthüllung dann doch mit der gebotenen Würde: tiefe Stille für die symbolische Heimholung eines einzigartigen Fossils, das von nun an hier der hauptstädtischen, der bayrischen, der globalen Öffentlichkeit präsentiert werden würde! Das Spinett zirpte in schöner Analogie zu verwehten Spuren von Gefieder, zarten Knöchelchen und feinem Schädel an einem wie in Todesnot zurückgebogenen Hals. Es kamen die beiden kostbaren Platten zum Vorschein, an denen in cremefarbenem Kalkstein ein Wunderwerk gestaltender Naturkräfte auf der einen Hälfte eingedrückt, auf der anderen als Relief erhalten ist. In diesem Augenblick wirkten sie wie im Sediment der Juralagune eigens für uns Spätlinge geborgen, die wir nach fast 150 Millionen Jahren den schönen Namen flüsterten, den der Frankfurter Paläontologe Hermann von Meyer 1860 geprägt hatte. Als er die einzelne, 6 cm lange Feder untersuchte, die der Steinbrecher Wilhelm Kohler im Gemeindesteinbruch von Solnhofen gefunden und als Besonderheit gerettet hatte, erkannte Meyer den Hinweis und murmelte »Archaeopteryx lithographica« – Urflügel in der Steindruckplatte. Diese Feder könnte genauso von einer heutigen Amsel stammen. Inzwischen hat sich das Urfeder- und Urflügelwort in unserer Evolutionsphantasie in ein Urvogelwort verwandelt, bei dessen Klang wir mal die sieben nach und nach in denselben Jurasteinbrüchen aufgefundenen Platten mit unterschiedlich gut konservierten Rätselskeletten vor unserem inneren Auge sehen, mal die Rekonstruktionen: Statt Schnäbeln zeigen sie Schnauzen voller Zähne, statt dem Stert der Amseln lange Saurierschwänze, dazu breite Vogelschwingen mit Krallen und völlig modern asymmetrischen Federn.

John H. Ostrom ging nun zum Mikrophon. Altmeister der Dinosaurier-Forschung, hatte er als junger Gast im August 1970 im schönen holländischen Teyler-Museum von Haarlem die Platte eines angeblichen kleinen Flugsauriers (»Pterodactylus«) in die Hände bekommen. Er war damit ans Fenster getreten, hatte sie ins Sonnenlicht gehalten, und da war es ihm wie Schuppen von den Augen gefallen: Hier, an den Knöchelchen der Vorderextremitäten zeigten sich doch zarte Federspuren! Federn – Himmel, was für eine Sensation! Schon 1855 war dieses Haarlemer Fossil in Solnhofen gefunden worden; also vier Jahre ehe Darwins »Entstehung der Arten durch natürliche Zuchtwahl« erschien, ein Buch, das unser Verlangen nach Zwischenformen der Familien, Ordnungen, Klassen überhaupt erst geweckt hatte. Einen Augenblick war Ostrom in schwere Versuchung gefallen, seine Entdeckung zu verschweigen und sich den vermeintlichen Pterodactylus für eine Weile zum genaueren Studium zu erbitten. Aber dann obsiegte seine Ehrlichkeit. Sie wurde belohnt mit der Erlaubnis, die Schuhschachtel mit dem neuentdeckten Urvogel trotzdem mitzunehmen, um den Fund beschreiben und publizieren zu können. Dieses Haarlemer Erlebnis machte den Saurierspezialisten bald zum führenden Interpreten der Urvögel. Alle bisherigen Spekulationen über deren Herkunft und Verwandtschaft wurden durch seine Gabe der Gestaltwahrnehmung, seine Kenntnis von Analogien und seine subtile Verknüpfung der Anatomie mit Bewegungsstudien und Ergebnissen der Verhaltensbiologie auf neue Grundlagen gestellt; er hat die Paläobiologie begründet, hat Steine zum Leben erweckt und Urvögel zum Fliegen gebracht.

Jetzt, an diesem Dezembervormittag kurz vor der Millenniumswende – was heißt schon Millennium vor geologischen Tiefenzeiten? –, war Ostrom so bewegt angesichts unserer Ikone der Evolutionstheorie, daß er seinen halben Vortrag vergaß und nur immerzu die Photographie eines kleinen Echsenskeletts vorwies, das er einst im Inneren eines Compsognathus, eines zierlichen Raubdinosauriers aus der Familie der Theropoden, entdeckt hatte. Die Frage, ob das zweibeinig laufende, mit kurzen Krallenärmchen ausgestattete Reptil ein verschlucktes Beutetier oder einen Embryo in sich trug, ob es also – wie unter anderen modernen Reptilien auch unsere Kreuzotter – »schon« lebendgebärend gewesen wäre, hatte Ostroms frühe Forscherjahre inspiriert; heute aber, bei dieser Feier, erlebte er zusammen mit Peter Wellnhofer, dem hiesigen Hauptkonservator, den Höhepunkt seiner Paläontologenlaufbahn: Eine neue Archaeopteryx-Art!

Beide Herren waren gerade erst aus Peking zurückgekommen, wo sie mit chinesischen Kollegen deren neueste Funde bearbeitet und diskutiert hatten. Wäre vielleicht der modern zahnlose und kurzschwänzige (lange Schwänze behindern erheblich das Fliegen), mit zwei paradiesvogelartig verlängerten Schwanzfedern geschmückte Frühvogel Confuciusornis sanctus der eigentliche Urvogel, wie der von Hou Lianhei verliehene Name mit chinesisch-altgriechisch-lateinischer Feierlichkeit suggeriert? Wäre die ihn bergende sogenannte Yixian-Formation altersgleich mit den Solnhofner Plattenkalken? Leider nein, versicherten Fachleute den enttäuschten Chinesen, die sich so gefreut hatten, bei Confuciusornis modern asymmetrische Federn entdeckt zu haben. Ein klares Nein, denn Säugetierreste, Spuren echter Blütenpflanzen und Fossilien später Saurier sowie die neueste, angeblich bombensicher das Alter bestimmende »Argon-Argon-Methode« sprachen für Obere Kreide, nicht mehr Unteren Jura, das heißt für ein Alter von höchstens 130, gar »nur« 121 Millionen Jahren.

Ebenfalls in China fand man »Sinusauropteryx zoui«, einen mit noch unenträtselten borstigen Strukturen (»downy filaments«) bedeckten Saurier ohne Flügel. Und man fand »Protarchaeopteryx« und »Caudipteryx zoui«. Schon die Namen suggerieren höchste Erwartungen! Auch diese tragen Federn, allerdings symmetrisch aufgebaute: Am Mittelschaft sitzen links und rechts gleichlange Strahlen. Man interpretiert sie als Vorfedern, ohne Eignung fürs Fliegen, denn nur die schmalen, steifen Außenfahnen als Flügelvorderkanten sind der starken Beanspruchung im echten Flug gewachsen. Wie seltsam, da wuchsen altertümliche Vorfedern an zweibeinig laufenden, kurzarmigen Dinosauriern, die aber etwa 30 Millionen Jahre jünger sind als Archaeopteryx! Diese »Chinesen« müssen zu ihrer Zeit wie »Lebende Fossilien« gewirkt haben, können keinesfalls Vorläufer der Urvögel gewesen sein, aber immerhin nahe Verwandte. Hier in München standen wir also doch vor dem Urvogel schlechthin, wie er sich immer wieder, ohne jede chinesische Konkurrenz, bloß in unseren einzigartigen altmühljurassischen Formationen gezeigt hat. Archaeopteryx bavarica – ein endemischer Franke, freuten sich die Patrioten unter uns und übersprangen kühn die 140 Millionen Jahre, die uns vom lebenden Archaeopteryx trennen.

Unsere Phantasie begann zu flattern. Was haben wohl die anzunehmenden Ahnen der Juravögel mit ihren Flügeln gemacht? So klar ist das gar nicht. Besaßen sie durch eine Kette seltsamer Zufälle schon irgendwie rudimentäre Flügelchen, begannen damit zu flattern und verbesserten so eines zufälligen Tages die Fluchtmöglichkeit vor Räubern? Oder wuchsen ihnen Flügel, erst lange nachdem sich eine dumpfe Sehnsucht in ihrem Spatzengehirn geregt hatte, wo schon ein kompliziertes »Modul«, eine eigene Schaltzentrale voller Nerven, Flugabsichten zu empfangen und Flugimpulse zu geben vermochte? Wem aber verdankten sie dieses Modul? Mitunter werden Flügel in phantasievollen Rekonstruktionen als Fliegenklatschen zum Fangen großer Urweltlibellen in schnellem Lauf dargestellt, dann wieder als Fallschirme zur Verlängerung der Sprünge von Baum zu Baum oder als echte, zum Aufflug geeignete Schwingen. Urvögel, Urfragen, die aus keinem Reptilienei hätten schlüpfen können, bewegten uns bei dieser Enthüllung des ersten Vertreters der neuen Art, Archaeopteryx bavarica neben A. lithographica. Seltsame Bilder zogen durch Köpfe und Herzen der Gäste.

Später plauderten wir mit Fachleuten bei belegten Broten und Wein in der Galerie des zweiten Stockwerks, wo Ammoniten hausen, Riesenmolch und sogar ein Exemplar von Latimeria, dem prominenten Quastenflosser. Auch er, obzwar weit älter als Archaeopteryx und gleichzeitig noch heute sehr lebendig (er ist sogar gefilmt worden), stelle genau wie unser gefeierter Schützling eigentlich ein »missing link« dar, in seinem Fall, dank deutlicher Beinstummel am Flossenansatz, eine Übergangsform zwischen Fischen und Amphibien an einer jener Entwicklungsverzweigungen, wie die Theorie sie später, weiter oben im Stammbaum zwischen Reptilien und Vögeln vorschreibt. An diesem schönen Festtag fegte aber die allgemeine Begeisterung alle Nebel ungelöster entwicklungsgeschichtlicher Probleme beiseite.

Eines davon betrifft den Stoff, aus dem Federn gemacht sind. Bis heute steht in sämtlichen Lehrbüchern, Vogelfedern seien einfach verlängerte, verzweigte, spezialisierte Reptilienschuppen. Die schon uns einstigen Studenten so einleuchtenden Schemazeichnungen von langsam borstig und schließlich befiedert werdenden Echsen gibt es noch immer. Aber nach Alan Brush, einem ausgewiesenen Urvogelspezialisten, bestehen Dunen, Federn, Krallen, Schuppen und Hornschnabel der Vögel aus sogenanntem f-Keratin (Phi-Keratin), dessen Synthese von Genen gesteuert wird, die deutlich abweichen von entsprechenden Reptiliengenen, die α-Keratin aufbauen für Haut und Schuppen. Federn, diese

Wunderwerke der Natur, kompliziert zum Staunen, wären demnach nicht irgendwie gemütlich langsam aus sich verlängernden Schuppen, sondern einigermaßen plötzlich, sozusagen im Handstreich, eher im Flügelstreich, aus ganz neuem Material entstanden. Plötzlichkeit in der Evolutionstheorie ist jedoch ausgesprochen unbeliebt; im Zusammenspiel von Genen mit Gestaltmerkmalen und dem Zusammenspiel von Gestaltmerkmalen mit Nerven, Gehirn, Verhalten und Umwelt, in diesem Mosaik von Ursachen und Wirkungen, in dem niemand Ursache und Wirkung bislang hat sauber trennen können, da ist doch gar kein plötzlicher Umbau denkbar.

Und warum überhaupt Federn? Wozu Federn? So dürfe man nicht fragen. Evolution kenne weder Warum noch Wozu, nur nachträgliche Auslese im Angebot blinder Mutanten mit gelegentlichen, unwahrscheinlichen, winzigen Selektionsvorteilen auf Grund von Lesefehlern im Genom. Und – so möchte man hinzufügen – eine nachträgliche Interpretation in den brillanten Büchern von Evolutionsbiologen, die kaum je Gegenbeweise ihrer Thesen zu befürchten haben.

Da hing also im zweiten Stock des Lichthofs vor unseren an Lachsbrötchen schnuppernden Nasen dieser abstruse »Pteranodon ingens«, der das einst gar nicht vorhandene »technische Problem« des Flugs elegant auf extrem weit am vierten Finger ausgespannter und verstrebter Haut »gelöst« hat. Drunten hingegen, in der eben enthüllten Vitrine, faltete Archaeopteryx bavarica seine Federschwingen, mit denen er schlechter geflogen sein dürfte als seine Zeitgenossen, die Flugdrachen.

Dreimal haben Wirbeltiere unabhängig voneinander den Flug »erfunden« und damit eine Umweltnische erobert. Die fossilen Flugdrachen begannen vor 200 Millionen Jahren über den Meeren zu segeln, um zu fischen. Dann erhob sich Archaeopteryx, aus dem Gebüsch, um auf kleineren, daher manövrierfähigeren Flügeln mit stärkeren Flugmuskeln zwischen Bäumen Insekten zu fangen. Und erst im frühen Tertiär vor ca. 60 Millionen Jahren traten Fledermäuse auf. Allerdings streiten Experten bis heute, ob der altmodische Schultergürtel des Urvogels ein Flattern überhaupt zuließ. War er ein »tree-down«-Gleiter wie spätere Flughörnchen? Oder schon ein »ground-up«-Flieger? Man weiß es noch immer nicht, obwohl sich dieses faszinierende Kapitel der Evolutionsforschung in letzter Zeit stürmisch entwickelt hat und durch Vergleiche quer durch vielerlei lebende und ausgestorbene Wirbeltierfamilien immer noch aufregender wird. Auf eines konnte man sich immerhin einigen: Nur zweibeinig laufende »Dinos« kommen als Ausgangsformen in Betracht. Denn Vorderbeine müssen ja erst einmal vom Laufen freigestellt sein, ehe sie sich zu Flügeln entwickeln können. Die Bewegung laufender Vorderbeine ist grundverschieden von der Bewegung fliegender Arme. Der gleichzeitige Schlag beider Flügel (Arme) – eine Revolution! Bei modernen Vögeln ist noch ein drittes, wiederum unabhängiges Bewegungssystem hinzugekommen, das des unerhört wichtigen Steuerschwanzes.

Was ist ein Vogel? Wir schreiben ihm vielerlei zu, z. B. Gefieder, beschuppte Beine, Heißblütigkeit, Bebrüten von Gelegen, zahnlosen Schnabel, umgebauten Schultergürtel, umgebaute Atmung mit doppelt durchlüfteter Lunge, schließlich dank Hohlräumen eine leichte Wabenbauweise der Knochen! Jedes dieser Merkmale verschwimmt aber beim Studium lebender und ausgestorbener Formen. Schon zweibeinige Dinosaurier zeigen ohne die geringste Flugabsicht ein Dunenkleid, ja sogar Federn; der Fund von Gelegen und in Brutstellung konservierten Sauriern deutet überdies auf Brutpflege hin, was den porösen Knochenbau dieser Wesen als Folge von ebenso raschem Wachstum dank intensiver Nestwärme wie bei Vögeln erklärt.

Heute wird an die Wurzel der Vogel-Evolution nicht das

Fliegen, sondern das Frieren gestellt: Saurier der Juraperiode mit ansteigender Körpertemperatur hätten zu frösteln begonnen, also freudig nach den sowieso entstehenden Federkleidern gegriffen, und simsalabim – auf einmal entdeckten einige von ihnen, daß »man« das Gefieder auch ausbreiten und sich ein wenig hochlupfen könnte.

Kein Schuppen- oder Haarkleid erreicht die fast 100 %ige Isolationsleistung von Gefieder. Also brauchen Vögel zusätzlich ein ausgetüfteltes Kühlsystem: Luftsäcke im Inneren von Knochen und Flugmuskeln, besondere Luftkammern um die Nase herum. Auch letzteres findet sich indes schon bei Dinosauriern, diesen anzunehmenden »Erfindern« eigener Körperwärme durch »fortschrittlichen« Stoffwechsel. Viele Merkmale, die Vögel von Sauriern unterscheiden könnten, lösen sich auf.

Aber völlig abseits all dieser Neuerungen, die wir immer noch ganz arglos auf anthropomorphe Weise »Erfindungen« nennen (obwohl es da weder einen Finder noch einen Fund geben darf), haben bereits fossile Flugdrachen das Fliegen gelernt. Der Riese unter ihnen, ein Spätling seiner Familie mit dem schönen Namen Quetzalcoatlus, sei rund 130 kg schwer und mit 12 m Flügelspannweite ein gewaltiger Segler über den Kreide-Weltmeeren gewesen – eine Groteskgestalt aus dem Jurassik-Park, die wir uns nur mit Entsetzen vorstellen können, ausgestorben vor 65 Millionen Jahren, als es schon längst Vögel gab. Er hatte übrigens hohle, also moderne, Knochen; und auch er zeigt Spuren von Fell.

Es bohrt da die Frage, wie neben wärmenden Dunen starre Konturfedern mit ihrer komplizierten Asymmetrie, ihren immer, auch nach ärgsten Stürmen wiederherstellbaren Fahnen entstehen konnten, die zu putzen und zu ordnen Vögel so viel Zeit aufwenden, um dennoch ein- oder zweimal im Jahr mausern zu müssen. Von den so komplizierten wie extravagant luxuriösen Farben, Mustern und Formen des Gefieders ganz zu schweigen, die von den Wissenschaftlern so gerne links liegengelassen werden. Ich selber komme aus dem Staunen über das Wunderwerk der Federn nie hinaus. Ein großer Vorteil ist, daß sie aus abgestorbenem Material bestehen, also nicht mehr durchblutet sein müssen wie etwa Flughäute, und trotzdem durch fein abgestimmte Muskulatur beweglich bleiben, vollkommen sowohl im Dienst der Wärmeregulierung (z. B. Dersträuben) als auch des Fluges. Schon Saurier hatten Konturfedern, wie neueste Funde zeigen, demnach verlagert sich das Problem wieder mal zu gemeinsamen Vorfahren, zu »Proaves« oder »Vorvögeln«.

Da ist ein Federschaft, hohl, leicht und hornig, daran Äste, an jedem Ast nach vorne/oben Federstrahlen mit Haken, nach rückwärts/unten mit Bogenrippe, in die die Haken greifen, »reißverschlußartig«, lernten wir als Studenten. Reißt die Verbindung, läßt sie sich leicht wieder schließen; jedes Kind hat schon eine Feder zerzaust und dann glattgestrichen. Vögel ziehen jede Schwungfeder einzeln durch den Schnabel und pflegen, pudern, salben ihr Gefieder unaufhörlich; auch der Drang hierzu muß sich eigentlich zusammen mit ihm entwickelt haben!

Japanische Soldaten trugen Federrüstungen, die leicht waren und sie weit besser vor Schwerthieben schützten als das Eisen unsere Ritter, die in ihren knarrenden Panzern, waren sie dummerweise vom Pferd gestürzt, hilflos wie auf den Rücken gefallene Hirschkäfer gewesen sind und zu Fuß von der Behendigkeit einer Schildkröte. Aber bei aller instrumentellen Perfektion – Federn sind ja vor allem auch schön, sie stellen dar, verleihen dem Vogel Gestalt. Gibt es etwas Armseligeres als einen frisch geschlüpften Spatz oder ein gerupftes Huhn? Die Pracht der Federkleider übersteigt alles, was die Natur an Schönheit oder Seltsamkeit hervorgebracht hat.

Ich habe in den Wäldern von Connecticut Truthahnfedern aufgesammelt; sie sind riesig, bräunlich-schwarz gebändert und gehören zu einem in seinem stets feierlichen

Gehabe ein wenig lächerlich einherschreitenden Vogel. Den Hähnen hängt aus dem Brustgefieder eine lange groteske Schmuckfeder, auf die sie ungemein stolz zu sein scheinen. Ausgerechnet diese Fußgänger bemühen sich jeden Abend auf hohe Schlafbäume und nisten in Baumkronen. So stelle ich mir auch Archaeopteryx vor, ganz hühnerhofmäßig. Nur diese Zähne! Ja, und der mit 20 Wirbeln gewaltig lange Schwanz, in ganzer Länge auch noch befiedert!

Einst sei es in der Vogelevolution ungefähr so zugegangen: Aus saurierförmigen »Sauriurae« seien »Enantiornithes« (»Gegenvögel«) hervorgekrochen und etwas später, in der Unterkreide (vor 146–97 Millionen Jahren) »Ornithurae« mit dem haubentaucherartigen Wasservogel »Hesperornis« oder der Kreidemöwe »Ichthyornis« mit altertümlichen Krallen an Fingern und mit Zähnen im Kiefer. Sie alle flogen bereits auf richtigen Federschwingen. Und sind doch am Ende der Kreide vor 65 Millionen Jahren dem nun fälligen Massensterben zum Opfer gefallen, genau wie die gleichzeitig lebenden »Dinos«.

Noch einmal: Was ist ein Vogel? Die Grenze zwischen Reptil und Vogel sollte doch zu finden sein, oder? Archaeopteryx bavarica war trotz vieler Sauriermerkmale offensichtlich bereits ein Vogel, und sicher war der jüngere Confuciusornis einer. Aber können wir überhaupt wissen, was ein Vogel wirklich ist, wo wir nicht einmal wirklich wissen, wer wir selber sind? Ist »Vogel« bloß ein menschlicher Begriff, höchst unscharf an den Rändern wie alle Begriffe? So will es plötzlich scheinen, obwohl doch jedes Kind Haubentaucher, Kolibri oder Schwan ohne weiteres als Vogel ansprechen und z. B. von jenem zu den Agamen gehörenden Flugdrachen der Gattung Draco aus Borneo unterscheiden würde, der auf einer an verlängerten Rippen ausgespannten Echsenflughaut dahingleitet; oder von einem ebenfalls südostasiatischen Ruderfrosch, der sich im Gleitsprung auf seine Flughaut zwischen stark verlängerten Zehen verläßt.

»Wenn einer, der mit Mühe kaum
gekrochen ist auf einen Baum,
schon meint, daß er ein Vogel wär'
so irrt sich der«,

reimte Wilhelm Busch, vermutlich in anderem Zusammenhang.

Fledermäuse, diese Spätlinge unter fliegenden Wirbeltieren, würde schließlich auch keiner mit Vögeln verwechseln. Als letzte freie Nische war ihnen nur noch die Jagd auf Nachtinsekten geblieben. In der Nacht fehlen Aufwinde, also ist kein Segelflug möglich, nur der schwierigere Flatterflug. Die Nacht ist aber andererseits günstig für die auch als Kühlorgan dienende nackte Flughaut, die tagsüber unter Sonnenbrand leiden würde. Fledermäuse opferten bei alledem, anders als Vögel, auch die Hinterbeine fürs Fliegen wie ihre vermutlichen Ahnen, die Flughörnchen mit einer zwischen den vier Beinen und dem Schwanz ausgespannten Flughaut. Sie können sich – ein kläglicher Anblick – am Boden nur noch ungeschickt fortbewegen oder an Höhlenwänden und Bäumen entlanghangeln, weshalb sie kummervoll kopfunterhängend ausruhen.

Immer komplizierter wird alles, je genauer man hinschaut. Wieder beginnt zu flimmern, was sich soeben noch als einfache Entwicklung einer neuen Klasse zu zeigen schien! Jede schärfere Definition bringt neue Unschärfen. Aber kaum ein vergleichender Biologe kann sich dem faszinierenden Sog dieses Zweigs seiner Wissenschaft entziehen. Und derweil fliegt die Meise aus unserem Brutkasten, holt ein Räupchen und kehrt zu ihren Jungen zurück, denen schon Federkiele aus der Haut wachsen, und sie sind zweifelsfrei Vögel.

Zwischen zwei Gläsern Prosecco diskutierten Experten an jenem Dezembertag des Jahrtausendendes mit der Leidenschaft von Liebhabern. Peter Wellnhofer ist von Warmblütigkeit schon der Dinosaurier überzeugt. Dank komplizierter »moderner« Zellchemie hätten sie schon jene erhöhte innere Energie besessen, die auch Voraussetzung für richtiges, übers Herabgleiten und Entlangschweben mit oder gegen den Wind hinausgehendes Fliegen sein dürfte, für Flattern und aktiv flügelklatschendes Aufsteigen nach Taubenart. Heißblütiger als wir sind sie, unsere Lieblinge der Lüfte, die uns beinahe reptilienhaft und unaufhebbar an den Boden genagelt erscheinen lassen mit unserem lastenden Körper, diesem Mühlstein, an den unser Geist gekettet ist.

War Archaeopteryx ein Laufvogel wie die als primitiv geltenden Hühnervögel? Oder war er ein klammernder Baumbewohner? Seine drei Flügelkrallen könnten auf letzteres deuten, sind allerdings falsch herum ausgerichtet und zeigen keine Abnutzungserscheinungen wie bei Spechten. Sie sind nadelspitz, weisen eher auf eigene Funktionen hin wie das Reinigen und Auskämmen von Federn; eine durch Gelenkstellung bedingte Mechanik der Vorderextremitäten (die Gelehrten nennen es »ulnare Abduktion«) machte diese ohnehin zum Klettern unbrauchbar. Die zum Klammern geeignete Stellung der Zehen legt aber doch ein Leben auch auf Bäumen nahe. Archaeopteryx bavarica zeigt erstmals ein gut konserviertes Brustbein als Ansatzfläche kräftiger Flugmuskulatur samt eingebauter kühlender Luftsäcke, eine moderne Eigenschaft. Aber Knochen noch ohne Luftporen! Ein höchst verwirrender Befund. Mosaik aus alt und neu, war Archaeopteryx ein Wesen zwischen allen Formen, zwischen all unseren Ordnungen und Klassen. Und zugleich unbedingt ein Wesen eigener Art, prachtvoll zum Leben geeignet in seiner Zeit, erst nachträglich von uns als »missing link« gedeutet.

Gibt es diese geforderten Zwischenformen überhaupt? fragt sich Peter Wellnhofer. Liegt es womöglich doch nicht nur an der schlechten Erhaltungs- und Fundsituation oder an Phasen stürmischer Entwicklung, daß wir immer noch auf wechselnde Spekulationen angewiesen bleiben? Die Natur braucht keine Zwischenformen, nur wir brauchen sie dringend für unsere Theorie. Und wir brauchen Gestalten, um uns etwas vorstellen zu können. Unsere Naturmaler haben daher sogar dem fernen Archaeopteryx bei ihren Rekonstruktionen wie selbstverständlich Farben und Muster verliehen, etwa rotbraunes Körpergefieder, blaue Streifen in samtschwarzen Schwungfedern und in Schwanzfahnen, wie es der Maler Wenzel Balat unlängst vorgeschlagen hat. Jeder Sperling hat doch ein Aussehen, ein »Ansehen« in fein abgestimmten Schwarz- und Brauntönen, jede Krähe in farbig schillerndem Schwarz, jeder Dompfaff in explosivem Rot mit Schwarz, Grau und Weiß. Sehen wir einen Argusfasan, dann ist es für unsere neodarwinistische Gemütsruhe tatsächlich weit besser, wir vermeiden uns vorzustellen, wie diese Strukturen, Farbsubstanzen, Formen von innen her in jede einzelne, vom Ganzen getrennte und für sich noch kaum die Endgestalt ahnen lassende Federanlage gesandt werden, um einen Entwurf zu zeigen, einen »Anblick« zu ergeben, dem kein noch so ausgepichter Mechanist seine Bewunderung versagen kann. Dabei rutscht dann so manchem seriösen Autor auch mal das Wort »Schöpfung« heraus, wie jenem Rabenliebhaber Bernd Heinrich in den Wäldern von Maine. Immer wieder sickerte es ihm in seine Bücher, wo es eigentlich gar nichts zu suchen hat. »Akrobat schöööön« möchte man rufen, wie der unvergessene Clown Charlie Rivel. Was für ein Zirkus bei all den lebenden Gestalten! So weit über jede Funktion hinaus! Ist es das, was das Leben ausmacht? Womit es sich zu erkennen gibt? In der Sprache, ohne die auch der biologische Reduktionismus noch nicht auskommt, haben Schönheit, Schöpfung, Gestalt vorerst noch eine Zuflucht gefunden, ein Biotop für bedrohte Worte.

»Each mortal thing does one thing and the same:
Deals out that being indoors each one dwells;
Selves – goes itself, ›myself‹ it speaks and spells,
Crying ›what I do is me: for that I came‹«

(So tut jegliches sterbliche Ding ein Ding nur und das gleiche:
Teilt aus das Sein, das in einem jeden wohnt;
Selbstet – wird es selbst: ›ich selbst‹ so spricht es, spricht sich vor,
Rufend ›Was ich tue, das bin ich, hierzu kam ich her.‹)

So beschrieb der Jesuit Gerard Manley Hopkins (1844–89) die sterblichen Lebewesen. Er war einer von Englands größten Lyrikern, der lange nach seinem Tod die Poesie der Moderne prägen sollte. Das Gedicht beginnt »As kingfishers catch fire« (Wie Eisvögel Feuer fangen). Den Turmfalken hat er in einem »The Windhover« genannten Gedicht »Dauphin« genannt, Kronprinz.

Ist Schönheit nur ein Wort? Nur ein subjektives Gefühl? Nur Illusion? »Sie dürfen ja dies und das ruhig schön finden«, beruhigte mich auf einer naturphilosophischen Tagung etwas herablassend der berühmte, der große, der wichtige Hubert Markl, mit dem ich einst als Studentin über den Damm des Ismaninger Speichersees hinter Walter Wüst hergestolpert war, um Wasservögel und Lieder des Schilfs zu lernen. Aber Schönheit käme natürlich in der Natur nicht »wirklich« vor.

»Schönheit, gibt es sie?« fragt die leidenschaftlich naturkundige amerikanische Dichterin Annie Dillard in ihrem wunderbaren Jugendwerk »Pilgrim at Tinker Creek« (1974; »Der freie Fall der Spottdrossel«, 1996). Oder wäre Schönheit nur eine Maske, eine Falschmeldung, ein Köder? Und sie antwortet natürlich aufs tiefste überzeugt, Schönheit sei wirklich, nur vergäße sie das immer wieder selber vor dem Grauen, der Grausamkeit der Welt.

Im Berliner Zoo habe ich lange die Balz eines Palawan-Spiegel-Pfaus beobachtet. Er kippte alles, was er an Gefiederpracht aufzubieten hatte, von rechts nach links, zeigte blauschillernde Tropfen auf den vergrößerten rotbraunen Rückenfedern, stülpte eine blaue Holle über Gesicht und Schnabel und umtanzte im Kreis, wie auch andere Fasane es gern tun, die ebenfalls blauschillernde Partnerin. Immer nur seine herrliche Schauseite präsentierend, vermied er es sorgfältig, ihr den Anblick seiner jämmerlich entblößten rechten Seite zuzumuten. Eine vollkommen einseitige Ansicht also, ausgebreitet fürs Angeschautwerden vor einer Henne. Das Aufgeben der Symmetrie ließ ein besonders üppiges Bild entstehen.

Wie Schmuckfedern zu Federschmuck werden, zeigte die schon im 5. Kapitel erwähnte Senckenberger Ausstellung mit südamerikanischen Beispielen von Federkunst. Aber so weit brauchen wir gar nicht zu gehen. Adlerflaum steckten sich unsere bayrischen Jäger, Reiherfedern die Damen, Schwanzfedern vom Gockelhahn die Bersaglieri und bayrischen Trachtlerinnen an den Hut. Aus gutem Grund sprechen wir davon, daß Leute sich »mit fremden Federn schmücken« und »sich etwas an den Hut stecken«.

Erst einmal aber, so die derzeitige Theorie, sei die Feder zum Schutz der mühsam entwickelten Körperwärme dagewesen. Von da aus mag sie sich im Verlauf von Jahrmillionen (kaum vorstellbar, wieviel Zeit wir heute für unsere Theorien haben!) an den Armen von »Dino«-Männchen vielleicht zu Schauorganen entfaltet haben, um während der Balz »Dino«-Weibchen zu erfreuen. Warum in aller Welt haben just die als ursprünglich geltenden Hühnervögel, insbesondere Fasane, solche Prachtkleider entwickelt? Ein unerwarteter Selektionsvorteil, rufen zusammen mit den Argusfasanhennen die Evolutionsbiologen. Einige von ihnen vermuten, irgendwann habe so ein Gockel, ausgestattet mit übertrieben langen Federn, nicht nur an der Schwanzwurzel, sondern ausgerechnet an den Vordergliedmaßen, in seinem selbstvergessenen Entzücken vor den ihn anstaunenden Hennen sich zu verlängerten Sprüngen, ersten Schauflügen, gar Luftspiralen aufgeschwungen, also seine bunten Arme noch effektvoller präsentiert; da habe er, aus Versehen sozusagen, das beginnende Flugvermögen als völlig neue Möglichkeit, sich vor Bodenfeinden zu retten, mitvererbt. Er war ja in all seiner Pracht auch häufiger zum Zuge gekommen als die Konkurrenz! (Was allerdings voraussetzt, daß in den Genen der Henne diese darwinistische Interpretation in der Schreibweise der DNA bereits fixiert gewesen wäre.) Also ein doppelter Überlebensvorteil? Vielleicht auch das, wenn man die Sache so betrachten möchte. Aber hat da nicht auch unsere Phantasie plötzlich angefangen zu tanzen, zu kreisen, zu fliegen und gar zu singen? Nun sage bloß keiner, die Evolutionsbiologie sei eine öde Disziplin! Sie entzündet ihre Adepten ganz im Gegenteil zu besonderer Erzählkunst, zu Sprachfeuerwerken ohnegleichen, auch wenn das Glänzen und Leuchten ihrer Worte meist dem Reduktionismus dient.

Als der erste Archaeopteryx-Fund von 1861 dem erbittert gegen Darwin kämpfenden Konservator der Königlich Bayerischen Paläontologischen Sammlung in München, Andreas Wagner, vorgelegt wurde, nannte er ihn wutschnaubend »Griphosaurus«, Rätselechse, um Darwins »abenteuerliche Ansichten über Thierumwandlung« schon durch seine Nomenklatur im Keim zu ersticken, diese »fantastischen Träumereien, mit denen die exakte Naturforschung nichts zu thun« habe. Heute ist man, zumal die Evolutionstheorie inzwischen von keinem ernsthaften Biologen und nur von wenigen Laien angezweifelt wird, nicht so apodiktisch im Urteil. Wellnhofer spricht sogar davon, daß die Saurier gar nicht ausgestorben seien, sondern als Vögel über uns herumschwirren und -schweben, neben uns laufen, schwimmen und tauchen. Es wird ernsthaft erwogen, Vögel und Reptilien in einer gemeinsamen Wirbeltierklasse unterzubringen. Ist alles vielleicht nur eine Frage der Anschauung? Existiert die große, ungemein einleuchtende Theorie gar nur in unseren Köpfen? Ist sie womöglich ein Produkt des Beobachterstandpunkts?

Wiederum: Was heißt Reptil? Was heißt Vogel? Existiert eine Grenze zwischen beiden Klassen? Zumindest in jenen 30 Millionen Jahren des angenommenen Übergangs zwischen Jura und Kreide, als die immer noch rätselhafte Vogelwerdung stattgefunden haben muß, ist eine Grenzziehung kaum möglich. Auch Begriffe wie »geologische Formation« und »Klassen« von Lebewesen oszillieren plötzlich und scheinen sich als das zu erweisen, was sie immer waren, vielleicht immer sein werden: als Worte in unserer, der menschlichen Art und Weise, auf die Dinge zu schauen. Wir prägen Begriffe wie Vogel und Reptil. Was aber sehen wir in Wirklichkeit? Etwa im Geflatter von Drosseln, Rotkehlchen und Lerchen, im Kriechen von Ringelnattern, Zauneidechsen oder Schildkröten? Sehen wir »Vogel«? Sehen wir »Reptil«? Nein, wir sehen Individuen bestimmter Arten!

»Der Schwanz gekehlt, gelbschwarz die Federn,
Unterm Schnabel rot gespritzt –
Weißt du, Stieglitz, denn, wie sehr du,
Wie sehr du ein Stieglitz bist?«

fragt Ossip Mandelstam in seinem Gedicht »Der Stieglitz«, und er ist bewegt von dieser für ihn so deutlichen Vogelgestalt.

Eine andere als unsere eigene, spezialisierende und zugleich verallgemeinernde Möglichkeit des Beschreibens in unserer Sprache und des Beobachtens aus unserer Perspektive ist uns, wollen wir ehrlich sein, unwiderruflich versperrt. Da mögen wir uns noch so sehr anstrengen, uns etwa mit einem gewaltsamen historischen Perspektivwechsel, wie er in der modernen Biologie gang und gäbe ist, in die Steinzeit der Flintwaffen und -schaber zurückversetzen, in die Eiszeit von Mammut und Höhlenmaler, ins noch menschenfreie Tertiär mit seinen mitteleuropäisch-tropischen Regenwäldern, in die Kreidezeit mit ermattenden Sauriern, in den Jura mit fränkischen Lagunen und Urvögeln, ins Karbon mit Steinkohlewäldern aus Farn und Schachtelhalm, ins Kambrium mit seinen abstrusen Tierformen und immer weiter zurück in die Milliarden Jahre entfernte Gärung der Ursuppe noch vor dem Sauerstoffzeitalter, bis wir uns zu Beobachtern des Urknalls oder eines zuvor vielleicht zerreißenden und kollabierenden Ur-Raumes gemacht zu haben glauben. Wir bleiben doch immer wir hier und heute, einzigartig in unserer Phantasie und zugleich beschränkt in unseren Schlußfolgerungen, von Irrtum zu Irrtum stolpernd, von Erfolg zu Erfolg kletternd, um dann doch auf der Stelle zu treten oder auf dem Bauch dort zu landen, wo uns ein unbekannter Absconditus hingestellt hat, den wir verachten, verleugnen, verehren. Manchmal mag für einen Augenblick unvergeßlicher Gegenwart der Schleier vor unseren Augen zerreißen (oder das Brett vor dem Kopf sich ein wenig verschieben), und dann erkennen wir etwas von der Schönheit, die »zu sonst nichts« gut ist, evident, einleuchtend als sie selber.

Immer wieder kehrte einer der Adventsgäste des Münchner Archaeopteryx in den Lichthof zurück und stellte sich vor die inzwischen etwas vereinsamte Vitrine, die bald in einem der rückwärtigen Räume verschwinden würde, um einer tadellosen Kopie der kostbaren Platten fürs Publikum Platz zu machen.

Üppig hatte der Urvogel uns mit Fragen bewirtet. Ich versuchte noch einmal, ihn mir vorzustellen, diesen Bewohner einstiger Jurawälder. Vermutlich wurde er von einem Jura-Monsunsturm aus seinem Buschbiotop über die durch Schwammriffe von der offenen Thetis abgetrennte, flache, sehr salzige Lagune – eine Todesfalle für Meeres- und Landbewohner – geweht und ist darin ertrunken. Er trieb dann wohl eine Weile tot im Wasser, sank auf den Grund, langsam deckte ihn Kalkschlamm zu, und noch langsamer preßte die immer mächtiger werdende Sedimentschicht ihn zu Stein; zu eben jenem Plattenkalk, den Aloys Senefelder eines fernen Tages um 1800 n.Chr. als gut geeignet für Lithographien erkennen würde. Zu Fensterbrettern, Türschwellen, Treppenstufen hatte man schon lange zuvor die Solnhofener Platten verarbeitet, und wir treten zuweilen erstaunt auf blankgeschliffene Längs- oder Querschnitte von Ammoniten. Aus deren ausgestorbener Riesenfamilie hat ein einziger Vertreter die Jahrmillionen überstanden: »Nautilus«, der zauberhafte, den wir in Filmen durch moderne Ozeane schwimmen sehen mit seinen kleinen, emsig rudernden Oktopus-Armen. Seine schimmernde, schneckenförmige Schale aus Perlmutt liegt auf meinem Schreibtisch, erfreut mein Auge, und ich flüstere »Perlboot«. Manch prunkvolles Gefäß besteht aus einer Nautilusschale und taucht auf Bildern auf, so bei Willem Claesz als »Stilleben mit Nautiluskelch«.

Ich habe Herrn Steil, den Inhaber der mit 350 Jahren ältesten, seit neun Generationen im Familienbesitz gebliebenen Solnhofener Steinbruchfirma »Arauner und Fleckinger« besucht, der mich zu dem Areal des neuen Fundes führte. Es arbeiteten viele Männer, auch einige Frauen mit Kopftuch in den terrassenförmig vor uns liegenden Steinbrüchen. Ein halbwüchsiger Bub wollte mir für ein paar Mark eine Platte mit einem schönen spannenlangen Fisch verkaufen; der Handel wurde unter einem Sonnenschirm mit türkischem Tee aus goldgeränderten Gläschen gefeiert.

Mittagssonne strömte zwischen weißen Wolkenplumeaus über die hell rahmfarbenen Lagen von Kalkschiefer und modellierte die senkrechten Bruchwände heraus, graurötliche Verwitterungstöne und die helle Honigfarbe des Solnhofener Steins. Es sang der wackere Hausrotschwanz sein knirschendes Lied, Bachstelzen ließen sich hören, und von den Grubenrändern flöteten Fitislaubsänger ihr Moll. Im Schutt von beigem Sand und Geröll hat sich mit weinroten Blättchen Steinbrech angesiedelt, Klee, winziger roter Storchschnabel und Königskerze. Im gelblich trüben Wasser flacher Mulden wuselten Quappen von Unken. Sie schaben eine geringfügige Bakterien- und Algenschicht vom flachen Grund ab. Unken sind genügsam. Und sie lieben solche für kurze Zeit hier und da entstehenden Pfützen zum Ablaichen.

Wir gingen über mehrere horizontale Flächen, die jeweils von einem Pächter in eigener Regie abgebaut werden. Jeder hat seine geräumige Hütte aus weißer Folie und Latten mit Dachpappe, »Winterdächer«, die in den kalten Monaten durch Holzfeuer frostfrei gehalten werden, denn nur bei +5° C kann der Stein auch im Winter gespalten werden. Im Sommer, wenn es im Bruch glühend heiß wird, arbeiten die Familien nur frühmorgens. An diesem Spätfrühlingsmittag aber pochte es dumpf von allen Seiten in höheren und tieferen Lagen, je nach Mächtigkeit der Platten beim Abspalten. Kommt dabei aus der Platte ein Scheppern, bedeutet das Gefahr; durch Klopfen und Horchen wird die Bruchstelle gefunden: »Ihr fehlt etwas«, sagen dann die Männer. Das rasche, helle Klopfen kleiner Hämmerchen hingegen, wenn nach Schablonen die Stücke in die ungefähre spätere Form gebracht werden, gibt einen schönen glockenartigen Klang. Die dünn abgespaltenen Platten sind nun wie Xylophone. Dieses Glockenspiel macht den Wert hörbar, den die Größe der Platten bestimmt. Die Art der Flinze, der gewachsenen Schichten, bestimmt den Gang der Arbeit. Markante, etwa 12 cm dicke Schichten, »Gußeiserne« genannt, sind besonders hart, daher schwer zu bearbeiten und ungeeignet für Platten. »Gelbala« heißt hier eine andere Schicht wegen ihrer Farbe. Nur Lagen mittlerer Härte taugen. »Den Flinz muaßt aso nehma, dann ziagt sich's schön auf.« Erfahrene

Natursteinschleifer (heute heißt der Fachtitel »Natursteinmechaniker«) sind Meister im Umgang mit dem Stein, der sich nur den Händen und Werkzeugen eines Fachmanns fügt.

An der Stelle, wo der neue Urvogel gefunden wurde, war Jürgen Hüttinger, ein mittelgroßer kräftiger Mann mit goldener Halskette, noch bei der Arbeit, ging aber gerne mit gespielter Nüchternheit auf das Ereignis ein. Ja, an einem Montag, 3. August 1992 sei es gewesen. Er habe den Tag mit der Schubraupe begonnen, um eine dicke »Fäulen«-Lage anzuheben und an die darunterliegende gute »Flinz«-Platte heranzukommen. Diese sogenannten Fäulen, etwa 70 % der Masse im Bruch, sind zu weich für Platten, aber in ihnen liegen die meisten Fossilien, weshalb diese leider meist mit abgeräumt und zu Zement verarbeitet werden. Da Hüttinger das Abheben nicht recht gelang, begann er, die Fäule von Hand mit dem altbewährten Pickel abzutragen. Als er – es war 5 Uhr früh an einem später sehr heißen Tag – eine große »faulige« Platte kippen ließ, lag vor seinen Augen ein vollständiger kleiner Fossilabdruck. Er erkannte Federn und dachte sofort an Flugsaurier oder Urvogel, Traum aller hiesigen Steinbrecher. Sorgfältig legte er die Bruchstücke und die Gegenplatte zusammen und holte den Aufseher der Grube. Pächter sind ja vertraglich verpflichtet, wertvolle Fossilfunde dem Eigentümer zu übergeben. »Hans, schaugst dir des an!« Der rieb sich die Augen, holte einen zweiten Aufseher. Noch am selben Tag wurde alles geborgen und die Münchner Staatssammlung verständigt, so daß bald das Präparieren und Bestimmen beginnen konnte. Es fehlte kein noch so kleiner Splitter, erinnerte sich Hüttinger stolz. Wie die meisten Hackstockmeister – so der beliebte ältere Berufsname – kennt er sich aus mit Fossilien, ist geprägt vom Betriebsgeist, Fossilfunde unbedingt zu bergen und den richtigen Händen zu übergeben.

Bei Apfelsaft und Bier im Schatten der Hütte sprachen wir

über dieses alte Handwerk, zu dem Hüttinger nach einem schweren Arbeitsunfall im Steinbruch eines Zementwerks gelangt ist. Seit zehn Jahren ist er nun Hackstockmeister hier beim »Solenhofer Aktien Verein«. Der von ihm gepachtete Steinstock sei noch ungefähr sechs Meter mächtig, das werde für ihn und seine Familie wohl reichen. Wir gingen noch einmal zu der ungefähren Fundstelle von Hüttingers Archaeopteryx. Er habe eine Kopie erhalten, meinte er achselzuckend. Sonst nichts? Er zeigte nach oben, auf einen imaginären Punkt ein Stückchen über unseren Köpfen. Dort hat er an jenem Augustmorgen die »faulige« Lage bearbeitet. Und dort ist ganz allein ihm im kühlen Morgenlicht jenes Augusttags der Urvogel begegnet.

Ich blinzelte in die gleißende Sonne. Wo jetzt Luft flimmerte, war Stein, war Schlamm, war Wasser, war Vogel. Vogel? Plötzlich verwehten alle Paläontologenfragen nach Federn, Körperwärme, Schnabel und Reptilienschwanz. Ich sah ein Mesozoikum, ein Erdmittelalter vor mir auftauchen, Köpfe von Brückenechsen, Schildkrötenmäuler, Krokodilrachen, Flugsaurierhäupter, aus denen es gezischt, geknappt, gegurgelt, gegrunzt, gebrüllt haben mag. Und es regte sich eine in diesem Augenblick mir einzig wichtig erscheinende Frage: Hat der Urvogel, ob und wie immer er flog, beim Rascheln der Gingkoblätter, beim Plätschern der Lagunenwellen, im Rauschen von Jurastürmen, hat Archaeopteryx bavarica gekräht, gegackert oder unwahrscheinlicherweise »schon« die Lieder der Erde gesungen?

Ihr Vögel! Der französische Dichter Saint-John Perse hat euch in hymnischen Worten gepriesen: »Ah, mögen sie ihn spannen, bis zu uns hin, von einem Ufer zum anderen des himmlischen Ozeans, diesen ungeheuren Bogen bunter Flügel, der uns beisteht und der uns umgreift, die wir die Last unserer Schwerkraft wie einen Mühlstein am Hals tragen, der Vogel hingegen wie eine bunte Feder an der Stirn. Am Ende aber seines unsichtbaren Fadens entrinnt auch Braques

Vogel dem irdischen Verhängnis so wenig wie ein Felspartikel in Cezannes Geologie.«

Da lag er im Museum vor uns, der steinerne Archaeopteryx, Erstling unter den Königskindern der Schöpfung, diesen Kronprinzen des Aufschwungs und des hohen Flugs, bei denen sich die Stimmen dank eines hinzugeschenkten Instruments, der Syrinx, von der Mühe des Atemholens nahezu gelöst und zu Sphärenmusik erhoben haben. Steigerung, Erhöhung, Vergeistigung der uralten Materie in lebendigem Tanz, in Flug und Musik! Hymnen, Botschaften des Universums!

Jeder möchte die Kunst verstehen. Warum versucht man nicht, die Lieder eines Vogels zu verstehen?

Pablo Picasso

10. Kapitel **Vogelmusik**

»Was mit dem Vogelgesang vom Himmel fällt, ist keine Kunst«, hat Igor Strawinsky, Komponist auch einer wenig bekannten Oper nach Andersens Märchen »Die Nachtigall« gesagt. Als »Liturgen par excellence«, als »unsere kleinen Diener der immateriellen Freude« preist hingegen der Komponist Olivier Messiaen die Vögel. Wie ich zu dieser »immateriellen Freude« gelangt bin, weiß ich nicht. Sicher ist nur, daß niemand mich als Kind angeleitet hat. Von der Großmutter mütterlicherseits hieß es, sie habe den Juli gern bei ihrer älteren Tochter im Salzkammergut verbracht, weil dort die Vögel später aufhörten zu singen als hier im rauhen Oberbayern. Man fand das wunderlich. War sie denn nicht auch gemütskrank? Von ihrer Krankheit wie von ihrem Hang zu den Vogelgesängen – sie sang auch selber, einen hohen Sopran, und sie spielte ungemein musikalisch Klavier – erfuhr ich zu spät. Sie starb, kurz bevor ich auf den Gedanken kam, sie nach unseren Vögeln zu fragen.

Ich muß selbst darauf gekommen sein, und niemand konnte dann meine Fragen über Kuckuck, Buchfink oder Amsel hinaus beantworten. Nicht einmal Begabung für diese Lieblichkeit der Morgen- und Abendstunden im Frühling war im Spiel. Weder verfüge ich über die Musikalität beider Eltern noch über besondere Gestaltwahrnehmung oder ein zuverlässiges Gedächtnis, Hauptvoraussetzungen für diese Ars amabilis.

Doch allen inneren und äußeren Hürden zum Trotz war ich geborener »Vogler«, lauschte und versuchte mir das Erlauschte und Entzifferte über die lange Sommer-Herbst-Winter-Pause hinweg zu merken. Etwa den Grauspecht, dessen abfallende Tonreihe ich pfeifen konnte. Er antwortete, kam sogar herbeigeflogen, beunruhigt durch einen vermeintlichen Rivalen. Das rhythmisch und in der Tonhöhe ähnliche »Lachen« des bunteren Grünspechts hingegen ist kaum nachzuahmen.

Lust an Unterschied und Unterscheidung regte sich. Zwar hätte ich's damals noch nicht sagen können, aber ich begann mich selbst zu überschreiten, indem ich die Vögel außerhalb meiner als ähnlich lebendig, aber als von mir unterschieden erfuhr und ansprach: Das bist du! Gleichzeitig entdeckte ich die Identität eines Lebewesens und schenkte sie ihm, die es von sich her bereithielt, und ich bekam meine eigene Identität gesteigert zurück in einer unhintergehbaren Beziehung. Die Ornithologie führte mich offenbar unbemerkt zur Ontologie.

Januar. Die Tage wuchsen, »zizibeh« rief die Kohlmeise, »büiit-büiit« die »Spechtmeise«, wie der Kleiber genannt wurde, und die Amsel flötete bald nach Dreikönig, wenn an warmen Tagen die Erde bereits einen Hauch von Frühling ausströmte. Achtete man eigens darauf, sang und rief jeder auf seine, auf Amsel- oder Drosselweise, auf Lerchen- oder Grasmückenweise. Jeder war ein anderes Instrument, er musizierte als an den Stil seiner Art gebundener Komponist seiner selbst und mehrte singend die Pracht eines Frühlingsmorgens. Ich hörte die Singdrossel mit einem Märzintervall, »di-di-da«, drei-, viermal wiederholt sie dieses geglückte Fichtenwipfel-, Morgensonnen-, Abendrotmotiv. Dann

»überlegt« sie einen Augenblick, »schirkt« eine konsonantische Geräuschmischung, um nun die vorigen Daktylen in Trochäen zu überführen, die klingen wie »Kùh-Dieb«. Darauf wieder eine konsonantische Reihe, dann Anapäste, danach das »Tlui-tlit« des Waldwasserläufers und neues Schirken. Das geht immer weiter den Abend entlang, Variationen ohne Anfang und Ende über ein unbekanntes Thema, Improvisationen im Singdrosselstil. Das schreibe einer auf, merke sich's, behalt's im Ohr, wie es denn wohl war, da droben in Zwielicht und zartem Abendhauch, wipfelmäßig und nachtbald. Ist das überhaupt festzuhalten? Vielleicht von jenem alten Herrn mit Stift und Notenblatt, den ein Photo vor einem blühenden Schlehenbusch zeigt, während er den Gesang einer Mönchsgrasmücke (Fauvette à tête noire) in Notenschrift festhält: der Ornithologe und Komponist Olivier Messiaen.

Hunderte von Drosselmotiven erfüllen einen Abend, keines wie das andere und doch alle Turdus philomelos, mein erstes selbst identifiziertes Vogellied, meine erste Liebe unter Wipfeln im Hardtwald, an der Schöndallen, der Hirschdallen, am Haarsee, Singdrosselsee. Eine zog ich groß, bis ihr Federkleid, rahmweiße Tropfen auf Braun, vollendet war und sie mit Bettelrufen hinter mir herflog. Komm her, ein Wurm für dich, ein Bröckchen Topfen, wohl bekomm's, flieg-fort, flieg-fort, mein Drosselkind, und sing übers Jahr, Anapäst.

Im Märchen »Jorinde und Joringel« verwandelt die Hexe die arme Jorinde in eine Nachtigall. Diese beendet den Mädchensatz von Liebe und Angst mit einem »Ziküttzikütt«. Es müßte, dachte ich, unbedingt eine Singdrossel gewesen sein. Aber Dichter und Märchen haben sich von alters her eingeschworen auf die Nachtigall, die aber kein Wald-, sondern ein Busch- und Wasservogel ist; da hat keiner mehr richtig hingehört. Was so schön singt im Geäst, das sei Philomela, die in eine Nachtigall verwandelte Schwester der Prokne.

Und wem gehört jene daktylische »Die-da-da«-Eröffnung eines kurzen Lieds, der sich imitierende Elemente anschließen mit schnarrenden Zwischenpassagen, nur wenige Sekunden das Ganze, nicht ganz leicht erkennbar und erlernbar, eine Garten- und Parkstrophe im April? Der Gartenrotschwanz ist eingetroffen, 14 Gramm leicht mit roter Brust, schwarzem Gesicht, weißer Stirn, immerfort knicksend und den Schwanz in zitternder Bewegung. Er gehört zu den »Drosselvögeln«, bei denen reicher Gesang, Schwanzzittern und Knicksen Familieneigenschaften sind, etwa bei Braun-, Schwarz- und Blaukehlchen und weit ostwärts beim Rubinkehlchen. Selten ist der Gartenrotschwanz geworden, weil die Landwirtschaft seiner ostafrikanischen Winterheimat immer moderner wird.

Fragt mich jemand nach Büchern oder Tonaufnahmen als Hilfe für Anfänger, denke ich beklommen an eigene Lehrjahre, Anfangsnöte und viele Blamagen bis heute. Da habe ich doch den am fränkischen Main, an warmen offenen Hängen mit Schwarzdorn erlernten Ortolan, eine grünlich-rotbraune Ammer mit wehmütigem Singruf, in einer kirgisischen Grasebene unter schimmernden Gletschern nicht wiedererkannt. Es ist wie mit Physiognomien: Treffen wir den Apotheker in der Oper, den Tankstellenbesitzer beim Auswählen eines Christbaums, den Ortspfarrer in einer Ausstellung von Baselitz, dann erkennen wir ihn oft auch nicht.

Statt Tonaufnahmen, die man sich so schwer merken kann, sollten Anfänger lieber ein Vogelbuch mitnehmen mit Stimmbeschreibungen in Lautschrift oder unterlegten Worten. Denn nichts kann das mühevolle Sammeln eigener Erfahrungen ersetzen. Herrlich ist dann ein unverhofftes Erkennen. Irgendwo am Rand der Seidenstraße habe ich in einem muslimischen Friedhof zwischen kleinen Grabmonumenten die mir unbekannte zentralasiatische Fichtenammer entdeckt, die unserer Goldammer nicht im Kleid, aber in der

Stimme ähnelt: Wie »ich-ich-ich-hab-dich-lieb« klang es vertraut in dieser Fremde.

Schwierig ist dagegen das Lied des Blaukehlchens, eines der schönsten bei uns, melodiös vielfältig und voller Imitationen. Man muß bereits geübt, also fähig sein, Rhythmus und Klangfarbe herauszuhören, um es erkennen und wiedererkennen zu können. Es überspielt aus der Sicherheit arteigener Klanggestalt alle Grenzen, ohne ein anderes zu werden. Blaukehlchen sind »Spötter« wie Stare oder manche Rohrsänger, sie imitieren im Gesang wie wirkliche Meister, die souverän fremde Einflüsse aufnehmen. Das kommt der Kunst sehr nahe. Sie singen Feldgrillen, Blaumeisen, Schwirle. Aber das »Djip-djip djip« des Anfangs mit dem typischen Accelerando ist so unverkennbar wie auch die schnellen Triller, das klingende »Ting-ting« und der Vortrag im Balzflug. Ich höre noch die Stimme Walter Wüsts, ich solle diesen charakteristischen Anfang beachten. Da hilft keine vom Erleben des Lichts, von den fahlen Farben im Niedermoor unter einer dunstig-kalt aufgehenden Sonne und den vielen anderen Morgenstimmen gänzlich abgezogene, abstrakt gewordene Tonaufnahme, die gerade bei solchen Meistersängern und Nachahmungskünstlern auch immer nur Beispiele aus der Fülle des arteigenen Gesangs sowie nur einen von vielen regionalen Dialekten wiedergeben kann. Es läßt sich ohnedies mit solchen schwierigen Strophen wenig anfangen, ehe man nicht die einfacheren und mehr stereotypen Sänger, also etwa die verläßlichen Zaunkönige schon kennt, die Grünlinge, Zeisige oder das Rotkehlchen, dessen Lied beginne, so sagte mir ein Moskauer Ornithologe, als drehe man einen geschliffenen Glasstopfen im Flaschenhals: ein sehr hohes Quietschen. Für mich singt das Rotkehlchen aber eher wie eine Quelle im Tuffstein, die herabperlt. Rohrsänger hingegen mit ihren sehr unterschiedlichen Liedern sind allesamt Rhythmiker, daran erkennt man die ganze Familie, vom sehr »musikalischen« Sumpfrohrsänger über den

Teichrohrsänger mit dem lautmalenden Spitznamen »Daradieri« bis zum Krachmacher unter ihnen, dem »Karrekiet« genannten Drosselrohrsänger.

Anleitung durch einen Kenner ist so unentbehrlich wie Geduld und Ausdauer; aber eigene Erfahrungen bleiben die Hauptsache, denn jeder nimmt auf andere Weise wahr, ist für anderes empfänglich, und jeder hört anders. Ein Meister sagte mir einmal, er habe lange Zeit Heckenbraunellen mit Lerchen verwechselt; ich selber hatte ausnahmsweise keinerlei Problem mit diesem unauffällig graubraunen Vögelchen und seiner dahingeplauderten, hohen, kurzen, welligen Strophe. Meine bescheidene Sonderbegabung für Braunellen reichte bis Kirgisien, wo ich in der Ala-Archa-Schlucht südlich von Bischkek den familientypischen Klang einer ungewohnten Braunellenstrophe aus vielen anderen Fremdlingen heraushörte. Ich brauchte also nur noch den Artnamen für den stets so ersehnten vollen Erkennungsakt. Wer bist du, wie heißt du? Dank eines Augenblicks, als der Sänger seine dunkle Kehle zwischen den Zweigen einer Tienschan-Fichte zeigte, war im Bestimmungsbuch rasch die Schwarzkehlbraunelle identifiziert. Wir waren allerdings zu zweit; aufmerksam geworden war auch der Keramikkünstler Görge Hohlt, ein so enthusiastischer wie verläßlicher »Birder«. Erst indem wir einander den Fund bestätigten, standen wir gemeinsam im vollen Licht seiner Präsenz. Die kleine asiatische Schwarzkehlbraunelle ließ sich übrigens auf der ganzen kirgisischen Reise dann nicht mehr hören. Was hatten wir für ein Glück!

Mit den Stimmen der dortigen Ammern (Braunkopfammern, Ortolane und Grauortolane), der Karmin-, Weiß- und Rotflügelgimpel, der Erd- und der Purpursingdrosseln hatte ich aber meine liebe Not. Bis der Stentorrohrsänger mich mit seinem energischen »Rodo-pikis«, einer sanfteren Variante des vertrauten »Karrekiet« unseres Drosselrohrsängers, freundlich tröstete. In jener Bucht des Issik-Kul-Sees, um den die frühen Skythen ihre Kurgans, ihre Grabhügel aufgehäuft hatten, flüsterte dasselbe Schilf wie daheim am Ammersee; doch dort, nahe der chinesischen Grenze, funkelten die Gletscher der Tienschangipfel aus überwirklicher Höhe herab, und es schwebten Schneegeier so hoch über uns, daß wir beim Ansprechen fast Genickstarre bekamen. Auf Reisen mischen sich bekannte Stimmen mit fremden; und je mehr man in die Ferne mitbringt von zu Hause, desto mehr gewinnt man dort hinzu. Zentralasien kann da mitunter ganz vertraut und nahe anmuten, eben als eurasischer Kontinent mit seinen »Altwelt-Vögeln«.

Der Karmingimpel ist ein bräunlicher Finkenvogel mit dem kräftigen Gimpelschnabel; beim erwachsenen Männchen leuchtet das im Gefiederrepertoire vieler »Fringilliden« neben Oliv, Gelb und Braun bereitliegende Karminrot als Kopf-, Brust- und Bürzelfärbung auf; seine Strophe aus sechs herrlich reinen, sehr rhythmisch vorgetragenen Silben (»Widje-wüdja-wü-jí«), ein Charakterruf der Hochebenen und Grashänge des Tienschangebirges, erklingt seit etlichen Jahren plötzlich auch in Bayern; für mich verbindet dieser Ruf, seit ich dort war, die Pässe der Seidenstraße, ihre reitenden Pferde- und Kamelhirten und buntgekleideten Frauen mit dem Murnauer Moos und dem Ettalmoor. Exkursionen nach Amerika hingegen, wo für uns alle Vögel fremd singen, sind eine viel größere Herausforderung.

Warum überhaupt singen die Vögel? »Um es einfach zu sagen: Die Vögel singen viel mehr, als es nach Darwin erlaubt ist«, schrieb 1958 der holländische Biologe F. J. J. Buytendijk. Nach vergeblichen, oft falschen Antworten – als ob es da um die Verteidigung von etwas verboten Glitzerndem, rundweg nur Schönem ginge – gebe ich mittlerweile offen zu: Wenn ich das wüßte, könnte ich aufhören zu schreiben. Sie krächzen, rufen oder singen eben, und ich höre ihnen zu wie die vielen anderen »Vogler« in nah und fern, die um den ganzen Globus herum unterwegs sind, von Lappland bis

Anatolien, von Usbekistan über Japan, Vancouver Island, Cape Cod und Irland zurück nach Europa. Als Abenteurer, Forscher oder Raritätensammler. Eigentlich aber, wenn auch oft uneingestanden, stehen sie um jener »immateriellen Freude« willen da, mit Fernglas, Kamera, Recorder, die hohle Hand hinterm Ohr, wenn das Ströphchen von weither oder von hoch droben erklingt oder wenn sie schwerhörig sind. Selbstverständlich weiß ich, daß Vogelgesang von Hormonen gesteuert wird, um ein Revier in Besitz zu nehmen und zu verteidigen, eine Partnerin zu gewinnen und an sich zu binden; sogar im Traum singen sie weiter, und auch auf dem Zug singen sie, um einen kleinen Futterplatz, einen Busch oder nur eine grüne Stelle in der Wüste für sich zu reklamieren, irgendwo, auf dem Atlas, im judäischen Gebirge oder im ostafrikanischen Grabenbruch. So habe ich aus einer solitären äthiopischen Platane nahe des Langanosees im Oktober einmal die dort gänzlich unerwartete Strophe des Fitislaubsängers gehört – geliebte abfallende Mollkaskade reiner Töne, die daheim zu jungem Hasel-, Buchen-, Pappellaub im Mai gehört, zum mitteleuropäischen Frühling von Gärten, Parks und Waldrändern. Jener Fitislaubsänger hatte unterwegs nach dem Süden offenbar eine Raststätte gefunden, die er mit niemandem teilen wollte. Ist aber der Hinweis auf Hormonsteuerung bzw. Überlebenszwecke eine Antwort auf die Frage nach dem Gesang selbst? Oder bringt er nur den Fragenden zum Schweigen?

Amseln singen in regionalen Dialekten sowie ständig weiterentwickelten Traditionen, in denen mitunter »abgedroschene« Passagen durch »neue« ersetzt werden. Da antwortet etwa ein Amselhahn seinem Nachbarn persönlich mit einer dessen Lied ähnlichen Strophe im Kontergesang – eine Art Wink zwischen Freunden. Die Sänger haben Repertoires vieler, durch Drei-Sekunden-Pausen voneinander getrennter Strophen, die aus 30 bis 300, durch Zehntelsekunden-Pausen getrennten Elementen bestehen; die Strophen können nach der »Ouvertüre« an bestimmten Verzweigungsstellen in zweierlei Varianten fortgesetzt, auch mit zwei unterschiedlichen »Finalen« beendet werden, alles zusätzlich variiert durch periodische Wiederholungen. Diese Vielfalt – ein ungestörter Vortrag hat bis zu 400 Strophen – ist aber immer streng auf »amselisch« geregelt. Der Gesang kann gute Nachbarschaft fördern. Fällt die Antwort des Revierinhabers jedoch »unhöflich« mitten ins Lied des zu nahe gerückten Nachbarn ein, ist das eine Warnung, jener zieht sich in aller Regel zurück. Manche ihr Revier singend behauptende Amsel konzertiert in rascher Folge auf verschiedene Weise von mehreren Singwarten aus: Vielleicht gaukelt sie eine dichtere Besiedlung vor und behauptet ein größeres Revier, als ihr in der städtischen Übervölkerung zusteht. Man spricht vom »Beau-geste-Effekt« wie beim Westernhelden, der mehrere Gefährten gegen eine feindliche Übermacht vortäuscht und diese allein mit seiner Angeberei abschreckt.

Jahrzehntelang hatte der Komponist, Lehrer und Dirigent Heinz Thiessen Vogelgesänge in Notenschrift festgehalten. Die Nachtigall bewunderte er als Gesangssolistin und Stimmvirtuosin, die Amsel hingegen als Komponistin. »Begabte« Amseln haben Lieblingsmotive, die sie variieren und richtiggehend »bearbeiten« bis zur »Konzertreife«. Thiessen war zutiefst überzeugt davon, daß es Melodien und Harmonien schon in der Natur gebe. Beethoven hat im Finale seines Violinkonzertes und in der G-Dur-Violinsonate ein besonderes Amselmotiv verwendet.

Ist der Gesang angeboren oder erworben? Die Antwort lautet selbstverständlich »teils-teils«. »Kaspar-Hauser-Tiere«, also z. B. isoliert aufgezogene Buchfinken, singen nur eine kümmerliche Grundstrophe ohne arttypische Gliederung. Werden sie hingegen von Wiesenpiepern aufgezogen, mischen sie den genetisch vorprogrammierten Finkenschlag mit einem erlernten Wiesenpieperisch zum Kauderwelsch, das keine Finkin versteht. Sie werden Zölibatäre bleiben. Die richtige Strophe wird innerhalb einer sensiblen Phase gelernt. Die zukünftigen Sänger und ihre Zuhörerinnen zeigen bereits im Nest eine Vorliebe für die Strophe ihrer eigenen Art im Gesamtkonzert, wissen also, wann sie hinhören sollen und wann nicht.

Von »angewandter Musik« zu sprechen ist nicht falsch. Allerdings muß diese Musik erst einmal vorhanden sein, ehe sie angewandt werden kann. Schilfrohrsänger mit reicherem Strophenrepertoire finden eindeutig früher eine Gefährtin als solche mit dürftigem Vortrag, sie erobern daher bessere Reviere, was vermutlich auch für andere Arten gilt. Das klärt die Frage nach dem Vogelgesang aber nicht, schiebt sie nur ein Stück weiter ins genetische Programm der Weibchen mit ihren seltsamen Vorlieben und den Entscheidungen zwischen »schöner« und »weniger schön«. Zu sagen, das Lied entstünde durch genau diese oder jene Sequenz von Tripletts der Nucleotidbasen, bleibt in alle Ewigkeit nur eine Aussage über eben diese Tripletts der Nucleotidbasen als Bedingungen, erklärt aber in keiner Weise das Lied.

Doch wie könnte man beweisen, daß dieses Lied vor, neben und nach seinen selbstverständlichen Zwecken Schönheit aussingt, die »zu nichts sonst« erklingt? Vielleicht, so möchte ich den Autor Martin Mosebach zitieren, unterbricht es nur, »den Lauf von Ursache und Wirkung, treibt Ewigkeitskeile in die Tagesabläufe, die trotzdem ihren Verlauf nehmen, aber weniger wichtig geworden sind«.

Wenn eine Lerche vom Merlinfalken verfolgt wird, bricht sie in sogenannten »Schreckgesang« aus. Die Wissenschaft sagt, sie signalisiere damit dem Verfolger, den sie durch ihr steiles Aufsteigen, durch ein gewissermaßen »auf dem Schwanz stehendes« Überfliegen am Beutestoß zu hindern sucht: Ich bin zu stark für dich, verschwende keine Kraft, gib auf! Da sie in dieser Situation eine vereinfachte, stereotypere Form des Artgesangs vorträgt, liegt der Schluß nahe, daß solche funktionalen Gesänge nicht die primäre Liedgestalt darstellen.

Wie zur Bestätigung dieses Gedankens gibt es ein kleines Geschenk der Vögel an uns, wenn auch nur einen flüchtigen Wink: ihren »Halbgesang«, auch »Studieren« oder »Jugendgesang«, englisch »subsong« genannt. Im Herbst erklingt manchmal aus dichtem Gezweig in Augenhöhe ein leises Dahinmusizieren; oft steckt ein Amselhahn dahinter. Das Sonagramm bestätigt den natürlichen Eindruck ungleich motivreicheren Aufbaus als beim späteren, von erhöhter Warte aus vorgetragenen Revier- und Balzgesang, der, obzwar laut und volltönend, gegen diesen »subsong« beinahe stereotyp wirkt. Welches ist nun das »eigentliche« Lied? Nur dasjenige, das »Hau ab« und »Komm her« bedeutet? Die Wissenschaft, um da nicht ins Gedränge zu kommen, nennt den Subsong »funktionslos« oder »Vorstufe zum richtigen«, also dem Paar- und Reviergesang. Doch eine Vorstufe, die differenzierter ist als die spätere »angewandte« Form? Wer überhaupt noch Ohren hat zu hören, der kann eigentlich gar nicht umhin, diesen Halbgesang – »halb« nur der Lautstärke nach – als den primären, den vollen Gesang anzuerkennen, als das eigentliche Lied in seinem ganzen Reichtum, absichtslos vor sich hin improvisiert. Einige Ornithologen, u. a. G. Thielke von der Vogelwarte Radolfzell, haben den Halbgesang der Dorngrasmücke studiert und immer wieder ihr Staunen über dessen Vielfalt ausgedrückt als höchste Organisationsstufe des Grasmückenliedes, noch lange vor oder ganz außerhalb der hormongelenkten Paarungszeit.

Was drinnen in der Doppelhelix der DNA »Schönheit« heißen soll, hat mir noch keiner erklären können. Stets ist viel von deren Entstehungsbedingungen die Rede, über die wir immer besser Bescheid wissen, je weniger wir von der Schönheit selbst wissen. Robert Spaemann schlägt in seinem Buch »Personen. Versuch über den Unterschied von Etwas und Jemand« eine recht einleuchtende, gerade auch hier anwendbare Formulierung vor: »Selbstsein eines lebenden Organismus im Gegensatz zu einem Thermostaten heißt Emanzipation von den Entstehungsbedingungen.« Die Reduktion auf jene Bedingungen ist einem Phänomen als Ganzem stets unangemessen. Wohl kann man Grünspan mit Hilfe heißen Wasserstoffs zu reinem Kupfer »reduzieren«, aber doch wohl Schönheit nicht auf den Betrieb im Zellchemiewerk, der sie bedingt.

Pflanzen und Tiere stellen sich in Raum und Zeit dar durch Farben und Formen, die zur Zeit von Blüte oder Paarung ihre höchste Ausprägung erreichen. Vögel sind in besonders vollkommener Weise Zeitgestalten durch Gesang, Tanz oder Schauflug; gerade deshalb werden sie von so vielen Menschen geliebt und erforscht. Denn auch Forschung entspringt, mindestens am Anfang, der Liebe zu ihrem Gegenstand. Aber diese Liebe geht später so oft verloren, indem sie selber der Rationalisierung unterliegt, um am Ende als vermeintliche Illusion entlarvt zu werden: Da sei »in Wirklichkeit« gar kein Grund zum Staunen, alles sei ganz gewöhnlich. Gesang? Nichts als ein Mittel, um Einsamkeit kundzutun, um eine eroberte Gefährtin zu behalten, während der Paarung oder lebenslang: Hau ab, komm her. Als ob das nicht einfacher zu sagen wäre!

Enge Paarbindung kann wichtig für guten Bruterfolg sein, muß es aber nicht, wie Hühnervögel oder Limikolen als »alleinerziehende« Mütter oder Väter zeigen. Aber für gewöhnlich baut das Männchen oder das Paar ein Nest, und die Partner helfen einander beim Brüten und Atzen der Jungen. Geht er fremd, verpflichtet sich also einem zweiten oder gar mehreren Weibchen (es gibt auch den umgekehrten Fall, etwa bei Blattstirnhühnchen oder Mornellregenpfeifer, daß das Weibchen eines oder mehrere Männchen brüten läßt), dann kann sie in Not geraten. Also beginnt z. B. die »betrogene« weibliche Heckenbraunelle (Braunellen neigen zum

»Ehebruch« beider Geschlechter), ein einfaches Lied zu singen mit einem bestimmten, für den Partner offenbar unwiderstehlichen Triller, auf den hin dieser zurückkehrt, wie am Bandl gezogen. Das Weibchen der größeren, bunteren Alpenbraunelle singt sogar kunstvolle eigene Lieder. Das einfache Lied der Bartmeise, »tschin-dschik-tschr-ä«, ist in seiner Aussage durch Otto König entziffert worden. »Tschin« heißt »Achtung, Alarm«, »dschik« drückt Balzstimmung aus, »tschr« lockt das Weibchen, »ä« bedeutet Einsamkeit, Verlangen nach Nähe. Paare rufen viel »dschik-tschr«. Stirbt ein Partner, so ruft der Übriggebliebene tagelang »dschik-tschr-ä«, sitzt traurig herum und stirbt meist bald.

Was für eine Freude, wenn die Verhaltensforschung unser Wissen von der Natur mehrt, etwa durch die Entdeckung, daß Vögel nicht nur träumen, sondern im Traum sogar singen; die Messung der Neuronenaktivität schlummernder Zebrafinken zeigt dasselbe Muster wie die tagsüber singender Zebrafinken; was angeblich bedeutet, so Professor Daniel Margolinash aus Chicago, daß sie nachts weiterüben, damit es tagsüber auch wirklich klappt. Klar, ohne Reduktion aufs Überlebensdienliche geht heute kein Forschungsergebnis an die Öffentlichkeit. Durch diesen Filter muß jedes Phänomen des Lebendigseins gepreßt werden, so daß wir uns am Ende mit einem Extrakt zu begnügen haben.

Eine Exkursion führte uns einmal in den Bergwald des äthiopischen Wondo-Genet-Gebietes. Von dort stammt der Kaffee her und das beste Kat mit seinen stimulierenden Blättern, die jeder im Land kaut. Unter blaublühenden Jakarandabäumen, aus deren Kronen Äffchen auf uns herabschauten, hörten wir rein geflötete Intervalle, variiert zwischen Terzen und Quarten in mittlerer Lage, ein wie Windharfen träumerischer Klang, ohne Rhythmus, nur ein langsames, beharrliches Wiederholen. Es war der Paargesang des Flötenwürgers (Lanarius aethiopicus). Er singt den oberen, danach sie den unteren Ton. Diese eigenartig verwehte und zugleich intensive Harmonie ist mir zum Erinnerungsmotiv geworden für einen paradiesischen Ort in den Bali-Bergen – Rauschen von Bäumen, Grasmückengesang zu fremden Vogelliedern, Zikadenschrillen, Perlen heißer Quellen zwischen Tuffstein unter Lantanabüschen, Gaukeln schwarzweißer Schmetterlinge, die sich in Scharen leise raschelnd niederließen, um das ausgesinterte Salz an den Rändern schwefeldampfender Bäche mit langen Rüsseln aufzusaugen.

Afrikanische Bartvögel, kräftige gefleckte Spechtverwandte, melden im dichten Laub von Tropenwäldern, ganz nah beisammensitzend, im lauten Wechselgesang von Männchen und Weibchen ihr Revier an; sie singen Eindringlinge in die Flucht, falls diese nicht von vornherein fernbleiben. Schieferwürger (Lanarius funebris) singen ein 15teiliges, nach Geschlecht völlig unterschiedlich aufgebautes Duett. Bei afrikanischen Glockenwürgern »übernimmt« der Partner mitten in der Strophe, ohne daß es herauszuhören wäre; es erklingt e i n Lied. Solche Wechselgesänge sind gar nicht so selten, insbesondere bei monogam lebenden Vögeln. Wir kennen einfache Stimmfühlungslaute oder das mehr rührende als musikalische Geturtel eng aneinandergeschmiegter Kolkraben. Auch die in schnellem Tempo ansteigenden Triller einheimischer Zwergtaucher sind Zwiegesänge.

Die beiden Partner einer tropischen Drongoart singen je individuelle Motive, wobei keiner in seiner persönlichen Motivfolge ein einziges Motiv des Partners verwendet – ein komplementäres Duett von erlesener Schönheit. Vielleicht noch erstaunlicher ist das unisono vorgetragene Duett des südafrikanischen Waldwebers, Symplectus bicolor. Ein Paar brütet erst, wenn nach wochenlanger Probezeit das Lied synchron in Tonhöhe, Motivfolge und Rhythmus vollendet ist als herrlicher Wohlklang auch für uns. Wer es hört, dem könnten Zweifel kommen an Strawinskys Behauptung, es fiele keine Kunst vom Himmel.

Wolfgang Wickler, von dessen Seewiesener Institut aus an diesen Zwiegesängen geforscht worden ist, betont – sicher zu Recht –, daß derart gesangsgestützte Ehen besonders haltbar und im Brutgeschäft entsprechend erfolgreich seien. Eine Bindung zu lösen, die mit so hohem Zeitaufwand zustande gekommen ist, wäre ja auch wirklich zu arg. Zwischen Monogamie und Duettgesang besteht also ein Zusammenhang. Erklärt aber die Monogamie den Duettgesang oder dieser die Monogamie und den damit einhergehenden Überlebenserfolg? Wollten wir den Gedanken etwas überstrapazieren und auf die Kunst übertragen, so hieße das, mit dem jahrzehntelangen vollendeten Zusammenspiel von Dietrich Fischer Dieskau und Gerald Moore wäre Schuberts »Winterreise« erklärt.

Die hohe Vollkommenheit, die Symplectus bicolor als Zeitgestalt erreicht, wird durch ihre Interpretation auch als Funktion der Paarbindung aber eigentlich überhaupt nicht verringert; diese Interpretation bestätigt lediglich, daß in der Natur selbstverständlich alles aufeinander abgestimmt sein muß. Doch die heute unvermeidliche Soziobiologie erlaubt es der funktionalen Interpretation, jedes Naturphänomen zu verschlingen. Gesang, Paarbindung, Revierabgrenzung – hat da etwa jemand schön gesungen? Aber nein doch, da haben sich Gene vermehrt, beziehungsweise vermehren lassen. Diesem ständig höher werdenden Sündenfall des Reduktionismus in der Lebensforschung mit seinen wachsenden Kosten zu entgehen wird immer schwieriger. Die überschwenglichen Schönheiten in der Vogelwelt könnten einem ja auch angst machen, man werde womöglich den nur aus verläßlichen Mechanismen gezimmerten Boden unter den Füßen verlieren. Und trotzdem – der Vogelgesang entzieht sich dem allen noch am ehesten: Er ist hohe Gestalt. Wer könnte diesem Lebensglück aus Vogelkehlen widerstehen?

Bei besonders langen Liedern wie dem unserer Feldlerchen drängt sich die Frage auf: Und wann atmet der kleine Sänger? Wir denken beklommen, was es für uns bedeuten würde, beim Bergsteigen singen zu müssen, vom Fliegen nicht zu reden. Zwar ist der Atemaufwand unserer Kehlkopfstimme ungleich höher als der in der Vogel-Syrinx. Diese ist ein erstaunliches, tief unten an der Verzweigung der Luftröhre zu den Bronchien sitzendes Klangorgan mit beweglichen Lamellen und einem hochspezialisierten Muskelsystem; bei Trompetern wie Schwänen oder Kranichen steigern lange Luftröhrenschlingen noch die Resonanz. Wie die »kleinen Liturgen« damit musizieren, davon können wir eine vage Vorstellung gewinnen, wenn wir das Pfeiferl des Münchner »Vogeljakob«, ein Blättchen mit Lamelle, zwischen Zunge und Gaumen drücken und damit zu zwitschern versuchen.

Aber ohne ausgeatmete Luft kommt auch aus der Syrinx kein Gesang! Der Vortrag der Feldlerche, für unser Ohr viel zu schnell, erweist sich, vom Tonband langsamer, also in tieferer Lage abgespielt, als staunenswert kunstvoll. In gut tausend möglichen Varianten kann dieses Lied zwischen Start und Sturzfluglandung minutenlang dauern. Doch nicht einmal die rasche Atemfrequenz von immerhin sechs Zügen pro Sekunde würde dafür ausreichen. Also schnappt der Sänger in den winzigen Hundertstel-Sekunden-Pausen zwischen den bis zu 19 Lautmustern pro Sekunde zusätzlich nach winzigen Mengen Atemluft, immer eine Spur mehr, als er verbraucht, so füllen sich auch bei ununterbrochenem Gesang die Lungen allmählich, es kommt zu keiner Atemnot. Eine dem nicht ganz unähnliche Technik hatte der Flötist Aurel Nicolet von den Glasbläsern übernommen; er überbrückte die nötige Zeit für einen kurzen tiefen Atemzug mit der kleinen Luftportion, die er im Mundraum bereithielt. Der Glasbläser darf ja den Luftstrom niemals abreißen lassen, sonst würde das zarte, im Entstehen begriffene Gebilde in sich zusammenfallen!

Einer der bedeutendsten einheimischen Sänger ist die Heidelerche. Sie bevorzugt wärmere, weniger feuchte Gegenden als Oberbayern. Ich lernte sie in Mykene kennen. Wir übernachteten mit halbwüchsigen Kindern in einem kleinen Hotel unterhalb des Burgbergs. In den frühen Morgenstunden ging ich allein zur damals noch unverschlossenen rückwärtigen Burgpforte nahe der großen Zisterne. Als ich mich noch im Dunklen dem Löwentor näherte, um mir auszumalen, wie Agamemnon hier sein Heer zusammengerufen hat zum Feldzug gegen Troja, erklangen vom Gebüsch aus der Schlucht herauf geradezu überirdisch schöne Stimmen und trugen wechselnde, jeweils in abfallenden Reihen wiederholte Motive vor, nächtlich-melancholisch und zugleich den nahenden Morgen der Achäer, den Sonnenaufgang bejubelnd. Die Sänger aber zeigten sich auch bei Tagesanbruch nirgends, an Lerchen hätte ich bei diesem Motivgesang ohnedies nicht gedacht, da deren unterschiedliche Singflüge an ganz anderen, lang ausgesponnenen, trillernden Liedern entlang dahingeflattert werden. Ich konnte damals also zwar die mir ebenfalls fremden Kurzzehenlerchen immerhin als »Alaudidae« ansprechen, obgleich die Art erst daheim beim Abhören der Kassette »Südliche Lerchen« ihren Namen preisgab. Denn wer sieht schon einem bräunlichen Vögelchen im hohen Singflug an, daß es etwas kleiner und fahler ist als die Feldlerche und einen mehr finkenartigen Schnabel hat? Mein mykenisches Lied aber war nicht einzuordnen und zugleich so einleuchtend, daß es mir der erste Ornithologe daheim nach der Beschreibung bestimmen konnte. Die Heidelerche (Lullula arborea) »lulluliert« über offenen Flächen oder von einer Singwarte aus vor allem bei Nacht. Ihr Gesang wurde vermutlich seit alters mit dem der Nachtigall verwechselt. Denn er spricht das Gemüt des Schlaflosen, Liebenden oder Einsamen ganz besonders an und begleitet den nächtlichen Wanderer übers Ödland. »Tandaradei« dichtete Walther von der Vogelweide in seinem berühmten Liebeslied: »schône sanc diu nachtigall« – ob es nicht die Heidelerche gewesen ist?

Heute verwenden Ornithologen den Sonagraphen. Er zeichnet Lautfrequenz (Tonhöhe) gegen Zeit auf. Seine Muster müssen allerdings erlernt werden wie eine Fremdsprache. Auch täuscht die Klangkurve zuweilen. Denn unser Ohr trennt in den tieferen Frequenzen genauer, als es das akustische Bild wiedergibt. Der »Bu-bu-bu«-Gesang des Rauhfußkauzes etwa klingt für uns weit stärker ansteigend als in der Kurve. Sonagramme zeigen schmale und breite Linien, abfallende oder steigende, lang angehaltene oder im kurzen Staccato und sogar Mehrstimmigkeit, die dank des komplizierten Baus der Syrinx möglich ist wie beim seltsamen »Gesang« der nordischen Doppelschnepfe. Die Sonagrammlinien können im Zickzack verlaufen oder gerade, gemischt »geräuschhaft« wirken oder sauber geflötet, mit vielen oder mit wenig Obertönen. Zwischenlaute und Verzierungen werden sichtbar, die unser langsamer arbeitendes Ohr überhaupt nicht wahrnimmt. Der scheinbar so monoton rufende Zilpzalp erweist sich da auf einmal als beachtlicher Sänger. Sein Lied zeigt Varianten, die auch große Bedeutung für die Weiterentwicklung regionaler Rassen zu Arten haben, etwa in isolierten Vorkommen des Kaukasus, Indiens oder Sibiriens. Da die Paare einander durch Lieder finden, können isolierte Zilpzalp-Populationen in eine musikalisch bedingte Evolution geraten, die aufgrund von Verständigungsproblemen mit Nachbarpopulationen zu Arten führen, die nun auch nebeneinander unvermischt bestehenbleiben; Weibchen erkennen ungewohnt singende Männchen nicht mehr als ihresgleichen: »Wer bist denn du, glaub bloß nicht, ich geh' mit jedem!« Wenn die Vögel sich schon im Winterquartier verpaaren, begünstigt ein solcher »Dialekt« das Zusammenfinden von Partnern aus derselben Gegend.

Ein Pionier der Aufnahme von Vogelstimmen war der

deutsch-jüdische Sänger und Vogelkundler Ludwig Koch, der nach seiner Emigration ab 1936 für die BBC arbeitete. Er war unzufrieden mit der umständlichen Beschreibung etwa der Rauchschwalbenstrophe als »wirb-wirb-werb-widewischit-wid-weid-woid-ä-zerr« und zog in die Elbmarschen mit einem Lastwagen für Grammophon und Kabelrollen, die aber, durch Dickicht oder Schilf verlegt, im Morgentau meist versagten. Was schließlich zwischen Windknattern, Blätterrascheln und unerwünschtem Finkenschlag erklang, war der Mühe oft kaum wert. Heute kann schon der Anfänger in der Ars amabilis Rufe und Lieder auf Kassette anhören oder neben Petersons oder Pareys Bestimmungsbüchern in Bergmann/Helbs »Stimmen der Vögel Europas« die Sonagramme von 400 europäischen Arten studieren.

Mit dem Seewiesener Sonographen Wolfgang Wicklers haben Detlef Singer und Jürgen Nicolai die vollständigen Lieder von sieben Heidelerchen teils aus Niedersachsen, teils aus Bayern aufgezeichnet. Die durch deutliche Pausen getrennten einzelnen Strophen zeigten sich aus 5 bis 35 Serien ein- bis zweiteiliger Elemente aufgebaut, stets »melancholisch« abfallend, in schnellem Tempo gereiht und bei jedem Sänger in einem streng eingehaltenen persönlichen Turnus von 56 (Niedersachsen) bzw. 73 (Bayern) Strophen, der haargenau wiederholt wurde, außer bei Störungen etwa durch einen Rivalen; dann steigerte der Sänger das Tempo, und es kam zu Abirrungen, wobei ein sich »irrender« Sänger meist unterbrach, um im persönlichen Sinne »richtig« weiterzusingen.

Beim Lerchengesang kommt man aus dem Staunen kaum heraus. Einmal haben drei Haubenlerchen in der Erlanger Gegend die beiden Hunde eines Schäfers genarrt, indem sie dessen Signale nachahmten, u. a. eine aufsteigende Tonleiter aus vier Pfiffen und einem letzten abfallenden Pfiff, was »schnell zur Herde« hieß. Die Hunde rannten los, lernten aber bald, um ständigen Ärger mit dem Schäfer zu vermeiden, erst einmal zu ihm hinzuschauen und nur auf zusätzliches Handzeichen zu gehorchen. Doch die Lerchen ahmten keineswegs nur nach, sie »korrigierten« die unmusikalisch schwankende, meist unsaubere Tonfolge des Schäfers zum klaren C-Dur, sie hatten also, wie der Biologe Erwin Tretzel interpretiert, die vom Schäfer gemeinte, aber selten erreichte »Idealgestalt« der Klangfigur, in unserem tonalen Sinn übrigens, erfaßt und aufgeführt: Belehrung eines Stümpers durch den Meister.

In der Person des französischen Komponisten Olivier Messiaen (1908–92), 60 Jahre lang Organist an der Pariser Église de la Trinité, ist ein Musiker mit einer Doppelbegabung für Komposition und für Naturstimmen durch unser Jahrhundert gegangen, der sich als »Kantor der Schöpfung« verstand. Von Kindesbeinen an war er Ornithologe. In den Vierzigerjahren – nach kühnen Experimenten mit Rhythmen aus aller Welt, nach Versuchen mit alten und neuen, nie erklungenen Harmonien, die er seiner Gabe des Farbenhörens verdankte (auch E. T. A. Hoffmann war solch ein »Synästhetiker«) –, fühlte er sich in der Lebensmitte plötzlich ausgebrannt und leer. Weder die »serielle« noch die »aleatorische« Musik mit Improvisationsspielraum für die Interpreten konnte ihn auf Dauer befriedigen, auch nicht die abstrakte Musik einstiger Avantgarden, die als Zwölftonmusik eine »graue Musik ohne Farben voll beklemmender Angst« für ihn war, »indem sie versucht, sich von einem kohärenten, auf harmonische Resonanz gegründeten Universum zu lösen«. So wandte er sich nach anfänglicher Faszination von all dem wieder ab. Und nun fehlte ihm jede Inspiration. Bis ihn das Vorbild der Vögel aus der Enge der verschiedenen modernen Schulen erlöste. Jetzt fand er plötzlich den Mut, Dur-Dreiklänge wiederzuverwenden, ohne den Vorwurf des Epigonentums zu fürchten. Unabhängig von Stil und Mode seien diese Dreiklänge als Grundphänomen, als Element der Obertonreihe gar nicht ohne Verkrampfung zu meiden; sie seien einfach da, also anzuerkennen. In der Komposition »Le merle bleu« (die Blaumerle) setzt Messiaen den A-Dur-Dreiklang ein, der für ihn auch die Farbe blau bedeutet. Seine »synästhetische« Wahrnehmungsgabe, die eine Korrespondenz von Tönen und Farben erkennt, ist für uns andere schwer nachvollziehbar. Immerhin ist sie auch in der Sprache selbst mit den Begriffen »Klangfarbe« und »Farbton« beglaubigt.

Die Vögel haben Messiaen zu neuer Freiheit geführt und seiner Musik ein Fundament gegeben. Diese wiedergewonnene Freiheit, so forderte er, müsse aber konstruktiv, selbstbeherrscht, ehrfürchtig, meditativ sein, »ein Vorgeschmack himmlischer Freiheit«. Denn erst die Wahrheit werde es sein, die uns wirklich frei macht, betonte der bibelfeste Katholik, und zwar eine über uns hinausweisende, in befreiendem Gehorsam angenommene Wahrheit, keine von uns fabrizierte: »Chants d'oiseaux – inspiration retrouvée« (Vogelgesang – wiedergefundene Inspiration). Seine erste ornithologische Komposition, »Reveils d' oiseaux« (Erwachen der Vögel) – bestand nur aus Vogelgesängen; er hielt sie zwar für mißglückt, doch blieb sie ihm als Neuanfang von großer Bedeutung.

»Ach ja, dieser Messiaen mit seinen Vogelimitationen«, hat Joachim Kaiser diesen unbequemen Zeitgenossen einmal abgetan. Das bestätigte die vier Tragödien von Messiaens Leben, die er so oft beklagt hat: Er müsse als gläubiger Musiker über Glauben zu Atheisten sprechen; er müsse als Ornithologe über Vögel zu Menschen sprechen, die in Städten leben; er sehe beim Hören von Klängen innerlich Farben; und er sei Rhythmiker, während die meisten Menschen glauben, Rhythmus, das seien die gleichmäßigen Zeitwerte eines Militärmarsches.

Nun hat aber ausgerechnet der Ornithologe Schwierigkeiten, aus Kompositionen des späteren Messiaen die Stimmen der einzelnen Vögel herauszuhören, trotz der oft sehr genauen beschreibenden Begleittexte, und er klammert sich zunächst an »Leitmotive«, gleichsam Zitate aus der Natur. In dem 1½stündigen Klavierwerk »Catalogue d'oiseaux« (1958) tritt der Feldschwirl auf, den wir im Frühsommer als Stimme des Schilfs kennen; die leichte Verfremdung dieser Stimme in Musik ist so geglückt, daß ich selber inzwischen den hohen rhythmischen Klaviertriller des »Catalogue« höre, wenn im frühsommerlichen Murnauer Moos der Feldschwirl an einem Schilfhalm schräg aufgerichtet, mit ruckartigem Kopfdrehen sein wie aus mehreren Richtungen kommendes trockenes Schwirren, auf gleicher Tonhöhe an- und abschwellend und ohne erkennbare Atempause, singt; dabei würde man denken, das Klavier kann dem insektenhaften Klang dieses kleinen Rohrsängers kaum nahekommen. Andere »Leitmotive« sind das stereotype »Zilp-zalp« des Weidenlaubsängers, das »Bück-den-Rück« des Wachtelschlags im Frühsommergetreide oder das liebenswürdige »Ich-ich-ich-hab'-dich-lieb« der Goldammer im Hochsommer; beim Waldhimbeersammeln im Juli, wenn alle anderen Vögel schweigen, gehören diese sechs Sonnentöne zu meinem Ernteglück und lassen mich die zerkratzten, von Mükken zerstochenen Arme vergessen; Messiaens Goldammer fehlt allerdings der letzte tiefere Ton nach der hohen Synkope des vorletzten, gemäß dem südfranzösischen Dialekt von Emberiza citrinella. Solche Leitmotive sind jedoch eher selten bei diesem Komponisten »unserer kleinen Diener der immateriellen Freude«.

Die biologische Seite des Gesangs hat den Ornithologen Messiaen stets fasziniert und sein Staunen, seine Bewunderung noch vergrößert. Der Vogelgesang sei aber vor allem eine freie und anonyme Musik, improvisiert zum Vergnügen des Sängers: um die aufgehende Sonne zu begrüßen, die Geliebte zu verführen, allen zuzurufen, daß dieser Ast, dieses

Feld nur mir gehört, jeden Streit zu beenden, um das Übermaß an Energie loszuwerden, das im Gefühl der Liebe und Lebensfreude brodelt, Zeit und Raum zu durchschneiden, mit seinem Habitatnachbarn ausgiebigen und sich glücklich fügenden Kontrapunkt entstehen zu lassen, um sich müde in den Schlaf zu singen oder, wenn der Abend kommt, von einem Stück Leben Abschied zu nehmen. Der Vogelgesang stehe noch »über dem Traum des Dichters«.

Ich möchte diese Interpretation der Vogellieder durch Messiaen so ausführlich wiedergeben, weil sie die beiden unvereinbar scheinenden Seiten eines der bezwingendsten Naturphänomene zusammenfügt.

Hören wir die Singdrossel, wie Messiaen sie in Musik umsetzt. In den »Méditations sur le mystère de la Ste Trinité«, einem Orgelwerk von 1969, gibt es neben Amsel, Garten- und Mönchgrasmücke – Messiaen schreibt meistens die einzelnen Artnamen über die Noten – eine lange Drosselpassage, aus der ich die Stimme der Wipfelsängerin absolut nicht heraushören konnte, bis ich Stephan Heuberger fand. Dieser junge Organist und Messiaen-Interpret von St. Ludwig in München, der im Englischen Garten auch gerne mal den Vögeln zuhört, konnte mir die schwierige Umsetzung von Naturmusik in Orgelmusik erklären.

Die Struktur der Drossellieder ist von Messiaen hier getreu und zugleich souverän verändert komponiert. Die Tonhöhe ist um mehrere Oktaven nach unten transponiert, Intervalle sind gespreizt worden. Melodien sind bis zu vier Oktaven auseinandergezogen, Tempi extrem verlangsamt. Zwischen den in der grellen Registrierung von clairon 4' und plein jeu vorgetragenen, schnellen, wiederholten Motiven, »Un peu vif« zu spielen, und den Staccato-Akkorden (»Très modéré«) im pianissimo einer ungewöhnlichen Registrierung, die die tiefsten (Bourdon 16') und höchsten (Oktavin 2') Stimmen der Orgel kombiniert, ist der allgegenwärtige März-, April- und Maisänger von Waldrändern und

Parks kaum wiederzuerkennen. Auch die wiederholten, schnell aufsteigenden Folgen von fis' bis zu dem abschließenden scharfen Staccato-Ton auf dem e''', was klingen soll wie »zerreißende Seide«, geben nur sehr indirekt den »Kschri-kschri«-Ruf der Singdrossel wieder. Diese Passage soll eine geheimnisvolle Atmosphäre schaffen, die eine Vision des brennenden Dornbuschs vorbereitet – Ziel und Höhepunkt des ganzen Satzes.

Messiaen verweigert Metronomzahlen, denn Vögel sängen in offenen Tempi. Der Organist solle Vogelstimmen kennen, um zu hören, was der Komponist hört, die verschiedenen Tempi eines Vogelsolos, die organisch gehaltenen Pausen, eine unwägbare Freiheit, die höchste Ansprüche stellt. In einem Kommentar zur Oper »Saint François d'Assise« bekennt Messiaen, »ich arrangiere, transponiere, adaptiere diese Gesänge für unsere Instrumente, unterziehe sie einer Sublimierung«. Aus der Erfahrung mit Tondiktaten, etwa der differenzierten Strophe der zarten hellgrauen Mönchsgrasmücken mit dem schwarzen, beim Weibchen braunen Käppchen, wußte Messiaen: Vögel können derlei »von selber«, aber sie singen zu schnell, zu hoch, in zu kleinen Intervallen und viel zu variabel für Notenfestlegungen. Die Singdrossel singt an diesem Abend diese ständig wechselnden Wiederholungen, am nächsten Morgen aber völlig andere; und verstummt sie dann, so ist das ein für allemal vorbei; man wird es nie wieder hören. Es gilt also, wenn man Hunderte von ihnen gehört hat, die ideale Singdrossel zu kombinieren, sie in einem »normalen« Solo zusammenzufassen, in Musik zu übertragen und Klangfarbe und Obertöne durch entsprechende Harmonien, Instrumente oder Register wiederzugeben.

Die Vögel hätten alles schon gefunden: kleine und kleinste Intervalle, Tonarten und »Modi«, Mischungen von Klangfarben, Nachhalleffekte, Glissandi, auch die »Neumen« des gregorianischen Chorals und Leitmotive. Ja, sie selber, die Vögel, seien lebende Leitmotive. Wenn sie alle während des Tagesanbruchs zusammen singen, so sei das eine kollektive Improvisation. Also haben sie auch die sogenannte »aleatorische« Musik gefunden, die Orchestermitgliedern eine gewisse Freiheit des Spiels innerhalb bestimmter Zeitgrenzen einräumt.

Im gregorianischen Choral, den Messiaen über alles liebt, findet er so große Ähnlichkeit mit Vogelstrophen, daß er von »torculus«, »prorectus« oder »climaticus« auch bei Vögeln spricht, gemäß den Schnörkeln mittelalterlicher Dirigierzeichen in den Codices, die die Handbewegungen des Chorleiters aufzeichnen. Den Vogelgesang verbindet mit dieser Musik, daß oft Anfänge, dramatische Entwicklungen und Schlüsse fehlen, das kausale Vorher und Nachher, die unumkehrbare Richtung, wie wir sie aus der klassischen Musik gewohnt sind mit ihren erwartbaren Wenn-dann-Folgen. Viele Vögel singen so nicht, sind nicht ins Zeitkontinuum der Tonalität eingebunden. Alles was sie singen, hat den Charakter von Einmaligkeit im Hier und Jetzt; so gestalten sie einerseits objektive Zeit, verdrängen, überwinden sie aber zugleich. Ihre akustischen Ereignisse sind einmalig. Darum sind sie Liturgen: »Auch Gott hat keinen Anfang und ist selber das Ende aller Zeiten.«

In der älteren europäischen Musik sind lautmalende Nachahmungen von Vogelstimmen häufig, mit vagen Vorstellungen von Klangfarben und Wiedergaben der Zahl von Wiederholungen, etwa Hühnergackern, Zwitschern, Nachtigalltrillern bei Couperin oder Haydn, die Lerche in der »Schöpfung«, der Kuckuck von di Lasso bis Beethoven, der Stieglitz (»Il Cardellino«) bei Vivaldi oder das »Flöten des Waldvogels« bei Richard Wagner. Während einer Tonaufnahme von »Il Cardellino« sollen von allen Seiten Stieglitze ans Studiofenster geflattert sein, so gut hat Vivaldi sie imitiert. Olivier Messiaen war der erste, der sich dieses natürlichen, so genauen wie freien Materials als Struktur bedient hat. Er machte, was schon von sich her Naturmusik ist, auf seine Weise eigens zu Musik. Das führte zu einer unverwechselbar neuen Kunst; die Nachtigall in »La fauvette de jardin« (»Die Gartengrasmücke«) für Klavier ist nicht naturalistisch, sondern eigenartig surreal.

Ein besonderes Ereignis im Mai ist für den Vogelfreund alljährlich der Auftritt des Pirols. Wenn das bereits dichte Laub im Park noch frisch und hell ist, öffnet sich zuweilen jäh der Klangvorhang der Laub- und Rohrsänger, der Drosseln und Grasmücken. Eine wunderbar geflötete Kurzstrophe ertönt, etwas wie ein rasches heftiges »Oriólus«, so der lateinische Name, auf dem vorletzten Vokal, dem o, betont. Pfeifen wir es nach, kommt der Sänger angeflogen, zeigt sein goldfarbenes, von tiefem Schwarz durchwirktes Federkleid. Selten ist der Pirol geworden, Leidtragender der Biotopverschlechterung seiner ostafrikanischen Winterquartiere.

Messiaen komponiert ihn als musikalische Figur von großer Dramatik. Im »Catalogue d'oiseaux« beginnt und endet der zweite Teil des ersten Buches, »Le Loriot«, mit einer leidenschaftlich bewegten Akkordsequenz, forte glockenspielartig gespielt im Rhythmus der Pirolstrophe, allerdings liegt seltsamerweise das Gewicht auf der Schlußsilbe, dem tiefsten Ton, also eine sehr freie Interpretation des natürlichen Gesangs. Stephan Heuberger hat mir demonstriert, wie die linke Hand am Klavier sich fortissimo in leicht verfärbtem E-Dur bewegt, während oben mezzoforte eine Fis-Dur-Färbung in E-Dur changierend gespielt wird, eine ungewohnte, aber bei öfterem Anhören ungemein einleuchtende Klangmischung, die schließlich auch für mich dem Pirolruf immer ähnlicher wurde. Messiaen beschreibt die Strophe als »fließend und golden wie das Lachen eines fremden Prinzen«, als eine »beiläufige Erinnerung an Gold und Regenbogen«. Die Sonne wird darin zur güldenen Emanation, nimmt gleichsam als beseelte Materie das verklungene Lied noch einmal auf. Mich begleiten auch diese Worte nun in die Natur.

Als der Pianist Anatol Ugorski im Jahre 1987 die sieben Hefte des »Catalogue d'oiseaux« bei einem Moskauer Freund entdeckte, bat er ihn unter Tränen um die damals in der Sowjetunion unermeßlich wertvollen Noten, verbrachte 14 Stunden ohne Unterbrechung damit am Klavier und erfand eine eigene Notenschrift, eine Art musikalische Stenographie, um rasch kopieren und später ohne Umblättern spielen zu können. Dies sei der glücklichste Tag seines Lebens gewesen, sagt er im nachhinein. Er hat das Werk dann 1994 für die »Deutsche Grammophon« eingespielt.

Im Mittelpunkt von Messiaens Alterswerk, der Oper »Saint François d'Assise«, steht die 45 Minuten dauernde »Vogelpredigt« (6. Bild). Messiaen hat sich den historischen Ort dieser Predigt in Umbrien genau eingeprägt, dort alle Stimmen geduldig notiert. Bruder Masseo und François stehen in der Oper lauschend unter der alten Eiche vor den Klausen der Carceri am Monte Subasio, und François erklärt Masseo die Gesänge. Es singen »Schwester Capinera«, die Mönchsgrasmücke, »Bruder Scricciolo«, der Zaunkönig, und »Bruder Pettirosso«, das Rotkehlchen mit seiner »Melodie wie ein dünnes Bächlein, so als ob man eine Kette von sehr kostbaren Perlen löste«. Es singt aber in der Oper auch der ferne Grasmückenverwandte »Bruder Eopsaltria«, dessen »Flötenstimme von der Höhe bis in die Tiefe rollt«; dazu die zu den Südseegrasmücken zählende »Schwester Gerygone«, »die die Zeit mit ihrem Staccato spaltet und ihre Chromatismen durch ihr Lachen gliedert« (Leitmotiv für den Engel der Oper). Es sind Vögel der ostwärts von Australien gelegenen neukaledonischen Kieferninsel. Messiaen hat sie auf einer Reise dorthin für die Oper aufgezeichnet und den Franziskus im Traum hören lassen – Vögel der Inseln von den Antipoden, Stimmen göttlicher Allgegenwart des Psalms: »Und die Inseln sollen lobpreisen.«

Über einen Meter lang ist die Partitur für dieses gewaltige Konzert, in dem durch Übereinanderschichtung unterschiedlicher Tempi bei polyphoner Überlagerung verschiedener Vogelstimmen eine Art organisiertes Durcheinander geschaffen ist, wo jedem Instrument auch die Freiheit der stets improvisierenden Naturstimmen auferlegt wird. Es ist wiederum eine Musik ohne Anfang und Ende und ohne dramatische Entwicklung, damit sie auf den Schöpfer hinweise, in dem wir alle an die Mauer des Nicht-Anfangs stoßen. Der Dirigent muß einen auf unregelmäßigen Zeitmaßen basierenden Takt schlagen, er muß den außerhalb der Tempi spielenden Instrumenten in 70 verschiedenen Notensystemen genaue Einsätze und Pausen geben, also einen Zeitvielklang organisieren bei wechselndem Metrum und wechselnden Tempi in komplizierter Rhythmik. Eine wahre Zeitphilosophie ist das, die die meisten Zuhörer völlig überfordert. Die Zeit sei das erste Geschöpf Gottes, sagte Messiaen.

Höhepunkt ist der Einsatz des Pirols. Es spielen drei Ondes Martenot (elektrische mikrotonale Klaviere) für Gartengrasmücken und australischen Leiervogel, die Trompete in D für eine zweite Mönchsgrasmücke. Dazu müssen nun Hörner, Glockenspiel und Vibraphon den Pirol, jenes »goldene Lachen eines fremden Prinzen« anstimmen, eine stark rhythmische und zugleich nie genau festzulegende Melodie, die der Vogelkundler wie das Aufwehen eines Mittagsvorhangs empfindet, das den Blick freizugeben scheint auf Glück und Freude des Daseins, in Gold und Schwarz ein Triumph über das Nichts.

Diese Musik ist gleich schwierig für Opernpublikum wie für Ornithologen. 1998 wurde die Oper als Schluß der Salzburger Festspiele aufgeführt. Ich nahm den Nachmittagszug, ging einfach zur Abendkasse. Das Felsentheater war längst nicht ausverkauft, und nach der Pause war gut ein Drittel des Publikums heimgegangen. Die vier Tragödien Olivier Messiaens hatten sich erneut bestätigt.

Ich war so aufgewühlt wie ratlos.

Nach einer von einem jungen Toningenieur eigens produzierten Diskette aller Vogelgesänge zum »Catalogue d'oiseaux« verglichen Stephan Heuberger und ich später Naturstimme und Komposition von Pirol und Grasmücke auch in der Oper, um genauer zu studieren, wie Messiaen den Vögeln zugehört und wie er ihre natürliche Musik menschlichen Ohren und menschlichen Herzen anverwandelt hat.

Er hat keine endgültige Antwort auf die Frage gegeben, warum die Vögel singen. Wie hätte er auch eine solche Frage endgültig beantworten sollen? Denn der Reichtum der Innerlichkeit von Vögeln kommt im Gesang als vollendete Zeitgestalt zum Vorschein, eine gesteigerte Selbstdarstellung von Lebensintensität, die wir nur bewundern können. Messiaens ganzes Werk ist zur einzig möglichen Antwort geworden: Vögel singen zu nichts sonst. Er hat komponiert, wie der Vogel singt, und ist dabei dem Geheimnis der Tiefe, das an der Oberfläche liegt, so nahe gekommen wie irgend möglich.

Wer die Schönheit angeschaut mit Augen
Ist dem Tode schon anheimgegeben.
August von Platen

11. Kapitel **Gemalte Vögel**

Zweimal sind mir Königshühner begegnet. Das erste Mal saß ich mit anderen Ornithologen auf einem einsamen Grat im nordostanatolischen Kaçkargebirge, tiefe Einsamkeit vor uns, tiefe Einsamkeit hinter uns. Wir beobachteten stundenlang die Geröllhalden, als plötzlich ein gelbfüßiges Kaspikönigshuhn mit dem Melodiebogen seiner ansteigenden Flötenrufe über unsere Köpfe hinweg »angeritten« kam, wie daheim die Jäger bei Birk- und Auerhühnern sagen; es wechselte von einem Südhang, über dem Alpenkrähen kreisten, zu einem Nordhang, in dem Bartgeier nisteten, und ging, daß die weißen Flügelfelder aufleuchteten, zwischen Rhododendren nieder, um gemächlich die gelbblühenden Zweige und einige spärliche Polster nach Sämereien abzusuchen; obzwar fast auerhennengroß, war es dort nur mehr schwer zu erkennen; seine Gestalt, die silbriggrauen, rotbraun bestrichelten Federn von Rumpf und Flügeldecken, der hellgraue, schwarz gepunktete Hals, die weiß und rostbraune Kopfzeichnung ließen es in der Halde wie aufgelöst scheinen.

Bei der zweiten Begegnung war es das rotfüßige Himalajakönigshuhn auf den Almwiesen über der Schlucht, die der südkirgisische Ala-Archa-Fluß ausgehobelt hat, um sich schäumend und mit Geschiebe polternd aus den Gletschern des Tienschangebirges nach Norden zu ergießen. Der kalte Juninachmittag war von den Stimmen der Königshühner erfüllt, aber sie zeigten sich nur flüchtig.

Trotzdem habe ich sie diesmal, abseits der Gefährten an einen Felsen gelehnt, intensiver wahrgenommen als zwei Jahre zuvor. Denn dazwischen lag die festliche Präsentation einer Serie besonderer Drucke im kleinen »Einsäulensaal« der Münchener Residenz. Nach 32 Aquarellen eines Kanadiers, »Rare Birds of China«, waren sie auf einer Presse des 19. Jahrhunderts in Wien bei »Jaffé Österreichische Lichtdruckwerkstätten« in zwei Arbeitsjahren gedruckt, im Halbtonverfahren, 12 Farben auf 160 g Fabriano-Papier – die Platten nach einer Auflage von 100 zerstört. Bei Wein und Salzgebäck wurden sie im Gedränge der Gäste nun zum Kauf angeboten.

Zwar habe ich wenig Freude an Besitz und weder Kraft noch Zeit zum Sammeln; was denn noch alles in Ordnung halten und ergänzen, wo sowieso immer alles zuviel wird und mir um die Ohren fliegt! Aber hier geriet ich in überraschend schwere Versuchung vor großformatigen Fasanen und Kranichen, vor Greifvögeln und Pirolen (»Silver Oriole« – allein der Name!) und verlor den königlich bayrischen Residenzboden unter den Füßen.

Bislang hatten mich Vogelmaler nicht interessiert; die anspruchslosen Illustrationen der Bestimmungsbücher nahm ich als Merkmalsversammlungen, also nach ihrer Genauigkeit als bessere oder schlechtere Kopien der Wirklichkeit. Schnabelform, Kopfzeichnung, Schwanzmuster, das mußte halt stimmen, damit Anblick und Name zusammenkämen und mich wie alle »Birder« die Freude an der Identifikation erfüllte. Der Illustrator möge also einfach den ganzen Vogel rekonstruieren und so viele Aspekte in einem einzigen Bild versammeln, daß der Vergleich mit der Natur rasch gelingt.

Daher sind ja auch Maler bis heute nicht verdrängt worden von Photographen, trotz deren immer perfekterer Form- und Farbtreue. Denn der Photograph bleibt gebunden an das, was der Augenblick des Klicks festhält.

Im Laufe der Jahre wechselte ich vom heißgeliebten Kosch-Naturführer »Was fliegt denn da?« mit Rudolf Oeffingers und Willy Goertzens Bildchen auf rauhem Nachkriegspapier zu Roger Tory Petersons wissenschaftlicher gezeichneten, farblich besser gedruckten »Vögel Europas« und von diesem Begleiter meiner Studienjahre zu den handlicheren, ständig verbesserten Auflagen von »Pareys Vogelbuch«; darin ließ sich Hermann Heinzel akribisch auf Unterarten, Varianten, Jugendkleider ein und bereicherte die Portraits durch kleine Flug-, Lauf- und charakteristische Haltungsbilder mit Landschaftsdetails, denen gegenüber die stereotypen Seitenansichten bisheriger Bestimmungsbücher flach und schematisch wirkten. Im »Parey« verloren sich die Vögel nun nicht mehr traurig auf Papier wie aufgespießte Schmetterlinge, sondern hatten etwas Raum und Bewegung hinzugewonnen. Jonssons expressivere Portraits boten dann noch mehr Details, etwa die minimal anderen weißen Tüpfel im braungemusterten Flügel, die Wald- und Gartenbaumläufer unterscheiden; doch wer bekommt schon diese heimlichen, an Stämmen wie Mäuse auf und ab huschenden Baumbewohner länger als ein paar Sekunden ins Fernglas? Da hält man sich lieber an die wohlunterschiedenen Stimmen, die der »Parey« beim Gartenbaumläufer mit »tütitü tirüisri« gegen Jonsson mit »tüt-tüt-titeroi-sri« transkribiert, beim Waldbaumläufer mit »zi-zi-zrisiri-zrisirirr« gegen »zi-zi zisirri zrisirirr«. Nun denn, zrisiri hin und zisirri her, haben denn jemals zwei Ornithologen dieselben Ohren? Für mich singt der Gartenbaumläufer ohnedies noch immer »zisesiwoidjui«, wie »Was fliegt denn da« ihn aufzeichnete, während ich die Existenz des Waldbaumläufers einst schon deshalb gar nicht zur Kenntnis nahm, weil er, völlig gleichartig dargestellter Zwilling, sich nach der älteren Einteilung nicht »an Gebäuden« zeigte, sondern »in Park und Wald« verlor. Da der »Jonsson« wegen Gewicht und Format nicht in Hosen- oder Anoraktaschen paßt, ist er eher zur abendlichen Nachsuche wertvoll, einer Leidenschaft, die den davon Befallenen halbe Nächte kosten kann, »zrisirirr« in den Ohren und flimmernde Muster vor dem inneren Auge. Lars Jonsson, mehr Maler als Illustrator, begeistert uns, auch wenn seine Meisen und Finken vor lauter aufgeplustertem Lebenseifer etwas pummelig wirken. Doch in unseren »transalpinen Eistundren«, wie Herbert Rosendorfer unser Klima beschimpft, sollte man als Vogel unbedingt isolierende Federkleider sträuben!

Die »Rare Birds of China« eines gewissen J. Fenwick Lansdowne schlugen wie Blitze vor meinen unvorbereiteten Augen ein. Auf den ersten Blick schien dieser Maler ganz der Tradition des Vignettenstils älterer Künstler verpflichtet, eines John James Audubon (1785–1851) oder eines John Gould (1804–81), die idealisierte Vogelportraits zwischen Pflanzen, Hölzer oder Steine vor dem Hintergrund von Landschaftsausschnitten komponierten. Hier aber ging ein Künstler souverän mit Ausschnitt und Rahmen um, ließ seinen Kompositionen eine seltsame Offenheit, und die Naturtreue von Tieren, Pflanzen, Mineralien schien nicht Ziel, sondern Voraussetzung seines Schaffens. Voraussetzung wofür?

In Lansdownes großen Formaten (62 × 82 cm) betörte auf den ersten Blick vor allem die Stimmigkeit der Farben. Beim Portrait der beiden ruhenden, mit den Köpfen vertraut und bergend einander zugewandten Fasane der Art Syrmaticus humiae baute sich, in Abstufungen von Schiefergrau und Rot über Kastanie, Beige, Isabelle bis zu sparsamer Weißzeichnung an der Körperoberseite eine herrisch nach links oben führende Diagonale auf und mündete in die langen Schwanzfedern des Hahns, die durch eine Komposition von trockenen Gräsern unter der Henne nach rechts unten in zartem Gelb wieder zur Ruhe kam. Es herrschte trotz fremder Vegetation eine auch mir wohlvertraute Vorfrühlingsstimmung, in der die sehr plastischen Vogelkörper weit mehr ausdrücken als nur ein ganz bestimmtes, vielleicht vom Aussterben bedrohtes Fasanenpaar aus China, wie es viele gute Tiermaler darstellen können. Hier trat über die Abbildung zweier Vögel hinaus deren geradezu heftige Anwesenheit so ins Licht, als hätten sie alles sterblich Leibhafte für einen Augenblick weit hinter sich gelassen.

Bald fand ich mich vor einem Blatt mit zwei »Himalayan Snowcocks«, also Königshühnern wieder, Tetraogallus himalayensis, deren Zwillingsart ich als Kaspikönigshühner des Kaçkargebirges bereits kannte. Kannte ich sie? Offenbar in keiner Weise, obwohl sich mir im Vorjahr das, wie man so sagt, »grandiose« Panorama jener Hochgebirgszüge tief eingeprägt hatte. Hier im düsteren »Einsäulensaal« war mehr Königshuhn präsent als in der pontischen Nachmittagssonne. Diese Hühner standen als gegenläufige Diagonalkomposition in einer sehr abschüssigen Halde, auf der ich selbst unweigerlich ins Rutschen kommen, kollern, stürzen würde, wie ich's in wiederkehrenden Träumen mit Entsetzen erlebe. Schnee lag in dicken, firnig späten Zungen, wirkte aber in seiner Bläue noch kälteklirrend unter den breiten, ins Braunviolett verdunkelten Körpern. »Die örtliche Farbe von Schnee ist weiß«, sagte mir Fenwick Lansdowne zwei Jahre später, »doch eigentlich ist alles reflektiert bläulich, könnte auch rosa sein.« Er hatte ein starkes Blau riskiert, das die in verschiedene Richtungen äugenden Königshühner surreal erscheinen ließ bei aller voluminös hühnerhaften Genauigkeit in der Malweise. Die Naturtreue war wiederum in ein solches Extrem gesteigert, daß Auflösung zu drohen schien, als würden die Tiere gleich von langen Schatten aufgesogen.

Ich kaufte diesen Druck. Als ich im Jahr darauf in Kirgisien die zweite Begegnung, diesmal mit Himalajakönigshühnern hatte, nahm ich vor allem noch einmal intensiv jenes Bild wahr. Nicht daß es sich über die momentane Wirklichkeit geschoben hätte, es verdichtete diese vielmehr, steigerte sie, machte sie für mich erst eigentlich lebendig, als ob ich allein nicht die Kraft aufgebracht hätte, dem großen Augenblick ganz zu entsprechen.

Schon in der Ausstellung hatte sich der Wunsch geregt, diesen Maler kennenzulernen und zu fragen, worum es ihm zu tun sei mit seinen Hühnern, seinen Wasser-, Greif- und Singvögeln. Ist es nicht anachronistisch, noch einmal nur Vögel zu malen am Ende eines Jahrtausends, das die Natur immer genauer erforscht, sie verbraucht, in Frage gestellt und ihre Individuen aus dem Blick verbannt hat, während immer schönere Naturfilme sie uns ins Wohnzimmer gaukeln? Sollte dieser Maler ein Epigone sein, ein Vollender oder vielleicht ein Visionär? Königshühner hat er nie zu sehen bekommen, jedenfalls nicht in ihren Revieren über der Baumgrenze Zentralasiens. Wie denn auch, als ein durch frühe Kinderlähmung Versehrter!

Ich schrieb ihm: So und so und ich arbeitete an einem Vogelbuch, und er könnte mir doch vielleicht etwas über gemalte Vögel sagen, und wann er nach Europa käme. Überhaupt nicht käme er, war die Antwort, aber ich solle doch ihn und seine Familie im kanadischen Victoria besuchen. Ich mußte den Globus zu Hilfe nehmen und zur Orientierung erschreckend weit nach Osten drehen.

Anfang Juni des nächsten Jahres – eine für die Vogelwelt des kanadischen Westens empfohlene Saison – brach ich auf und bezog ein zwischen blühenden Büschen verstecktes Bed & Breakfast, das mir die Lansdownes nahe ihres Hauses an der Ostküste von Vancouver Island besorgt hatten. Wir verabredeten uns für den nächsten Vormittag. Ich sollte um zehn Uhr vor die Pension kommen, Lansdowne werde im Auto warten. Distinguiert, schmal und, obwohl schon Anfang 60, sehr jung wirkend, begrüßte er mich im Sitzen und fuhr zu seinem geräumigen, blauweiß gestrichenen Holzhaus, ländlich in einen Garten voller Blumen gekauert, die überall hineindrängten und Krüge füllten, Kannen, Vasen auf der Veranda, in der Küche, in den Zimmern, wo sie die Fülle der Bücher und die diskrete Eleganz einiger alter Möbel und Silbersachen bunt und wohnlich ergänzten.

Mit Hilfe zweier langer Krücken unter den Achseln gelangte mein Gastgeber ins Haus und begann Tee zuzubereiten; trotz deutlicher Mühe (auch die rechte Schulter, Arm und Hand sind schwer versehrt) wirkte sein Hantieren umsichtig und geschickt. Ziemlich hölzern stand ich herum, in qualvoller Verlegenheit und wachsender Angst davor, nun gleich erklären zu müssen, warum ich von so weither gekommen sei. Vielleicht wegen der Felsenküste British Columbiens mit ihren Vögeln? Oder wegen der Begegnung mit einem Bild zweier Königshühner? Dabei hatte ich vor allem fragen wollen, wieso sich ein so weit vom Fliegen Entfernter ausgerechnet den Vögeln verschrieben hat. Aber diese Frage war sofort verstummt in der subtil durchgestalteten Alltäglichkeit dieser Küche, in der Lansdowne sehr vertraut wirkte. Er kümmere sich tagsüber um die beiden halbwüchsigen Kinder, da Helen als Sinologin am Universitätsinstitut für »Asiatic Studies« in Victoria arbeite. Das ergab ein Stichwort, »Rare Birds of China«. Und sogleich wurde nun alles vogelkundlich, also sehr einfach. Wie mühelos waren die Lektorengespräche mit Arnulf Conradi im S. Fischer Verlag gewesen! Wir hatten uns fast nur über Vögel unterhalten.

Fenwick, höflich und bei aller Intensität der Ausstrahlung ungemein zurückhaltend, würde sich bald auch als überragender Feldornithologe erweisen. Er suchte seine in Jahrzehnten erschienenen Bildbände und Publikationen über seine Person heraus. Ob er mir auch ein Fahrrad leihen könnte? Ich wollte ihn nicht dauernd bemühen und vor allem den Jetlag nicht im Bett bekämpfen, sondern an der nahe gelegenen Küste nutzen. Als ich zum Abendessen kam, werkte Helen lebensprühend in der unter Volldampf stehenden Küche. Ihr Rezept für Brombeeressig interessierte mich glühend, nachdem ich ihren Salat zu Meeresfrüchten gegessen hatte. Eigenes Gemüse, eigenes Obst, eigene Marmelade – München und Vancouver Island rückten sogleich ganz nahe zusammen mit zwei aus Prinzip ländlichen Haushalten in verstädterter Umgebung. Wir verglichen das Meeresklima hier mit den bayrischen Eisheiligen, diesen Tomaten- und Gurkenfeinden noch Mitte Mai.

Helen schien überall zugleich sein zu können, fuhr mich sogar auf eine Exkursion in ihrem knallroten Sportwagen, den sie sich von der Versicherungsprämie hatte kaufen können, nachdem ihr uralter Volvo freundlicherweise eines Tages von selber in Flammen aufgegangen war. Der kleine Cuthbert Holmes Park, einstiges Farmland, war eine jener seltsamen, nach innen geöffneten Landschaften mit eigener Weite, ein bißchen Wald, ein bißchen Wasser, Schilf und Wiesen – und darin lauter fremde Wrens (Zaunkönige), Sparrows (Ammern) und Warbler (Laubsänger). Helen kannte sie alle. Während wir der surrenden Stimme des Savannah Sparrows, einer selten gewordenen Ammer, nachspürten, erzählte sie von Fenwicks eisernem Arbeitswillen trotz wachsender Atemnot – er muß mit einem Lungenflügel auskommen. Sie murmelte »Post-Polio-Syndroms«. Nur ihr und den Kindern zuliebe habe er im vorigen Jahr für eine Reise nach Kalifornien einen Rollstuhl ausgeliehen. Ich erfuhr vieles von diesem Künstler, der im zweiten Hauptberuf Vater ist, und von dieser Sinologin, deren Berufe an einer Hand nicht aufzuzählen sind. Selbst für einen Literaturklub findet sie noch Zeit.

J. Fenwick Lansdowne, 1937 in Hongkong geboren, erkrankte als zehn Monate altes Baby so schwer an Kinderlähmung, daß die Ärzte ihn aufgaben. Sie hatten allerdings nicht mit Edith Landsdowne gerechnet. Die kämpfte um ihr

Kind und brachte den Dreijährigen nach Victoria, wo ein Krankenhaus »for crippled children« – so unbeschönigt drückte Fenwick sich aus – den Eltern Hoffnung verhieß. Aber es war bereits zu spät für Hilfe, traurig kehrten sie nach China zurück. Was sein Krank- und Beschädigtsein für die Mutter bedeutet haben muß, begriff er erst, als er bald fünfzigjährig selber Kinder hatte. Zu Kriegsbeginn sollte Edith Lansdowne bei der Evakuierung der Frauen und Kinder aus Shanghai zwischen Kanada und Australien wählen und entschied sich zusammen mit ein paar Freunden für Victoria, vor allem weil sie dort im Jahr zuvor schon einmal gewesen war. Der viel ältere Mann kehrte für kurze Zeit auf seinen Posten nach China zurück, um sogleich interniert zu werden. Sechs Jahre stand er das japanische Lager durch, war ein gebrochener Mann, als er endlich seine Familie in Victoria wiederfand, und erkrankte an Parkinson. Er stammte aus einer britischen, seit 100 Jahren in Hongkong ansässigen Familie, sie war eine in der Mandschurei geborene Engländerin, verwöhnt vom angenehmen Leben in großen Häusern mit viel Personal. Jetzt hatte sie alle in China eingelagerte Habe verloren, nicht durch Japaner, sondern durch amerikanische Soldaten, die die verschlossenen, mit Adressen versehenen Schiffskoffer vollständig ausplünderten. Edith stand vor dem Nichts. Am wenigsten beklagte sie den Verlust der Dienstboten; alles nun selber tun zu müssen war auch eine Befreiung, und sie merkte erst jetzt, wie schamlos der chinesische Koch sie bestohlen hatte. Nun mußte sie Geld verdienen, sogar als Fahrerin eines Milchwagens. Edith sei so tapfer gewesen, so zäh, phantasiebegabt und humorvoll, schwärmte Helen von der Schwiegermutter.

In bitterster Armut war Fenwick also auf Vancouver Island gestrandet. Er lag gehunfähig im Bett, bis er sieben war. Die Mutter brachte ihm Spielgefährten, zeigte ihm (»for my sake«) Vögel, fuhr ihn ins Freie, kaufte Vogelbücher, sobald sie einige Dollar abzweigen konnte, als erstes zum sechsten Geburtstag Traverners »Birds of Canada« mit Allan Brooks trotz der kleinen Formate schön detaillierten Vögeln in ihrer Umwelt. Fenwicks Vergnügen an Text und Bild war unerschöpflich; wie andere Kinder Briefmarken, sichtete er Vögel auf seiner Bettdecke und kam draußen schon als Kenner an. Nachts weckte er seine Mutter wegen der Stimmen aus der Dunkelheit, klagender Seidenschwänze, surrender Towhees und anderer »Avian treasures«, geflügelter Kostbarkeiten. Den Vögeln war er verfallen, er kann sich an keine Zeit in seiner übrigens als fröhlich erlebten Kindheit ohne Vögel erinnern. Sie waren schon da, als sein Gedächtnis einsetzte, der unstete, wie ein Senkblei herabtauchende Ziegenmelker (Nighthawk), der feuerrot bemützte Schwarzspecht, (Pileated Woodpecker), der an Pfosten der Straßenränder hämmerte, oder das erfrorene Goldhähnchen, das die Mutter im strengen Winter 1942 aus dem Holzschuppen in die orange geflieste Küche brachte: winzig olivfarbener Federleib, rotes Krönchen. Das war der Humus, der Same müsse allerdings in ihm gelegen sein.

Auch eines Lebens ohne zu malen kann er sich nicht entsinnen. Und wieder die Mutter: Selber Malerin, vor allem ostasiatischer Seidenmotive, zeichnete und aquarellierte sie an seinem Bett, eine intime Ausbildung, die ihn selber freigab; sein Talent für Wahrnehmung, für Stift und Wasserfarbe war so stark, daß nur seine linke Hand genügte zur frühen Meisterschaft.

Als Fenwick sieben Jahre alt war, wagte sich ein Arzt an mehrere Operationen am Rückgrat. Und was für andere unvorstellbares Elend gewesen wäre, erlebte er als Gewinn von Beweglichkeit, von berauschender Unabhängigkeit. Auf zwei Krücken aufstehen, groß sein, ein bißchen gehen können – die Welt öffnete sich. Die Mutter fuhr ihn immer weiter übers Land und hielt für ihn an, wo er wollte.

Mit zwölf Jahren fanden seine Mal- und Vogelleidenschaft zusammen. Als Halbwüchsiger arbeitete er bei einem Präparator und wurde mit Federbälgen vertraut. Bei einer ersten Ausstellung seiner Vogelbilder im Royal Ontario Museum bestaunte man ihn bereits als »boy wonder«. Als M. F. Feheley, ein Werbefachmann, dem Neunzehnjährigen eine Ausstellung in Toronto ausrichtete, hatte der seine Technik und seinen Stil mit traumwandlerischer Sicherheit gefunden. In Fehely fand Lansdowne einen Mäzen und Agenten, der ihm ein unabhängiges Leben möglich machte. Heute gilt Lansdowne als Weltbester seines Faches. Und doch bedauert er noch immer, keine Fachausbildung genossen zu haben, wie sie an Akademien mit dem Fach »Tierdarstellung« einst geboten wurde.

Am Morgen war ich lange vor Tagesanbruch wach. In München wäre Mittag! Draußen sang mehr laut als wohltönend der Robin, die amerikanische Drossel. Das Fahrrad fiel mir ein. Zur Küste radeln! An den Pazifik! Einfach so! Wieviel besser war das als schlafen! Wie eigens für mich bestellt, planschten da zwölf Fischotter direkt vor meiner Nase, tauchten mit eleganten Schwanzschlägen ab, kamen mit einem dicken Fisch herauf, schleuderten ihn geschickt in die richtige Lage und verzehrten ihn schmatzend im Wasser; manche Genießer krochen dafür auf einen Uferfelsen. Das Otter-Gelage dauerte lange, jeder dürfte es auf ein knappes Dutzend Fische gebracht haben. Ein riesiger Schwarm mußte im Flachwasser sein. Warum blieb er stehen, bis alle Feinde satt waren? Später traf ich die Gesellschaft wieder, die Tiere lagen wie Würste träge auf einem Felsen, kratzten sich, beknabberten und schleckten einander das Fell, dieses perfekte Taucherkleid.

In der nächsten Bucht hockte ich lange auf einem von Vögeln bekleckslten Felsen und beobachtete ein lebhaftes Kragenentenpaar. Diese Enten verbringen die meiste Zeit an den Küsten, suchen aber zur Brut reißende Binnengewässer auf. Ihre Kopfzeichnung ist absurd, mit weißen Augenflecken, wo keine Augen sind, während diese schwarz im Dunkelgrau verschwinden, dahinter lebhaftes Weißmuster, rotbraune Seiten, ein fröhlicher weißer Tupfen vor dem schwarzen Schwanz. »Harlequin Duck« ist ein guter Name für diese wie zum Fasching Kostümierten. Wer entwirft solch ein Narrenkostüm? Alle Vögel sind in ihrer Gestalt vollkommen, sind unbedingt schön, zeigen kräftigen Ausdruck oder raffinierte Unauffälligkeit; und man erkennt etwas wie Vergnügen an Variationen, an überraschenden Effekten, also sichtlichen »Spaß an der Freud«. So auch bei der Californian Quail. Diese Wachtel gab sich zu erkennen durch ihren einsilbigen Revierruf von einem Baum herab, wo ich keine Wachtel vermutet hätte. Wohl war sie ordentlich wachtelmäßig, also unauffällig gezeichnet, aber wie einer alten Kokotte stand ihr eine nach vorn gebogene, lange, schwarze Feder mit Pompon auf dem Kopf. Noch komischer muß die Mountain Quail sein, der diese Feder lang und pfeilgrad nach oben steht. Eine Besonderheit der Neuweltwachteln, die den europäischen abgeht. Welchem Modeschöpfer ist das nun wieder eingefallen?

Während der Morgen voranschritt, kroch mir nordpazifische Kälte wie ein feuchter Molch durch alle Glieder, die Füße waren naß, die Aussicht auf heißes Bad und Frühstück unwiderstehlich geworden. Aber da saß erst noch die auf einer Zweigspitze konzertierende Ammer. Den kreisrunden Ausschnitt einer morgendlichen Welt im Fernglas mit dem »Song Sparrow« (Singammer) in der Mitte, gegen nichts hätte ich ihn eingetauscht, er war für diese kleine Ewigkeit an der Küste von Vancouver Island das Zentrum des Universums, ein großes Glück um den Preis eisiger Füße und mit dem Gewürz von Möwenkacke an Händen und Hose.

In der Pension stopfte ich die nassen Schuhe mit »The Times Colonist« aus, nicht ohne dabei zu erfahren, daß Sojanahrung die sexuelle Entwicklung der Babys hemmen könnte, daß ein auf Fischdiebstahl abgerichteter Hund erfolgreich gearbeitet habe (»Dog has nose for fishy plunder«) und auch ganz knapp und nebenbei, daß das Elend der Kosovoalbaner unter Miloševic kein Ende nehmen wollte.

Für die späten Vormittage war ich mit Fenwick zum Tee in seinem Studio verabredet, einem winzigen Holzhaus in verwildertem Garten, Zuflucht der jungen Familie Anfang der Achtzigerjahre. Dort arbeitet er bis zu fünf Stunden. Neben der Staffelei lag der unansehnliche Balg eines Coopers Hawk (Rundschwanzsperber), nur ein Gefiederbündel, an dem zwar Form und Farbe der Federn zu erkennen sind, nicht aber wie sie stehen. Eigentlich ein Schweiger, bemühte Fenwick sich um Informationen für mich: »Alles was man tut, könnte besser getan werden. Nie bin ich gut genug, muß aber genügend Vertrauen haben, um weiterzumachen. Ich weiß, daß ich gut bin, aber ich weiß besser als Sie, wie schlecht ich bin. Es ist ein Drahtseilakt. Sobald man glaubt perfekt zu sein, ist man's nicht mehr.«

Wir schauten beide auf das fast leere Blatt mit der blassen Zeichnung des »Coopers Hawk« im Profil, von dem erst eine kleine Partie des Hinterhauptes in düsteren Brauntönen aquarellistisch ausgearbeitet war. Gestern sei er nahe daran gewesen, das Blatt aufzugeben, weil er mit der Struktur der Federchen nicht zurechtkam. Es ist nicht sein erster Coopers Hawk, es gibt ein sperberhaft wildes, den Betrachter angriffsbereit fixierendes En-face-Bild vom einstigen Schrekken der Geflügelfarmer; wenn er in eine flatternde, schreiende Hühnerschar stößt, tötet er oft viele Tiere und kröpft nur die Gehirne. Seine »Nadeln«, grausige Greifwaffen, sind im Bild des auf einem Kiefernast Aufgeblockten so stark und lang gezeichnet, daß sie weit überstehen und noch im Ruhen schnellsten Tod anzeigen. Kürzlich habe Fenwick die Chance gehabt, zwanzig Minuten lang am Futterhäuschen seiner Terrasse einen Coopers Hawk zu beobachten und Skizzen zu machen, sogar vom Abflug. »I tried to watch this situation.« Ich dachte an den japanischen Farbholzschnitt eines Eisvogels bei der Landung mit einer Stellung der Handschwingen, die wir Europäer mit bloßem Auge gar nicht erkennen können; erst Zeitlupenfilme haben genau diese Haltung bestätigt, die das offenbar schneller arbeitende Auge der Ostasiaten sieht. Lansdowne befeuchtete den Rand der am Vortag begonnenen Kopfpartie, ergänzte mit feinem Pinsel eine Federschicht, schattierte mit dem Stift, wartete aufs Trockenwerden. »There is a lot of waiting« beim Aquarellmalen.

Bei ihm fremden Arten ergänzen Photos seine inneren Bilder naher Verwandter. Videos lehnt er ab, sie würden ihn nur ablenken. Wohl notiere er sich in der Natur auch Merkmale. Doch diese ergäben sich meist ebenso präzise von selber aus der im Ganzen erfaßten Gestalt, die er aus dem Gedächtnis nach früheren Begegnungen abrufen könne. Als ich bald darauf die »Strahlungen« wiederlas, stieß ich auf Ernst Jüngers Beschreibung eines Besuchs bei Georges Braque. Dieser sagte dem Gast, er würde nie vor den Modellen malen, sondern stets aus der Erinnerung; als er einen Hummer darstellen wollte, wußte er auf einmal nicht, wie viele Beine der hat, zählte sie aber später bei einer Mahlzeit nach und vergewisserte sich, daß er die Anzahl genau getroffen hatte. So sollten Wahrnehmung und Gedächtnis arbeiten, dachte ich ein bißchen traurig. Seinen Kanadareiher sah Fenwick an einem Wintertag an der Küste gegen schneidend kalten Januarsturm gestemmt; diesen Eindruck trug er Monate mit sich, bis der rechte Augenblick gekommen war und sein Stift wie nach der Natur diese Symbolfigur British Columbias zeichnete, einer Küste mit Himmeln voller Regen, mit bleifarbenen Wassern, Salzsümpfen, zerschlissenen fahlen Gräsern und Schwemmhölzern, deren freigeschliffene Maserung das Auge entzückt.

Um dem lebendigen Vogel gerecht zu werden, mache er rasche Skizzen zufälliger Situationen, die irgendwann erlaubten, die Essenz der Vogelschönheit, wie nur er sie sähe, zum Vorschein zu bringen. Es gälte nicht, naturalistisch zu malen. Dennoch käme ihm immer vor, nur ein Dutzend solcher Bildbände und ein weit größeres Können als seines wären nötig. Er zeigte mir das Bild eines Taiwan-Fasans, dessen Federn eher als Striche gemalt, während Blüten und Gräser sehr genau ausgearbeitet waren. Trotzdem, der Vogel war weit stärker anwesend, die Pflanzen blieben Hinter- und Vordergrund. »Ach, wenn wir nur so gut wären, wie wir sein sollten.«

An einem der folgenden Vormittage lag das Sperberbild diagonal auf der Staffelei, von einer Kleberolle gestützt. Lieber zeichne er, mit Farben habe er zu kämpfen. Seine eigenen Bücher, »Birds of the West Coast«, »Birds of the Northern –« und »Birds of the Eastern Forest« sowie »Rails of the World«, enthalten auch viele Zeichnungen; diese wirken dramatisch, sehr spontan, zeigen – etwa beim White-crowned Sparrow, einer gestreiften Ammer – wie eben nur Zonotrichia leucophrys sitzt und singt und damit ein stets Konkretes, unverwechselbar Besonderes (den »Vogel an sich« gibt es ja gar nicht in der Natur) zum Vorschein bringt aus der unerschöpflichen Vielfalt der Geschöpfe – ihr Glück am Geschenk der eigenen Gestalten, in denen sie sterblich sein dürfen. Das endgültige Bild muß dann die individuelle Vielfalt sammeln und festlegen, muß Dutzende von Möglichkeiten zu einer einzigen gerinnen lassen, muß zur verhaltenen, endgültigen Aquarellversion des entspannt in sich ruhenden oder erregten Individuums führen. Die Skizze, möglichst in natürlicher Größe, überträgt Lansdowne auf Fabriano-Papier, das wohl schwierig zu handhaben ist, dafür aber mit seiner besonderen Weichheit die Wasserfarben am besten wiedergibt. Wochen, Monate sitzt er an einem Bild. Nicht immer »kommt« der Vogel. Die »Rails of the World«, ein Buch, das er zusammen mit dem Rallenspezialisten Dillon Ripley, dem einstigen Leiter der Smithsonian Institution, machte, kostete ihn mit 64 Bildern 13 Jahre.

»Man wird geboren mit diesem Verfallensein an die Vögel. Es ist etwas Mystisches in ihnen«, sinnierte Lansdowne später im Garten des Wohnhauses leise. »Vielleicht weil sie fliegen können und wir nicht?« Wir haben geschwiegen vom Laufen und Schwimmen oder vom heißeren Blut der Vögel und von ihren doppelt durchlüfteten Lungen. Fenwick wischte die Worte alle wieder fort: Die Dinge seien eben da. »Ich denke nicht über sie nach. Ich tue sie.« Ich schaute mir den kleinen Garten an mit Glashaus, Blumen und Gemüsebeeten, mit Sitzplätzen, Mauern, Hecken, Wegen und Pavillons nach seinen eigenen Plänen gestaltet, gewinnt der Ort innere Weite. Der Hausherr widmete sich mit Künstlersorgfalt der Zubereitung eines Kuchens. Dann brachen wir zu einer kleinen Fahrt an die Küste auf, zu einem für ihn günstig gelegenen Parkplatz.

Wir inspizierten einen Horst des »Bald Eagle«, des Weißkopfseeadlers, amerikanisches Wappentier und Logo auf unseren deutschen Vogelschutztafeln. Mitten im Ort in eine Stammverzweigung gebaut, wurden da gerade zwei Junge großgezogen. Eines der Elterntiere wartete ruhig im Wipfel auf den Partner, während Krähen, diese Plage aller Greifvögel, herunterhaßten. Der Adler warnte mit schrillen Rufen ein über ihm majestätisch auf brettebenen Schwingen dahinsegelndes anderes Adlerpaar. Deren Köpfe leuchteten in gleißendem Weiß vor blauem Himmel. Große Ruhe ging von ihnen aus, die rasch vorwärtskamen ohne Flügelschlag. Diese Bald Eagles im Norden beim Lachsfang anzutreffen sei wie der Blick in eine noch unversehrte Naturvergangenheit. Mehrfach hat Fenwick Weißkopfseeadler gemalt: als überlebensgroßes Kopfportrait, auf dem starkes Gelb des Schnabels heftig kontrastiert mit weißem Gefieder, und als Bild eines Jungtiers noch ohne weißes Haupt, auf einem schöngedrehten Kiefernast aufgebaumt, mantelnd über einer erbeuteten Eisente, mächtig und voller Kraft.

Fenwick brach unsere Exkursion bald ab, um seine nach

Jane Austen »Emma« genannte Tochter von der Schule abzuholen und in einen Biologiekurs zu bringen; Meeresbiologin will sie werden. Für mich lag in der Küche die Stricknadel bereit, mit der ich zu gegebener Zeit den Kuchen testen und aus dem Ofen holen sollte; und Bildbände der für ihn wichtigen Naturmaler. Archibald Thorburns (1860–1935) »British Birds« beglücken ihn noch heute mit atmosphärisch dichten, bildfüllenden Landschaften. Thorburn übertrug als Jagdmaler der englischen Aristokratie Erfahrungen mit großen Tafeln auf seine ornithologischen Werke; um der geforderten Vollständigkeit willen stellte er meist alle einheimischen Arten einer Familie zusammen und schuf Kompositionen mit vielerlei Ammern im Schnee unter apricotfarbenem Himmel oder einer im Schwung grau glänzenden Woge, in der Sturmschwalben und Wellenläufer gemeinsam schaukeln.

Eine andere Exkursion führte in Fenwicks Lieblingsrevier mit Beutelmeisen, dreierlei Schwalben, Warblern, Seidenschwänzen und den »Savannah Sparrows«. Wir verglichen unsere unterschiedlichen Erfahrungen als Birdwatcher. Es gäbe »Birdlisters«, die persönliche Lebenslisten führen. Solch einer bestellte kürzlich bei ihm zum Anlaß seiner Nummer 5000 ein Bild der »Blue Pigeon« der Seychellen, 40 000 Dollar zur Feier eines Vogelanblicks. Wir stellten fest, daß wir beide keine solche Liste führen. Fenwick geht es um etwas Wichtigeres als die Befriedigung persönlichen Ehrgeizes; und bei meinem Gedächtnis wie ein Sieb wäre eine solche Liste sowieso sinnlos. In alljährlichen Wettkämpfen zögen kanadische Birder von Mitternacht bis Mitternacht in Vierergruppen los, um möglichst viele Arten zu »sammeln«. Das sei aber ein völlig anderer Vogelgenuß als der seine, eine abstruse Mischung aus Sammeltrieb und Trophäenjagd. Doch mit der Meisterschaft solcher Champions im raschen Bestimmen kann sich Lansdowne durchaus messen.

In »Birds of the West Coast« schreibt er voller Bewunderung über Braunpelikane mit ihrem scheinbar falsch gebauten Leib, bizarr wie afrikanische Masken, wobei auch ein humorvoller Aspekt nicht zu leugnen sei. Doch das ist kein Scherz der Natur, sondern eine Bestätigung des Bauhaus-Diktums, die Form folge der Funktion – Erklärungsformel einer übermächtig gewordenen funktionalen Morphologie. Braunpelikane seien großartige Jäger in eckigem Rahmen, vollkommen angepaßt an ihre Lebensweise; diese Ritter der Lüfte seien aber auch schön, weckten nicht nur Lächeln, sondern auch Bewunderung – schwere Bomber auf silbernen, schwarzgesäumten Schwingen. Bei einer friedlichen Vormittagstasse Tee später im Studio riskiere ich meinen Einwand zu dieser Deutung der Tiergestalt. Gewiß, keine Form dürfe den lebenserhaltenden Aufgaben entgegenstehen, Stoßtaucher wie Seeschwalbe, Eisvogel oder Pelikan müssen selbstverständlich so geformt sein, daß ihr Leib wie ein Geschoß ins Wasser schießen kann. Aber die Gestalt auch dieser Vögel sei doch mit Gesetzen der Aero- und Hydrodynamik noch keineswegs erklärt. Kein Design, auch nicht bei Autos, unterwerfe sich diesem »Form follows function«, Motto des amerikanischen Architekten Louis Sullivan Anfang des vorigen Jahrhunderts. Wir vertieften das Thema nicht, nahmen Rücksicht aufeinander. Aber beim letzten Studiotee kurz vor meiner Abreise, als wir über die mafiosen Folgen des verfehlten Experiments »Marxismus« sprachen, stellte Fenwick lachend fest, ja, das sei wohl daher gekommen, daß man in bezug auf die menschliche Gesellschaft mit dem überstrapazierten Postulat der Gleichheit allzusehr der Formel vertraut habe: »Form follows function«. Ich lachte dankbar zurück für seine Konzession.

An einem anderen Vormittag, er strichelte weiter an seinem Sperberkopf, erzählte er, wie es ihn amüsiere, in Filmen für besondere Stimmungen ständig falsche Vogelrufe zu hören: für die Wildnis der Northern Forests die Stimme der

Common Loons (Eistaucher), deren irrsinnig (lunatic) klingendes »Lachen« einem die Haare zu Berge stehen lasse, das aber ganz und gar nicht in nördliche Regenwälder gehöre; für Wüsten- und Präriestimmung werde stets der Ruf des Redtailed Hawk bemüht, für Waldestiefe das »Huhuhu« des europäischen Waldkauzes, das in Amerika überhaupt nichts zu suchen habe.

In diesen wenigen Tagen lernte ich Fenwick als vorzüglichen Ornithologen kennen, als Exkursionsführer im Wald und an der Küste, der mir dank seines stupenden Gehörs Dutzende für mich neuer Arten vom Auto aus zeigte. Er schickte mich los, klopfte aufs Dach, wenn ich in die falsche Richtung ging, deutete energisch dorthin, wo sich das für mich gerade Besondere sehen oder hören ließ. Er liebt sie alle, winzige Kinglets (Goldhähnchen), prunkvolle Red-winged Blackbirds (Rotschulterstärlinge), selten gewordene Chipping sparrows (bescheiden gemusterte Ammern) auf Brachflächen sowie insbesondere räuberische Raben und die ihnen zwar unterlegenen, aber ebenso räuberischen Krähen. Deren verschiedene Schwarztöne im blauschillernden Gefieder seien eine Prüfung für jeden Maler: Wie bringt er diesen metallischen Schimmer, diese düstere Transparenz aufs Papier? Soeben hatten gerade Krähen sämtliche Gelege im Garten ausgeräumt und »haßten« nun auf einen Raben in der großen Zeder, der ihr Anfliegen und Herunterhacken mit grantigen »Kolock«-Rufen quittierte. Ein Bandenkrieg? Nein, so sei es eben, und gut und böse gehöre nur zum Menschen, bei aller gleichgültigen Grausamkeit in der Natur. Lieben sei Wissen, er male wissend und daher aus reiner Liebe.

Als ich daheim nachzuholen versuchte, was ich über Vogelmaler nicht wußte, leuchtete mir am stärksten Dürers »Blaurackenflügel« ein, farblich und zeichnerisch von einer Vollkommenheit, wie sie Lansdowne vorschweben müßte, wenn er zwischen dem Balg des Coopers Hawk und dem entstehenden Bild dieses Sperbers vor der Staffelei sitzt. Dürer hat auch einen Kiebitzflügel gemalt, der exakt wiederkehrt in den Stichen von Engeln oder in »Nemesis – Das große Glück«. Dürers Engel und Göttinnen flattern und schweben auf naturalistisch gespreiteten oder gefalteten Kiebitzschwingen, die ihnen, Feder für Feder, anatomisch getreu an den Schultern sitzen. Solche Vogelschwingen sind ebenso wie die »Tote Blauracke« und der »Tote Erpel« (ein Tafelerpel) nicht nur bunte Gefiederstudien innerhalb einer Vogelkontur, sondern da wachsen aus dem Körper große wie kleinste Federn so hervor, daß noch das tot im Leeren hängende Tier die volle Lebensspannung zeigt.

Viele Vögel flattern von da an durch die Jahrhunderte der Kunst, eine Population von Stieglitzen, Meisen, Schwalben, Elstern und Hühnern auf Marien- oder auf Kosmosbildern, wo sie und in Wind und Sonne trocknende Wäsche die Luft als viertes Element symbolisieren. Auf Stilleben zeigen tote, an Füßen oder Schnäbeln aufgehängte Schnepfen, Eichelhäher, blutbefleckte Rebhühner sowie Singvögel, in Körben und auf Küchentischen arrangiert, kulinarisch verfügbare Fülle.

In Lansdownes Wohnzimmer hängt ein Druck des Truthahns aus John James Audubons Werk. Dessen beinahe wahnwitziger Lebensplan war, alle Vögel Amerikas in natürlicher Größe in Aquarell zu malen, auf Kupferplatten stechen und handkolorieren zu lassen von mehreren Dutzend Beauftragten. Dieser Truthahn steckt eher in einer bronzeschimmernden Rüstung als in einem Federkleid, er schreitet und trägt ungemein stolz die beiden grotesk aus dem Brustgefieder hängenden Schmuckfedern vor sich her im komisch feierlichen Gehabe seiner Art. Lansdowne bewundert Audubon, der die Vögel aus ihrer Fixierung auf Stilleben oder dekorativen Vignetten in den Schwung neuentdeckter Bewegung gerissen hat. Die scharfen Kurven im Fliegen, Schweben, Schwimmen und selbst im Verweilen wirken beinahe wie Verrenkungen, die unbedingt eingehaltene Lebensgröße im Format von immerhin 103 mal 69 cm zwingt den mächtigen Schwänen oder Reihern noch weitere Biegungen des Halses oder der Beine auf. Audubon (1785–1851) war ein Vogeldramatiker, zumal er vor dem Zeitalter der Feldstecher beobachtete und daher seine Modelle schießen mußte, um sie sodann in der für natürlich gehaltenen Stellung zu fixieren. So wirkt mancher Vogelflug eher als Sturz.

Dieser Mann war ein Getriebener, schlug sich und seine Familie in hundert Berufen durch, als Gutsverwalter, Händler und Bankrotteur, als Tanz- und Fechtmeister, verlor aber nie sein Werk aus den Augen, immer in Zeit- und Geldnöten. Als er den Mississippi hinunterfuhr, hatte er Mason, einen vierzehnjährigen Schweizer, für die Ausarbeitung der Pflanzen mitgenommen, denn aus Zeitmangel malte er selber kaum Hintergründe.

Die Audubon-Society, älter, erfolgreicher und mächtiger als alle anderen Vogelschutzvereine, wurde 1886 zur Rettung des schneeweißen Silberreihers, Casmerodias egretta (oder Egretta alba), gegründet, dessen über den Rücken rieselnde Schmuckfedern, die Aigrettes, ihn wegen der Pariser Hutmode an den Rand der Ausrottung brachten. Lansdowne hat einem Paar dieser Reiher ein zartes ruhiges Bild mit blauem Hintergrund gewidmet. Den Balztanz dieser großen Vögel, deren strahlendes Weiß sie noch größer erscheinen läßt, hat er zwar selber nie zu Gesicht bekommen, beschreibt ihn aber im Text so lebhaft, daß der Leser bezaubert ist vom ausgebreiteten Gefieder, das den Tänzer, wie in einen Halo eingehüllt, als schimmernde Wolke erscheinen läßt.

Ein Jahrhundert nach Audubon lebte ein seltsamer, wenig bekannter Vogelmaler, der Schweizer Jean Bloé Niestlé (1884-1942), unter dem bayrischen Kunsthimmel der vorigen Jahrhundertwende. Melancholisch, sensibel, beeinflußbar, stand er vor der Wegscheide zur Moderne. Er kannte die Vorgänger, etwa einen John Gould, der 1837 den jungen Darwin erst aufmerksam gemacht hatte auf die Besonderheit der Galapagosfinken, deren Verwandtschaft und Unterschiede er mit seinem ornithologisch geschulten Künstlerauge erkannte. Akademiestudent beim Münchner Tiermaler Heinrich von Zügel, stand Niestlé auf tragische Weise im Schnittpunkt zwischen einer das Tier noch immer möglichst naturgetreu darstellenden Tradition und der expressionistischen Moderne. Zum Kreis von Macke, Campendonk, Kandinsky gehörend, war er auch eng befreundet mit Franz Marc, der sich unter seinem Einfluß der Tiermalerei zuwandte; sie ließen sich gemeinsam am Loisach-Kochelmoor südlich von München nieder. Niestlé sehnte sich nach vermeintlicher Naturharmonie. Franz Marc hat ihn 1906 als modernen Franziskus mit Hut portraitiert, umschwirrt von Vögeln, August Macke 1911 als wunderlichen Kauz mit Schirmmütze und Fernrohr. Gefördert und anerkannt von diesen Künstlern und zugleich schwer unter ihnen leidend, befürchtete Niestlé, »pleine décadence« in den Werken einer »lärmenden Malerkohorte« und zugleich bei sich selber »peintre de vieux jeux« zu sein. Als die Galerie Tannhauser 1912 die Ausstellung seiner Freunde, den »Blauen Reiter«, eröffnete, war auch er mit seinem stimmungsvollen Bild »Fitislaubsänger« vertreten, der randlosen Komposition eines farblich harmonischen, so großzügig wie detailgetreu gemalten Ausschnitts einiger Nadelbäume, in denen eine Familie mit eben ausgeflogenen Jungvögeln sitzt. »Doch ich empfand solche Traurigkeit beim Anblick des Bildchens, das so verloren da hing, daß ich ganz im Taumel und tief deprimiert diese Ausstellung verlassen mußte«, schrieb er an einen Freund. Kurz nach der Eröffnung schleppte sich ein sehr zarter junger Mann mit lockig herabhängendem Haar in den »Blauen Reiter«, nahm leise die »Fitislaubsänger« ab und trug sie mit sich fort.

Seinem eigenen Handwerk, der artgemäßen Tierdarstellung verpflichtet, aber dieses Konzeptes zugleich nie sicher und der Vision einer insbesondere von Kandinsky geforderten Abstraktion ausgeliefert, lebte Niestlé in tragischem Zwiespalt. Nach dem Kriegstod Franz Marcs (1916) holte er eine wenig überzeugende expressionistische Periode in dessen Stil nach mit roten Füchsen, gelben Rehen, bunten Limikolen in phantastischen Landschaften, »paysage imaginaire«. 1919 führte eine Kopfgrippe mit schweren Lähmungen zum Ende seines Malens. Noch 25 endlose Jahre mußte er sein vermeintliches künstlerisches Scheitern auch als Schwerkranker durchstehen.

Niestlé streifte nie die Bindung an strenge Gegenständlichkeit ab; es ging ihm um das Tier selbst, das er nicht wie der tiefreligiöse Marc zum Symbol einer menschlichen Seinsform umbilden mochte. Seine bedeutendsten Bilder, »Ziehende Stare«, »Starenflug«, »Nebelkrähen im Rauhreif« aus dem Jahre 1911, sind sehr persönliche Naturvisionen: Imagination von Herbstwiese oder reifbedecktem, zart lilafarbenem Gebüsch, flatternd durchsichtige Starenflügel oder ruhig rudernde Krähenschwingen. Die Stare ziehen, mit Ausnahme eines den Betrachter fixierenden Tieres, nach rechts über den Rand hinaus, die weit nach links gesetzten Krähen – einer schneidet der Rand die Schwingenspitze ab – schweben in die Tiefe, schwarze Wintervögel in der klirrenden Kälte eines monochromen kühlvioletten Farbtons.

Als Niestlé seine »Fitislaubsänger« aus der Ausstellung des »Blauen Reiters« zurückzog, war dies mehr als nur persönliche Verweigerung eines Künstlers, der am Expressionismus scheiterte. Hier trennte sich das Tierportrait vom anerkannten Kunstbetrieb der Moderne und zog sich teils in naturhistorische Museen und Publikationen zurück, teils in ein Abseits, das den Künstlern große Kraft und Unabhängigkeit abfordert. Niestlé vollzog eine freiwillige Verbannung, noch bevor Photographie und Film die schwindenden Reste von Wildnis, die Natur der Reservate oder die neuaufgebaute Natur von Parks und zoologischen Gärten eroberten.

Ganz in diesem Abseits arbeiteten aber weiterhin Tierkünstler wie der 1991 mit 78 Jahren verstorbene Heinz Theuerjahr. In souveräner Abgeschiedenheit, fern jeden Galeriebetriebs, blieb er als Graphiker und Bildhauer im Bayerischen Wald, um »einen Gegenstand nach seinem Wesen ... nach meiner Art und nach dem unveränderlichen Gesetz der Natur zu gestalten«. Theuerjahr wollte dieses Wesen eines Tieres zum Vorschein bringen, und es gelangen ihm archaisch magische Bilder, die an Lascaux erinnern. Es läge ein »großes Jenseits in der einsamen Krähe, die auf dem dürren Baumzweig kauert«. Ein Holzschnitt umreißt in vier getrennten Linien einen Reiher; ein Pastellbild verbindet mit einer gewellten Linie zwei Dreiecke, die auf gekreuzten Strichen ruhen, und wiederum steht da ein Reiher. In der Kohlezeichnung »Landender Marabu« breitet dieser grotesk geformte afrikanische Vogel weit seine Schwingen, ganz Marabu in der noch nicht ganz abgefangenen Bewegung. Schwer ruhen auf flügelmäßig ausgebreiteten Bronzeflächen mit hohen Hälsen zwei Schwäne. Theuerjahrs Tiere sind von diesem Jenseits stark geprägt und gehalten in ihrer stets spezifischen »Haltung«.

Reiner Kunze eröffnete 1995 eine Ausstellung Theuerjahrs im Bonner »Museum Alexander Koenig« mit dem großen Gedicht »Der Bayerische wald/ ging über ins gebirge Ararat ...« – es sind bewegende Verse über den kranken Künstler, Tierfreund und Afrikareisenden, über Gott, Noah, Sintflut und Arche. Es mag da die Kunst selber als Arche gedeutet sein und die Taube Noahs, die zur Taufe am Jordan sich als Geist »wie eine Taube« niedersenkt, als Botin der bedrohten Dinge in der Sintflut unserer Epoche.

Georges Braque hatte Vögel anders konzipiert, der Gattung näher als der Art, der Ordnung näher als der Gattung, eher Ideen von Urvögeln denn Marabu, Reiher, Schwan:

fliegende Schattenbilder vor Sonnen, die Saint-John Perse in lyrischer Prosa nachgedichtet hat: »Ohne Wissen von ihrem Schatten, und vom Tod nur kennend, was sich Unsterbliches durch ihn vollbringt im fernen Brausen großer Gewässer, ziehen sie vorbei und lassen uns, und wir sind nicht die Gleichen mehr. Sie sind der Raum, den ein einziger Gedanke durchmißt.«

Wie Verspätete könnten da die Vögel Fenwick Lansdownes wirken, umgeben von Stille, gelassen inmitten einer zerrissenen, in alle Winde auseinanderstrebenden Moderne, altmodisch und bestürzend lebendig in einem, nah und zugleich in ihrer melancholischen Ruhe wie entrückt in eine Fremde, der nachzuspüren des Ornithologen höchstes Glück bedeutet. In den meisten dieser Bilder ist die Diagonale komponiert, aus der natürlichen Haltung der Vögel heraus weiterentwickelt, oder als Gegenkraft eingesetzt. Sie wirken, in sanftes Gegenlicht getaucht, einerseits silhouettenhaft, haben aber zugleich starke Fülle, etwa die »Pygmy Owl« auf ihrer Beute, der »Coopers Hawk« mit der winzigen weißen Fehlfarbe in der Flügeldecke oder der für diesen Augenblick die Gefahr von oben mißachtende, aufmerksam einen Haufen trockener Halme nach Nahrung durchstöbernde »Fox Sparrow« (Fuchsammer). Im reinen Weiß der Luft um die unten weißen, oben schwarzgrün schillernden, wie surreale Taumgestalten fliegenden Stelzenläufer, die ihre überlangen Beine mit sich zu ziehen scheinen, während ihre nadelspitzen Schnäbel den leeren Raum durchstoßen, oder im heftigen Blau und Rostrot des prächtigen Bluebird auf dem verrottet emporragenden Stumpf eines Weidezaunes mit abgerissenen Resten von Draht, oder im reflektierenden Blaßtürkis entlegener Wassereinsamkeit für ein schwimmendes Odinshühnchen zeigt sich außer Länge Breite und Höhe auch dieses Gewicht, dieses bedrängende Volumen innerhalb eines Gefieders, das außer Oberfläche auch die ganze Funktion des Fliegens, Schwebens und Schwimmens aufweist. Es sind starke, lebendige Individuen in ihrer Umwelt. Die Spiegelungen vieler Seevögel im Wasser durchmessen alle Stadien möglicher Abstraktion: gestrichelte, gefleckte, wellig versetzte Formen mit gelockerten Konturen bis hin zur völligen Auflösung von Farben und Linien in eine drohende Tiefe hinunter. Ihre machtvolle, zugleich gefährdete Dreidimensionalität läßt diese gemalten Vögel in ihrer Gelassenheit und Gegenwärtigkeit stets umfangen sein von der vierten Dimension – dem Tod. Nicht nur dem von uns verschuldeten Tod der Ausrottung, dem heute ständig eine vermeintliche Naturewigkeit entgegengesetzt wird, sondern dem Tod als unaufhebbarer Bedingung ihres Lebendigseins, ihres Schönseins, ihres Selbstseins. Das ist ihre Würde. Denn alles hat seine Zeit, und das Leben hat den Tod.

12. Kapitel ***Rotdrosseln im Realen Sozialismus***

Dem Ornithologen schlägt keine Stunde, Schlagbäume oder Eiserne Vorhänge sind ihm wie Luft. Reiseprogramme kommen zum Einsturz. Die Welt steht still, wenn ihn das gelbe Auge des Steinkauzes trifft, während er sich über die Südmauer der Athener Akropolis beugt.

Als wir die einwöchige Gruppenreise nach Moskau und – damals noch – Leningrad für Juni 1985 geplant und Visa beantragt hatten, regte sich neben der Vision goldener Kuppeln und kostbarer Ikonen, neben der Vorstellung schwarzer Limousinen mit Vorhängen und eines Mausoleums für eine »Glatze« bei mir auch die Sehnsucht nach Pirol, Rotdrossel und Sprosser, dieser östlichen Zwillingsschwester der Nachtigall. Es müßte doch ein Morgen mit einem russischen Ornithologen in den Wäldern um Moskau möglich sein! Mit irgendeinem, so dachte ich! Was bedeutet schon Politik, wenn die ferne Drossel sänge mit dem homerischen Namen »Turdus iliacus«?

Ich beschloß, es ganz und gar richtig zu machen, um niemanden in Verlegenheit zu bringen. Also schrieb ich mit Hilfe der fünf Jahr zuvor zwangsemigrierten russischen Freundin Irina Woinowitsch an drei hier in München bekannte

Moskauer Vogelspezialisten einen kurzen Brief auf dem Papier der »Ornithologischen Gesellschaft in Bayern« mit dem Tannenhäher im Briefkopf. Ich sei vom Fach, dann und dann für drei Tage in Moskau und bäte um jemanden, der mich zu den Vögeln führen könne; ein wenig Französisch oder Englisch wäre nicht unerwünscht. Wochenlang kam keine Antwort. Dann, kurz vor unserem Abflug, traf die höflich bedauernde Absage eines Herrn X ein, er befände sich zur angegebenen Zeit leider, leider in Urlaub. Zugleich aber verwirrten zwei Anrufe aus Moskau in unverständlichem Deutsch die Münchner Zoologische Staatssammlung, Sitz unserer »OG«, mit der Übermittlung einer Moskauer Kontaktnummer. Also ein klares »Jein«. Die bewährte Freundin knüpfte noch am Abflugtag diese Verbindung, die zu einer Dolmetscherin der Akademie der Wissenschaften in Moskau führte. Ein Hoffnungsschimmer – trotz der ungünstigen Ankunftszeit am Samstagabend.

Moskau empfing uns mit Sturm und Regen. Es würde also in jedem Fall schwierig werden mit der Ornithologie. Immerhin, die Moskauer Freunde waren sofort zu jeder Hilfe bereit, mein Wunsch leuchtete ihnen weit eher ein als meiner Familie, die aus leidvoller Reiseerfahrung wußte, daß Ornithologen jederzeit zu Aussteigern aus Raum und Zeit werden können, also zu einer argen Zumutung für Mitreisende.

Der Atomphysiker Walja Petruchin, ein reizender Freund von Freunden, der in Dubna Antimaterie erforschte, wählte die schon erprobte Nummer von Marina K. Diese versicherte, eine offizielle Erlaubnis bekommen zu haben, als Mitarbeiterin der Akademie der Wissenschaften mit mir Kontakt aufzunehmen. Aber leider, sie müsse um eine offizielle Bestätigung von meiner Organisation bitten, um sicher zu sein, daß ich offiziell sei. Samstagabend!

Mein kapitalistisches westliches Gehirn begann sich zu verdunkeln. Verschwommen nahm es zur Kenntnis, daß

Frau Marina zusätzlich zur erlaubten Kontaktaufnahme eine weitere Erlaubnis brauchte, in mir eine offizielle Person als Partnerin eines offiziellen sozialistischen Ornithologen begleiten zu dürfen. Welche Organisation sollte ich darstellen? Den Hausfrauen-Verein e. V.? Die OG in Bayern? Die Mitgliedschaft in der »Süddeutschen Zeitung« – als freie Mitarbeiterin? Ich begann mich schrecklich einzeln zu fühlen. Der Intourist-Vertreter unseres weit außerhalb gelegenen Hotels, des gigantischen, von Franzosen erbauten Betonklotzes »Cosmos« aus der Zeit der glorreichen Olympiade, sei einzuschalten. Wir hatten von der Existenz dieses speziellen Offiziellen noch gar nichts bemerkt. Am Wochenende war er überdies nicht ohne weiteres zu erreichen.

Als man ihn endlich am Telephon hatte, verlangte er, man möge seinen Vorgesetzten verständigen, zugleich aber auch die Akademie der Wissenschaften, Protokoll-Abteilung, dazu bewegen, der Intourist-Vertretung zu bestätigen, daß die ganze Exkursion offiziell sei. Am Samstagabend? Mein Denkvermögen reichte gerade noch hin zu begreifen, daß sich bereits mehrere, möglicherweise erwünschte Kurzschlüsse im System befanden; mein Junitraum von den Moskauer Wäldern voller Sprosser und Rotdrosseln begann sich zusammen mit meiner Person in eine Aktennotiz zu verwandeln, in Umkehrung von Jorindes Verwandlung in eine Nachtigall, als sie im Märchen dem Haus der Erzzauberin zu nahe gekommen war. Oder produzierte der dialektische Materialismus speziell für mich gerade Antimaterie?

Nun hatte sich jedenfalls unerbittlich das Wochenende vor die Vögel geschoben, nach dem alten julianischen Kalender sogar Pfingsten. Dies brachte uns zwei »arbeitende« Kirchen, überfüllt und in die Sphärenmusik unsichtbarer Chöre getaucht; die vielen anderen, nicht arbeitenden Kirchen bröckelten verlassen und verschlossen hinter trockenen Büschen und schütterem Rasen unter Gerüsten vor sich hin, und auf dem berühmten Nowodewitschi-Friedhof konnten wir die Gräber Gogols, Ilja Ehrenburgs und Chruschtschows inmitten einer Grabkunst besichtigen, zu deren Ikonographie strenge Portraitköpfe reifer Generäle mit Raketen in der Faust oder noch reiferer Minister mit Telefonhörer am Ohr gehörten, ein eigenartiges Panoptikum, dessen harsche Zeitlichkeit jeder Ewigkeit im Angesicht des Todes Hohn sprach.

Unermeßliche Gastfreundschaft trug uns zum Montag hinüber. Erst an diesem Montagnachmittag glückte ein Kontakt zum Vizechef der Ornithologischen Gesellschaft, mithin einem Chef Frau Marinas. Es blieb mir nur noch der allerletzte, der Dienstagmorgen. Nein, meinte der Vizechef am Telephon im Ton tiefsten Bedauerns, bis morgen sei all dies unmöglich noch zu bewerkstelligen. In der Ornithologischen Gesellschaft sei alles schwieriger, als man dächte. Und da ich offiziell angefragt hätte, müßten Regeln eingehalten werden. Er schlug vor, am nächsten Morgen die Protokollabteilung der Akademie der Wissenschaften anzurufen, diese zu bitten, Intourist anzurufen, damit man von dort die Ornithologische Gesellschaft anrufe und Genehmigung erteile, mich als offiziell zu betrachten und somit im Besitz der Erlaubnis, mit einem Vertreter der sozialistischen Vogelkunde samt Dolmetscherin offiziell eine Waldregion aufzusuchen.

Auf Einwendungen von Walja Petruchin, dann wäre es längst zu spät für die Vögel und für mich, kam die beruhigende Antwort, es regne heute sowieso und man habe überdies feststellen lassen, daß es morgen auch regnen werde, die Vögel somit eh nicht singen würden. Sollte indes jene Erlaubnis eintreffen – dann sei freilich alles vorbereitet und man werde gehen können. Würde es in diesem unwahrscheinlichen Falle dann etwa nicht regnen? Ich begann mich verwirrt zu fragen, ob in der Verwaltung der sowjetischen Akademie der Wissenschaften auch das Wetter und der Vogelgesang mitverwaltet würden. Mir dämmerte, daß ich gerade mit meinem Eifer fürs Offizielle die Sache falsch angegangen war. Ich hatte mich in ein Räderwerk begeben, dessen Funktionieren davon abhing, daß man sich gerade nicht hineinbegab, aber unbedingt so tat, als ob man sich hineinbegäbe. Ich hatte die absolute Fiktion berührt, der Bann wirkte augenblicks auf mich zurück: Ich stand im Konjunktiv, war offiziell gesehen virtuell geworden. »Schmecks Kropferter«, grantelt in solcher Lage der Bayer!

Der noch immer telephonierende Walja meinte in einer letzten Wallung von Energie, der Gast aus München werde das aber gar nicht begreifen können, werde womöglich in der »Süddeutschen Zeitung« darüber berichten und in seiner sehr fernen Galaxie wenig Verständnis für solche Verwicklungen finden. Dazu meinte der Vizechef zutiefst überzeugt, er sei selbst schon einmal im Westen gewesen und habe festgestellt, daß dort alles ebenso kompliziert ist.

Nun wurde alles plötzlich sehr einfach. Rasch benachrichtigte die Freundin des Freundes einen Freund, der Ornithologe und stehenden Fußes bereit war, sich am nächsten Morgen vor dem Hotel Cosmos einzufinden. Ich traf in Walentin einen jungen Wasservogelspezialisten von Rang, an dessen Seite der im Morgenregen tropfende Sokolniki-Park bereitwillig einige seiner Geheimnisse preisgab. Ein paar Brocken Englisch, und die wunderbaren lateinischen Vogelnamen öffneten das Tor zur Freude im Handumdrehen sperrangelweit.

Walentin freute mein Staunen über den russischen Akzent im Lied von Gelbspötter und Buchfink; er lockte zwei Pirole mit klangvollen Pfiffen herbei, und als sich gar die Rotdrossel hören ließ, erfaßte uns gemeinsame Begeisterung. Es spannte sich ein himmelweiter Bogen um den halben Globus, von meinem vorjährigen Besuch in Peter Scotts südwestenglischem Wasservogelreservat Slimbridge zu Walentins alljährlichen Forschungswochen im Amur-Gebiet, wo der Riesenfischuhu haust. Wir tauschten Vogelnamen wie

Geschenk und Gegengeschenk und wurden dabei alle beide reich. Es hörte auf zu regnen, Turdus iliacus sang, die Zeit stand still. Da war er wieder, der Ewigkeitskeil, die kleine Viertelstunde Unsterblichkeit. Der reale Sozialismus hatte dieses Ereignis nicht verhindern können, trotz seiner unermeßlichen Verhinderungsmöglichkeiten von Ereignissen.

Und die Familie wartete wieder einmal wie alle Familien mit dem schweren Los, einen »Birder« in ihrer Mitte ertragen zu müssen.

Staub ist das Leben
Hingeworfen ins Leere.
Aber Staub, er singt,
Asche, sie ist beflügelt.
Walter Muschg

13. Kapitel ***Eilen und Verweilen***

Warum habe ich meine ornithologischen Morgenlandfahrten, der Sonne und dem Licht entgegen, so lange aufgeschoben? Wegen meiner großen Familie? Oder weil ich mit einem ausgezeichneten Gefährten verheiratet bin, dem aber Vögel gleichgültig, Reisegruppen und unbequeme Quartiere ein Greuel, Abenteuer ganz und gar entbehrlich sind? Nein, um keiner Befreiung willen bin ich aufgebrochen. Mich hat nur die alte Sehnsucht getrieben, den Zugvögeln zu folgen. Als daher unsere Bayerische Ornithologische Gesellschaft, die »OG.«, im Jahre 1992 eine Spätsommerexkursion ins nordöstliche Anatolien anbot, bin ich der Versuchung erlegen, mich einem Voglerzug unter den Straßen der Zugvögel anzuschließen. Manfred Siering, unser Vorsitzender, würde uns führen und seine Familie einfach mitnehmen, Marliese, als Gruppenmutter jeder Notlage gewachsen, sowie zwei erstaunlich willige Schulmädchen. Da Demokratie und Klima der Türkei als einwandfrei galten, konnte die erstaunte Familie gegen diese unerwartete mütterliche Eigenmächtigkeit wenig ins Feld führen. Es lief auf ein schwer widerlegbares »Warum nicht?« hinaus, zumal niemand ahnte, wie viele weitere Aufbrüche folgen würden.

Ornithologen sind keine Touristen. Badestrände oder Sehenswürdigkeiten nehmen sie kaum wahr, richten aber an ganz unerwarteten Stellen ihre Feldstecher ins scheinbare Nichts einer wenig einladenden Wasserlache, eines staubigen Baums am Wegrand, in die Luft über einer Moschee, bloß weil jemand »Spornkiebitz« gerufen hat, »Schopfadler«, »Alpensegler«. Aufgeregt blättern sie in Büchern und geraten in Euphorien, für die der Tourist zu einer Flasche Retsinawein noch ein paar Usos obendrauf braucht, um alles mit einem gehörigen Kater zu bezahlen.

Es begann am Kaçkargebirge, das mit Teegärten und Aprikosenhainen jäh aus dem südöstlichen Schwarzen Meer fast 4000 m aufsteigt, vom Çoruh in einer tiefen Schlucht durchschnitten. Etwas weiter südlich nahe Erzurum beginnt bereits das Riftvalley, der Große Grabenbruch: den Jordangraben, das Tote und das Rote Meer entlang und weiter an den ostafrikanischen Seen driften zwei Festlandschollen auseinander. An den hohen Wänden dieser zukünftigen Küste eines entstehenden Ozeans gibt es starke Aufwinde, die viele Vögel aus Nord- und Osteuropa, Westsibirien und dem Ural für ihren Zug ins Winterquartier nutzen, Wanderer über einen Planeten, dessen Wandlungen ihnen Zeit lassen, sich auf neue Linien der Kontinente einzustellen. Und wir wollten uns auf einen seit Jahrhunderten türkisch gewordenen, einstmals griechischen, Orient einlassen, insofern er von Vogelstraßen überwölbt ist. Ähnlich wie am Bosporus führen an der östlichen Schwarzmeerküste Vogelzuglinien aus vieler Herren Ländern trichterförmig zusammen, um unter Vermeidung einer Meeresüberquerung ins Riftvalley einzumünden.

In Trabzon, der antiken Hafenstadt Trapezunt, ging es uns weniger um die Spuren griechischer Kolonisatoren, römischer Legionäre oder byzantinischer Händler als um Proviant. Wir fanden rasch einen Obsthändler mit grauer Haarbürste, dem eine Zigarette an der gewaltigen, von einer starken Nase überdachten Unterlippe klebte. Vor seinen ausgebreiteten Schätzen erwartete dieser Fürst über Feigen, Trauben und Pfirsiche, daß wir bei ihm einkehrten. Sein Laufbursche holte Tee und mit bitterem schwarzen Sesam bestreute Hefekringel. Für jeden Handgriff gibt es hier Gehilfen, und es blüht die Gesprächslust eines gastlichen Landes, das noch einen Augenblick zwischen Archaik und Moderne verharrt. Wir kauften Früchte, Weißbrot, Käse in Salzlake, trockene, mit Kreuzkümmel gewürzte Rinderwurst und süßeste Halva für bevorstehende Wanderungen; sie würden zwischen Haselnuß- und Pfirsichgärten, an türkischen Streusiedlungen und georgischen Dorfruinen vorbei zu Sommerdörfern lasischer Bergbauern führen und weiter hinauf ins Schweigen der Karseen, Geröllhalden und Grate. In Lasistans Wäldern wachsen 3000 endemische Pflanzenarten, von hier sollen Olive, Kirsche, Birne herstammen.

Schwül war es am Meer, grau und nieselig. Nur vor Batumi, wo der Çoruh mündet, brach Sonne durch und ließ in einem Sturzbach aus Licht die georgischen Berge mit stattlichen Kirchtürmen aufleuchten. Düstere Wellen schäumten und polterten mit rundgeschliffenen Steinen, bunt wie Vogeleier, den steilen Strand herauf. »Pontus Euxinus«, »Gastfreundliches Meer« – seiner furchtbaren Stürme wegen gaben ihm die alten Seefahrer seinen euphemistischen Namen. An diesem verhangenen Frühherbsttag stauten sich vor den Bergen dunkle Wolken, und es kam auch zu einem Zugstau der Vögel, der Himmel war leer. Also empfahl sich ein Küstentag. Auf einem schwarzen Felsen im Wasser funkelte ein Eisvogel, ein Grüppchen Kormorane ruhte dort. Sogleich begann das Spiel der Unterscheidung: Kormorane kannten wir von deutschen Binnengewässern. Hier aber saßen auch Krähenscharben, reine Küstenvögel, etwas zierlicher als Kormorane, mit grünmetallischem Schimmer im schwarzen Gefieder und rascheren, mehr aufwärts gerichteten Flügelschlägen. Wir genossen die Unterschiede, des Ornithologen höchste Lust. Phalocrocorax aristotelis, ich war ihm schon auf Saltee Island vor der irischen Südküste begegnet, wo mir seine smaragdenen aufmerksamen Augen sofortigen Rückzug vom Nest befohlen hatten. Vom offenen Meer her kam mit ruhigen Flügelschlägen eine Kette Graureiher. Einer wirkte kleiner, ruderte rascher, ließ sich daher als Purpurreiher ansprechen. Um ein Fischerboot war lebhaftes Geflatter, ein scheinbar grauweißes Einerlei, das sich aber als unerwartet vielfältig erwies: Alpenstrandläufer, Flußregenpfeifer, Spießenten, Möwen, Gelbschnabelsturmtaucher, Durchzügler und Standvögel, immer neue Arten, je länger wir schauten.

Ein mittags aufkommender Wind ließ Zugvögel und Ornithologen unruhig werden. Wir stiegen auf zu einer Teeplantage in halber Höhe über dem Meer, ein bewährter Beobachtungsposten zwischen den in Hüfthöhe kugelig gestutzten Büschen. Plötzlich, als wären sie eben erst aus dem Nichts aufgetaucht, flogen in der schon längst von zartem Geläute erfüllten Luft starengroße Vögel, rotbraun und blau von oben, zimtfarben von unten; der schwarze Hinterrand der Flügel betonte diesen Farbentwurf: Bienenfresser – die ganze Reise über würden sie uns bis in große Höhen begleiten mit Stimmen wie Glöckchen und einem Federkleid aus der Essenz reinster Schönheit gebildet, wie gelöst von aller Mühsal ihres Brütens in selbstgegrabenen Löchern an lehmigen Prallhängen großer Steppenflüsse. Nun kamen auch die Greifvögel vom Meer herauf, vor allem Wespenbussarde. Sie legten sich in die Thermik, schraubten sich darin empor und waren bald fürs bloße Auge im Himmel verschwunden. Dort wo in großer Höhe der Sog des Aufwinds endete, gingen sie segelnd »auf Strecke« in Richtung Süden bis zum nächsten Thermikschlauch, um sich von der an hohen Felswänden aufsteigenden warmen Mittagsluft wiederum hochtragen zu lassen. Sie ruhen abends, nachts und morgens am Boden, sie ruhen tagsüber unbeschwert, ohne Fettreserven und mit leerem Magen in der Luft, jede Schwingen- und Steuerfeder ständig den Strömungen angepaßt, und bewältigen so fast ohne Flügelschlag und ohne ihren Stoffwechsel erhöhen zu müssen, in nur zwei Wochen Tausende von Kilometern.

Zwischen den Bussarden segelten auch Milane, am eingebuchteten Stoß gut als Schwarzmilane zu erkennen; im Gegensatz zu den meist im Norden überwinternden Rotmilanen verlassen sie im August ihre Brutheimat. Zwergadler, prächtig schwarzweiß und für uns selten, rissen uns aus der schläfrigen Nachmittagsruhe. Jetzt hieß es schauen und vergleichen, bis die Augen tränten! War der Stoß gebändert, hatte er eine Endbinde, waren die Schwingen gebogen oder gerade, mehr rundlich oder schmal, gefingert, silbergrau und an den Enden aller fünf »Finger« wie in Tusche getaucht schwarz, oder war die vorderste Handschwinge hell? Sperber, Kurzfangsperber, Wiesenweihe, Steppenweihe, Kornweihe – Silhouetten des Lebens, von Licht durchströmt, in der Luft geborgen, ihre Namen in den Himmel geschrieben! Unsere Freude am Unterscheiden und Benennen riß uns mit empor. Hatte nicht ebendiese Freude auch am Anfang der Lebenskunde gestanden? Aus der modernen Biologie ist sie fast spurlos verschwunden mitsamt der Frage nach den Lebewesen selbst, nach dem Aufwand, den sie treiben, um sich zu zeigen. Zweimal im Jahr kommen diese Greifvögel hier vorüber, um auf einem bestimmten Baum irgendwo im Ural, in der sibirischen Taiga, am Wolga-Ufer Junge großzuziehen. Oder eigene Gene zu vermehren? So fragte keiner an diesem Nachmittag. Wir schauten das Leben, und es antwortete ungefragt mit seiner ganzen Evidenz.

»Kleiner Herr der Wiese« heißt auf türkisch die elegante Wiesenweihe, »Närrischer Falke« der Baumfalke, »Brükkenbauer« der Wespenbussard wegen seines Durchziehens einer hinter dem anderen. Gebhard Schürle, junger Förster von der Alb, Manfred Kaus, pensionierter Zoodirektor,

Manfred Siering, unser Großmeister, sie sprachen noch Greifvögel an, die fürs bloße Auge kaum Punkte im Zenit waren. Später frönten sie der Vogelbelustigung, indem sie Kleinvögel bestimmten, die vor dem Bus vorbeihuschten: Weißflügellerche, Rotflügelgimpel, Zippammer – »bitte anhalten, aussteigen, bestimmen lassen«! Mit diesem Wunsch niemandem zur Last zu fallen, darin bestand unser eigentlicher Reiseluxus.

Im Stockdunklen kamen wir in der Streusiedlung Altiparmak am gleichnamigen Nebenfluß des Çoruh an und mußten mit allem Gepäck durch ein Bachbett steil bergauf und über glitschige Wurzeln einen Steilhang entlangbalancieren zum behäbigen Gasthaus. Als Nachtlager waren Bodenmatten und rauhe Decken vorgesehen, dicht besiedelt von Flöhen, die sich alle auf mich konzentrierten; sonstigen Komfort bot ein Wasserschlauch in einer stockfinsteren Betonzelle mit Fußbodenloch. Mitgegangen, mitgefangen! Aber der junge Wirt trug seinen auf Polstern um einen handhohen runden Tisch sitzenden Gästen alles auf, was die quellenreichen Hänge an Gemüse, Obst, Nüssen und Honig spendeten. Wir schwelgten lukullisch – mit untergeschlagenen Beinen. Wasserfälle rauschten, Regen strömte, die schönen Nächte von Altiparmak waren erfüllt von Eulenrufen, Heimchengezirp und den heiseren Stimmen der Fruchtmäuse, einer Siebenschläferart.

Morgens fuhr uns der Bus über Bergwege, die vom Regen unterspült und voller Geröll waren. Vor unseren Augen löste sich ein Stück Hangwiese und rutschte mitsamt einer aufrechtstehenden Kastanie langsam heran. Später wanderten wir an klaren Bächen über Wiesen mit Enzian und hochroten pontischen Herbstzeitlosen, die »Spanische Flagge« klappte orangene Schmetterlingsflügel auf, Segelfalter gaukelten, Bärenlosung lag am Weg, die Ohren der Hirtenhunde waren wegen der Wölfe gestutzt. Auf winzigen Feldern wurden Saubohnen und Kartoffeln geerntet, Gerstenpflanzen einzeln ausgerupft; zarte Frauen in Plastikpantöffelchen trugen gewaltige Heuballen zu Tale. Wir begegneten dem Segen fruchtbarer Berge.

Ein lasischer Förster zog uns ins Gespräch, während seine Frau mit einer ovalen Sichel Waldkräuter schnitt. Die türkischen Forstgesetze nach deutschem Vorbild seien gut, würden aber vom Staat nicht durchgesetzt. Die Weidewirtschaft steige immer höher, zerstöre Wälder, Wiesen, Böden. Wir fragten nach den Lasen. »Alles Türken, mit Türken vor 2000 Jahren hergekommen.« Warum verleugnete er seine Identität, sein ovales Gesicht, die mandelförmigen Augen? Sie sprächen türkisch, nur einige Alte benutzten noch den lasischen »Dialekt«. Kein Reisebuch gibt Auskunft über diesen alteingesessenen kaukasischen Stamm mit seiner dem Georgischen nahestehenden Sprache. Alles Fremde, alles Vorherige scheint in den Abgrund des auf zwei türkische Jahrtausende aufgerundeten Nationalmythos gestürzt; mein englischer Türkeiführer erwähnte die Lasen oder Georgier so wenig wie mein deutscher.

Vom Rastplatz aus, dessen Quelle direkt aus dem Garten Eden zu sprudeln schien, war im Gegenhang ein Ruinendorf zu erkennen, hohe Steinhäuser, Kirche, dazwischen bewohnte Sommerhäuschen: unten Heustadel und Stall, oben einfacher Wohnraum. Am Dorfrand lagerten Frauen und Kinder um ein idyllisches Picknick; ein Mann schoß mit dem Gewehr in die Luft. Es war der 3. September, Nationalfeiertag im Gedenken an die Befreiung von Engländern und Griechen im Jahr 1923, nachdem man schon zuvor die meisten anderen Christen losgeworden war. Auch diese friedliche Alm trug die Spuren des mörderischen Bruchs der alten Gemeinschaft verschiedener Religionen und Traditionen, die Fundament einer aus Krieg und Frieden gezimmerten Kultur gewesen war.

Einige Kirchen sind nun Moscheen mit Reliefkreuz oder Taube in unzugänglicher Höhe. Andere, mit Resten alter

Fresken, werden als Lagerräume genutzt; erschrockene Apostelgesichter blicken mit ausgeschlagenen Augen herab und ein Pantokrator von der Decke, wo ihn die Steinwürfe nicht erreicht haben. Man glaubt, noch ein Echo der Tumulte zu hören. Ursache der Zerstörungen seien Erdbeben, sagen die Leute jetzt. Unser Wirt, dessen Gästehaus unmittelbar über einer heute als Moschee dienenden Kirche steht, erst in zweiter Generation hier daheim, zuckte auf unsere Fragen die Achseln. Yascha, unser ausgezeichnet Deutsch sprechender Führer, Student aus Antalja, meinte: »Georgier und Armenier waren gegen uns, also mußten sie gehen.« Gehen? Man sagt Transfer, Bevölkerungsaustausch, um Getrampel und Geschrei nicht mehr hören zu müssen. Tränkte Blut unsere schöne Blumenwiese oberhalb von Altiparmak? »Wir Türken sind fromm, tolerant, demokratisch, auch Christus und Moses waren Propheten, hier kann jeder nach seiner Art gläubig sein«, sagte der lasische Förster beim Abschied und drückte uns herzlich die Hände. Seine Glaubwürdigkeit schien überzeugend.

Wir stiegen weiter durch eine Heidelbeerregion. Heuschrecken stoben vor uns auf, getarnt im Weinrot der Heidelbeerblätter oder im Braun trockener Gräser, andere gar nicht getarnt, schön gemustert nur für sich. Der Herbst zirpte, wisperte, schwirrte wie daheim. Höher oben im Karst blühte ein gelber, duftender Rhododendron, aus dem Bienen giftigen »Tollhonig« saugen. Bitter sei dieser Honig für Menschen und schenke ihnen wilde Träume, hieß es schon in der Antike.

Unser Tagesziel war ein Karsee auf 3000 Metern. In den Schläfen pochte Überanstrengung, eine hellwache Erschöpfung, die den Kopf leicht macht und die Sinne öffnet. Köcherfliegenlarven zeichneten ihre Spuren in den schlammigen Seegrund, Nahrung für eine herumplanschende Wasseramsel. Am Ufer blühte goldgelber Herbstkrokus. Plötzlich fielen hastige, klingelnde Rufe auf, »kleine Teufelsgeigen«, sagte Manfred Siering. Es war der asiatische Rotstirngirlitz, Bewohner trockener Hochlagen, ein Sperlingsverwandter mit einem roten Signal in der schwarzen Stirn wie die Lampe eines Kumpels, eine Erstbegegnung, über der wir beinahe den Himmel vergessen hätten. Mit bloßem Auge kaum zu erkennen, schraubten sich noch über den Dreitausendern Wespenbussarde weiter empor. Fern lagen jetzt die Wiesen ihrer nördlichen Brutheimat, fern das Stückchen Steppe oder Buschland ihrer südlichen Überwinterungsheimat, wo der Wespenjäger sich auf Heuschrecken umstellen wird. Dort oben flogen beide Heimaten mit. Vollkommen zufrieden stiegen wir ab. Wozu sind wir den Vögeln nachgereist? Die Rationalisten unter uns, die ökologischen Schwärmer, die Liebhaber? Keiner stellte die Frage.

Auf dem Rückweg trafen wir im obersten Dorf jung und alt fröhlich im Kreis versammelt. Unter einem Runddach zog ein Ochse am Göpel einen Schlitten mit einer Art Egge zum Brechen und Häckseln über ausgebreitetes Stroh. Ein halbwüchsiges Mädchen stand darauf und trieb mit wilden Rufen den Ochsen an. Ihre Augen leuchteten in eine Ferne, wohin sie im Geiste kühn ausgeritten war. Jagte sie den Wolf? Trug sie den Sperber auf der Faust? Ritt sie ihrem Helden entgegen? Es mochte das erste und einzige Abenteuer ihres Lebens sein. Auf einer Veranda am Dorfrand bot uns eine blasse junge Frau mit den feinen lasischen Zügen dieser Berge abgekochte gezuckerte Milch in goldgeranderten Gläsern an und beobachtete das kleine Gastmahl aus traurigen Augen. War sie krank? Oder nur verzweifelt? Sie drückte flüchtig lächelnd ihr Töchterchen an sich. Wann sie ins Sommerdorf heraufgekommen seien? Als das Gras grünte; und wenn es braun wird, werden sie es wieder verlassen nach dem hier einzig gültigen Rhythmus der Berge.

Das Dorf Demirkent liegt stattlich auf einer Stufe im trokkenen Südosthang des Çoruh-Grabens, eine Bergoase an einem rauschenden Bach. Jeder Winkel war bepflanzt mit

Hirse und Bohnen unter Feigen-, Pfirsich- und Kirschbäumen, Hühner stolzierten herum, die Abende waren erfüllt vom Trillern der Weinhähnchen, einer südlichen Grillenart, die Morgenstunden vom Krähen der Hähne. An Verandatischen aßen wir Auberginen in Joghurt. Wir bekamen sogar Betten, und langsam heilten meine Flohstiche.

Von hier kroch der Bus über Haarnadelkurven zu den Sommerweiden. Im trockenen Hang blühte in stacheligen Polstern ein endemischer gelber Tragant, der Schmetterlingsblütler Astragalus. Onopordon heißt eine Distel mit Segeln an den Stengeln, zu deutsch »Eselsfurz«, also eine Weidepflanze. Eine andre Stachelpflanze, Nelkenverwandte, heißt Acantholimon. Die Spur der Griechen lebt in den hiesigen Pflanzennamen weiter auf dem Boden von Byzanz, Jonien, Kolchis. Im Steilhang grub sich ein Mann einen Pfad zur letzten Kieferngruppe eines ehemaligen Bergwalds. Das Geräusch kollernder Steine drang herauf. Der nächste Regen würde noch einmal Humus von der angeschnittenen Bergflanke spülen, mitsamt dem Duft der Tragantpolster, seiner Schmetterlinge und bepelzten Bienen. Im Geröll mag sich noch eine Weile Bohnenkraut halten, bis auch die Halden abrutschen und der Fels freiliegt. Es waren schöngewachsene Kiefern, gut geeignet für Firstbalken als ersehntes Dach über einer großen Familie.

Bei der Rast auf den sanft gewellten Matten der Alm Salikör sahen wir ein buntgekleidetes Mädchen mit langem Haarschopf, den es ab und zu schüttelte und neu zusammenband, wiegenden Schrittes mit Korb und Hacke vom Sommerdorf herunterkommen zu einem Brunnen mit einigen Beeten und Blumen; sie begann, kleine Kartoffeln auszugraben und grüne Zwiebeln. Ihrer Schönheit bewußt, kam sie herüber, schenkte uns Lauchzwiebeln und setzte sich. Sie heiße Meriem, sei in Ankara aufgewachsen, werde in einer Woche heiraten, auf einen Hof in Demirkent mit 44 Rindern, davon 22 Milchkühe. Sie lebe seit drei Monaten heroben und könne schon allein die Kühe melken. Dieses Gärtchen habe sie gepflanzt. Das nostalgische Gartenbild mag sie aus der Stadt mitgebracht haben, denn hier pflanzen die einstigen Nomaden wohl alles mögliche, wo immer Platz ist, aber Gärten werden selten daraus. Meriem lud uns alle acht zur Hochzeit. Für immer in diesen Bergen leben, ob sie sich das zutraue? O ja, sie liebe die Natur und freue sich auf die Berge. Die Schwiegermutter sei freundlich, der Bräutigam modern, sie werde kein Kopftuch tragen. Wie ansteckend war ihre Zuversicht, die sich allen Nachbarinnen, allen Kühen und Ziegen gewachsen fühlte, allen Hühnern in den staubigen Winkeln von Schuppen und Terrassen, dem Schnurren der Ziegenmelker, dem Ruf der Weinhähnchen in den kurzen Sommernächten, eine nicht endende Girlande von Haus zu Haus, bis der Winter sie abschneidet und die langen Nächte anbrechen.

Wir stiegen weiter, neben uns her zogen Wiesenweihen. Als gute Flieger sind sie von Aufwinden unabhängiger als Bussarde und schlagen auch unterwegs Beute. Wir erreichten den Grat, blickten in endlose Geröllеinsamkeit mit Krüppelwacholder. Zur Linken schwang sich ein schräg aufgeschichteter Felsen empor. Im Wasser des Urmeeres, der Tethys abgelagert, zusammengepreßt, hochgeschoben zur Gipfelregion, glich er einer in der Brandung gebrochenen einstigen Welle. Alpenkrähen umkreisten ihn, die rubinroten Schnäbel und Füße leuchteten in der Sonne. Gelbliche Libellen überquerten den Grat in derselben Richtung wie die Bienenfresser mit ihrem Geläute. Es war das Reich der seltensten Geröllbewohner, Kaspischer Königshühner. Alle schwiegen, jeder allein mit seinen Gedanken und der Prüfung durch diese Bergwelt. Von der im Abendlicht leuchtenden Felsenwelle her kam uns schließlich, wir sprachen schon davon, »Tetraogallus caspius« geflogen und landete auf unserer Seite, so daß wir die Spektive darauf einstellen konnten; jeder durfte nun diesen legendären Bewohner letzter

Reviere hier und in Armenien oder Persien betrachten, wie er sich streckte, um an Ästchen zu picken. Glücklich in seiner Schönheit, in seinem puren Jetzt, alltäglich und unberührt von unserer Trauer über sein bevorstehendes Aussterben. Das Königshuhn war einfach da, rief nach letzten Gefährten. Wir waren überwältigt und zugleich außerstande, der Begegnung ganz zu entsprechen. Also galt es, das Gedächtnis arbeiten zu lassen am Bild der Berge, der Wolken, der versteinerten Wellen, des Grates zwischen getrennten Welten! Hier die Matten mit Herden und Häusern, dort Halden, schroffe Felsen, und – schaut doch nur, im Geröll zwischen Bergwacholder fünf Bezoarziegen: die schmalen Hörner enger gestellt als beim Steinbock, die Decke heller. Auch auf Kreta, in Georgien oder Daghestan sollen noch letzte Rudel dieses Ahnen unserer Hausziege leben, vor 9000 Jahren domestiziert. Ein Mann mit Gewehr kam geritten. Um das Königshuhn zu schießen? Oder eine der fünf Bezoarziegen? Zwar haben nicht einheimische Jäger die Wildtiere an den Rand des Aussterbens gebracht. Aber jetzt treiben Bauern ihr Vieh immer höher, bis dorthin, wo über der Baumgrenze die scheuen Königshühner dank der von Stürmen freigewehten Hochgebirgspflanzen den Winter überstehen. Da könnten einige Schüsse die ganze Art auslöschen. Wir nahmen zweifachen Abschied, wie so oft auf diesen Reisen: weil wir wohl kein zweites Mal herkommen würden und weil all diese Orte zerstört werden.

Das Sumelakloster, zu frühchristlicher Zeit in den Felsen über einer Schlucht gebaut, mit kunstvollen Aquädukten bis 1923 ein Ort blühender Mönchskultur, hat seinen Untergang hinter sich. Von den freskengeschmückten Wänden blickten wiederum augenlose Propheten und Apostel herab, während in ein altes Becken seit tausend Jahren aus der Kuppel »heiliges Wasser« tröpfelte. Die Ruinen sind jetzt Heimstätte von Kreuzschnabel, Mauerläufer und Felsenschwalbe, auf die wir unsere Ferngläser richteten.

Am Flughafen von Ankara, über Vogellisten gebeugt, ordneten wir die Ausbeute der Anblicke. Die kahle Felslandschaft rundum lag rosig zwischen Abend und Nacht.

Es war nur folgerichtig, mit der nächsten Exkursion dem Riftvalley weiter in den Süden bis Äthiopien zu folgen, ins Land Punt der alten Ägypter, das nach äthiopischer Legende die Heimat der Königin von Saba gewesen sei. Wir reisten Ende Oktober, wenn dort nach der Regenzeit ein Vogelfrühling beginnt. Im Programm standen Klöster und Kirchen wie Debre Birhan Selassie, wo Baumhopfe vorkämen. Wir sollten auch Mausvögel sehen, Rotschultermoorenraupenfresser, Klunkeribisse, Schopfadler. Die frühchristlichen Bauten gerieten unterwegs aus dem Blick. Denn diese Natur in Äquatornähe zwischen drei Kontinenten war überwältigend.

Bei der Zwischenlandung in Kairo gesellte sich der Orient zu uns rauh gekleideten Rucksacktouristen: hauchzarte Frauen, Kinder wie Blüten, ein Prinz in weitem Gewand, dem ein weißes Tuch vom Haupte wallte, als wäre er direkt von einem fliegenden Teppich in unsere mit dem Löwen von Juda bemalte Boeing umgestiegen; als er den Zauber aus 1001 Nächten vom Kopf nahm, war er nur mehr ein bebrillter Student. Wir würden uns die folgenden Tage unter den schönsten Männern der Welt bewegen, hochaufgerichtet trugen sie ihr stets würdevoll, manchmal nur mit einem Handtuch verhülltes Haupt. Strahlend lachten die Mädchen, »die heraufgehn wie ein gerader Rauch«, als seien sie unversehrt, trotz des Schrecklichen, das ihnen eine absurde Tradition in der Kindheit antut! Wie sei die ideale Frau? »Hübsch, unterwürfig und aus vornehmer Familie.« Halbwüchsig an einen viel älteren Mann verheiratet, wird sie wohl treu sein, ist doch schon der eine schwer genug zu ertragen; viele bleiben dann mit Kindern allein in Armut zurück und werden nicht alt. Doch sie lachten, winkten, riefen uns zu. »Ich bin schwarz, aber gar lieblich, die Sonne hat mich so verbrannt«, sagt Sulamith im Hohenlied. »Mit Wangen wie der Ritz eines Granatapfels zwischen den Zöpfen« soll sie von hier gekommen sein, vor allen liebenswert dem Salomon in seinen cassiaduftenden Gewändern, schlank auch er wie der Zvi, die Negevgazelle. Viele Jugendliche humpeln mit verkrüppelten Beinen an Krücken, unversorgte Minenopfer des Bürgerkriegs.

Eine unerschöpfliche Hilfsbereitschaft ersetzte im Übermaß, was die Unterkünfte als Folge von Krieg und Mißwirtschaft schuldig blieben mit ihren geborstenen Waschbecken, rinnenden Klos, nackten Glühbirnen an der Decke. Addis Abeba ist zwar voller Bankpaläste, zerfranst aber daneben gleich wieder ins Dorf mit Straßen voller Ziegen, Hühnern, Männern an Nähmaschinen, blinden leprakranken Bettlern und hustenden Kinder auf entzündeten Füßen. Magere Zeburinder waren unterwegs von hier nach dort und von dort wieder nach hier, ständig auf der Suche nach ein paar Hälmchen, melancholische Tiere, die kaum sich selber ernähren; ihre schiere Zahl verleiht dem Besitzer zwar Ansehen, aber der Familie kein Auskommen. Lachende, winkende Frauen schleppten riesige Bündel Eukalyptusreisig vom Entoto-Berg in die Stadt; dieser Eukalyptuswald ist zwar ökologisch wertlos, wächst aber rasch und liefert Brennholz für Addis Abeba, das vor einigen Jahrzehnten beinahe wegen Holzmangels aufgegeben worden wäre.

Exotisch waren wir mit unserem Enthusiasmus für Vögel und stets umringt von kleinen Buben, die durchs Fernglas schauen wollten: »mother, sister, please«; sie wunderten sich, daß wir Nilpferde unter einer Brücke, Nilgänse am Ufer photographierten, und posierten lachend davor. Unser Führer Abay, Direktor aller Nationalparks, naturkundlich wie kulturell hoch gebildet, wurde überall begeistert mit den vier landesüblichen Küssen begrüßt. Er sprach außer Englisch Amharisch, Kuschitisch und Oromo, die wichtigsten von vielen Landessprachen. Er fand in einem Acker eine tote grüne Mamba und zeigte uns den Giftzahn am Gaumen. Mit zurückgeworfenem Kopf rief der weißköpfige Schreiseeadler sein »Já-ha-ha«, die Stimme Afrikas.

Vom Hotel am Langanosee fiel der Blick aufs ausnahmsweise bewaldete jenseitige Ufer. Der Bürgerkrieg hat die Entwaldung nahezu vollendet. Es war schön, im ersten Morgenlicht einen »Liest« zu bestimmen, der viel Türkis einfing. Dieser Eisvogel, englisch Kingfisher, ist aber kein Fischer, sondern Insektenjäger im Busch. Am Awasasee konnte ich lange den Malachit-Kingfisher, einen knallbunten Zwergeisvogel, beim Tauchflug beobachten; türkisene Federchen lagen ihm wie Pinselstriche über den orangenen Flanken; jedesmal, wenn er aus dem Wasser heraufkam, blitzte ein Fischchen in seinem kräftigen himbeerroten Schnabel; so schön und bunt brauchte er dafür keineswegs zu sein. Aber Eisvögel sind nun einmal eine prachtliebende, auf der ganzen Welt verbreitete Familie.

Über der sumpfigen Weite eines Uferreservats wölbte sich gestillte Zeit wie über unserem Watt, nur ohne Lerchengesang und Janken der Möwen; statt Pfuhlschnepfen sahen wir Zwergflamingos, Nilgänse und in hohem Gras wie exotische Blüten die Köpfe von Kronenkranichen. Sehr schwarze junge Männer mit Speeren folgten uns und überreichten mir feierlich rosa Federn. Beim Picknick riß mir ein Milan das Brot aus der Hand, von Baumkronen schauten Guereza-Äffchen neugierig herab und – oha – kackten plötzlich auf uns herunter, voller Verachtung, und jemand zitierte die entsprechende bayrische Redensart.

Den Morgen am Awasasee verbrachten wir mit Trielen, großen Eisvögeln, Seeschwalben. Der Glockenreiher inspizierte im Schatten seiner immer wieder ruckartig nach vorn gewölbten Flügel den Seegrund; der große Waran verließ seinen Bau, wärmte sich in der Morgensonne und tunkte dann ins Wasser, ein Eierräuber, der seine Beute mit feinstem Temperatursinn findet; der Seeotter durchpflügte den Wasserspiegel, Nilpferde ruhten, Blatthühnchen liefen mit überlangen Zehen über die Schwimmblätter blauer Seerosen. Wir alle kannten die Szene vom Fernsehen. Jetzt galt es, Filmbilder wegzuwischen wie Dunst von einer beschlagenen Scheibe. Keine erklärende Stimme brabbelte. Nur der Schreiseeadler rief »Af-ri-ka«. Wir waren angekommen. Am Fischmarkt an einem Uferhang, wo würdige Marabus auf die Reste warteten, kosteten sechs Fische ein Birr, also 24 Pfennige!

Hier begann mit knackenden Ohrgeräuschen, Fieber und Übelkeit meine Reisekrankheit. Sonnenstich? Malaria? Typhus? Es ist nie geklärt worden, aber gottlob folgenlos geblieben. Ich schleppte mein Elend tagelang weiter. Zum Awaschfluß mit seinen Wasserfällen, wo besondere Pflanzen Luftwurzeln in die Gischt halten und wo flußabwärts das Frühmenschen-Mädchen Lucy gefunden wurde. In Ufernähe lagen Krokodile. Zum ersten Mal erlebte ich sie wild. Man sei nur ja vorsichtig. Sie springen 1½ Meter hoch, und was sie einmal gepackt haben, entkommt ihren Zähnen nicht mehr. Sie schleudern dich so lange, bis du richtig fällst und im Rachen verschwindest. Darf ich trotzdem hier im Schatten liegenbleiben, bis ihr zurückkommt? Nein, es könnten Afar-Nomaden mit gebutterten Haaren, mit langen Messern und Gewehren bewaffnet, über den Fluß kommen, Nomaden stehlen! Also weiterstolpern mit Fieber, Brechreiz. Ein Milchuhu dort im Baum, ja, ja, ein Uhu! Es schwirrten Mörderbienen, Oryxantilopen suchten frisches Gras zwischen verkohltem Akaziengestrüpp. Egal. Das Fieber stieg, die Hände zitterten. Nur weiter! Langhaarige Nomaden in weiter Toga überquerten mit ihrer Kamelherde auf locker gebeugten, sehr langen dünnen Beinen ruhig die Straße; ein schön gemusterter Python schoß vor dem Bus davon, wir konnten ihn unter einem Sodomapfelbusch betrachten. Irrfahrt, Nacht, starke Leuchtsignale von Glühwürmchen.

Egal. Nächte in einem uralten Wohnwagen, später in einem zerbröckelnden Seehotel. »It-is-so-sad« sang, wie die Engländer sagen, ein schwarzweißer Fliegenschnäpper. Ungesalzenes Porridge. Fade Bouillon. Schemenhaft eine Wandergruppe aus Unterhaching. Vor dem Weiterflug zu den Fällen des Blauen Nils gab ich auf. Nun erfuhr ich grenzenlose Hilfsbereitschaft. Im Hotel in Addis Abeba, wo ich den nächsten Flug nach Frankfurt abwartete, sah ich vom Bett aus Schwarzmilane und Geier kreisen. Sie schienen Dämonen. Die Tropen mit Krokodilen, verkohltem Busch, Python und Nomaden wurden in schlaflosen Nächten zum Alptraum. Der freundliche Arzt in seiner tadellosen Klinik murmelte etwas von Malaria oder typhoidem Infekt und gab Glukose für den langen Nachtflug. Die Aussicht auf Novemberschnee, frischen Tee und aufs eigene Bett hielt mich aufrecht über Kairo und Frankfurt bis nach München. Nie wieder den Vögeln nachreisen, dachte ich.

Nie wieder? Kirgisien, so stand im neuen Programm der »OG.«, habe rauhes gesundes Klima, Schneeberge, Schneegeier, Schneefinken. Also warum nicht im Mai darauf mit nach Kyrgyztan reisen, auf der Seidenstraße nach Osten zum Issyk-Kul-See, fast bis nach China, zu fremden und vertrauten Vögeln? Von dort sind Skythen, Hunnen, nomadische Türken gekommen, die Reiter Dschingis Khans und die Reiter Tamerlans, Schrecken der ganzen übrigen Welt, die sie im 13. und 14. Jahrhundert tatsächlich beinahe ausgerottet hätten.

Im rosigen Maimorgenlicht von Bischkek (ihren sowjetischen Namen »Frunse« nach einem roten Bürgerkriegsgeneral hat die Hauptstadt abgelegt) empfingen uns Flötenrufe von Mainastaren, diesen Eroberern ganz Asiens, die mit ihren hellen Flügelfeldern an die Tristramstare Masadas am Toten Meer erinnern. Der Botanische Garten war bedrükkend. Nicht einmal ein verwilderter Park, nur Gestrüpp aus

Esche, Ahorn, Fichte, Holunder. Wohl schlug eine Nachtigall. Aber es herrschte statt Gartenordnung nur eine alles gleichmachende Unordnung. Verwahrloste Moderne, anders als antike Ruinen mit ihrer eigenen ästhetischen Gestalt, demonstriert stets unverblümt den 2. Hauptsatz der Thermodynamik: hält niemand den Prozeß der sogenannten Entropiezunahme, wachsender, irreversibler Gleichförmigkeit auf, dann verschwindet alle mit hohem Kraftaufwand geschaffene und erhaltene Gestalt, löst sich auf – es ist das Ende von allem und jedem. Ausgeplünderte postsowjetische Provinzen, Opfer des Wahns ewiger Gleichheit, fallen rasch in diesen Endzustand der Kultur, den »Wärmetod« der Physik. In dem sicher nie besonders schönen Park standen vor dem öden Verwaltungsgebäude Luxuslimousinen. Unser Führer Andrej, blonder Germanistikstudent aus Bischkek, murmelte »Bordell«. Unser russischer Koch, der nicht kochen konnte, kaufte im Bazar runde zähe Brotfladen, Schnittkäse und die immer gleiche Wurst, von der die Händler mit alten Lumpen Schimmel abwischten. Nur nicht schon jetzt, am Anfang der Reise krank werden, schoß es mir durch den Kopf.

Auf der Busfahrt durchs südliche Alatau-Gebirge zum Lager in der Schlucht des Ala-Archa-Flusses wurden alle Vorstellungen von Berg und Tal, von Fluß und Wald umgestürzt. Aus ferner Schulzeit kehrten die Namen Pamir und Tienschan-Gebirge zurück, deren Massive Kirgisien von Süden her aufschichten. In allen Schattierungen zwischen Grasgrün und dem Blaugrün von Wermut waren die Vorberge mal rundkuppelig, mal schroff; über den rötlichen oder grauen Hochgebirgszügen schwebten die gleißenden Gletscher, deren entrückte Sechs- und Siebentausendergipfel den Wolkenfetzen, Wolkentürmen, Wolkengebirgen begegneten oder wie aus tiefer Bläue herausgeschnitten schienen. Dieses steppen- und wüstengeprägte Land ist vom Gletscherwasser gestaltet. Wir haben es unterm Eis hervortröpfeln, sich in gluckernden Rinnsalen sammeln sehen, wir haben es über glitschige Trittsteine der Bachbetten überquert, in Schluchten donnern und in verzweigten Strombetten rauschen hören. Von Norden und von Süden ergießen die Flüsse ihre mineralreichen Fluten in tiefeingeschnittene Seen. Nur der weit im Osten entspringende Naryn findet aus den Tälern des Tienschan-Gebirges heraus, um als Syr-Darya über Usbekistan den im fernen Westen liegenden Aralsee zu erreichen, der von kranken Zuflüssen nur noch dürftig versorgt, heute im Sterben liegt. »Baumwolle« befahl Moskau, also Tod den Flüssen, Seen und Binnenmeeren; Giftwolken legten sich über fruchtbares wie unfruchtbares Land, über Oasen und Steppen, Pestizide, Fungizide und Korruption; zuletzt überließ Rußland die aller eigenen Tradition beraubten Bewohner äußerster Armut, kaum noch gelebter Religion, immer weniger Erinnerung an blühende Handwerks-, Handels- und Nomadenkultur.

Dem hinfälligen Bus waren nur 40 Stundenkilometer abzuringen. Aber Ornithologen wollen ja schauen, horchen, photographieren und verabscheuen hohe Geschwindigkeiten. Zwischen Tienschanfichten und Tamarisken standen im hellgrauen Geröll des Ala-Archa zwei stattliche bunte Filzjurten »für Bonzen«, denen dieser Naturpark einst vorbehalten war. Für uns gab es winzige dünne Zelte und zwei enge Duschkabinen mit Wasserbehälter, denen ich die eisigen Gumpen im Fluß vorzog. Sie schenkten berauschende Frische nach dem Staub und Schweiß der Tage. Der Sternenhimmel war so klar, daß unter seinem Gefunkel an Schlaf nicht zu denken war. Frost kroch ins Zelt. Aber Ornithologennächte sind kurz, enden vor der Morgendämmerung.

Da stolperten wir bereits nach etwas lauwarmem Tee durchs Flußbett und mußten uns keuchend an Aufstiege über Steilhänge gewöhnen, lieblich mit ihren Küchenschellen und Rhabarberpflänzchen, violetten Primeln und blauen Berglilien, wie sie in unseren botanischen Gärten wachsen.

Namen wie Iris spuria, Tulipa chimganica, Tulipa bifoliformis stammen von verblichenen Forschungsreisenden, die hier zu Fuß, zu Pferd, auf Kamelrücken unterwegs waren, sammelten und schrieben – Semjonov, genannt Tienschanskij, Prevalskij oder das Ehepaar Fedcenko. Vertraute Gesänge von Dorngrasmücken und Baumpiepern halfen uns im Ansturm des Niegehörten. Wie singt der Grünlaubsänger, ein Verwandter unseres Zilpzalp? Als »abgerissenes doppeltes Lied« hörte ihn Görge Hohlt, der die Naturformen in Analogien und im Zusammenhang innewohnender Tendenzen erkennt, die ihn zum Weiterbilden in Ton anregen. Mir trug der Grünlaubsänger eher ein verkleinertes Seidensängerlied vor, wie ich's zum ersten Mal im Schilf des Trasimenischen Sees gehört hatte. Wie also singt der Grünlaubsänger »wirklich«? Es ist die zarte allgegenwärtige Stimme Kirgisiens an Flüssen und bebuschten Steilhängen, wo hohe Fenchelstauden gelb blühen und weiße Glöckchen von Clematis düstere Tienschanfichten schmücken wie Christbäume.

Auf einer Alm in 3000 m Höhe mit Wacholder (Achtung, Wacholderkernbeißer!) machte plötzlich jemand »Ssst« und deutete zu einer Buschgruppe. Da saß es auf der Spitze, das Bergrubinkehlchen, nachtigallgroß, die tiefrote Kehle schwarz eingefaßt zur Verstärkung dieses vibrierenden Gefiedersignals. Es wippte, ließ uns so nahe kommen, daß wir's singen sahen in schönen, variablen Passagen; »nachtigallähnlich«, sagt Pareys Vogelbuch, für mich eher lerchenähnlich. Ein Revier am anderen. Die Photographen bauten Apparate auf, schossen ihre Vogelportraits vor kirgisischen Gletschern. »Nia wermas wiederseng«, klagte Peter Zeininger. Aber war nicht der eine Sonnentag über der Schlucht des Ala-Archa, der bis zu unserer noch winterbraunen Alm heraufrauschte, unauslöschliche Gegenwart? Ich würde meine Seele dalassen. Überschwemmt mich aber die Trauer der Vergänglichkeit, habe ich dann wohl den Augenblick versäumt, mich dem stehenden Jetzt, dem »Nunc stans« als nicht gewachsen erwiesen? Oder ist dieser Augenblick unverfügbar? Wie zu seiner Bestätigung begegneten wir hier auch noch dem Himalajakönigshuhn.

Im eisigen Regen schenkten die dünnen Zeltwände unverhofftes Behagen, ein Gefühl von Daheimsein. Da, neben der Isomatte der offene Koffer als Kommode, Tempo-Taschentücher für den aufblühenden Schnupfen, die Taschenlampe zum Suchen – Zeltbewohner suchen fortwährend – und die Kerze in einer Konservendose voller Steine für nächtliches Lesen. Ich hatte Colin Thubrons Meisterwerk dabei, »The Lost Heart of Asia«: ein Reisebericht aus Ländern, denen unter den Schlägen des Realen Sozialismus alle Erinnerung an Elend und Glorie abhanden gekommen ist. Städte von einst legendärer Pracht hat Thubron besucht, Merv in Turkmenistan, Buchara und Samarkand in Usbekistan, Moscheen und Grabmäler in gold-blau-türkisenem Glanz, herausgewachsen aus unvorstellbaren Schlächtereien. Allein in der seldschukischen Oasenmetropole Merv in Ostturkmenistan soll 1218 bei der Eroberung durch Toloy, den grausamsten der Dschingis-Khan-Söhne, an einem Tag eine Million Menschen geköpft worden sein. Timur Lenk werden 150 Jahre später allein in Indien 5 Millionen Ermordete angelastet. Zugleich ließ er sein geliebtes Buchara, sein Samarkand, seinen Geburtsort Schar-e Sabs zu Stadtjuwelen ausschmücken durch gefangene Künstler, denen nach Vollendung ihres Werks Augen und Zunge herausgeschnitten wurden. Wir waren beinahe froh um unser kirgisisches Reiseland, das uns die Erinnerung ersparte an frühe Khans und späte Emire, die noch im 19. Jahrhundert englische Gesandte häuteten oder in Grüften verhungern und verfaulen ließen. War dieses »verlorene Herz Asiens«, Schauplatz vieler von 1001 Nächten, nur eine Mördergrube? An einer Felswand war mit weißen Steinen die Zahl 1916 eingelegt, zum Gedenken an ein zaristisches Massaker; »Eingeborene« hatten sich aufgelehnt gegen die weitere Besiedlung ihrer Steppen durch Russen und Ukrainer und gegen rücksichtsloses Requirieren von Vieh, Waren und Zwangsarbeitern für die fernen Fronten des Ersten Weltkriegs. Viele flohen damals in die Berge. Thubron nennt diese Region »the Womb of Terror«.

Auch durch Kirgisien führt ein Zweig der Seidenstraße. Seit der Zeitwende bis zur Öffnung der Seewege zwischen Europa und Asien zogen auf ihr in 200 Tagereisen die Handelskarawanen mit Seide, Gewürzen, Porzellan! Aber in den rauhen Bergen mochte niemand verweilen. Man zog hinunter nach Samarkand oder Taschkent zu Rast und Handel. Hier oben überlebte die Grabkultur, vielleicht seit den schon von Herodot beschriebenen Skythen, zierliche Grabbauten aus Lehmziegeln mit Bögen und Türmchen, Halbmond oder Hirschgeweih und romantischen Bildern von Bogenschützen, Wäldern und Wasserfällen, um einer Dschamilja, einem Ulug, einem Dschingis im Tode die einzige für Krieger- und Hirtennomaden angemessene Seßhaftigkeit zu geben. Die wie Scherengitter zusammenklappbaren Holzgerüste der runden Filzjurten umzäunen manche Gräber. Jurte, türkisches Wort für Heimat, ist ein Nomadenwort derer, die im Reich unerschöpflicher Grasressourcen nur ein Imperium auf Pferderücken kannten und die Totenheimat am Wegrand!

Auf der langen Fahrt den Fluß Chu entlang zum Issik-Kul-See aßen wir am Straßenrand in Jurtenrestaurants Kartoffelsuppe mit dickem »Kaimak« (Sauerrahm), Maultaschen, gebackenen Reis, zarte Schaschliks, dazu Tee. Die Schotterfläche rundum stand in Blüte, erwies sich aber aus der Nähe auch als Abort der kleinen Siedlung: Zwischen Fäkalien prangten rosa Bocksbart, blaue Lilien, weißer Steinbrech bis zu den Klippen, wo teils Müllkippen, teils hängende Wildgärten zum reißenden Chu hinunterreichten. Buben in Baseballmützen rupften für die seltsamen Fremdlinge Sträußchen, Gegengabe für einen Blick durchs Fernglas.

Wir fuhren dem düsteren Kungey-Alatau (Schattenalatau) entgegen. Über verwitterten Lößpyramiden im Steppengras zogen Mönchsgeier, Gänsegeier, Bartgeier ihre Kreise, ein Adlerpaar übergab in großer Höhe Beute. Wir starrten in den Himmel, bis die Halswirbel knirschten. Scharfe Schatten warfen die Vorberge in Rosa und Braun, ein Spiel von Linien und Flächen, das an Paul Klees Farben erinnerte. Die Grashänge, wie der feinkonturierte grüne Faltenwurf eines gotischen Mantels, zeigten überall rötliche Erosionsstreifen, Chiffren der Überweidung nach dem Ende der Nomadenwirtschaft. Pflanzenpolster wachsen langsam, sind oft 1000 Jahre alt, aber in nur einer Saison von zu vielen Hufen zertreten!

Die Photographen stürmten unter Fernleitungen und Masten über einen Bahndamm, um Bilder von ungestörter Weite durch ihre Kunst idealer Ausschnitte zu bekommen. Auf Dias galoppiert dann ein einsamer Reiter über einen Hügelkamm, auf der Hangsteppe weiden Trupps von Kamelen oder Pferden, ein alter Hirte im hohen weißen Filzhut, wie ihn hier alle erwachsenen Männer als Symbol ihrer verlorenen nationalen Eigenart tragen, zieht mit ein paar Schafen durch eine menschenleere Hochebene zwischen beschneiten Bergen. Kolchosruinen, verrostete Maschinen, elende, viel zu große Kleinstädte mit eilig hochgezogenen Wohnsilos, Zeugen aufgezwungener Seßhaftigkeit, bleiben ausgeblendet auf der Suche nach jenem verlorenen Herzen Asiens in unserem Inneren, dem nachzuspüren kein hier Reisender sich versagen kann. Jurten stehen nur noch selten in der Steppe, aber oft in Hinterhöfen. Vielleicht von Alten bewohnt, die noch Nomadenkinder sind.

Der Zeltplatz am Südwestrand des Issyk-Kul-Sees war ein Sturzacker mit einem Hydranten zum Waschen, von einer Wand einstürzender Betonfertigteile umzäunt; und selbst dieser unsägliche Ort mit seinem verstopften Klo war noch Privilegierten vorbehalten. Uns aber kam es auf schwarzgelbe Zitronenstelzen an, auf Fischmöwen und balzende Triele. Eine Ringstraße um die Südspitze des Sees hat Schilfflächen neu entstehen lassen, ein Paradies mitten im Verkehrslärm. Bartmeisen riefen wie am Ismaninger Speichersee und saßen im Spagat zwischen Schilfhalmen, unauffällige Buschrohrsänger sangen, Sperbergrasmücken und Stentorrohrsänger. Im Abendlicht leuchteten die Federohrbüschel der Schwarzhalstaucher golden auf; gierig pickten sie die gerade schlüpfenden Maifliegen von der Wasseroberfläche. Im Röhricht knatterten laut wie blecherne Spielzeugfrösche die seltsamen Schaufelkröten. Am Strand stocherten Limikolen, Nachhut des Frühjahrszugs von Indien her zu den Brutrevieren Nordsibiriens und der Inseln im Eismeer.

Feldschwirl und Rohrschwirl spulten ihr insektenhaftes Schwirren ab, »errr« der eine, etwas tiefer »örrr« der andere, sagt das Vogelbuch. Wir konnten die weitgeöffneten Schnäbel und vibrierenden Kehlen sehen, die sich hin- und herwendenden Köpfchen. Wir waren begeistert, diese wohlvertrauten, wenig phantasievollen Sänger ihre Strophen am Issik-Kul gleichzeitig vortragen zu hören, waren glücklich über andere Rohrsänger, Möwen, Geier als daheim, oder dieselben in anderem Licht. Es muß etwas im Spiel sein, das alle Fasern der Aufmerksamkeit anspannt. Unsere Freude an der Wahrnehmung ähnlicher oder unterschiedlicher Gestalten begegnet einer offensichtlichen Lust der Natur, Ähnliches und Unterschiedliches hervorzubringen, einen Typus zu entwerfen, zu vervollkommnen, die Merkmale auszufeilen oder zu variieren. Vielfalt, diese »bunte, von einem großzügigen Geist angeheuerte Mannschaft«, wie Annie Dillard sagt, sei nach der Genesis Signum der Schöpfung. Ebenso sei sie auch Signum der Evolution mit ihren sogenannten Zufällen, wie sie eine weniger großzügige Selektion einfach übriggelassen habe. Doch sind das nicht nur die zwei Seiten ein und derselben Medaille?

Aber die von der Evolutionstheorie postulierte und nach

modernsten Rezepten zusammengerührte Ursuppe ist doch ein recht fader Eintopf mit Urnudeln in Form langer präbiotischer Makromoleküle als Suppeneinlage. Und gerade dahinein wird nun völlig uneingestanden ein recht seltsames Streben nach Vermehrung und Entwicklung projiziert, um die alte Tante Teleologie ein für allemal loszuwerden: alles Zufall und zu gar nichts gut. Deutet aber nicht alles darauf hin, daß weder jener Eintopf noch der neuplatonische All-Eine, der Demiurg oder Uhraufzieher am Ursprung steht, der beharrlich jede Antwort auf die Frage nach dem Wozu des Ganzen verweigert? Leuchtet nicht weit mehr eine dreifaltig lebendige, auf Vielfalt bedachte Liebe als Ursprung ein, deren Wasserzeichen nach Hans Urs von Balthasar in allen Einzelnaturen zu entdecken wäre?

Warum sie mitgefahren sind, habe ich nicht jene Gefährten gefragt, deren Ehrgeiz sich im Wettkampf um die längste persönliche Artenliste verzehrt oder in der Trophäenjagd mit Kamera und Notizblock nach Seltenheiten oder Endemiten. Denn sie begegnen, von ornithologischer Habsucht erfüllt, auch in der Natur doch nur immer wieder sich selber und reisen durch die ganze Welt, ohne irgendwo anzukommen. Ich habe jene Gefährten befragt, deren Augen zu leuchten anfingen, als eine Braunkopfammer auf der Spitze einer gelben Königskerze im grünen Steilhang sang oder ein Schneegeier hoch über einer Kamelherde kreiste: »Wie sind die Vögel zu Ihnen gelangt und Sie zu den Vögeln?«

Michael Proske, den jungen Radiologen aus Rosenheim, hat der Flug der Vögel mitgezogen. Als Sechzehnjähriger fand er die Rupfung eines vom Sperber geschlagenen Dompfaffen im Schnee, eine Initiation in Rot, Schwarz und Weiß; das war der Anfang einer wachsenden Sammlung aufgeklebter Federfunde in Leitzordnern, zwei bis drei Arbeitsstunden je Exemplar – lauter ebenso schöne wie wissenschaftlich genaue Collagen. Proske wurde dann nicht Biologe, sondern Mediziner, um seine erste Liebe nicht der

Auszehrung durch einen Beruf zu überlassen. Er ist einer unserer besten Beobachter, ein großer Finder, zart im Umgang mit Federchen oder mit Sandproben in Glasröhrchen, unerschöpflich im Entdecken besonderer Motive für die Kamera. Immer ist er dem Schönen auf der Spur, so mag er das Leiden der Menschen wohl besser begreifen als nüchternere Kollegen.

Der Künstler Görge Hohlt hörte den Großvater auf der Hausbank sagen, »da singt der Sommervogel, horch, didada«, Anfangsfigur im Lied des Gartenrotschwanz. »Saulocker« nannte man das Motiv, weil einstige Schweinehirten in einstigen Eichenhainen es auf ihren Flöten spielten. Als Bub zog er Krähen auf und wollige, nach Futter schnappende Sperber; einem Waldkauz mußte er festgebundene lebende Mäuse bieten, um ihn zur Selbständigkeit zu erziehen. Ein zerplatztes Krähenei, Eigelb im Schalengrün, war schon dem Kind ein Farbwunder. Später begann er Vogelschädel zu sammeln, an denen er Gattung, Familie, Ordnung sowie Spezialisierung und Biotop ablas. Aber Sammlungen saugen Lebenskraft auf, gesteht er etwas bedrückt, immer sei man in Verzug.

»Oschaung, Photo machen, laufen lassen« ist Peter Zeinigers, des Ingenieurs und Pflanzensammlers Maxime. Er schnürt wie ein Indianer durch die Landschaft, kriecht einem Sandläufer, einer kleinen Echse nach, gräbt eine seltene Schachblume aus, die er nur nach der Biotopbeschreibung eines Fachbuchs – »feuchte Schattenhänge in Zentralasien« – findet. Im Nu erkennt er jeden Vogel an der Stimme. An den Hängen über dem usbekischen Flüßchen Erfaschsay, nicht weit von Schar-e Sabs, hat er auf 1700 m den für hier bislang nicht nachgewiesenen Dornspötter bloß nach seinem Lied entdeckt und unseren Führer, den hochangesehenen Professor Oleg Mitropolskij, von diesem Erstfund überzeugen können. Oleg ließ sich in Würde vom langen blonden Bayern mit der Schnupfennase belehren. »Das wird schon was sein, der erste Dornspötter irgendwo im fernen Usbekistan«, mag mancher denken. Aber wer auf Käfer spezialisiert ist, auf Nagetiere, auf Flechten, der kennt das Geheimnis des Details, weiß also, worum es uns gegangen ist.

Manfred Siering, Kaufmann, Vorsitzender der »OG.«, seit dem Tode Walter Wüsts mein unentbehrlicher Gefährte, wurde als Achtjähriger vom Großvater in die Wälder am Rande Münchens mitgenommen, Männerprivileg vor der jüngeren Schwester. Mit einem alten Operngucker kraxelte er in Baumkronen und saß da so still, daß sich Laubsänger und Kreuzschnäbel zu ihm gesellten. Dank eines absoluten Musikgedächtnisses und einer ungewöhnlichen Beweglichkeit von Lippen, Zunge und Kehlkopf kann er die meisten Vogelstimmen nachahmen, als besäße er deren Klanginstrument, die Syrinx. »War das die Purpurpfeifdrossel, Herr Siering?« »Nein, des war ich.« Sein Gehirn muß wie eine seltsame Vorbestimmung für seine Passion über ein zusätzliches Sprachmodul für Vogellaute verfügen.

Peter Hartmann, Dozent aus Bayreuth, ist Hautflügelspezialist. Er strebt in jede sonnige Blumenwiese mit seinem Netz, um im nektartrunkenen Summen und Sirren wie auf gläsernen Flügeln aus der Zeit zu verschwinden. Ab und zu steckt er den Kopf ins Netz wie Winnie the Pooh, wenn er am Grund seines Topfs nach Resten von Honig fahndet. Dabei stopft er Bienen, Wespen, Hummeln in Glasröhrchen, die er mit Namen, Fundort und Fundhöhe beschriftet. Tauchen Lößwände am Straßenrand auf, bringt er bestimmt den Bus zum Anhalten und gesellt sich zu riesigen schwarzgrünen Holzbienen, zu Wollbienen, Erdwespen und Mauerbienen mit ihren Brutkammern in Erdröhren, die von Kuckucksbienen, kleinen Schmarotzern mit hübschem rotbraunem Abdomen, oft für die eigene Brut zweckentfremdet werden. Uns Vogler verspottet er, denn ihm käme es nicht auf Raritäten an. Was heiße schon »selten«, wo alles besonders, eigen, einzig sei? Seltenheit trügen doch nur wir in die Natur hinein. Doch auch ihm schlägt das Herz bis zum Halse, wenn ein Fremdling ins Netz gerät. Mehrere neue Arten hat er beschrieben. Vor allem aber vergißt gerade er ganz und gar sich selber und die Zeit, wenn er an einer Bienenwand stöbern kann. Wir einigen uns darauf, daß es sinnlos wäre, den Menschen als Beobachter aus der Natur vertreiben zu wollen, und bestimmen beim Picknick zwischen gelben duftenden Wildrosen einträchtig den Grauortolan, fällen die beglückend schwierige Entscheidung zwischen Kurzzehen- und Stummellerche. Immer ist die Zeit zu kurz, die Weile nie lang genug, als wären wir auf die Rückseite der Zeit gelangt und hätten da die Quelle unserer Glückseligkeit gefunden.

Im Aktus-Hochtal, »Tal des weißen Salzes«, stehen Ruinen eines Uranbergwerks zwischen Halden, verlassenen Wohnblocks; darin verstreut leben noch kirgisische Familien. Bei heftigem Regen gesellte sich in einem Hauseingang ein gütig aus schmalen Augen blinzelnder Greis zu uns. »Njemzi gutt«, »Roman Herzog gutt«, »Dschoint wentschur gutt«, lautete sein Abrakadabra postkommunistischer Hoffnung, und plötzlich blitzt ein winziger Funke aus den fast erloschenen Schlitzen: Der Alte murmelt »Kaliningrad, Rotarmist«. Ich dachte erschrocken an die Eroberung Königsbergs und was sich in diesen Augen gespiegelt haben mag, was diese Arme, dieser Leib dort angerichtet haben mögen. Der »Große Vaterländische Krieg« ist unvergessen von Minsk bis zum Issik-Kul. »Dschoint wentschur gutt!« – ein Lkw bringt eine Arsenladung der kanadischen Goldfirma Kumtor.

Die Nächte unter der hellen Milchstraße waren von balzenden Knoblauchkröten durchläutet und uhrwerkartigem Kuckucksruf. Bei einer Wanderung zum Nordostende des Issik-Kul fanden wir Sumpfluchs- und Wolfsfährten im Tonsandboden. Die Gletscher schienen niedriger geworden und direkt aus dem Wasser aufzusteigen; so zeigte sich die Erdkrümmung. Wir wanderten neben Schafen über Quellerpflanzen und Gras und hatten die menschenleere Weite dieser Ebene völlig falsch eingeschätzt; erst nach Stunden gelangten wir an die wieder bewohnte Abbruchkante zum See. Am Fuß des Steilhangs lagen sorgsam bewässerte Gärten mit Zwiebeln und Kohl unter Aprikosenbäumen. Wir schleppten uns erschöpft den Zickzackpfad zum Dorf hinauf, umringt von kleinen Buben mit Baseballmützen auf rasierten Köpfen. »Droben fiel heller Sonnenschein auf die mittagsstille Dorfstraße« fiel mir plötzlich ein, der Anfang von Fontanes »Effi Briest«, wie ein Bild aus eigenen Kindertagen, ein Déjà-vu-Erlebnis – der steile Pfad von den Gärten herauf, der Staub unter nackten Bubenfüßen – einer trat ein uraltes Dreirad durch diesen Staub – Spatzengetschilpe. Eine behäbige, sehr mongolisch lächelnde Frau goß uns aus einer rinnenden Blechkanne Wasser in abgestoßene Emailtassen, brach Stücke von einem Brotlaib ab – die archaische Bewirtung des Fremden. Um so wieder anzukommen in meiner böhmischen Kindheit, mußte ich unsäglich müdegelaufen sein, bis fast an die chinesische Grenze.

Auf der Fahrt in Richtung Almati (Alma Ata) sangen auf Betontrümmern verlassener Kolchosen wieder Rotstirngirlitze. Ihr Biotop, »mit Gestrüpp und Rosen bewachsene Berghänge«, war aus den Ruinen einer zeitweise zerstörten Landschaft wiedererstanden. Zwischen Schneefeldern in 2500 m Höhe versperrten Felsbrocken die Straße. Doch wir schleppten Proviant, Spektive, Kameras eigensinnig zu Fuß weiter, bis sich doch noch das grasige Hochtal des Kok Oirok öffnete mit Kiesbänken und Inseln. Murmeltiere pfiffen, Isabellsteinschmätzer, hochbeinige Erdhöhlenbrüter, wippten aufgeregt. Aus einem Loch lugten einträchtig deren Junge zusammen mit einem Murmeltier. Wir balancierten durch Wasserläufe, stellten Spektive auf, suchten Kiesbänke ab: Und auf einmal waren sie, die Allerseltensten, da, die Ibisschnäbel. Noch auf 500 Meter Entfernung war der rote gebogene Schnabel dieser großen Limikole zu erkennen. Wir mußten wiederum versuchen, auch selber so intensiv wie sie dazusein! Görge Hohlt hätte vor Glück jemanden zum Umarmen gebraucht. Stumm drückten wir einander die Hände. Einer stammelte, »dahingesetzt vom Liebengott« – an den er doch durchaus nicht zu glauben vorgibt. Selektion hin, Mutation her, die dazwischen verloren geglaubten Einzelexistenzen waren auf einmal wieder gültig, voll rehabilitiert und hatten für diesen Augenblick alle noch so berechtigten Zweifel hinweggefegt an der Übereinstimmung der Dinge mit unserer Wahrnehmung. Die beiden Ibisschnäbel strichen bald ab, Siering mahnte zum Aufbruch. Länger als 15 Minuten durften die Vogeleltern nicht vom Gelege fernbleiben. Also wahrnehmen und seinlassen! Im Gemurmel der Gruppe gluckerten wie ungute Sumpfblasen die Worte »Wiederkommen, Zelten, Filmen«.

Am 3000 m hohen Dolonpaß im eisigen Regen spähten aus einem dünnwandigen Wohnwagen Kindergesichter. Wie überdauern Familien in solchem Elend? Wir besuchten letzte Jurten, bunt und behaglich mit Betten, Teppichen, Ledergeräten für das Vergären der Stutenmilch zu Kumys – alles strahlte in bescheidenem Wohlstand Heimat aus, Jurte. Die Frauen boten uns den herben Kumys an. Das Gebot der Höflichkeit forderte unbedingt, das Schälchen zu leeren, diese kostbare Gabe zu achten. Höchstens zwei Liter Milch gibt eine Stute am Tag, und Pferde, einziges Transportmittel hier oben, sind ein Vermögen wert. Wir gaben im Tausch Nüsse, getrocknete Aprikosen und harte Eier. Die triefnasigen Kinder strahlten.

Salyntör (kalte Schlucht) empfing uns beim Rauschen eines Nebenflusses des Naryn mit Dämmerung und eisigem Regen; zähneklappernd stellten wir zwischen den Sperrholztrümmern alberner bunter Häuschen und Brückchen einer einstigen Ferienanlage die Zelte auf und aßen im Freien. Der Koch hatte eine Suppe bereitet, indem er Kartoffeln und Rüben mit den beiden schönen Flußfischen verkochte, die uns am Kok Oirok ein Angler geschenkt hatte. Haut, Gräten, Flossen schwammen in den Tellern, und es schmeckte wunderbar, nicht nur weil es heiß war. Wir hatten uns mit dieser sowjetisch kirgisischen Küche ausgesöhnt. Und ich konnte endlich wieder in Gletscherwasser tauchen!

Narynaufwärts liegt Koschoy Korgon, eine Festung aus dem 10. Jahrhundert, von Manas erbaut, dem Siegfried des kirgisischen Nationalepos, dessen zehntausende Verse von Manaschi, wandernden Barden, noch bis vor kurzem vorgetragen wurden. Die weite Grasfläche innerhalb der Lehmwälle stand in Saft und Blüte, Grauammern gaben mit rauh klirrenden Strophen der Mittagsstille eine Stimme.

In einem Hochtal beim Picknick am Bach mit Weidenbüschen voller Karmingimpel griffen sich zwei Burschen zu Pferd im vollen Galopp einen Rucksack, der arglos am Wegrand lag; es schien zunächst nur ein Reiterkunststück, wir lachten, aber schon flog der leere Rucksack aus einer Wegbiegung, und die Reiter waren um die Hügelflanke verschwunden. Alles – Paß, Geld, Ticket – schien verloren in der menschenleeren Weite. Doch bald darauf standen die Räuber mit Demutsgebärde wieder vor uns, die rechte Hand am Herzen; ertappte Kinder, rückten sie alles wieder heraus, sehr zögernd sogar den letzten 20-Dollar-Schein, der ein Vermögen für sie gewesen wäre. Murad, der Förster, hatte sich der Sache angenommen und stellte, wie er sagte, die Ehre Kirgisiens wieder her. Als Wächter über 400 Hirsche, 100 Wölfe, 80 Bären und 5 Schneeleoparden vermittelte er fast etwas wie die Begegnung mit der seltensten aller Großkatzen. In Gummistiefeln und mit Schlafsack unterwegs, nahm er so würdevoll wie froh ein Paar Bergstiefel als Dank entgegen und galoppierte davon, um bald mit einer schönen Reitpeitsche als Gegengeschenk zurückzukehren. Auch ich konnte für 20 Dollar eine erwerben. Sie verströmt nun auf meinem Schreibtisch den herben Geruch weidender Pferde und Kamele, eines mit einem Eimer Kumys heransprengenden Hirten und den Hauch wilder Hanfpflanzen, Traum ferner paradiesischer Städte, den diese karge Gegend einst träumte, als von hier die »Horden« gen Westen aufbrachen, die mongolischen Sippenverbände.

Am letzten Abend reichte Görge Hohlt Cabernet Sauvignon in Plastikbechern herum, bis hierher hatte er diesen Trunk aus kalifornischer Sonne mitgeschleppt. Meine Erschöpfung durch Überanstrengung und zweiwöchigen Schlafmangel verflog, und nun begegnete mir endlich die Purpurpfeifdrossel. Plötzlich saß sie auf einem Stein im Wasser, schaute mich mit einem unergründlich dunklen Auge im blauschwarzen Kopf an. Der gelbe starke Schnabel, die kleine Kette weißer Punkte im Flügel vertieften das Schwarz im Gefunkel des Wassers. Und als wäre ein Bann gebrochen, hörte ich nun den ganzen letzten Abend ihr Lied. Ein seltsam abstraktes Klanggebilde mit ein paar tiefen absinkenden Tönen, wie die Melodie einer Altflöte, darauf in riesigem Intervallsprung eine atonale Reihe hoher herber Pfeiftöne, als kämen sie aus einem Synthesizer – ein Lied, das keiner vergessen kann.

Als ich mich bei diesem Drosselvortrag im Fluß wusch und gut aufpaßte, beim Zähneputzen nicht wieder ins umgehängte Fernglas zu spucken, wußte ich: Das ersehnte heiße Bad würde ein kurzes Vergnügen, die Erinnerung an die Gesänge von Grünlaubsänger und Purpurpfeifdrossel, an Kiesbänke und Gumpen im Schatten-Alatau, wo die Sonne spät hereinscheint und der Regen eisig sprüht, würde hingegen von lebenslanger Dauer sein.

Als Manfred Siering Costa Rica aufs nächste Reiseprogramm setzte, hatten sich so viele innerasiatische Regenstürme, so viel Gletschersonnenlicht vor die Dämonie der äthiopischen Tropen geschoben, daß ich alle Vorteile einer mitten im unruhigen Mittelamerika friedliebenden Demokratie, die das Militär abgeschafft und dessen Etat für Bildung und Gesundheit umgewidmet hatte, sowie ein trotz Äquatornähe im März angenehmes Klima ins Feld führte, um einen weiteren Aufbruch zu rechtfertigen. Daß man schließlich nicht jünger werde, war noch das stärkste Argument.

Abflugtermin war der Palmsonntag.

Weiche Abendluft empfing uns in San José und ein ohrenbetäubendes Zikadenkonzert. Die Nebel-, Regen-, Trockenwälder Costa Ricas waren ein Klangrausch. Aber Mittelamerika war so fremd, wir kannten uns in seiner Avifauna nicht aus, uns fehlte jedes Gefühl für Verwandtschaften. Verwirrt blätterten wir im dicken Bestimmungsbuch herum und begegneten aus fremden Familien täglich Dutzenden neuer Arten, deren Stimmen und Namen nur schwer zu merken waren. Tangare, Trogons, Kolibris! Wir lernten, ordneten, benannten wie Anfänger. Daheim gibt es nur etwa 400 Vogelarten, in Nord- und Südamerika fast 4000. Klimatisch und geographisch bedingte Isolation habe diese Vielfalt gefördert sowie die über Jahrmillionen reichende Stabilität der Regenwälder. An geschützten Hängen habe es keine Unterbrechung durch Eiszeiten gegeben, also viel Zeit für Artenwandel.

Am Vulkan Poas reicht Nebelwald an schwarzen Lavahängen entlang bis dahin, wo glühende Trümmer funkenstiebend herunterpoltern. Wir kletterten so weit hinauf wie möglich. Das Zwitschern und Quarren der winzigen bunten Frösche erfüllte die Luft; 200 Arten soll es geben; einer war schwarzgrün marmoriert, ein anderer orange mit blauen Füßchen; hochgiftig seien sie, aber man könne sie ruhig aufnehmen, solange an der Hand keine Wunde sei; wie schön sie sind, abschreckend schön, Pfeilgiftfrösche! Abends stimmten Zikaden einen wahren Höllenlärm an mit Zirpen, Knattern, Dröhnen, ein Geräuschpegel, dem kein Hörgerät gewachsen ist.

Das hohe »Sisisii« der Goldhähnchen, für manche von Jugend auf unhörbar, ist mir bis heute erhalten geblieben, schon deshalb liebe ich es besonders. Fledermäuse habe ich bis zur Lebensmitte hören können, als Kuckuck und Wiedehopf schon verstummten; sogar Amsel und Drossel sind nun leiser geworden. Aber ich trage das ganze Können modernster Akustiker in den Ohren und bin dankbar, wenn mir Meister Geersbach in der Schwanthaler Straße das Gerät immer wieder anpaßt gemäß bunter Kurven auf einem Bildschirm, die genau meine wachsende, persönliche Unzulänglichkeit aufzeichnen! Freilich, Menschenworte werden immer schwieriger. Aber nächtliche Eulenrufe, morgendlicher Drosselvortrag und die Flötistin auf dem Dachfirst sind wieder Fülle des Wohlklangs. Unbetroffene haben keine Ahnung, wie sehr uns Doofen, Doreten, Deppen die Technik hilft. Möge der Kies unter unseren Füßen knattern, das Lüftchen fauchen, wenn nur die Lieder der Erde zurückkehren! Doch wie soll unsereins hinter den Zikaden Costa Ricas noch Vogelstimmen wahrnehmen, etwa den zarten Zwiegesang kleiner Ameisenvögel mit blauer Augenmaske oder die unvergeßlich reine Terz, »di-da-di«, des Clarino, der unseren Pfad im Nebelwald begleitete! Wir bekamen ihn nicht zu sehen, nur lila Blüten und weiße wie Narzissen rieselten aus der Orchideenregion herunter.

Morgens in einem Mangrovewald am Pazifik rief uns allzu Eilige der stets geduldig aufmerksame Michael Proske leise zurück. »Langschwanzpipra«, murmelte er, blauer Manaquin! Er hatte sich die Stimme aus einem Film gemerkt! Von seiner Ruhe getragen, verweilten wir, bis zwei balzende Beaus vor uns auf einem niedrigen Ast einfielen: kleine, gedrungene, schwarze Gesellen mit roter Kappe, türkisenen Flügeldecken und zwei übertrieben langen schwarzen Schwanzfedern. Sie sangen für uns ihr volltönendes »Toledo«, wonach sie auch benannt sind. An diesem pazifischen Karfreitag klang das für mich wie die Osterglocken meiner Kindheit, die bald gekräftigt von ihrem Besuch aus Rom heimfliegen würden, wie man uns versicherte, während die Holzratschen der Dorfbuben das Mittagsläuten zwischen Gründonnerstag und Karsamstag ersetzten und Klappern die Glöckchen der Ministranten. Wir staunten, drückten einander wieder einmal die Hände, auch Manfred Siering, der noch eben angriffslustig versichert hatte, »alles nur Selektion«. Wenn ihn Entzücken und Dankbarkeit überwältigen, verstummt gerade er besonders beredt. Als Satyrspiel erlebten wir später im Regenwald die nah verwandten Goldkehlpipras. Ihr Tanzplatz war ein von ihnen saubergefegtes Stück Waldboden mit niederen kahlen Sitzwarten. Mehrere Männchen sprangen da blitzschnell hin und her, ein von Kameras kaum einzufangendes Zickzack, dazu ein mit den Krallen erzeugtes Geräusch wie mordsmäßiges Fingerschnalzen, als wollte ein verrückt gewordener, als Prinz verkleideter Blechfrosch mit seiner Knallerbsenbalz das feierliche Geläute seines schönen blauen Verwandten konterkarieren – es geht auch so, erfolgreich bin ich genau wie du, wir Kinder der Selektion. Alle lachten zu dieser Groteske.

Ähnlich wie Europa erkennt Costa Rica nun nach jahrhundertelangem Waldraubbau seine verbliebenen Schätze, weist immer mehr Reservate aus, wirbt mit Schmetterlingsgärten und Kolibristationen, mit Bildern von Goldkröte, Tukan, Basilisk für ausgezeichnete Hotels, bietet Flußfahrten und Regenwaldexkursionen an. Die besonders schöne »Laguna del Lagarto Lodge« nahe der Grenze zu Nicaragua liegt mitten in einer eigenen Regenwaldparzelle von 400 Hektar mit Wegen und Wegweisern, die man allein durchstreifen kann. Das ist wenig für die Umwelt, aber genug für Gäste, die einen Wald voller Zimmerpflanzen bestaunen: Begonie, Anthurium, Fleißiges Lieschen als Unterwuchs, Philodendron, Orchideen und Bromelien in höheren Etagen. Da fliegen »Morphos«, die berühmten schwarzblau schimmernden Riesenfalter, da gaukeln große »Hafte« (verwandt mit Schmetterlingshaft und Ameisenlöwe aus der Familie der Netzflügler) auf ihren blau oder golden funkelnden Glasflügeln langsam und niedrig über Bächen dahin, seltsame Insekten, ein bißchen wie Calopteryx, die blauflügelige Prachtlibelle unserer Bäche, aber eigentlich mit nichts zu vergleichen in ihrer rätselhaften Schönheit: durchsichtige Zauberwesen wie der brasilianische Glasflügler, der Schmetterling Hetaera esmeralda, der in seiner diaphanen Herrlichkeit zwischen Licht und Dämmerung in Thomas Manns »Doktor Faustus« gaukelte, halb Luftgeist, halb Unheilbringerin!

Und plötzlich blickte neben seiner Bruthöhle in einem verlassenen Baumameisenbau ruhig ein Trogon herab, dohlengroß, sehr aufrecht, mit Farben von einer Tiefe und Klarheit, wie sie eigentlich erst die Expressionisten entdeckt haben. Es fällt wiederum schwer, hier von einem Entwurf abzusehen. Die Trogons haben offensichtlich eine Neigung zu starken reinen Farben in harmonischer großflächiger Verteilung, genau zu Haltung und Umriß gepaßt; Rücken, Kopf und Kehle bis zur Brustmitte in einer Farbe, dann scharf abgesetzt, manchmal sogar durch eine weiße Linie, der Bauch mit einem Zwickel zur weißen oder schwarzweiß gestreiften Schwanzunterseite in der Kontrastfarbe. Den einem solchen Entwurf entsprechenden, sehr komplizierten inneren Bildungsmechanismus für die Ursache des fertigen Federkleids zu halten, erklärt dieses natürlich in keiner Weise, verlagert die Frage nur ins Innere, wo sie, wie offenbar gewünscht, unweigerlich verstummt.

Die stille Wesensart der Trogons mit ihrem ruhigen Blick aus hellumränderten Augen ist von einer eigentümlichen Feierlichkeit. Als ich meinen ersten Trogon entdeckte, kam er weder geflogen, noch flog er fort. Er war einfach längst da. Als erster der Schwarzkehltrogon: goldgelbe Brust zu grünem Kopf und Hals; später der Schieferschwanztrogon, tiefgrün der Kopf, karminrot die Unterseite. Also derselbe Entwurf in anderen Farben. Nur eine sehr lange ungestörte

Entwicklung konnte wohl solche Farben in dieser Weise auftragen. Das braucht Zeit im Übermaß. Zeit? Ich weiß von ihr, der liebenden Mutter, gelassenen Mörderin und hungrigen Furie nicht viel, die uns einst, wenn das Leben porös wird und bald der Tod vorfällt, das Leben, dieses unerbetene Geschenk, aus den Gliedern reißen wird, ohne uns auch nur eines Blickes zu würdigen. Ich sehe aber, daß sich in ihrem stillen Strömen bei den Trogons alle im Regenwald schlummernde Schönheit versammelt hat und Farben und Formen in bestürzender Deutlichkeit komponiert worden sind.

Gewiß doch, derlei hat im Blätterdunkel auch Signalwirkung – wenn es erst einmal da ist. Denn es wird doch wohl keiner behaupten wollen, daß die Gene auf etwas aus wären, z. B. auf Signalwirkung? Und finden einander nicht auch die durch gänzliche Unauffälligkeit ausgezeichneten Ameisenvögel, Faulvögel, Zaunkönige mit absoluter Sicherheit?

Fürst und Schönster der Familie ist der Quetzal, »Resplendent Quetzal«, der prangende. Aus seinen über einen Meter langen Oberschwanzfedern war die Krone von Maya- und Aztekenherrschern geknüpft. Quetzalcoatl, die fliegende Schlange, ist als Klapperschlange Geist des Todes und der Erde, aber als Quetzalvogel Geist der Lüfte und des Regens. Moctezuma sandte Cortez bei der Landung im Jahre 1519, das den Azteken als Jahr der Wiederkehr des Gottes übers östliche Meer prophezeit war, eine Quetzalfederkrone. Vor 30 Jahren wurde diese auf Kaiser Maximilians Schloß Ambras in Tirol wiedergefunden. Nach einer Legende seien, als Alvarados Söldner auf dem Schlachtfeld von Quetzaltenango in Guatemala 30000 Mayas niedergemacht hatten, Quetzale vom Himmel geflogen und hätten die Ermordeten zugedeckt. Seitdem sei die Unterseite der Vögel blutfarben. Doch Ströme von Blut flossen lange zuvor, als dem Quetzalcoatl alljährlich die lebend herausgerissenen Herzen zahlloser Gefangener geopfert werden mußten.

Wie haben wir ihn gesucht, uns nach ihm gesehnt! Er sollte in einer Nebelwaldregion vorkommen, wo die Besucher auf Hängebrücken, den Skywalks, über Schluchten in gleicher Höhe den sonst unzugänglichen Baumkronenbewohnern nahe kommen können. Seinen grünen Glanz stellten wir uns vor, die lange Schleppe der Männchen, deren Grün durch die reinweiße Schwanzunterseite noch verstärkt ist. Einige haben ihn mit Michael Proske, dem geduldigen Sucher und Finder bewundern, photographieren, filmen können. Zum Symbol des Landes geworden, hat er eine gewisse rettende Unberührbarkeit gewonnen; aber sein Lebensraum wird immer enger. Ich war bei seinem Auftritt nicht dabei, tröstete mich aber damit, daß er nun in meinen Träumen ein Biotop gefunden hat, dieser Endemit aus den alten Mythen.

Marterl

Kleiner, vom Blitz
getroffener Mauersegler
Mit dem Blechring
der Vogelwarte am Bein

Peter Horst Neumann

14. Kapitel ***Chiffren des Vogelzugs***

Wenn sich im August die Schwalben sammeln, beginnen wir, obgleich noch Hochsommer ist, schon beunruhigt an Herbst zu denken. Zwar werden wir uns gegen Kälte einigermaßen schützen und in häusliche Gemütlichkeit zurückziehen können. Aber verhangene Tage und immer früher hereinbrechende Nächte werden unsere Gemüter verdüstern. Dann wird uns der uralte Nomadentrieb erfassen.

»Immer möchte ich auffliegen,
Mit den Zugvögeln fort«,

schrieb Else Lasker-Schüler.

Schon mitten im Juli sind die Vogellieder verstummt, und wir haben vorliebgenommen mit dem Trost gezirpter Paarungskonzerte von Heuschrecken. Dann – scheinbar immer zu früh – sind nacheinander die Zugvögel aufgebrochen. Nur der unentwegte Zaunkönig schnurrt und schmettert, und wer aufmerkt, kann das Lied seiner größeren Verwandten, der Wasseramsel, hören. Diese beiden lassen sich nicht vertreiben, sie geben kund, daß sich's hier immer, auch im Winter gut leben läßt.

Abschied ist aber nur die auffälligere Seite der Wochen um die Herbstäquinoktien. Der Herbst hat auch Ankünfte. »Gib-gib-gib« rufend, kommen große Finkenvögel geflogen, setzen sich in die Wipfel alter Fichten und lassen in Ruhe ihr grünes, bei den Männchen karminrot überzogenes Federkleid und ihre riesigen Schnäbel betrachten; es sind Fichtenkreuzschnäbel, Vagabunden von irgendwoher mit einer vagen Heimat in Rußland, die zuweilen dableiben, um zu brüten; denn sie sind überall und selbst im Winter dort zu Hause, wo Zapfen reifen.

Aus dem Nordosten fliegen nun schwarze Vögel in solcher Höhe heran, daß man sie mit bloßem Auge kaum erkennen kann; nur die langsamen Flügelschläge deuten auf ihre Größe hin: Saatkrähen sind es mit blauschillerndem Gefieder, weißlichem Gesicht und Schnabel, im Baltikum zu Hause oder in Rußland; sie werden mit den einheimischen Rabenkrähen nun die winterlichen Felder und Müllhalden teilen, überall herumstolzieren und dem Winter seine Krähentage schenken. Unbedingt lohnt es sich jetzt, Drosseln unter die Flügel zu schauen, denn ein Hagebuttenrot unter den Schultern und an den Flanken könnte sie als russische Rotdrosseln verraten. Unsere Novembertage, so kurz und grau sie uns scheinen zwischen acht Uhr früh und vier Uhr nachmittag, sind für sie noch lang genug, um Mahl zu halten unter alten Apfelbäumen; und wenn der Schnee zu hoch liegt, fliegen sie einfach ins grüne Irland weiter.

Bald hockt in jedem Acker ein Mäusebussard. Auf dem Starnberger See schwimmen dickköpfige Schellenten mit weißen Bäckchen im blauschwarzen Gesicht und große nordische Taucher. Während die einen also unserem Winter davonfliegen, finden andere, die der bevorstehenden wochenlangen Winternacht höherer nördlicher Breiten ausweichen, bei uns einen lichten Süden mit reichgedecktem Tisch. In besonders kalten Jahren stürzen sich Bergfinkenschwärme auf die Bucheckern im Hang und sitzen wie orangene Blüten auf kahlen Zweigen. Starengroße Seidenschwänze zeigen einen lustigen Schopf und ein paar Farbtupfer im Flügel, wie eine vergnügte Andeutung zwar möglicher, in ihrem Fall aber nicht ausgeführter Gefiederpracht; doch ihr aus seidigen Grau- und Beigetönen gewebtes Kostüm mit der »gackerlgelben« Schwanzspitze kann sich durchaus sehen lassen; »grimmig« schwarzer Augenstrich und Kinnbart geben ihnen dazu eine komisch strenge Miene. Letzte nordöstliche Gäste sind die Erlenzeisige. Noch im Februar kommen sie ans Futterhäuschen und singen in der Birke ihre flüssigen Serien von Gezwitscher, die in einer fragend aufsteigenden Coda enden. Dann treffen Lerchen und Drosseln, diese Frühheimkehrer und Vorfrühlingssänger, bei uns noch auf Wintergäste. Es herrscht ein ständiges Gehen und Kommen, keine Rede von Ende.

Wann beginnt denn nun das Jahr, wenn der Schnee schmilzt und die Schwalben zurückkehren, wenn sie uns verlassen oder während sie fort sind?

»Es knospt unter den Blättern,
das nennen sie Herbst«,

schrieb Hilde Domin. In Agrarkulturen des nahen Ostens der Alten oder des fernen Westens der Neuen Welt feierte man nach Ernte oder Weinlese Neujahr, nicht zur Wintersonnwende, aber auch nicht wenn Tage und Nächte wieder gleich lang geworden waren und die feuchte Erde zu duften anfing. Winter oder Trockenzeit galten nur als Pause nach einem schon in Gang gekommenen Neuanfang. Die Jahre kreisen. Pflanzen und Tiere haben ihre je eigene Zeit, eichen sie an den Gestirnen und verfügen dann über eine »circannuale Uhr«. Sie wirkt stark und geht genau.

So hat auch das Jahr unseres Vogelkreises weder Anfang noch Ende, sondern Hoch-Zeiten bei Balz und Brut, Rückzugszeiten mit erzwungener Ruhe während der Mauser, wenn viele Vögel flugunfähig werden, sowie Wanderphasen. Da gibt es den gelegentlichen »Strich«, wenn manche Vögel den unwirtlichen Jahreszeiten ein bißchen ausweichen, indem sie z. B. saisonal aus Höhenlagen in Täler fliegen. Und da gibt es regelmäßige nordsüdliche Jahreswanderungen. Als Höchstform des Vogelzugs gilt der 40 000 km weite Zug der Küstenseeschwalben, schmalflügeliger, weißer Möwenverwandter, aus dem Nordsommer in den Südsommer und wieder zurück. 140 Milliarden Zugvögel sollen alljährlich unterwegs sein. »Ketzerei einer immerwährenden Sommerfrische« (»hérésie d'une seule estivation«) nennt dies der französische Dichter Saint-John Perse in seinem zu einem Bild von Georges Braque komponierten Buch »Oiseaux«.

Schon im Januar ist in unserem südlich von München gelegenen Garten vieles in Gang. An sonnigen Tagen herrscht bereits großer Meisenbetrieb; Amseln stimmen erste Flötenpassagen an, wie in einem Orchester, ehe der Dirigent auftritt. Im Februar beginnt der treue Gartenbaumläufer, der die Borke unserer seit 20 Jahren vor sich hin sterbenden Robinie als winterliche Futterquelle und als Nistquartier schätzt, sein liebenswürdiges Ströphchen zu singen, Stare üben und schwatzen mit Getrippel und Flügelzittern im frischen, weißgepunkteten Schillerkleid vor ihren Hauseingängen, Zaunkönige schmettern sehr selbstbewußt, Misteldrosseln, meist mit Amseln verwechselt, brechen in leidenschaftlich kurzes Flöten aus.

Der März ist dann die beste Saison für Vogelstimmenlehrlinge: Rotkehlchen, Heckenbraunelle, Hausrotschwanz haben eingestimmt. Das ist noch die kleine Besetzung, die es erlaubt, die Musikanten einigermaßen zu unterscheiden. Im April wird's verwirrend, im Mai nahezu hoffnungslos. Wie das Durcheinander der eben eingetroffenen Grasmücken und Laubsänger entziffern, das noch zusätzlich kompliziert wird durch die verschiedenen Spötter? Zu den letzten Ankömmlingen gehören Kuckuck, Pirol, Mauersegler und der aus Zentralasien soeben erst eingewanderte Karmingimpel mit seinem völlig konsonantenlosen Singruf; »herrlich«, pries ihn Walter Wüst, der seine ersten Auftritte im Ettalmoor noch miterlebte. Nur gut, daß es im großen Mai- und Juniorchester, dessen unsichtbarer Dirigent die Einsätze genau nach Tages- und Jahreszeiten gibt, mit den Synkopen der Goldammer, dem Schwirren des Waldlaubsängers, dem zuverlässigen Ruf des Zilpzalp, dem insektenhaften Sirren des Feldschwirl einige einfache Leitmotive gibt. Aber bereits zur Lindenblütensaison wird es wieder still, was nur noch erstaunlich wenig Menschen überhaupt bemerken.

»Die Winterlinde, die Sommerlinde
Blühen getrennt –
In der Zwischenzeit, mein lieber Sohn,
Geht der Gesang zu End'«,

so beginnt Wilhelm Lehmanns Juli-Gedicht »An meinen ältesten Sohn«. Ein Musiker nach dem anderen tritt ab, sei es durch Wegzug, sei es durch Rückzug ins aufgezwungene Schweigen der Mauser, als wäre Haydns Abschiedssymphonie in Gang.

Zugvögel kommen übrigens so lange vor Johanni, wie sie danach wieder fortfliegen werden, und sie überwintern um so weiter im Süden, je weiter sie im Norden übersommern. Das ergibt zwei Faustregeln, auf die Ornithologen sich ziemlich sicher verlassen können. Sie weisen auf dasselbe Phänomen hin: Zugrhythmus und Zugweite entsprechen dem Lichtkreis des planetaren Jahres.

Am auffälligsten ist der frühe Aufbruch der Mauersegler. An Juliabenden stürmen Eltern wie Jungtiere in wilden lärmenden Flugspielen um Häuser und Dächer und eilen schon Anfang August so schnell wie möglich wieder in ferne Länder südlich des Äquators. Sie gehören zu jenen »Häretikern«, die den Winter einfach ableugnen. So unter Zeitdruck stehen sie, daß den Jungen oft nur drei Wochen bleiben zwischen Flüggewerden und Wegzug. Als ich den Septemberanfang einmal im norwegischen Jötunheimen verbrachte, bekam ich dort eine astronomische Lektion: Mauersegler durchfegten mit ihren vertrauten scharfen »Srie«-Rufen noch immer die lange Abenddämmerung. Sie bleiben um Wochen länger dort, weil die skandinavischen Tage bis zu den Herbstäquinoktien länger sind als etwa bei uns in Bayern. Genau wissen sie, wo und wann die Sonne am längsten scheint, und haben in den nacheiszeitlichen Jahrtausenden oder sogar erst in historischer Zeit gelernt, höhere Breiten mit ihren üppigen Insektenwolken während der langen Sommertage zu besiedeln. Ihr Wandertrieb kann so stark werden, daß sie eine verspätete Brut womöglich verhungern lassen, wenn die abnehmenden Tage ihnen schon wieder Aufbruch befehlen. Sie umrunden zweimal im Jahr oft mehr als den halben Globus. Zählt man Tagesleistungen bis zu 800 km und jährliche Zugleistungen von etwa 30 000 km zusammen, so bringt es ein 20jähriger Segler auf eine Lebensleistung von mehreren Millionen Flugkilometern, z. B. fünfmal zum Mond und zurück.

Mauersegler gehören zu einer urtümlichen Familie aus entfernter Kolibriverwandtschaft mit der Reptilienfähigkeit, in Kältestarre Schlechtwetterperioden zu überstehen. Rastlos auf Insektenjagd, haben sie die Luft zu ihrem eigentlichen Lebensraum gemacht: Sie paaren sich sogar mitunter im Flug und suchen regelmäßig warme hohe Luftschichten auf, um dort im Schlaf-Flug die Nacht zu verbringen; dabei können sie auf »Autopilot umstellen«, auf automatisches Fliegen. Übrigens segeln sie nicht, sondern flattern. Geschwindigkeit ist ihr Lebensgesetz, Fliegen ihre Daseinsweise. Nur Brüten und Hudern der Jungen unterbricht diesen ständigen Höhenrausch. Als eigentliche Afrikaner sind Segler im fernen Süden mit vielerlei Arten vertreten. In Windhoek habe ich unsere Mauersegler wiedergetroffen inmitten laut schreiender Kaffernsegler. Seltsam waren in der Etoshapfanne die winzigen Palmsegler; sie kleben ihr Ei an ein hängendes Palmblatt und bebrüten es da. Am Sesriem-Kanyon verschwanden zu meinen Füßen Kapsegler wie kleine schwarze Gespenster in der Erdspalte. Die großen Alpensegler mit ihrem Falkenruf kommen bis Südeuropa, aber nur unsere Mauersegler haben Mittel- und Nordeuropa entdeckt und in aller Eile ein kompliziertes Zugverhalten entwickelt. Sie gelten also bei uns als Sommer- und Brutgäste und fliegen im Herbst wieder dahin, von wo sie eigentlich herstammen.

Zugvögel sind mit dem ganzen Globus vertraut. Nie hätten sie wie unsere Vorfahren die Erde als Scheibe betrachtet, sie erlebten sie stets unmittelbar als Raum- und Zeitkörper mit Rundung, Drehung, Stellung zu Sonne und Sternen, mit den durch die Neigung der Erdachse bedingten Jahreszeiten, mit ihren Kontinenten, Meeren, Inseln und Wüsten, nach denen auch wir uns im Atlas oder vom Flugzeug aus orientieren. Zugvögel erleben auch regelmäßige Luft- und Meeresströmungen, Wolkenlandschaften entsprechend jahreszeitlicher Witterungs- und Windfronten (Monsun- oder Passatwinde), dazu »Isothermen«, Linien gleicher Temperaturverhältnisse.

Vor allem aber erleben sie das für uns nicht spürbare Magnetfeld der Erde. Bildlich gesprochen, verläuft dieses in Linien, die an den Polen senkrecht zur Erdoberfläche aufsteigen und am Äquator waagrecht zu ihr liegen (man spricht von deren »Inklinationswinkel«); es ist ein Kraftfeld, das nicht nur Vögel, sondern fast alle Lebewesen wahrnehmen, um sich daran gemäß einer uralten Erbinformation erstaunlich sicher zu orientieren. Selbst ein Bakterium mit dem schönen Namen »Aquaspirillum magnetotacticum« spürt aufs Zellplasma drückende Magnetitkristalle.

Der Magnetsinn nimmt keine Rücksicht auf Nord- oder Südpol, führt also wie ein Kompaß nur polwärts oder äquatorwärts. Das ist wichtig, damit weder beim Überfliegen des Äquators noch beim gar nicht so seltenen Wechsel der Polausrichtung alles durcheinandergerät. Im nordostsibirischen Eismeer wurden Strandläufer und Seeschwalben beobachtet, wie sie nach dem zeitigen Ende des Brutgeschäfts auf einem unerwarteten (übrigens auch abkürzenden) Nordost- und späteren Südkurs über Alaska ins Winterquartier zogen. Wie Seefahrer, die dies auch schon frühzeitig wußten, berücksichtigen sie, daß in Polnähe ebenso wie bei starker Sonnenaktivität gegen Mittag das Magnetfeld starke Störungen erfährt und Kompasse verrückt spielen läßt; also vertrauen sie sich nach der inneren Tagesuhr dem Sonnenkompaß an.

Wir müssen uns bei der so exotisch scheinenden Magnetorientierung einen sanften Druck von Magnetitkörnchen auf besondere Nervenenden vorstellen. Bienen tragen diese im Hinterleib. Sie können den Schwänzeltanz in der Senkrechten so ausführen, daß er dem horizontalen Flugwinkel zur Futterquelle exakt entspricht; die Kolleginnen folgen ihnen im Stock aufmerksam, kippen dann sozusagen draußen das Muster um 90° und finden sofort den Weg dorthin, wo es was zu holen gibt.

Vögel haben eine magnetempfindliche Region im Nakkenmuskel und an der Schnabelwurzel. Auch bei uns ist seltsamerweise solch ein sensibler Knochen in der Nasenwurzel entdeckt worden. Es mag wohl sein, daß wir nicht nur riechen, sondern dumpf etwas fast Vergessenes spüren, wenn wir »der Nase nach« unterwegs sind; vielleicht haben Menschen mit »untrüglichem Ortssinn« ein paar Körnchen und Nervenenden mehr in der Nasenwurzel als unsereiner, der sich ständig verläuft.

Die Magnetfeldorientierung arbeitet nach dem ältesten, primitivsten und zugleich zuverlässigsten Sinn, dem Tastsinn. Aber das genügt nicht für so hochentwickelte Wesen wie Vögel. Sie navigieren zusätzlich an klaren Tagen nach dem Sonnenstand, genauer gesagt dem »Azimut«, dem in die Horizontale projizierten Winkel der Sonnenbahn, und bei bedecktem Himmel auch nach der Richtung des polarisierten Lichts. Die dabei unentbehrliche, angeborene innere Tagesuhr (circadiane Uhr) justieren sie schon als Nestlinge und lernen, daß der Azimut sich gegen Mittag schnell, morgens und abends nur langsam ändert. In Äquatornähe registrieren sie noch minimale Unterschiede der Tageslängen und der Dauer der Dämmerung. Wahre Lichtwesen sind sie, Sonnenkinder.

Nachts navigieren viele Vögel nach der Drehung des Sternenhimmels; haben sie Erfahrungen gesammelt beim ersten Wegzug, ist ihnen dann auch die Gestalt der Erdoberfläche vertraut mit ihren Meeren, Landbrücken, Wäldern und Flußtälern; einzelne Bäume und sogar Heimatgerüche erkennen sie sicher genug, um punktgenau einen Nistplatz im Norden, einen Rastplatz unterwegs, eine Flußschleife oder eine Felsnische im Winterquartier wiederzufinden. Nur extremes Wetter wie Hagelschlag, Eisregen oder unerwartete Stürme können alles in Verwirrung bringen und sie auf offene See verdriften lassen, eine tödliche Kalamität. Die üblichen Gegen- oder Rückenwinde »verrechnen« sie hingegen und wissen trotzdem genau, wo und wann eine Änderung der Zugrichtung fällig wird.

Die Forschung hat ein ererbtes »Zugprogramm« rekonstruiert. Es besteht aus einem Zeitsinn, von Hormonen gesteuert, die ihrerseits von lichtempfindlichen Drüsen ausgeschüttet werden; hinzu kommt ein Richtungssinn sowie ein von der Intensität der »Zugunruhe« bestimmter Bewegungsfaktor, eine Kombination innerer Regelungen, die schon Jungvögel »automatisch« ins ungefähre Ruheziel bringen. Dieses Programm befiehlt manchen westziehenden Grasmücken z. B. nach einem Südwestflug bis Südspanien eine Richtungsänderung nach Südosten; so gelangen sie genau in ihre mittel- oder südafrikanischen Winterquartiere, ohne eine Alpen- und Saharaüberquerung auf sich zu nehmen und ohne sich in den Weiten des Atlantiks zu verlieren. Entsprechendes gilt für Ostzieher, die einen Zugknick von Südost nach Südwest ausführen, um nicht nach der pontischen und orientalischen Landbrücke in der arabischen Wüste verlorenzugehen. Dieses Erbprogramm ist insbesondere wichtig für kurzlebige Kleinvögel, die wenig Zeit haben, Erfahrung zu sammeln.

Der grobe Umriß unserer Kontinente muß also irgendwie in die »Buchstaben« der Zugvogel-Gene als chemische Spur »eingeschrieben« und gemäß einer Jahresuhr abzulesen sein, die durch eine sehr genaue Tagesuhr ergänzt ist. Nur wenige Gramm schwere Vögelchen besitzen dieses ererbte Raum-Zeit-Zugmuster.

Als Biorhythmus ist eine innere Uhr auch uns keineswegs fremd; sie beschert als Jahreszeitenrhythmen die wohlbekannte Winterdepression, die Frühjahrsmüdigkeit, die Sommeraktivität und die herbstliche Wanderlust. Und daß auch wir ein Empfinden für Tageszeiten, eine innere Tagesuhr besitzen, merken wir sofort, wenn wir eine Weile ohne Armbanduhr auskommen müssen. Zumindest war das früher so, als noch nicht an jeder Straßenecke und überall im Haus Uhren herumhingen. Als Kind konnte ich ohne Wecker genau zur richtigen Zeit aufwachen, um den gemütlichen, noch aus der Vorkriegszeit stammenden Bus zu erwischen, der morgens von Seeshaupt nach Weilheim wankte und mittags wieder zurück; so eng waren wir mit Herrn Schneider, dem Fahrer, befreundet, daß er dort, wo wir aus dem Wald auf die Straße kamen, anhielt und ein bißchen hupte, falls wir noch nicht da waren.

Eines schönen Hochsommertags, wenn die Nächte noch kurz sind, das Wetter mild und Nahrung im Überfluß vorhanden ist, empfängt die junge Gartengrasmücke im Murnauer Moos ein unwiderstehliches inneres Signal: Morgen abend nach Sonnenuntergang geht's los. Dabei hat sie noch nicht einmal fertig gemausert. Sie bricht auf, ganz allein und zunächst in kleinen, nur 50 km weiten, später in größeren nächtlichen Etappen mit langen Freßpausen, falls sie Reserven für den Non-Stop-Flug übers Mittelmeer oder die Sahara aufbauen muß. Denn manche wählen auch die Direttissima, was vielleicht mit einer im Artgedächtnis aufbewahrten Erinnerung an eine Epoche bis vor 4000 Jahren zusammenhängt, als die Sahara noch grün war. Mag sein, daß sich hier zwei Zugsysteme, ein älteres und ein neueres, mischen.

Man ist wirklich versucht zu sagen, all das grenze an ein Wunder. Aber heute darf man sich höchstens so lange wundern, bis die Wissenschaft den Voraussetzungen einer Sache auf die Spur gekommen ist, vor allem mit Hilfe des »großen Dirigenten« allen Lebens, dem Zusammenspiel von Zufall und Notwendigkeit. Dann aber habe man das auf diese Voraussetzungen reduzierte Phänomen zu den Akten zu legen.

Doch nicht einmal so weit ist heute die Vogelzugforschung. Adolf Portmann spricht hier von der kaum faßbaren Komplexität eines Vorgangs, der in der Embryonalzeit die »Montage« des ganzen Zugverhaltens leiste, das im erdgeschichtlichen Rahmen aus einem Standvogel einen Zugvogel gemacht hat. Aber er sieht z. B. in der Küstenseeschwalbe weit über die Lösung ökologisch selbstverständlicher, auch arterhaltender Probleme hinaus vor allem eine der höchsten Entfaltungen aller den Vögeln gegebenen Möglichkeiten, Zeitgestalt zu sein, eine unerhörte Bereicherung organischen Lebens in der »Zeitigung«, wie er es nennt.

Man wird gewiß beim Vogelzug alle biologisch erforschbaren Aspekte mit der Zeit auch erforschen. Daran zweifeln heute höchstens noch unverbesserliche Kreationisten, die an keinen Schöpfer glauben können, der nicht jeden Handgriff eigenhändig ausführt, sondern Freiheit zur Entwicklung geschenkt hat.

Was aber kommt mit den Mitteln der evolutionistischen Biologie zum Vorschein? Leider in der Regel nicht die unterm Orion, dem Schwan, dem Drachen und dem Kreuz des Südens dahinziehende Grasmücke, nicht der über westdeutschen Städten trompetende Kranich auf dem Weg in die Estremadura. Und dies ebensowenig wie – um wieder die Analogie etwas überzustrapazieren – Dürers Blauracke, Goyas Nachtvögel oder Picassos Taube zum Vorschein kommen durch die Analyse der benutzten Farbstoffe, der Zeichenstifte, Papiere, Leinwände oder durch die Analyse von Hand- und Sehnerven der Maler, ihres Gehirnzustands zur Zeit der Maltätigkeit, ihrer innersekretorisch bedingten Gefühle und so fort in einem Regressus in infinitum – bis zum Sankt Nimmerleinstag, alias Urknall.

Der schon erwähnte Sternenkompaß, über den unsere junge Grasmücke verfügt, ist eine »späte Erfindung der Evolution«. Eigentlich angeboren scheint aber nur die Fähigkeit, wie viele Nachtzieher durch Prägung im ersten Lebensabschnitt den irgendwie als leere Hülse vorhandenen Kompaß zu eichen, der in der Nordhemisphäre von der scheinbaren Drehung des nächtlichen Firmaments um den Polarstern bestimmt ist. Als Langstreckenfliegerin hat für die zierliche Grasmücke der Nachtzug allerlei Vorteile: flöge sie tagsüber, würden die heftigen Flügelbewegungen des Vögelchens zu Überwärmung führen mit hohen Wasserverlusten; lieber nimmt sie sich am Tag Zeit zum Fressen; in kühler dichter Nachtluft fliegt sich's leichter, zumal Windgeschwindigkeit und Turbulenzen geringer sind. Also stimmt sich dieses Sonnen- und Lichtwesen während der Zugzeit zum Nachtwesen um, das sich nur wenig Schlaf gönnt; höchstens legt es in der Wüste Schattenrasten ein und ruht aus unter einem mageren Strauch, an einen Felsen geschmiegt oder wenigstens auf erhöhter, etwas kühlerer Warte. So stark ist übrigens der Trieb in die gerade fällige Richtung, daß Wasservögel zu Ruhe- und Freßzeiten diese auch schwimmend, futtersuchende Landvögel sie hüpfend und laufend einhalten.

Unter bedecktem Himmel werden insbesondere alleinziehende Jungvögel wie Kuckuck oder Pirol unsicher, legen Rasten ein, können aber auch schon auf Magnetorientierung umstellen. Auf vielerlei Weise ist also Vorsorge getroffen, daß der gemächliche Herbstzug (»so sehr pressiert's jetzt eigentlich nicht!«) und der schnell und ungeduldig absolvierte Frühjahrszug (»Nichts wie los zum raschen Brutbeginn!«) ohne große Ausfälle verlaufen. Denn es hat sich gezeigt, daß die Milliarden von Zugvögeln weit geringere Verluste erleiden als Standvögel im Winter, die zum Ausgleich zweimal große Bruten durchbringen müssen, Meisen zweimal bis zu 10 Junge je Saison; Mauerseglern oder Pirolen genügt hingegen eine Brut. Das scheinbar riskante Zugvogelleben ist, oder besser gesagt war, eine besonders erfolgreiche Strategie zur Bewältigung globaler Jahreszeiten. Doch überall unterwegs stehen heute Masten und Windturbinen herum, an denen sich Nachtzieher erschlagen. Ständig gehen Rastplätze durch Entwässerung, Flußbegradigung oder Zubetonieren verloren. In Südeuropa und Nordafrika warten modern bewaffnete Jäger und schießen mehrere 100 Millionen Zugvögel ab. Sind die Übriggebliebenen trotzdem heil in den Winterquartieren angekommen, begegnen sie einer Landwirtschaft, die bald ebenso vogelfeindlich sein wird mit ihren wachsenden Monokulturen wie in gemäßigten Breiten. Kein Wunder, daß die Gartengrasmücke zur Rarität geworden ist.

Das erblich fixierte Zugprogramm ist erstaunlich flexibel geblieben, wie Peter Berthold von der Vogelwarte Radolfzell in seinem schönen Buch »Vogelzug« zeigt. Als Ursprung des Zugverhaltens gilt der sogenannte Strich, also das unregelmäßige Ausweichen bei besonderen Klima- oder Populationsschwankungen. Fichtenkreuzschnäbel, Bergfinken oder Meisen als »Zigeunervögel« zeigen in harten Wintern dieses Verhalten. Sei aber erst einmal in den Genen ein solches Programm irgendwie entstanden, dann könne die Selektion rasch entsprechend den Klimaveränderungen diejenigen Individuen bevorzugen, die für die neue Situation gut gerüstet sind – zur erfolgreichen Vermehrung des Genpools.

Berühmtes Beispiel dafür ist unsere Mönchsgrasmücke. Vor wenigen Jahrzehnten haben einige Gruppen begonnen, in der ungefähren Richtung Frankfurt–Brighton nordwestlich zu ziehen. Das hat sich als Riesenvorteil erwiesen, weil das südenglische Klima mild ist, weil der als Küstenschutz angepflanzte Sanddorn bekömmliche Beeren trägt und weil die vielen Futterhäuschen stets gut gefüllt sind. Also treffen die Englandzieher im Frühling gut genährt und wenig strapaziert so frühzeitig etwa in München wieder ein, daß sie den unbelehrbaren, weiterhin im südlichen Mittelmeergebiet überwinternden Konkurrenten die besten Reviere vor dem Schnabel wegschnappen und diese im Bruterfolg deutlich übertreffen. In der phantastisch kurzen Frist von nur zehn Generationen ist eine neue Population solcher England-Mönchsgrasmücken entstanden. Sie verdrängen derzeit nicht nur die reaktionären Mittelmeer-Mönchsgrasmükken, sondern insbesondere die ganz ähnliche Reviere beanspruchenden Gartengrasmücken mit ihrem weiten Zug in die Südhemisphäre. Das dürfte bis zu einer Klimaverschlechterung in Europa so weitergehen. Dann würde die Gartengrasmücke, falls es sie bis dahin noch gibt, wieder im Vorteil sein, und die Mönchsgrasmücke müßte aus dem etwa noch übrigen Rest von Südziehern einen neuen Bestand aufbauen.

Da die geographische Zugkarte den Vögeln genetisch eingeprägt ist, kann man Elterntiere mit um 90° voneinander abweichender Zugrichtung kreuzen und zeigen, daß hier dieselben Regeln gelten wie bei Gregor Mendels Erbsen mit glatter oder runzliger Haut im Brünner Klostergarten: Die Jungen der ersten Generation wählen genau die dazwischenliegende Richtung, in der zweiten Generation spaltet sich das Verhalten in einfache Mendelsche Erbsenverhältnisse auf. Kreuzt man Elterntiere mit starkem Wandertrieb und solche, die lieber im Winter daheimbleiben, so liegen wiederum die Jungen genau in der Mitte. Gibt es also evolutionäre Verhaltenssprünge durch Bastardierung innerhalb unterschiedlicher Gruppen? Nicht wirklich. Denn erst einmal muß ja dieser Verhaltensunterschied dasein, ehe sich etwas mischen und springen kann. Der Englandzug der Mönchsgrasmücken kann durch Kreuzungsversuche nachträglich in seiner genetischen Bedingtheit erforscht werden, man kann auch gut zeigen, nach welchen statistischen Regeln er weitervererbt wird. Wie aber ist er entstanden? Darüber hüllt sich die Forschung in tiefes Schweigen. Das Problem wird also wieder einmal nach innen verschoben, nicht gelöst.

Natürlich wäre es darüber hinaus mit der etwaigen Einzelmutation eines »Südwestkurs-Nordafrika-Gens« zu einem »Nordwestkurs-England-Gen« keineswegs getan. Die Grasmücken mit Zielen in Afrika stellen z. B. im Spätsommer die Ernährung und mit ihr den ganzen Stoffwechsel um, samt der inneren Tagesuhr; falls eine Saharaüberquerung bevorsteht, bauen sie Fettreserven auf; Insektenfressern schmecken also pötzlich kohlehydratreiche Früchte besser als Räupchen. Die Redensart von der »fetten Wachtel« bezieht sich auf diese physiologische Herbstveränderung des einzigen fortziehenden Hühnervogels unserer Region. Außerdem nehmen die Flugmuskeln zu, und zwar nicht erst durch Training, sondern vorweg zusammen mit den Fettpolstern. Damit das Gewicht nun nicht zum Problem wird, nimmt der Wassergehalt des Körpers ab und im Verlauf der Reise dann auch wieder der Flugmuskel, der ja gegen Ende ein geringeres Gewicht transportieren muß. Beim Sprosser, dem nordischen Zwilling unserer Nachtigall, sowie bei größeren Limikolen ist sogar während des Zugs ein Abbau des Darmtrakts nachgewiesen worden; daher können sich halbverhungerte Tiere bei plötzlichem Futterangebot keineswegs gleich erholen. Wir finden also vielfältiges körperliches

»Wissen«, das den inneren Betrieb von Zugvögeln verändert. Ebenso stellt sich auch das gesamte Verhalten um, nicht nur Tag- und Nachtaktivität; die Angst vor dem Sperber etwa, auf den zur Brutzeit, kaum taucht er auf, wütend »gehaßt« wird, ist plötzlich verschwunden. Er zieht ja auch selber und denkt dabei weit weniger an Beute.

Schon diese kurzen Andeutungen zeigen: Die Sache ist wirklich arg kompliziert. Dem Laien fällt es immer schwerer, bei all dem mit dem Dogma blinder Zufallsmutationen und lenkender Selektion zurechtzukommen. Fachmänner und -frauen haben sich damit hingegen gut arrangiert.

Zur Zerstreuung naiver Laienzweifel ist das Modell eines gedachten Affen vor einer gedachten Schreibmaschine beliebt: Da sitzt der Aff und hackt auf die Tasten. Irgendwann, wenn er nur lange genug gehackt hat, müsse auch mal ein »Faust 1« oder »Faust 2« herauskommen, oder doch wenigstens »Über allen Gipfeln ist Ruh«. Die Schreibmaschine sei das Buchstabenset der DNA im Zellkern, der Affe sei der Zufall der Mutationen, vergrößert um die Tatsache, daß es dank Sexualität in der Evolution zu noch weit höherer Variabilität kommt.

Ich stand kürzlich im Naturpark »Monte Verde« in Costa Rica am Ausgang des Skywalk über den Nebelwaldschluchten, zusammen mit Jürgen Weckerle, einem Siemens-Mathematiker. Dieser Glückspilz hatte soeben den Quetzal nicht nur sehen, sondern mit seiner neuen Videokamera in aller Ruhe filmen können. Er strahlte vor Freude, vor Dankbarkeit und Stolz. Über uns hingen blühende Orchideen von den Bäumen, im Blauen droben gaukelten fünf Schwalbenweihen in herrlichen Flugspielen, große Greifvögel, schneeweiß und samtschwarz gezeichnet und mit tiefgegabeltem Stoß von einer mit nichts zu vergleichenden Eleganz. Wir aßen köstlichen Ananaskuchen, die Luft trug uns einen zarten Hauch von Vanille zu. Und ausgerechnet hier kamen wir auf den Affen an der Schreibmaschine zu sprechen. Wirklich, auch diese Orchideen, diese Schwalbenweihen, ja auch der Quetzal? Nur so aus Versehen und nebenbei eingetippt? Freilich ja, es säßen doch schließlich Milliarden von Affen an Milliarden von Schreibmaschinen und hätten viele Millionen Jahre Zeit gehabt. Warum sollten in den 150 Millionen Jahren Vogelevolution also nicht auch mal rein aus Versehen Quetzale oder Schwalbenweihen herausgekommen sein, meinte Weckerle mit angestrengt skeptischer Miene und hob in einer ergreifenden Mischung aus Bedauern und Resignation die Schultern. Besonders wohl schien ihm nicht zu sein. Bedauerte er uns? Diese flüchtige Glücksstunde? Den Quetzal? So stehen wir doch alle unter blühenden Bäumen, zucken die Achseln, ziehen die Mundwinkel ein wenig herab wie beschämt, weil wir entweder das alte Staunen, die alte Freude, die alte Bewunderung noch immer nicht losgeworden sind, oder darüber, daß man uns auf Schritt und Tritt alles vergällt.

Die meisten von uns haben als Kinder einmal staunend in ein Kaleidoskop geschaut. Zur fünften Kriegsweihnacht lag für mich eines unterm Christbaum. Es gab zwar zu dieser Zeit schon fast nichts mehr. Aber Pappe, Glasscheibe, Spiegelstücke und ein paar bunte Glassplitter waren selbst in der Kriegswirtschaft doch noch vorhanden, lagen nach Luftangriffen vermutlich sogar überall herum. Ich hielt das kleine Rohr ans Auge, drehte es, war völlig baff. Und ich hätte mich, weil ich ein Kind war, sicher gar nicht gewundert, wenn zwischen den immer neuen Mustern auch mal die Mona Lisa vorbeigehuscht wäre oder Picassos Taube. Damit wir dies aber auch als Erwachsene noch für möglich halten können, versorgt man uns mit der Parabel vom Affen Zufall. Haben wir uns freilich entschlossen, zwischen Kosmos und Chaos nur einen quantitativen Unterschied anzunehmen und in einem Gedicht bloß eine Lautansammlung ohne Autor mit gewissen, von uns nur subjektiv erlebten Illusionen von Sinn und Schönheit zu sehen, dann müssen wir dem Evolutionskaleidoskop solche Wundertaten zutrauen wie die aus Lappland in die Antarktis ziehende und nach einem dortigen, mit Hilfe zyklonaler Westwinde an der Packeisgrenze ums antarktische Festland führenden Schleifenzug wieder zurückeilende Küstenseeschwalbe oder unsere in die namibische Urheimat ausweichenden Münchner Mauersegler. Widerlegbar ist dieser Glaube natürlich nie. Selig allerdings wird der Glaubende dabei auch nicht gemacht.

Doch, doch, die Zeit reiche schon für all das, auch für die Evolution unwahrscheinlichster Zufallsergebnisse, hat Ernst Mayr einmal Walter Wüst versichert, dem auf einer Tagung Zweifel gekommen waren angesichts der Balz der Laubenvögel, die ihre Liebeslaube mit bunten Beeren, Blumen und Steinchen schmücken. Und Richard Dawkin hat kürzlich verkündet, diese Frage sei erledigt, die Evolution habe sogar viel zuviel Zeit zur Verfügung. Daß es in der Natur mit rechten Dingen zugeht, dürfen wir wohl als sicher annehmen. Müssen dafür aber die Lebewesen selbst mit ihren äußeren und inneren Reichtümern erst einmal beseitigt werden? Muß die ganze Wirklichkeit der Natur dem Reduktionismus verfallen?

»Aber o weh! Je mehr man beobachtete und notierte, desto verzwickter wurde die Sache«, meinte schon Pastor Johannes Thienemann, Begründer der »Vogelwarte Rossitten der Kaiser-Wilhelm-Gesellschaft« zur vorletzten Jahrhundertwende.

Bereits Aristoteles kannte Vogelzüge, aber das Verschwinden so vieler Vögel im Winter erklärte er sich doch lieber mit einem Winterschlaf der Schwalben in Bergschluchten sowie der »Transmutation«, z. B. vom Sommervogel Gartenrotschwanz in den Wintervogel Hausrotschwanz. Kaiser Friedrich beobachtete im 13. Jahrhundert den Vogelzug genauer und zog den Schluß, daß er auf Kälte und Nahrungsmangel zurückgehe. Baron Pernau ging um 1700 einen

Schritt weiter: Angeborene Instinkte, nicht nur Hunger und Frieren würden den Aufbruch bestimmen, was der Vogelmaler Johann Andreas Naumann 100 Jahre später an der deutlichen Zugunruhe seiner flügelschwirrenden Käfig-Grasmücken bestätigen konnte.

1899 hat der wißbegierige dänische Schulmeister Mortensen den Aluminiumring zur Markierung von Zugvögeln eingeführt. Johannes Thienemann griff den Gedanken sogleich im großen Maßstab auf. Tierschützer bekämpften ihn heftig, allen voran Hermann Löns, der eine Giftwirkung des Rings befürchtete und vom »wissenschaftlichen Massenmord an den Zugvögeln« sprach.

Thienemann kam als junger Pastor im Juli 1896 zum ersten Mal ins Fischerdorf Rossitten. Er war aufgewühlt von der Macht dieser Urlandschaft, der »sehr merkwürdigen preußischen Wüste«, wie sie Wilhelm von Humboldt beschrieben hatte. Im Frühling und Herbst verdunkeln Wolken von Zugvögeln den Himmel über der Nehrung. Sie folgen einer fast 100 km langen schmalen Dünenkette zwischen Ostsee und Kurischem Haff, einem durch Sand aufgeschütteten geographischen Längengrad. Die Kurenfischer, ein eigenartiges Volk mit eigener Sprache, wurden da zweimal im Jahr zu Vogelfängern; eine hochwillkommene zusätzliche Erwerbsquelle. Im Jahr 1900 gab Thienemann jun. sein Pastorenamt im Dienste des Buches der Bücher auf, um sich dem Entziffern des von den Zugvögeln geschriebenen Kapitels im Buch der Natur zu widmen. Er übersiedelte nach Rossitten und begann Nebelkrähen zu beringen, Flußseeschwalben und Störche. Er baute sich den »Ulmenhorst«, darin »ein dürftiger Sammlungsraum, ein Schrank mit ein paar ausgestopften Vögeln und ein Herz voll glühender Begeisterung für die Sache – das waren die Dinge, mit denen ich ans Werk zu gehen versuchte«. Ohne definierbaren Beruf, ohne Einnahmen lebte er in Armut, ernährte sich aus dem eigenen Garten und nahm jedes Amt an: etwa als Meteorologe für Ostpreußen, als Forstkassenrat, als Kustos am Zoologischen Museum Königsberg. Wie alle damaligen Vogelfreunde mit Leib und Seele Jäger, scheute er sich nicht, beim Frühstück mit der stets griffbereiten Flinte seine erste Steppenweihe aus den Hunderttausenden von Vögeln herauszuschießen, die an guten Tagen hier durchzogen; überglücklich war er, einen so seltenen Greifvogel einfach vom Kaffeetisch aus erjagt zu haben. Er promovierte in Königsberg und machte Rossitten rasch weltberühmt. Eine Rückmeldung von sehr weit her kam richtig an mit der Adresse: an »Madame Vogelwarte Rossitten«. Der junge Konrad Lorenz war von Königsberg aus hier häufiger Gast.

Als die Vogelwarte nach der russischen Eroberung vernichtet war, bauten E. Schütz und Rudolf Kuhck sie aus geretteten Beständen in Radolfzell wieder auf. Heute wird nicht mehr im einstigen Ausmaß beringt. Die wissenschaftliche Ornithologie hat sich aber unendlich verfeinert. Stoffwechsel, Atmung, Hormone, Sinnesleistungen der Vögel werden erforscht, Vererbungsmechanismen der Wanderwege entziffert. Früher beobachtete man nachts an der Mondscheibe vorbeiziehende Vögel. Heute tragen sie Sender mit sich, um »telemetrisch« erfaßt zu werden. Wir kennen daher die Flughöhen der Arten, etwa 100 Meter bei Laub- und Rohrsängern, bis zu 10 000 Metern bei Streifengänsen, die den Himalaja überqueren; dank dreierlei besonderer Blutkörperchen bewältigen sie das spielend, ganz ohne Höhenkrankheit.

In Registrierkäfigen mit präpariertem Papierboden, der die nächtlichen Kratzspuren, also Zugunruhe und -richtung festhält, oder mit Sitzstangen, die Impulse elektrisch aufnehmen, zeichnen Grasmücken oder Rotkehlchen selber ihre nächtlichen Aktivitäten auf. In anderen Versuchskäfigen wird das Magnetfeld abgeschirmt oder ein künstlicher Sternenhimmel über den Insassen gedreht und verändert. So ist es möglich, handaufgezogene »Kaspar-Hauser-Vögel« auf ihr angeborenes Programm hin zu untersuchen. Hüpfende junge Versuchsgrasmücken kratzen in ihren Käfigen genau zur selben Zeit den westlichen oder östlichen Zugknick ins Papier, den ihre freiziehenden Artgenossen ausführen, ohne jede Erfahrung, ohne elterliche Führung. Vieles ist geklärt, vieles ist noch rätselhaft. So hat man noch keine Ahnung, wie Vögel und andere Tiere es fertigbringen, von jedem beliebigen Ort aus, und sei er noch so weit entfernt, sich innerhalb von 20 Sekunden zu orientieren und unfehlbar wieder heimzufinden. Ein Schwarzschnabelsturmtaucher aus England, dieser mittelgroße schwarzweiße Meeresvogel mit schmalen, zum Wellensegeln geeigneten Schwingen, ist nach einer 4000-km-Versetzung in die USA innerhalb von 12 Tagen wieder daheim gewesen. Was für ein weites Forschungsfeld nicht nur an Brieftauben!

Der Vogelzug ist viel älter als die Eiszeiten. Schon im Tertiär (vor 65–1,8 Millionen Jahren) müssen Vögel bereits der monatelangen Winternacht ausgewichen sein. Und immer wieder, zuletzt seit dem Ende der Würm-Eiszeit vor rund 12 000 Jahren, haben sie unsere hohen nördlichen Breiten mit ihrem sommerlichen Insektenreichtum neu entdeckt. Die Geschichte dieser Wiederbesiedlung schreiben bis heute manche Zugwege nach. Der Europäische Steinschmätzer ist ein zartes, beiges Vögelchen offenen Berg- und Küstengeländes mit einem im Aufflug prächtig erkennbaren, T-förmigen, schwarzweißen Schwanzsignal. Ich liebe ihn als aufmerksamen, stets neugierigen, unaufhörlich knicksenden, von einer Sitzwarte zur anderen flatternden Wandergefährten zwischen Ostfriesland und den asiatischen Berghängen. Steinschmätzer aus Alaska wählen nun seltsamerweise nicht den nahe liegenden amerikanischen Süden als Winterquartier, sondern ziehen über ganz Sibirien nach Westen zu ihren europäischen Artgenossen und mit ihnen in den unermeßlich weit entfernten arabischen oder afrikanischen Süden. Sie müssen also über die Beringstraße nach Amerika eingewandert sein. Entsprechend nehmen die grönländischen und ostkanadischen Steinschmätzer in einer Non-stop-Atlantiküberquerung erst den alten Rückweg ostwärts nach Europa, um von dort mit skandinavischen Artgenossen nach Zentralafrika zu ziehen. Für ein derart geschichtlich geprägtes Zugverhalten gibt es viele Beispiele, etwa neuerdings unseren Karmingimpel; er wandert im Spätsommer weit nach Osten, um mit seinen asiatischen Artgenossen im indischen Süden zu überwintern. Schließlich gibt es sibirische Fitislaubsänger, die westwärts bis Skandinavien und von dort bis Südafrika ziehen; gleichzeitig ziehen Wanderlaubsänger von Skandinavien ostwärts nach Alaska und von dort an den südöstlichen Pazifik. Irgendwo in Zentralasien kreuzen sich ihre Wege, aber keiner weiß vom anderen, und sie tradieren ihre weltweiten Umwege über die Jahrtausende.

In Gefangenschaft erlischt bei vielen Arten das jahrtausendelang erbfeste Zugvermögen. Schon die erste Generation im Gehege geschlüpfter Störche wird zugunfähig. Gelingt die Vererbung derart komplizierter genetischer Muster nur unter den richtigen Bedingungen? Bleiben diese anfällig und gehen durch offenbar häufige »Defektmutationen« schnell verloren? Vielleicht muß der ständig drohende Ausfall von Merkmalen laufend korrigiert werden, damit keine »Verhaustierung« eintritt.

Dem aussterbenden amerikanischen Schreikranich – es gibt nur mehr wenige dieser eleganten weißen Vögel mit der zinnoberroten Kopfplatte – wollte der kanadische Bildhauer und Filmautor Bill Lishman beistehen: Als Schreikranich verkleidet (ein Arm bildete den Kranichkopf), spielte er Vogelmutter bei einigen im Brutkasten geschlüpften und sorgsam ausgewilderten Jungvögeln im kanadischen Süd-Ontario. Zur Zugzeit vermummte er auch ein Ultraleichtflugzeug als Schreikranich und führte als »Leitvogel« seine dreizehn Ziehkinder über eine neue, ausgesucht günstige Zugroute 800 km weit zu einem ungestörten Feuchtgebiet in Virginia.

Nach mehreren Reisewochen ist er mit den meisten Schützlingen wohlbehalten dort angekommen und hat mit ihnen überwintert. Im Frühling überließ er sie sich selber. Und tatsächlich, zu Bills Entzücken sind im folgenden April sechs seiner Kraniche auf dieser erlernten Route nach Ontario zurückgekehrt, um – so hofft er – nun eine neue Population wieder zugfähiger Tiere aufzubauen. Jetzt fragt sich natürlich, ob und wie dieses »Ontario-Virginia-und-zurück« sich in einen DNA-Code umwandeln soll, der dann seinerseits wieder »Ontario-Virginia-und-zurück« bewirkt, falls es sich so abgespielt hat.

Der bei uns ausgestorbene, nur noch in Marokko in einer wildlebenden Population vorkommende Waldrapp (es gibt ihn hier im Tierpark Hellabrunn und im schönen Innsbrukker Alpenzoo) kann in den Naturschutzgebieten der Alpen nicht wieder angesiedelt werden, weil auch ihm das »Programm« seiner Wanderung abhandengekommen ist. Er würde als ehemaliger Zugvogel im ersten Winter hier elendiglich zugrunde gehen. Vermutlich müßten Jungvögel den Zug erst einmal individuell lernen, auch wenn er genetisch geprägt gewesen sein mag.

An bestimmten Pässen, Flußtälern, Rastplätzen führen die meist breit verlaufenden Vogelstraßen trichterförmig zusammen und locken Ornithologen herbei. Im September haben wir gerne die Rheinmündung am Bodensee aufgesucht, wo wir mit dem altgewordenen Walter Wüst die Ferne an uns vorüberziehen ließen. Hier liegt das Nordtor der westlichen Alpenumgehung, die von Königen, Soldaten, Pilgern und Händlern seit Jahrtausenden genutzte »Burgunder Pforte«. Zunächst blieben wir auf einer Bank vor dem Strandrestaurant mit Wüsts Spiegelteleskop sitzen. Saßen wir eine Stunde, saßen wir sieben Stunden? Wir spürten es nicht, merkten nur irgendwann, daß wir längst Hunger hatten. Der Luftraum über uns, die Schlickfläche vor uns, das war unsere Gegenwart. Es war immer fast dasselbe, zugleich aber immer das Allerneueste, ganz und gar Unerwartete. Schwalben jagten im Luftplankton. Daheim waren sie schon fort: der Marientag, der 8. September, gilt als ihr Aufbruchstermin. Dies hier waren nördlichere Gruppen. Sie hielten im scheinbar ziellosen Flattern und Kreisen die ungefähre Südrichtung ein; es waren also immer neue Schwalben, die herankamen und Mahlzeit hielten in den dichten Mückenschwärmen überm Wasser; abends fielen Tausende im Schilf ein und erfüllten die Dämmerung noch eine Weile mit lautem Gezwitscher; sie rüsteten sich für die Alpen-, Meeres- und Wüstenstrecken; Schwalben riskieren diese ohne Umwege.

Baumfalken zogen mit, griffen ihre Beute aus dem Vollen und würden mit ihnen zusammen Afrika erreichen – eine Reise sozusagen im Speisewagen! An der Aufregung der Strandvögel erkannten wir die Anwesenheit dieses wilden kleinen Jägers. Weiß aufblitzend stürzten sich dichte Formationen zierlicher Alpenstrandläufer in den Himmel, wendeten, fielen wieder ein, wie im Nordseewatt. Auch ihnen eignet jener eigentümliche Zauber aller Limikolen. Sie nach Größe, Schnabelform, Gefiederzeichnung, Flugbild oder Ruf zu unterscheiden bedeutet die hohe Schule der Vogelkunde, wie ich sie als Studentin am Bodensee zum ersten Mal erlebt hatte. Da, zu diesem Trupp knapp lerchengroßer Zwergstrandläufer hatten sich auch zwei Temminckstrandläufer gesellt, erst kaum zu unterscheiden, dann aber durch grauere Färbung, fehlenden hellen Rückenstreifen und ruhigeres Gebaren auf einmal nicht mehr zu verwechseln – ein Vexierbild, das von einem Augenblick zum anderen hervortritt und nun für immer deutlich bleibt. Es ist eine berauschende Erfahrung, auf einmal den »Habitus« eines Vogels unmittelbar wahrnehmen zu können, ohne inneres Aufzählen seiner Merkmale. Ähnlich schwierig war es mit Sand- und Flußregenpfeifern, die wie an Schnüren gezogen vor uns dahintrippelten und in einer komischen Geste mit einem Fuß auf den Schlick klopften, um kleine Gliedertiere aufzuscheuchen. Sie tragen fast identische schwarzweiße Kopfzeichnung. Fliegen sie jedoch auf, sind Flügelband und Ruf der Sandregenpfeifer unverkennbar. Die jungen, zum ersten Mal ziehenden Limikolen kannten meist noch kein »Feindbild Mensch«, ließen uns daher ganz nah heran, als wären sie Gefährten aus verlorenen Paradiesen. Der melodisch abfallende Ruf (»djüt-djüt-djüt«) eines Rotschenkels riß uns aus der Betrachtung. Unvergeßlicher Klang von Einsamkeit und Melancholie, rief er ein Panorama innerer Bilder wach, wie sie mir ein Kuraufenthalt mit dem asthmakranken Söhnchen einst in der Aprilkälte auf Juist geschenkt hatte. Plötzlich waren diese Abende im Watt wieder da mit grauer Weite und silbrigen Lichtteichen im Schlick, mit Sanddornbüschen, Dünen und Strandhafer; der Ruf der Rotschenkel erfüllte jene Nächte, ich lag wach, stand auf, ging hinaus.

Am herbstlichen Bodenseeufer verschmolzen Erinnerungen mit einer Gegenwart von höchster Intensität. Wir versanken ins Unterscheiden, Vergleichen, Schauen. Lebendige Wesen traten vor uns hin, traten heraus aus dem Ungeschiedenen. Gehorsam dem Lebensgesetz größtmöglicher Vielfalt, größtmöglicher Genauigkeit und Steigerung einmal gefundener Gestalt – Bekassine, Brachvogel, Bruchwasserläufer –, flogen sie, riefen sich aus, stellten sich dar, waren inständig sie selber.

Könnten wir doch ihren Ruf des Eigenseins all den seelisch schwerhörig, ja taub Gewordenen wieder vernehmbar machen! Das wäre wirklicher Naturschutz. Denn sich selbst hinausrufen in die lebendige Sphäre, das sei der Auftrag der Geschöpfe – »Crying what I do is me, for that I came«, so beschwor Gerald Manley Hopkins die Heiligkeit der Lebewesen ein halbes Jahrhundert, ehe Adolf Portmann sein geniales, für die meisten Biologen aber nur anstößiges Konzept der »Selbstdarstellung« konsequent von Jugend an wissenschaftlich ausarbeitete.

Unser Vogelglück des Angesprochenseins und des Ansprechens ließ uns für die Ewigkeit solcher Anblicke keinen Wunsch nach Flügeln, wir hatten Flügel. Die Tundra war da, nördliche Sümpfe zogen vorüber, Bruchwälder, Inseln, Wattenmeer, wie auch die Vision ferner Ziele. Auch Zwergstrandläufer und kleine hellgraue, mit übertrieben langen Schritten hier am Bodensee rennende Sanderlinge waren da, vielleicht dieselben, die ich am südöstlichen Atlantik gesehen hatte, bei Swakopmund zwischen Flamingos oder am Cape Cross zwischen Bärenrobben. Fremde Namen läuteten uns im Ohr, tönten in den nebeligen Septemberabend herein mit einer Sehnsucht, die durch keine Reise zu stillen ist.

Stets begegneten wir an der Rheinmündung anderen Ornithologen, die von anderen aufregenden Funden berichteten, von Zwergrohrdommeln oder schwer zu bestimmenden nordischen Ammern, die ebenfalls durch die Burgunder Pforte ziehen; sie sind im Herbst unauffällig gemustert, rufen unauffällig; man muß also sehr genau hinschauen und -horchen.

In einer Schilfbucht hockten zwei kleine fremde Falken, bräunlich-grau gezeichnetes Gefieder, helle Backen – Merline, Kleinvogeljäger. Sie überwintern hier, während diese beiden einheimischen Wespenbussarde, nachdem sie im Aufwind an der Flanke des Pfänders über uns Höhe gewonnen haben, über die Pyrenäen und Gibraltar nach Afrika weiterziehen, ohne unterwegs Nahrung zu suchen. In einer Thermik am Sonnenhang stiegen Möwen auf, stürzten sich in herrlichen Bögen herab, um spielerisch wieder aufzusteigen. Wüst bestand in seinen späteren Jahren darauf: Einem flugfähigen Lebewesen, abgesehen von allen artbedingten, allen klimatischen, geographischen oder erdgeschichtlichen Kräften, die es zu seinen weiten Wanderungen treiben, mache es vor allen Zwecken einfach Freude, weit zu fliegen. Freude? Gibt es die überhaupt? Wir fanden sie in uns und in den Zugvögeln.

Saint-John Perse sagte: »Ils gardent parmi nous quelque chose du songe de la création« – sie bewahren mitten unter uns etwas vom Gedanken der Schöpfung. Und »Oiseaux de tous rivages et de toutes saisons, ils sont princes de l'ubiquité« – Vögel aller Gestade und aller Jahreszeiten, sind sie Prinzen der Allgegenwart.

15. Kapitel **Wo sind die Paradiese geblieben?**

Adam und Eva seien aus einem Paradies vertrieben und wir mit ihnen. Dieses Bild ist unserem Kulturkreis so tief eingeprägt, daß wir es nicht leicht loswerden. Seit Jahrtausenden sind die Nachkommen jener Vertriebenen daran erinnert worden, haben sich den Schweiß von der Stirn gewischt, die immer gerade jetzt so schlechten Zeiten beklagt und sich nach einem Drüben und einem zukünftigen oder vergangenen Einst gesehnt, wo nach Jesaja der Löwe Stroh fräße und das kleine Kind am »Schlupfloch der Schlange« spielen könne. »Drüben« denken die meisten bis heute und stellen sich einen verschollenen Garten vor, zwischen Euphrat und Tigris, an den Jordanquellen, in den Oasen des Ostens, und sie gehen auf Reisen. Das ist der eine Weg der Sehnsucht, den anderen könnten wir »Biologische Morgenlandfahrt der Wissenschaft« nennen, es ist der Weg der Forschung, der die Geheimnisse des Menschen, der Lebewesen, ja des Lebens selbst in dessen inneren Strukturen sucht und zu lüften hofft.

Xenophon hat die Gärten und Parks der Perser »paradeisos« genannt nach dem persischen »pairadaeza«. So kam das Wort übers hellenistische Griechisch in die Bibelübersetzungen. Eine die Vertreibung beglaubigende Sehnsucht, ein unstillbares Gefühl von Heimweh ist uns jedenfalls geblieben, nach irgendwann und anderswohin als hierher, wo ausgerechnet ich und du schuften und scheitern. Manche werden Vegetarier, andere frönen dem Biogarten, einer mehr rückwärts als vorwärts gewandten Utopie, »einem Ort Nirgendwo«, wie ich ihn selber hege und pflege mit durchaus wechselndem Erfolg; denn Rosen- und Dahlienbeete sind sehr viel leichter in Ordnung zu halten als natürliche Vielfalt.

Vielleicht ist aber die Paradiesesgeschichte fehlinterpretiert worden und der ewige Garten läge noch ganz in der Nähe, z. B. hier, wo wir soeben herumtrampeln, und seine Mauer wäre vor allem eine des Nichtwissens. Lassen wir einmal die räumliche oder zeitliche Vertreibung beiseite und machen uns auf die Suche. Mit erhöhter Aufmerksamkeit ließe sich vielleicht eine Parzelle von dem finden, was wir verloren glauben; nur dürfen wir nicht ebenda Hütten bauen, Gärten anlegen, also Idylle planen wollen. Denn da gibt es kein Verweilen, höchstens Einblicke.

Das gilt vor allem natürlich fürs menschliche Zusammenleben mit seinen leuchtenden Augenblicken, die unsere Zuversicht immer wieder stärken. Aber da es uns hier um Vögel gegangen ist, will ich zum Beispiel vom Viehlaßmoos sprechen, nur einen Katzensprung nördlich von München gelegen. Es ist ein unauffälliges Stück Sumpfland, jahrhundertelang Viehweide und von den großen Entwässerungen des 20. Jahrhunderts vergessen. Vergessen auch von den Planern der Olympiade, die Ruderstrecken gesucht, vergessen von den Erbauern des Großflughafens, den sie auf ihren Plänen ein bißchen weiter südlich eingezeichnet haben. Das Viehlaßmoos ist links liegengeblieben, was ihm so gut bekommen ist, als wäre es von einer Mauer umgeben. Es hat beinahe etwas vom Licht der Märchengärten, die als wandernde Motive viele alte Geschichten durchziehen; in ihnen herrscht ewiger Frühling, und es blühen dort etwa drei Rosen an einem Zweig, die sich eine jüngste Tochter von ihrem Vater wünscht, um alles Glück und allen Kummer der Welt damit zu gewinnen.

Ich wollte seit langem dorthin, weil es da noch Blaukehlchen geben sollte. Aber Walter Wüst und ich schoben unsere Verabredung, wie es halt so geht, jahrelang vor uns her. Es durfte nicht allzu früher Frühling, aber auch noch nicht Mai sein, möglichst mit ein wenig Sonne wegen der blauen Farben, aber noch ohne Laub wegen der Sicht, also etwa um Ostern. Der rechte Augenblick ging jahrelang ungenutzt vorüber. Endlich, an einem kalten Apriltag nach spätem Schneetreiben, war es dann doch soweit.

Wir kamen in ein unauffälliges ebenes Gelände mit noch winterlich braunen Wiesen zwischen flachen, von Weiden, Erlen, Birken gesäumten Gräben. Da war keine Mauer, und kein Wächter stand am Eingang. Wir folgten einfach ein paar hundert Meter einem Fußweg. Es lagen noch Schneereste. Nichts zeichnete diese sauren Wiesen vor der Umgebung aus. Kaum aber waren wir eingetreten, noch gar nicht gefaßt auf Besonderes, da sahen wir es schon auf einem kahlen Weidenbusch in der fahlen Morgensonne sitzen, Juwel unter den heimischen Singvögeln, die blaue Kehle schwarz, weiß und rot eingefaßt und darin ein blitzender weißer Fleck. Es saß in aller Selbstverständlichkeit da, sang und flatterte singend zum Balzflug auf, eben einfach Blaukehlchen, so unerwartet wie seit Jahren herbeigesehnt, und leuchtete uns unter der Aprilsonne unbedingt ein mit seiner zuverlässigen Gestalt. Wie ein Wiedersehen war schon die erste Begegnung. Denn man sucht ja, was man schon irgendwie hat. Dieses weißsternige Blaukehlchen ist zu unterscheiden vom rotsternigen hochgelegener Alpenmoore und nordischer Tundren. Wir sind später eigens in die Hohen Tauern gefahren, um jene nördliche Variante zu sehen, sind zwei Tage herumgestiegen, die Rufe der Wasserpieper und das Ratschen der Häher im Ohr. Erst bei der Abfahrt hielten wir an einem Hangmoor nochmals an, weil dort ein Mann mit Fernglas stand. Da konnten wir es doch noch bewundern mit seinem roten Stern.

Seine Strophe ist Musik, mit Eröffnungsfigur, Accelerando, con Variazione, mit Melodiekaskaden von erlesener Reinheit, durchmischt von Lieblichkeit und Schärfe, klare Vokale neben harten Konsonanten, eine rauhe Süße wie Schilf, das flüstert und die berührenden Finger blutig schneidet.

Eng verwandt mit ihm sind die Rotkehlchen der Gärten und Waldränder, die Schwarz- und Braunkehlchen offener Ödländer, die Rubinkehlchen der Bergwiesen Zentralasiens. Aber ohne Namen ist ein Vogel mit seiner Zeichnung und Stimme, seinem Verhalten und seinem Biotop noch nicht wirklich da, wir müssen ihn ansprechen können, um angesprochen zu sein. Viele Namen sind alt. Raben- und Saatkrähe, heute meist nur noch von Ornithologen unterschieden, haben in den meisten indogermanischen Sprachen je eigene Namen, etwa Crow und Rook, Corneille und Corbeau. Der Temminckstrandläufer, nur schwer vom Zwergstrandläufer wegzukennen, hieß grauer Raßler wegen seiner Stimme und dem etwas graueren Farbton im Gefieder. In der zweiten Hälfte des vorigen Jahrhunderts begannen die Namen zu verblassen, und mit den Namen die Arten. Die industrialisierte Landwirtschaft hat diese doppelte Austreibung nun nahezu vollzogen, dröhnende Maschinen übertönen, überfahren, zerquetschen alles, was sich etwa noch regt, den Wachtelkönig vor allem.

Daß einstige Bauern, Knechte und Mägde kein leichtes Leben hatten, weiß jeder. Vorzeitig sind sie krumm geworden beim Hacken, Graben, Aufladen, Schinderei von morgens bis abends. Und trotzdem haben sie »Knecht mäh« aus dem Ruf des Wachtelkönigs (»Schnarrwachtel«) herausgehört, »Bück den Rück« aus dem Wachtelschlag, der die Felder durchklingelte, oder »Bäuerlein, Bäuerlein s'ist zú früh« aus dem Goldammernruf. Als Namengeber waren sie noch Adamskinder, standen also gleichsam mit einem Bein in Edens Gartenjahren und erfüllten weiterhin den Auftrag an das erste Menschenpaar: »Denn wie der Mensch allerlei lebendige Tiere nennen würde, sollten sie heißen.«

Weil sich das Viehlaßmoos mit der Zeit allzuweit herumgesprochen hatte, kaufte es der »Landesbund für Vogelschutz« mit Spendengeldern und sperrte es von März bis Mai für alle Besucher; es hat also seine Mauer doch noch bekommen. Aber Paradiesesreste wie hier zwischen Autobahn und Großflughafen gibt es auch anderswo.

Eine solche Parzelle besuchten wir, ebenfalls im April, in der Nähe des Neusiedler Sees. Wir brachen vor Morgengrauen von einem Gasthof in Rust auf, fuhren durch ein Straßendorf mit breiten Hoftoren, wo uns heimkehrende Hochzeitsgäste den Weg wiesen: eine gerade Straße zwischen mageren Äckern, Feuchtwiesen, Gräben mit Weidengebüsch – wiederum nichts Besonderes, keine Urlandschaft, sondern nur vernachlässigte Kulturflächen. Ein weißes Schild führte uns schließlich zur Beobachtungskanzel.

Wir stiegen die Treppe zur Plattform hinauf und warteten unter Lerchenchören, bis der Tag anbrach. Plötzlich setzte auch hier das wohlbekannte »Djip-djip-djip« im vertrauten Accelerando aus blauer Kehle ein. Als es dann heller wurde, sahen wir auf den weiten braunroten Feuchtwiesen mehrere Gruppen äsender Rehe, einige Hasen und die gelegentlich im hohen Gras auftauchenden dunklen Köpfe zweier kämpfender Fasane, ein komisches Vis-à-vis zorniger Rivalen. Gellend schrie eine Amsel in den Fängen eines Habichts, der, eben noch wirbelnder Schatten, jetzt schwerfällig abstrich mit seiner Beute. Garten Eden? Nicht ganz. Aber eine ungestörte, von Horizont zu Horizont in Lerchengirlanden eingesponnene Weite.

Und auf einmal sahen wir rund tausend Meter weit drüben unter einigen hohen Bäumen im leichten Morgendunst diejenigen, derentwegen wir gekommen waren: Drei mächtige Gestalten, das Gefiederweiß der Flügel feierlich hervorgestülpt und zu skurrilen Fächern gespreizt, drehten sie sich trippelnd und zitternd um sich selber, ein Vierter kam hinzu. Großtrappenhähne tanzten Quadrille, zu Ruhm und Ehre – nun ja, einige Hennen waren unauffällig eingefallen. Sie würden später unter den Tänzern wählen, deren männliche Kraft sich in dieser Choreographie, dem Schreiten und Kreisen in bebender Schönheit darstellte, kein Kampf, nur hochstilisierte Rivalität: Wer ist der Schönste im Lande? der beste Tänzer? Bis zum Abend würden sie tanzen – haben sie sich überhaupt ausgeruht? –, um in den letzten Sonnenstrahlen, die über die rot aufleuchtende Fläche sprühen, plötzlich ihr Festkleid zu wenden und als große beigebraune Zivilisten einträchtig unter den Bäumen auf und ab zu wandeln, wie ins Gespräch vertieft über die Turnierereignisse das Tages in einer Art Manöverkritik dieses Rituals, das die Soziobiologie »Arenabalz« nennt.

Am späten Vormittag kam ein junger Mann mit Photoausrüstung und ein älterer mit Tonbandgerät; sie bauten sich unter einem Baum auf, der Ton wurde eingeschaltet und spielte »Blaukehlchen«. Sofort erschien der Revierinhaber und nahm den längst beendeten Morgengesang wieder auf. Er schien uns alle überhaupt nicht wahrzunehmen, so erregt war er, der weiße Stern in der aufgeplusterten Kehle vibrierte. Der junge Mann konnte aus nächster Nähe photographieren, zwei, zehn, dreißig Bilder. Kaum strich das Vögelchen ab, zwang neuer Kassettengesang es zurück, forderte ihm weiteren Gesang und Balzflüge ab. Immer wieder stürzte es ins Schilf, immer wieder mußte es auftauchen, weil sich mitten in seinem Revier ein Rivale breitzumachen schien, ein gleichstarker, denn da erklang ständig seine eigene Stimme, die es aber nicht wiedererkennen konnte. Der Photograph zog einen neuen Film ein, knipste bald nur noch aus Langeweile, und der Kassettenmann schaute sich nach neuem Publikum um. Er winkte uns herbei: Da, hört euch meinen Vogel an. Hopp, Vogel, sing! Er gönnte ihm keine Pause, spielte den konservierten Gesang zum echten hinzu mit der Besitzermiene dessen, dem Häuser, Autos, Maschinen gehören und der den Unterschied zwischen einem Modellflugzeug und einem seltenen Vogel gar nicht bemerkt: Er schaltete nur ein. Und sogleich verwandelte sich die Gartenparzelle in ein Stück Disneyland: Lerchefasantrappeblaukehlchen. Weg war die Steppe, ihr flimmerndes Licht, die Ruhe der Rehe, die Quadrille der Trappenhähne, die Leidenschaft eines zarten Vogels. Welt war weg, Himmel und Erde waren weg. Übrig blieb ein schwerer Mann, ein Besitzer mit rotem Gesicht vor einem erschöpften Vögelchen, das nur noch aus Verzweiflung sang. Es sang nicht, weil die Sonne aufging und weil zwischen Schilfhalmen seine unauffällige Partnerin auf Eiern saß. Es sang auch nicht, weil seine blaue Kehle rot eingefaßt war oder weil Glück es erfüllte, Blaukehlchen zu sein und nicht Schwarz- oder Braunkehlchen, zu sein und nicht nicht zu sein. Und dies zu singen – Vielfalt, Lebensfreude, offenbares Geheimnis.

Das Anlocken von Tieren durch Stimmenimitationen ist eine alte Kunst: Über einem Buchenblatt lockte der Jäger den Rehbock, der die »fiepende« Geiß in der »Blattzeit« sucht und verfolgt – bis auf Schußweite. Das herbstliche »Splissen« aufs Haselhuhn, ein hoher leiser Pfiff, der den Hahn nachahmt, ist heute vergessen, weil es keine Haselhühner mehr gibt. Der Kuckuck läßt sich täuschen, der Specht, das Käuzchen. Was einst nur von einzelnen Jägern und Liebhabern geübt wurde, kann heute jedermann produzieren. Billige Recorder für Stimmaufnahmen und -wiedergaben, unbegrenzte Freizeit und Mobilität führen zu einer ganz neuen Kolonialisierung der Natur durch ihre Liebhaber. Das Wort kehrt nun seine besitzergreifende Bedeutung hervor – das Habenmüssen des Liebesobjekts, eine Belästigung durch die Last der eigenen Anwesenheit, wiederum Naturimperialismus.

Vögel geraten in helle Aufregung, wenn sie mitten im eigenen Revier ihren Artgesang zu hören bekommen, und verlassen dieses mühsam besetzte Stückchen Land aus Angst vor einem gleichstarken oder stärkeren Rivalen, geben sogar Bruten auf. Die usbekische Nachtigall in einem noch ungestörten Hochtal »aufnehmen« und dann sogleich mit ihrem eigenen Lied stören – »auf drei Meter ist sie hergekommen«, verkündete zufrieden einer unserer Mitreisenden –, das zerstört ihr Revier. Für wissenschaftliche Zählungen und Bestandsaufnahmen mag derlei erlaubt sein; Nachtvögel wie Ziegenmelker oder Eulen sind anders sowieso nicht zu orten. Doch ist es dabei schon vorgekommen, daß auf einen Rohrschwirl vom Tonband ein anderer Rohrschwirl vom Tonband antwortete und zwei gezählt wurden, wo gar keiner war. Wieder einmal blieben die Menschen unter sich.

In der leergeräumten Natur fühlen sie sich so allein, daß sie sehnsüchtig die schrumpfenden Reste ungestörter Wildnis aufsuchen. Die »Jagd« mit der Kamera kann dann ebenso beunruhigen wie die mit der Schußwaffe, zumal sie ohne Jägerprüfung ausgeübt wird, ohne Regeln und Rituale, oft ohne Respekt und Ehrfurcht, nur um der Beute willen: Schaut, was ich da Rares entdeckt, beobachtet, eingekastelt habe! Zwar werden Bilder vom Nest seltener Vögel nicht mehr zur Veröffentlichung angenommen; es gibt genug davon. Aber wer kontrolliert den einzelnen und seine Dia-Sammlung? Da ist einer im Kochelmoor einer Wiesenweihe derart auf den Leib gerückt, daß sie ihre Brut aufgab. Sie hatte sich eben dort neu ansiedeln wollen!

Gerade Anblicke können zur Beute, gerade Naturliebhaber zu Ausbeutern werden. Gewiß, man kann für Augenblicke dem ewigen Garten begegnen, die Vertreibung scheint aufgehoben, der Wächter beiseite getreten, der Blick freigegeben: »Da.« Aber der gleichzeitige, jedoch meist überhörte Befehl lautet: »Tritt nicht näher, bleibe nicht zu lange, versuche nicht wiederzukommen!« Der Ökotourismus, so ambivalent wie aller Tourismus, fordert Askese. Mir schien stets eine Askese, die Sterbliches zu »Kot« erklären muß, um sich leichter davon ab- und dem Unsterblichen zuwenden zu können, wie ein Trick, der erst aus der Verschmutzung dessen, worauf der Asket verzichten möchte, diesen Verzicht ermöglicht. Nein, nur wer die Schönheit der Welt erfahren und begonnen hat, sie zu bestaunen und ihr durch eigenen Verzicht beizustehen, kann doch wohl als wahrer Asket gelten.

Einmal sind wir nach Malta gereist. Eigentlich auf den Spuren der Johanniter und um in die Vorgeschichte einzutauchen, in eine der frühesten Hochkulturen der Welt mit ihrer Großen Muttergottheit. Auch wollten wir Odysseus beim Aufbruch von Ogygia begegnen, dem schiffbrüchigen Paulus, den frühen Arabern, den späten Ordensrittern und notgedrungen auch Napoleon. Ich aber hoffte insgeheim vor allem auf einen schwarzen Falken mit überlangen Schwingen, der in Kolonien auf südmediterranen Felseninseln brüten soll, im Spätsommer, um seine Jungen während des Vogelzugs großzuziehen. Denn Malta ist Station einer Vogelzug-Nebenlinie über die Alpen und Sizilien nach Afrika. Im Standflug 800 m über der See wartet im scharfen Wind der Eleonorenfalke an (Bies-ta Regina, Königinfalke) und stößt unermüdlich herab.

Die Grotte der Kalypso liegt an der Westküste Gozos, einer Insel des Malta-Archipels. Wir folgten Hinweisschildern. Am steilen Pfad drängte sich ein örtlicher Führer auf. Er zündete am Ziel eine Kerze an und beleuchtete stolz für uns Wände und Decke »seiner« Höhle. Ihre Stalakmiten seien von Touristen mitgenommen worden, schimpfte er, um den dürftigen Ort zu entschuldigen. Als ob uns hier an Tropfsteinen gelegen wäre, wo wir uns Odysseus vorstellen wollten bei der mit goldenem Schiffchen webenden Nymphe. Aber da war nur ein enges Dreckloch! Draußen im Steilhang über dem schimmernden Meer mochte die Vision eher glücken, gemäß homerischer Verse über Quellen, Hain und blühende Wiesen auf der Insel »Ogygia«. Doch hier sirrte nur mit Zikadenstimmen die Trockenheit.

Als Kalypso den Odysseus nicht mehr zurückhalten konnte, erlaubte sie ihm, in Wäldern aus Erlen, Pappeln und Fichten, bewohnt von »flügelstreckenden Vögeln, Eulen, Habichten und Kormoranen«, zwanzig Stämme für sein Boot zu schlagen. Als letztes Geschenk ihrer Liebe lieh sie ihm die bronzene Doppelaxt. Also ist sie Hüterin eines Waldes gewesen, der späteren seefahrenden Völkern zum Opfer gefallen ist.

Ob die webende Nymphe noch in die Welt der vorgeschichtlichen Tempel gehört, deren größter hier auf Gozo ragt, dem homerischen Ogygia? »'Ggantija« heißt er, und wirklich, wie sollen gewöhnliche Menschen und nicht Giganten vor 5000 Jahren solche Blöcke gebrochen, transportiert und zu zyklopischen Mauern, Portalen und Altären getürmt haben? Eingravierte Spiralen blicken den Besucher so abweisend an, daß er noch heute zögert beim Überschreiten der Schwelle zum rückwärtigen, der Priesterin vorbehaltenen Raum. Weibliche Figuren von gewaltiger Körperfülle, mit zierlichsten Füßen, überlebensgroß aus Stein oder winzig aus Ton sind erhalten, »Venus von Malta« genannt. Verwirrt und ratlos blickten wir in den Brunnenschacht der Jahrtausende, verloren all unsere Sicherheit vor diesen erloschenen Megalith-Heiligtümern und ihrem kaum noch zu ahnenden, vermutlich furchtbaren Geheimnis, dessen Leben von der afrikanischen Sonne weggetrocknet ist.

Erst in der Johannes-Kathedrale der Hauptstadt Valetta, wo wir auf den Grabplatten der Johanniter standen, auf stolzen bunten Wappen und demütigen Todessymbolen, fanden wir unsere Zuversicht wieder. Manchmal glückt offenbar für eine kurze Spanne Zeit eine große Idee. Hier war es die Verschmelzung christlicher Hingabe, ritterlicher Tapferkeit und islamisch inspirierter Heilkunst im Orden des Heiligen Johannes. Erst in Jerusalem, dann in Akko, auf Rhodos und zuletzt, vom Islam schwer bedrängt, hier auf Malta, widmeten sich die Ordensherren den »Herren Kranken« sowie den Pilgern – und nur allzubald wiederum dem unausweichlichen Kampf gegen die Türken. Unter dem berühmten Großmeister La Valette, mit 70 Jahren Verteidiger der Festungen St. Angelo und St. Elmo am großen Hafen, stand für einige Sommermonate des Jahres 1565 wieder einmal das christliche Europa auf dem Spiel – und wurde unter unsäglichen Opfern vor Malta gerettet. Der nun folgende Niedergang dieser seit der Reformation Malteser genannten Ritter – Allongeperücken über hochmütigen Prunkrüstungen, verkünstelte barocke Krankenpflege als Rolle für Vornehme – , das war dann bloß das Übliche. So enden sie doch immer, die großen Entwürfe! Aber darauf kommt es gar nicht an. Gültig bleibt auch hier wie überall der Anfang, nicht die Banalität späterer Entartung.

Einen Falken im Jahr schuldeten die Ordensritter symbolisch dem Lehensgeber der Insel – der erste war Kaiser Karl V. –, auf der sie von 1530 bis zur Plünderung durch Napoleon souverän waren. Einen zweiten Falken schuldeten sie dem Vizekönig von Sizilien! Für ihre Beizjagden blieben ihnen Wanderfalken genug, diese Könige der Beizvögel, Wappensymbol Kaiser Friedrichs II. Sie brüteten ja auf Malta.

Jagdrevier der Ritter war ein fruchtbares Tal, heute »Buskett-Garden« im Schatten von Zitronenbäumen, Pinien und Wein, beherrscht von einem festungsartigen Renaissancepalast. Wir sahen dort Schwalben fliegen – es war September. Und auf einmal wurde uns klar, was wir die ganze Zeit über vermißt hatten. Malta ist vogelfrei. Im großen Hafen, der so sauber ist, daß Männer angeln und Kinder baden können, stößt keine Möwe den Schrei aller Häfen der Welt aus. Selbst zur Zugzeit ist der Himmel leer. Nur Flugzeuge steigen auf und landen, vollgestopft mit Touristen.

Bei der Suche nach Vögeln fanden wir schließlich ein paar junge Ornithologen auf einer kahlen Bergkuppe über dem Reservat Buskett. Hier sitzen sie jeden Abend, umringt von Jägern, die von erhöhten Warten aus, wo haargenau das Reservat endet, besonders bequem hineinschießen können. Sie ballern, wenn nichts Größeres kommt, aus Langeweile auf Schwalben. Es war noch glühend heiß, als wir uns zu den Ornithologen setzten. Sie dösten vor sich hin. Plötzlich knallte es von allen Seiten, ein regelrechtes Sperrfeuer brach aus für vier Wespenbussarde, die vom Norden, vom Hafen heranflogen, um hier zu rasten. Ein ungeordneter Flügelschlag, der erste trudelte wie ein Ahornsamen nieder und schlug vor uns auf. Nur einer ist durchgekommen, Hunderten weiterer Flinten entgegen, die seine Reise zuverlässig beenden würden. Falken stürzen ganz anders – wie Geschosse. Die Ornithologen beobachten hier weniger den Flug als den Sturz der Vögel und notieren in ihre Hefte die täglichen Ereignisse: »Shot« stand hinter sämtlichen Artnamen. Aber die Jäger behindern zu wollen wäre gefährlich. Sie sind aggressiv und hassen Ornithologen. Einen der eigentlich auch hier geschützten Greifvögel nach dem anderen holen sie ungestört vom Himmel, als Trophäe fürs Heim oder für den Handel. Sie streckten uns die Zunge heraus.

Manchmal kommen Fischadler, Osprey lautet der schöne englische Name: gewinkelte Schwingen, deutliches Gesichtsmuster, eine Pracht in Grau, Braun und Weiß, wenn er über dem Wasser rüttelt und hinabstößt, mit vorgestreckten Fängen eintaucht und schwer beladen mit einem Fisch in den Fängen abstreicht. Jedes Nest wird im Norden bewacht, hier schießen sie jeden ab, mit besonderer Leidenschaft, weil er etwas Besonderes ist. Und wie er stürzt! Ich habe es mit eigenen Augen gesehen: letzter Auftritt, Schuß – Untergang, Katastrophe schlechthin. Als dann doch ein Fischadler in Buskett landete, atmeten die Ornithologen auf. Aber was hilft es, wenn gelegentlich Polizisten einer Sondereinheit kommen und in einer kleinen Razzia einige Gewehre von Schützen ohne Lizenz kassieren?

Die Vogelschützer haben einen hoffnungslosen Stand gegenüber 16 000 legalen und Tausenden illegaler Jäger und Fallensteller. Ein gutes Zehntel der Malteser besteht auf diesem »Sport« und kann seiner Macht als Wähler zwischen zwei gleichstarken Parteien gewiß sein. Lizenzen sind billig, Strafen niedrig. Wilderei lohnt sich also.

1,5 Millionen Finkenvögel fallen hier alljährlich vom Himmel, 200 000 Turteltauben, 40 000 Schwalben, 10 000 Greifvögel. Diese Jagdleidenschaft entspringt einem Männlichkeitswahn, der Flinte und Patronengürtel offenbar für ein Sexualsymbol hält und zur eigenen Vergewisserung nötig zu haben scheint, daß Vögel stürzen. Ist die Angst vor der breitschenkeligen großen Muttergottheit noch immer lebendig? überlegten wir. Daß präparierte Milane, Falken oder Eisvögel gute Preise erzielen, kommt noch hinzu. 50 Dollar für den ausgestopften Kadaver einer Rohrweihe! Vor der Küste liegen in Schnellbooten Schützen mit siebenschüssigen Flinten. Sie haben viel Geld, viel Freizeit! Zwei von ihnen sollen dort an einem Nachmittag 70 Rohrweihen erlegt haben.

Die Vogelschützer kämpfen verzweifelt. Eine der beiden Parteien (die gerade oppositionelle) hat soeben eine ökologische Versammlung abgehalten, der Tourismusminister der anderen Partei warnte vor dem schlechten Eindruck, den nordeuropäische Gäste von der Schießerei bekämen, und plädierte für besseren statt noch wachsenden Tourismus auf der ohnedies längst überforderten Insel.

An deren Westende gibt es ein bescheidenes Reservat, von Gebüsch eingefaßte Schlickflächen mit einem ständigen Wächter. Aber Jäger sind eines Morgens gekommen und haben alle Regenpfeifer, Reiher und Eisvögel abgeschossen. Bei den täglichen Besuchen von Schulklassen jammerte ein Bub: »Wär' ich doch nicht hergekommen. All diese Vögel – und ich kann sie nicht schießen! Das macht mich ganz krank!« Die Jäger sprechen empört von Gehirnwäsche an ihren Söhnen, wenn junge Lehrer neuerdings versuchen, in den Köpfen maltesischer Buben ein Gefühl für lebende Vögel zu wekken und das Hochreißen der Flinte beim Anblick eines Falken am Himmel abzulösen durch den Griff nach dem Fernglas. Soll er doch fliegen und kreisen statt zu stürzen, soll er doch sich und allen gehören, nicht nur mir, dem Jäger: ein großer Verzicht – aber auch großer Lohn. Oder nur Verrücktheit?

Man pflanzt Ölbäume, Eichen, Pappeln. Aber die Jäger legen Feuer an solche winzigen Waldparzellen, damit nur ja keine neuen Reservate entstehen. Reservat heißt »Sanctuary«, Heiligtum (oder Asyl, Zufluchtsstätte), auch im englisch geprägten Malta. Doch was hilft das alte Wort, wenn die Scheu vor solchen Bereichen verloren ist? Die Priesterinnen sind verschollen, jedermann kann das Allerheiligste betreten! Bloß Filfa, die winzige Felseninsel einige Steinwürfe weiter in Richtung Afrika, liegt verschont und still im Dunst der Abendsonne, in phantastische Farben zwischen Grau, Rosa und Gelb getaucht, umkreist von Vögeln. »Gelbschnabelsturmtaucher« buchstabierte einer, der mal in Stuttgart war, mühsam für mich auf deutsch, es soll sie drüben geben, eine Besonderheit für Ornithologen.

Malta aber bleibt vogelfrei!

War vielleicht diese klimatisch nach Afrika, geologisch zu Europa gehörende Insel einmal ein Paradies? Jetzt jedenfalls scheint sie keines mehr zu sein. Sind Paradiese also immer Vergangenheit? Wir haben zu sagen versucht, daß sie vielleicht auch unseren Weg durch die Geschichte noch säumen, der aus christlicher Sicht von Alpha nach Omega führt.

Die Frage »Wo kommen wir her – wo gehen wir hin?«

bewegt ja doch jedermann, wenn auch meist heftig verdrängt im turbulenten Alltag, und sie deutet auf eine fast verwehte Spur hin: Herkunft sei Zukunft! Dieser Weg scheint zwar heute zugeweht, zugepflastert, asphaltiert mit Wissen und Macht und Technik. Auch Malta ist fast völlig verbaut, gleicht eher einem Gesamtwohnort und einer riesigen Ansammlung von Hotels.

Aber es besitzt neben seinen Tempeln noch ein weiteres Juwel: Es heißt Mdina und ist eine Stadt in der Inselmitte, wo noch ein paar Wiesen und Felder liegen. Mdina, aus einem wie von innen leuchtenden gelben Sandstein auf einen Hügel gebaut, wie sich das für alte Städte gehört. Das heutige Mdina ist geprägt vom Stilwillen der Ritter aus dem 16. Jahrhundert. Aber schon sie nannten diese ihre erste Hauptstadt »Cittá Vecchia«, alte Stadt. Der Name deutet auf Schichtungen: Es gibt da noch die Paläste des alten Adels von Malta, der sich vor dem Ritterhochmut hierher zurückzog, und dazwischen gibt es Reste einer normannischen, vom geliebten König Roger im 11. Jahrhundert gebauten Stadt, sowie arabische, byzantinische, römische, phönizisch/punische Spuren. Der Apostel Paulus ist auf Malta gestrandet und hat in »Melita«, so der antike Name, den Vater des Statthalters Publius geheilt. Mdina – heutiger Name und Stadtmauer stammen von den Arabern – liegt nicht nur auf einem Hügel, hat Kuppeln und Kirchtürme, es hat auch Mauern, hinter denen es grünt; hier streut eine Pinie Zapfen, da eine Bougainvillea violette Blätter herüber, von einer Akazie weht ein Dufthauch, man möchte Jasmin vermuten, Hibiskus, Rosen. Alte ummauerte Städte, mögen sie nun Urbino heißen, San Gimignano, gar Rom, Korinth, Bagdad – streuten immer verborgene Blüten in verborgenes Wasser plätschernder Brunnen, Gärten gehörten in ihre Mitte; die Klöster wußten es, der Kreuzgang umfing einen Garten mit Brunnen in der Mitte, der im Frühmittelalter »Paradies« hieß.

Vor allem seit der Aufklärung haben die Menschen mit

dem gleichzeitigen Wandel der barocken Architekturgärten zu Landschaftsgärten begonnen, sich nach »unverdorbener Natur« zu sehnen und Städte reflexhaft für etwas Ungutes, Verdorbenes zu halten. Vergessen wurde, daß alle Hochkulturen aus Städten stammen, nicht nur rund ums Mittelmeer, sondern auch in der präkolumbianischen Welt der Mayas, der Azteken, der Inkas. Deren Städte sind im Urwald verlorengegangen; aus alten Legenden schimmern Namen wie Palenque oder Quetzaltenango herüber.

Jericho, der Oasenort, besitzt die derzeit ältesten bekannten Mauerreste, 10 000 Jahre alt. Wir blicken auf ihre aus dem Schutt der darauffolgenden Epochen ausgegrabenen Ziegelspuren wie in einen Zeitschacht hinunter. Zwei Namen ragen heraus: Babylon als Bild von Hochmut, Entartung, Sünde und Jerusalem, von David, dem Eroberer, über dem Opferaltar Abrahams auf den Hügel Morea gebaut, wo der Gott der wandernden Hebräer seßhaft geworden ist. Aus dem gelben Stein Judäas errichtet, leuchtet noch das heutige Jerusalem wie von innen. Diese historische Stadt, die ihre Propheten in die Zisterne geworfen, ans Kreuz geschlagen, gesteinigt hat, die Stadt, in der die Steine bis heute geworfen werden und Verachtung auf Haß trifft, sie ist in der Apokalypse zur Vision des ewigen Jerusalems geworden, Geschenk Gottes, himmlisches Jerusalem, senkte es sich vor den Augen des Sehers herab. Es besitze die Idealmaße eines Quadrats, seine hohen Mauern haben zwölf Tore, die von nun an offenstehen. Es sei erbaut aus hellem Jaspis und anderen Edelsteinen und aus »Gold wie Glas«. Es sei hell von innen her, bedürfe weder der Sonne noch des Mondes. Denn die Herrlichkeit selbst wohne in ihm, weshalb es auch keinen Tempel mehr habe. Durchflossen werde es von einem lauteren Strom kristallklaren Wassers, an dessen beiden Ufern »mitten auf ihrer Gasse Holz des Lebens« stehe, Bäume mit Blättern für die Gesundheit der Bewohner, an denen allmonatlich Früchte wachsen.

Soweit die Vision, das Omega der Heilsgeschichte, eine Vereinigung von Garten Eden und himmlicher Stadt. Der anfängliche Baum des Lebens steht nun in ihrer Mitte, sie ist Paradies. Ihre Mauern umschließen das Universum, dessen innere Weite unendlich ist. Aber auch in der Weltgeschichte durchdringen einander die Visionen, Garten Eden und Ewiges Jerusalem. Beides hat die Malerei unermüdlich dargestellt, allerdings heute mehr das Paradies und das erste Menschenpaar, weniger die endzeitliche Stadt.

Immer wenn wandernde Hirten seßhaft geworden sind, hat das eine Urbanisierung von Landschaft bedeutet, »einen abgesteckten Platz in wüstem Land«, wie Martin Mosebach sagt in »Das wahre Leben«. Karawanen rasteten in Oasen, aus denen Städte wuchsen wie Samarkand und Buchara; Menschen versammelten sich auf Hügeln und bauten Städte, bauten sie in einem fruchtbaren Tal, an einem sicheren Hafen; so entstanden Troja und die Städte am Indus oder am persischen Mündungsdelta des in einem See endenden Hirmandflusses und am Tiber. Vom mütterlichen Reichtum Jerusalems spricht selbst der Jeremia der großen Klagereden als Ort des Glücks inmitten furchtbarer Eroberung. Den christlichen Jahrhunderten war die Vorstellung wohlvertraut, daß die Menschen aus einem Garten stammen und in einer Stadt ankommen werden am Ende der Zeiten. Die ersten christlichen Gemeinden sind in Jerusalem entstanden, in Antiochia, Ephesus, Korinth oder Rom, nicht auf dem platten Land. Wohl haben Jäger, Nomadenhirten und Akkerbauern Mythen und Tänze und das Kunsthandwerk hervorgebracht. Aber Hochkulturen mit ihrer Architektur, ihrer Kunst und Literatur brauchen Städte: Hier haben sich die Ahnungen und Inspirationen der Väter zu großer Form gefügt, sind aufgeblüht und dann immer wieder der Überfeinerung, Erstarrung und dem Alter verfallen, Geschichte eben, die in den Städten geschrieben wird.

So haben Städte einerseits das Land ringsum kultiviert, es

zu einer höheren Stufe entwickelt, es aber zugleich auch verbraucht und zerstört, und sie sind zu Sodom und Gomorrha entartet, zu Ninive und zu Babylon, wo ein Turm gebaut werden sollte bis zum Himmel, Symbol menschlicher Hybris. Die Mauerreste hat der Sand zugeweht; wo noch ein paar Hälmchen und Dornbüsche wachsen, kehren Nomadenhirten zurück. Aber immerhin, die Richtung der Urbanisierung bleibt, Städte sind auch weiterhin Orte von Kultivierung. Heute lebt die Hälfte der Weltbevölkerung in Städten, bald werden es zwei Drittel sein.

Manchmal glauben wir einen Hinweis zu erkennen. Schaut man sich in New York von den östlichen Brücken auf dem Weg zum John F. Kennedy Airport um, dann sieht man die schöne Skyline von Manhattan in der Abendsonne aufleuchten. Gewiß, das sind auch babylonische Türme, hochmütige Bauten einer Macht, die auf Geld beruht. Sie werden immer höher, überragen inzwischen das Empire-State-Building. Aber sie strahlen doch auch die Schönheit einer Vision aus, emporgewachsen aus dem Glauben von Pilgervätern an einen Segen, von dem sie dachten, er müsse auf den Werken der Tüchtigen und der Gerechten ruhen, also auch auf Geld.

Allerdings sind Visionen stets flüchtig und meist nur aus der Distanz erkennbar, denn die Nähe, die Alltage bestehen vor allem aus Elend, Schmutz, Chaos. So gesehen sind Städte immer auch Sodom und Gomorrha, babylonische Türme, sündiges Ninive. Auch die mittelalterliche Stadt braucht den Abstand der Jahrhunderte, um die andere, die visionäre Rückseite, die verdeckte Verheißung zu zeigen, die einst versprach, Stadtluft mache frei. Zwischen himmelstrebenden Kirchen, Geschlechtertürmen und hohen Giebeln, wo Mauersegler, Falken, Tauben und Dohlen kreisen, zwischen ihren Mauern, wo Kräuter- und Paradiesgärtlein mit Thymian, Buchs und Rosen dufteten, hauste in der gotischen Stadt Elend, waberte der Gestank enger, lärmerfüllter Gassen, quollen Ruhr, Typhus, Cholera aus Gruben, die dicht neben den Brunnen lagen, drängten sich die Familien der armen Leute in dunklen Kammern, zusammengepfercht durch Zunftzwang und Hochmut der Mächtigen. Die Aussätzigen gar waren weit nach draußen verwiesen, mußten ihr Elend in weite Gewänder hüllen und die Gesunden eigenhändig mit Klappern aus ihrer Nähe vertreiben. Im mittelalterlichen München trennte das Bett der Isar die schöne Stadt um Sankt Jakob, Sankt Anna, Sankt Peter von diesen Unglücklichen, den Leprösen, die am östlichen Hochufer, dem Gasteig, im Siechenhaus lebten und auf die Barmherzigkeit der Sankt-Nikolaus-Kirche angewiesen waren. Münchens heutiges Kulturzentrum, der »Gasteig«, grenzte an diesen einstigen Ort eines heute unvorstellbaren Grauens.

Die alten Städte präsentieren sich uns gereinigt und restauriert im Schmuck ihrer Fassaden, in der Idylle neugepflanzter Kräutergärtlein und Kreuzgänge. So schenken sie die Ahnung eines noch immer unerreichten oder vielleicht verlorenen himmlischen Jerusalems.

Reiner Kunze schreibt davon in seinem Gedicht »Die silhouette von Lübeck«:

»Damit die erde hafte am himmel, schlugen die menschen
kirchtürme in ihn

Sieben kupferne nägel, nicht aufzuwiegen
mit gold«

Die beklagte globale Urbanisierung hat noch immer ihre leuchtende Rückseite, und die Naturreservate, die »Sanctuaries«, mögen die zu ihr gehörenden Gärten sein.

Doch diese, vielleicht die letzte aller Sekundärlandschaften, ist bedroht wie noch keine zuvor, auch wenn Flechtenmuster den Beton hübsch bedecken, Blümchen in Straßenritzen zu blühen versuchen, zwischen den Gleisen eines aufgelassenen Münchner Verschiebebahnhofs Tümpel entstehen mit einer neuen Population von Wechselkröten, und auch wenn am Liebfrauendom wie an den meisten Kirchen Turmfalken und am Heizkraftwerk Süd sogar in einem Brutkasten Wanderfalken nisten, deren Junge allerdings an der kahlen Fassade Probleme mit dem Ausfliegen haben. Selbst das innerste New York hat seine Wanderfalken. Eine unserer letzten Gefährtinnen wird die Elster sein: da stelzt sie suchend durch schütteres Gras, hüpft auf ein Mäuerchen, schäkert rauh, findet überall etwas, räubert im Gebüsch, fliegt plötzlich an ihrem überlangen Schwanz entlang in Wellen davon und prunkt in schwarzweißem, grünschillerndem Federkleid.

Das mag ein kleiner Trost sein, vielleicht auch ein Motiv möglicher Wiederbesiedlung von Ruinen, falls und solange irgendwo draußen noch natürliche oder eingehegte Wildnis überdauert haben sollte. Denn vielen Vögeln fällt es leicht, Stadtmauern oder Reservatgrenzen zu überfliegen. Aber den allzu spezialisierten unter ihnen wird es vermutlich nicht gelingen, den Untergang ihrer Biotope zu überleben. So werden die schönen Langschwanzpipras mit dem letzten Primärwald verschwinden, wie die Ibisschnäbel in den stillen breiten Kiesbetten kasachischer und kirgisischer Hochtäler, die im Zuge des dortigen Goldabbaus vergiftet werden. Auf Nimmerwiedersehn. Und der große grüne Eulenpapagei Kakapo, ein flugunfähig gewordener Bewohner neuseeländischer Gebirgseinsamkeit, wird bald nirgends mehr den seltsamen Kehlsack aufblasen, um seinen einzigartigen Balzruf, ein tiefes sonores »Gm, Gm« ertönen zu lassen.

Andere Vögel sind zum Glück anpassungsfähiger und leisten uns Gesellschaft. Ein Stadtpark kann uns zwanzig, dreißig verschiedene Arten an einem einzigen Frühlingsmorgen bescheren. Die Vogelbelustigung wird also noch nicht so bald beendet sein. Als Baron Pernau, der schon erwähnte Barockautor, vor 300 Jahren sein Vogelbuch herausbrachte, schrieb er im Vorwort, »der Autor besorget sich, ob der günstige liebe Leser sich verwundern werde, daß er die Zeit nicht auf etwas Nützlichers gewendet«. Meistens habe auch ich beim Schreiben nicht gewußt, zu welchem Nutzen mein Buch gut sein sollte. Ich kann nur hoffen, daß es der eine oder andere Leser vielleicht herausfindet. Denn nur solche Bücher erscheinen mir »nützlich«, die den Leser klüger sein lassen als den Autor. Und wenn solch ein Leser erkennen sollte, daß Vögel nicht nur fliegen, singen und schön gekleidet sind, um sich zu vermehren und ihre Gene zu erhalten, sondern erst einmal, um ihre besondere Art in Erscheinung zu bringen, ja um auf möglichst vollkommene Weise sich selber darzustellen, dann würde mich das ungemein glücklich machen.

Ich möchte also zuversichtlich behaupten, man könne seine »Zeit kaum auf etwas Nützlicheres wenden, als uns mit denen Kindern mit Vögeln zu ergötzen und die Geschöpfe Gottes zu betrachten, statt nach Macht und Ehre zu streben«. Daß wir dies tun, dürfte am Ende sogar für alle Vögel wichtig, sogar sehr wichtig sein. Denn wenn wir ihnen nicht beistehen, wird die Rote Liste aussterbender Arten immer noch länger.

Beim Aufzählen derer, die mir in der Zeit der Entstehung dieses Buches geholfen haben, käme ich an kein Ende. Ich müßte fünf Jahrzehnte meines Lebens zurückwandern, um Namen zu suchen, von denen ich viele gar nicht mehr finden würde. So will ich nur wenige nennen, ohne die ich nicht den Mut aufgebracht hätte, meine Zweifel und Fragen auszusprechen.

»In Wirklichkeit ist dies eigentlich nichts anderes als …« – seit nunmehr einem Vierteljahrhundert endet dieser keineswegs neue Spruch meist mit dem »Egoismus der Gene«, und er wirkt wie ein Faustschlag auf den Mund derer, die eigentlich gerne weitergefragt hätten »in welcher Wirklichkeit?« Bildlich gesprochen, spucken die Geschlagenen jedesmal ein bißchen Blut und hören bald auf zu fragen. Aber das ist natürlich falsch, auch wenn Fragen und Antworten immer schwieriger wird. Als passionierte Vogelkundlerin hat mich im Widerstand gegen diese biologistische Variante des Reduktionismus seit Jahrzehnten Robert Spaemanns Naturphilosophie und Ethik gestärkt, und sein Schüler Reinhard Löw, tragisch lebend und zu früh sterbend, war uns einige Jahre ein liebenswerter Freund.

Ebenso wichtig ist mir Gerd Haeffner SJ geworden, der in seinem Buch »In der Gegenwart leben. Auf der Spur eines Urphänomens« am Beispiel Søren Kierkegaards, Ernst

Blochs und anderer die Wahrheit und Würde jenes kostbaren Augenblicks umkreist hat, in dem sich eine Begegnung mit dem Wirklichen als Gegenwärtigkeit ereignet.

Seine Schülerin, unsere jüngste Tochter Sophie mit ihrer eigenartigen Spezialbegabung für kritisches Lesen, die schon meine früheren Bücher begleitete, ist mit zarter Hand und sehr spitzem Stift Seite für Seite diese Kapitel durchgegangen, was oft recht unangenehm, aber fast immer nötig war.

Nicht vergessen sei, wieviel mir das Feuilleton der FAZ, insbesondere durch Autoren wie Thomas Weber, Reinhard Wandtner, Joachim Müller Jung oder Thomas Steinfeld vermittelt haben. Freude, Ärger, Sorge, ja oft Entsetzen beim Zeitunglesen, vor allem am Mittwoch, in der Beilage »Natur und Wissenschaft«, haben dazu beigetragen, den eigenen Standort immer wieder beinahe zu verlieren und notgedrungen neu zu bestimmen.

Ich habe in 15 ziemlich unterschiedlichen Kapiteln zu zeigen versucht, warum ich Vögel gut, ja sehr gut finde, von Spatzen bis zu Quetzalen. Die ersteren lieben Misthaufen, die letzteren schmücken die Kronen von Königen. Sollte es mir gelungen sein, einige Leser hiervon und darüber hinaus davon zu überzeugen, daß es auch gut sein könnte, sich für Spaziergänge stets ein Fernglas um den Hals zu hängen und genauer hinzuschauen, wenn etwas flattert, ruft oder singt, um meine Behauptung zu überprüfen, dann hat sich die Mühe wahrscheinlich gelohnt. Es dürfte am Ende sogar Spatzen wie Quetzalen von Nutzen sein, wenn möglichst viele Spaziergänger dies tun. Denn kennen, lieben und schützen gehören untrennbar zusammen.